◎ 高等院校经济与管理核心课经典系列教材 ◎
劳动与社会保障专业

SHEHUI
BAOZHANG
GUOJI
BIJIAO

社会保障国际比较

（第3版）

吕学静 ◎ 主 编

首都经济贸易大学出版社
Capital University of Economics and Business Press
· 北 京 ·

图书在版编目(CIP)数据

社会保障国际比较/吕学静主编. —3 版. —北京:首都经济贸易大学出版社,2016.9

(劳动与社会保障专业系列教材)

ISBN 978 -7 -5638 -1579 -1

Ⅰ.①社… Ⅱ.①吕… Ⅲ.①社会保障—对比研究—世界 Ⅳ.①D57

中国版本图书馆 CIP 数据核字(2013)第 148160 号

社会保障国际比较(第 3 版)

吕学静 主编

责任编辑 全 昆

封面设计 砚祥志远·激光照排 TEL: 010-65976003

出版发行 首都经济贸易大学出版社

地　　址 北京市朝阳区红庙(邮编 100026)

电　　话 (010)65976483 65065761 65071505(传真)

网　　址 http://www.sjmcb.com

E - mail publish @ cueb.edu.cn

经　　销 全国新华书店

照　　排 首都经济贸易大学出版社激光照排服务部

印　　刷 北京兴怀印刷厂

开　　本 710 毫米×1000 毫米 1/16

字　　数 420 千字

印　　张 24.5

版　　次 2007 年 9 月第 1 版 2013 年 8 月第 2 版

2016 年 9 月第 3 版 2016 年 9 月总第 4 次印刷

书　　号 ISBN 978 -7 -5638 -1579 -1/D·138

定　　价 38.00 元

图书印装若有质量问题,本社负责调换

PREFACE 前言

《社会保障国际比较》是我国高等院校劳动和社会保障专业的重要课程。社会保障制度是世界各国社会制度系统中的重要组成部分。本书立足国际，面向中国，从社会保障制度的产生、发展开始，对世界各国的社会保障模式、社会保障基金管理、社会保障管理体制进行了深层次的研究和探讨，并且从制度的角度对养老保险、医疗保险、失业保险、工伤保险、社会福利以及社会救济制度等领域进行了比较分析，同时总结了国际上社会保障制度的改革经验，为中国社会保障制度改革提供了有益的借鉴。

本书共包括 12 章内容：

第一章，社会保障制度的建立和发展：主要介绍社会保障制度的产生、社会保障制度在世界范围的建立和发展。

第二章，社会保障制度模式国际比较：主要介绍社会保障制度的基本类型，各种类型社会保障模式实施效果的比较与分析，并论述了各国社会保障制度的改革及对中国的启示。

第三章，社会保障基金管理国际比较：主要对各种类型的社会保障基金筹集模式、基金管理、基金投资运营以及基金监管等方面进行比较与分析，并介绍国外社会保障基金管理的成功经验。

第四章，社会保障管理体制国际比较：主要对各国社会保障管理体制进行实证方面的介绍与比较，同时论述国外社会保障管理体制对我国的启示。

第五章，养老保险制度国际比较：主要论述养老保险制度的发展及多层次养老保险体系的建立,对世界上几个有代表性的国家的养老保险制度进行介绍与分析,并提出了它们的经验与改革对中国的启示。

第六章,医疗保险制度国际比较:主要介绍国外各种类型的医疗保险模式和医疗保险运行体系,以及国外医疗保险对中国的启示。

第七章,就业保障制度国际比较:主要论述就业、失业、失业保险的含义与类型,对失业保险制度、世界各国就业保障进行比较与分析,提出各国失业保险制度对中国的启示。

第八章,职业伤害保险制度国际比较:主要介绍世界职业伤害保险制度,并对世界职业伤害保险制度进行比较与分析,提出国外职业伤害保险经验对中国的启示。

第九章,护理保险制度国际比较:主要介绍世界上几种护理保险的现有模式,以及这些国家的具体实施情况和面对的相关问题,并对这几种护理保险模式的优缺点进行比较与分析,提出各国护理保险制度对我国的启示。

第十章,农村社会保障制度国际比较:介绍典型发达国家和发展中国家的农村养老保障制度,对世界上几种农村健康保障制度和养老保障制度的模式、特点进行比较与分析,并提出了它们的经验对我国的启示。

第十一章,社会福利制度国际比较:对西方福利国家社会福利制度进行阐述与比较,并对它们面临的危机进行分析;对亚洲国家日本、新加坡、马来西亚的社会福利制度进行比较,提出各国社会福利制度改革对中国的启示。

第十二章,社会救助制度国际比较:主要论述社会救助的含义,社会救助制度的起源与发展,对世界一些国家的社会救助制度进行比较,探讨中国社会救助制度进一步完善的方法与途径。

本书的特点是:

第一,内容的理论性、系统性、实用性和完整性。本书力求既有理论深度,又有现实意义;既追求内容的系统性,又突出体系的完整性。

第二,数据资料的新颖性。本书力求收集各国社会保障制度的最新资料,使读者及时了解国外社会保障的最新情况。

第三,与我国实际相结合。本书在讨论国外社会保障各方面进展的同时,结合我国的实际情况,真正做到立足国际,面向中国。

本书各章配有习题和案例,既可以作为社会保障专业的教学用书,又可以作为各级劳动人事部门、社会保障管理机构、社会保障理论研究和教学工作者的重要参考书,也是图书馆、资料室的必备藏书。

本书的写作是集体智慧的结晶。作者多为首都经济贸易大学的中青年学者。高阳、马静、陆宏筝、史慧、孙乐、周珺仪、吕学静等参加了本书的撰稿和编写工作。此外,吕茵、王争亚、汪玉萍、舒扬、于海中、张波等也参加了本书的写作,在此一并表示感谢。吕学静对全书框架进行了设计并对全书进行修改、补充、定稿,马静、高阳帮助主编做了很多书稿编纂方面的重要工作。谷月、赵雪伶、谢春玲承担了本书修订的资料补充、更新工作。此外,杨梓程、陈国彬、王淼也参加了本书的内容修订,数据更新等工作。

在本书的写作中,参考了大量国内外有关文献,特向各位文献的作者表示由衷的感谢。

社会保障是一门新兴的、并在不断变化发展的学科,社会保障专业人才的教育以及教材建设还十分薄弱,需要大家共同努力。本教材有不当或不完善之处,真诚欢迎广大同行和读者赐教。

CONTENTS

目录

第一章 社会保障制度的建立和发展

CHAPTER 1

学习目的与要求

通过本章的学习,要求把握社会保障制度产生的经济条件、政治条件和思想理论基础;了解它在世界主要国家的建立过程,社会保障制度的发展,以及在现阶段所显示出的新特点。

第一节 社会保障制度的产生

社会保障制度已经有130多年的历史,是当今世界上众多国家都在实施的一项社会政策,在促进社会经济发展和保证社会稳定方面都发挥着重要的作用。

社会保障制度是以国家或政府为主体,依据法律规定,通过国民收入再分配,对公民在暂时或永久丧失劳动能力以及由于各种原因生活发生困难时给予物质帮助,保障其基本生活的制度。社会保障制度是从19世纪80年代开始建立的,作为工业革命的产物,它经历了从萌芽、成长、壮大,直到发展成为独立体系这一过程,并且逐步成为各国社会制度中的主要组成部分。

一、社会保障制度产生的社会经济条件

(一)人类社会初期不会产生社会保障

原始社会是人类历史上的第一个社会形态,它包括原始群与氏族公社两个阶段。在原始社会初期,即原始群时期,由于当时人类认识和支配自然的能力极端低下,社会生产力处于一个非常低的水平,人类使用粗糙的石制工具,以采集和狩猎为主,靠集体劳动才能获得有限的生活资料,没有剩余产品以供人们在遇到天灾人祸时享用。因此,在人类社会的初期,不存在产生社会保障的物质基础,从而也不存在社会保障的形式。

(二)小生产自然经济下的家庭亲属保障

随着社会生产力的发展,原始社会由原始群阶段进入氏族公社阶段。氏族公社先为母系氏族,即以母子关系为基础构成家庭和氏族,这时夫妻关系经常变异,相当松散。随着生产力的提高,社会有了剩余产品,出现了私有财产,这时母系氏族就转向父系氏族,即以父子关系为基础构成的家庭与氏族。两性关系也从杂交群婚、对偶婚发展到以私有财产为基础的一夫一妻制。在人类社会从原始社会末期到封建社会的漫长发展过程中,特别是封建社会,社会生产方式一直停留在以手工生产为基础的自给自足的自然经济上,每一个生产者或生产单位利用自己的生产条件,生产自己和社会所需要的产品。在这种生产方式下,家庭是生产和生活的基层单位。年长者一般是这些生产和生活单位的指挥者和决策者。在这种生产方式下,劳动力的再生产是在家庭内部进行的。劳动者的生产技艺祖辈相传,劳动者的生、老、病、死、伤、残的生活费用,完全由家庭负担,而社会除了出自道德的原因对个别极其困难的人进行一些慈善性的救济外,不负担任何费用。因此,以血缘关系为基础的家庭亲属保障,是自给自足的自然经济生产方式的必然产物。

(三)社会化大生产是社会保障产生的社会经济条件

社会保障制度是社会化大生产的产物。这就是说,社会保障的产生和发展,一方面有各国工人阶级团结斗争要求社会保障的政治因素;另一方面也是生产力发展和生产关系变化的必然结果。具体表现在以下几个方面:

1. 社会化大生产打破了以手工生产为基础的自给自足的自然经济,劳动者

由家庭走向社会,造成宗法社会的解体,劳动者丧失劳动能力或失去工作后的生活问题,就成为日益严重的社会问题。

2. 社会化的机器大生产对劳动力的素质提出了新的要求,使劳动者退出生产岗位的时间提前,结构性失业增加,这些更加重了社会问题的严重性。在独立手工工业生产时期,生产技术简单,生产规模小,劳动者一人能掌握多种技术,可独立完成一种产品的生产。当独立手工工业发展到手工制造业时,在产品生产过程中已经开始出现了分工与协作。到了机器代替手工劳动以后,专业化的分工协作和生产的节奏性,对劳动的强度、质量和劳动者的持久力都提出了更高的要求。有些劳动者,特别是老年工人不能适应这些要求,迫使劳动者提前退出生产工作岗位,再加上劳动者平时工资低微,没有能力储蓄以备年老丧失劳动能力时使用,因此而产生的社会问题越来越严重。

3. 劳动力向社会化方向发展,要求社会必须对劳动者的生活,特别是年老丧失劳动能力后的生活承担责任。在社会化大生产的条件下,劳动者到资本家的工厂中去做工,劳动力由家庭的劳动力转变为社会的劳动力。因此,劳动者的生、老、病、死、伤、残的生活费用也理应由过去的家庭负担改由社会来承担。在家庭手工业中,劳动力的成长和发展都是根据家庭生产的需要自行设计和培养训练的。在大生产中,劳动力实现社会化以后,劳动者必须根据社会分工的要求来设计和发展自己的劳动力,并由社会培养和训练。因此,随着生产技术的发展和生产结构的变化,造成结构性的失业,社会对于劳动者的生活必须承担一部分责任。

如果以上问题不能解决,势必影响劳动力向社会化的方向发展,阻碍社会化大生产的进程。这就是说,资本主义的大生产要求劳动者的生活方式、生活来源、生活保障必须与这种社会化大生产方式相适应。可见,资本主义建立社会保障的目的,一方面是由于工人阶级斗争的结果;另一方面也是为了资本主义的经济发展和资产阶级的根本利益。这就是1883年德国建立第一个社会保险以后,特别是第二次世界大战以后,西方资本主义国家的社会保障事业广泛迅速发展的经济原因。

二、社会保障制度产生的社会政治条件

随着生产力的发展和生产社会化程度的提高,机器大生产的进一步扩大,工人为争取社会保障的斗争日益激烈。19世纪七八十年代,无产阶级为争取自

己的经济政治利益而形成了一支独立的政治力量。最先实行比较全面的社会保障的是俾斯麦执政时期的德国。19 世纪下半叶的德国,无产阶级组织的力量相当强大,在马克思主义的指导下,逐渐形成了一股强大的政治力量,使得俾斯麦政府不得不正视这股力量。1872 年夏天,鲁尔矿工为争取 8 小时工作日和提高工资的罢工斗争震惊了世界,资产阶级被迫宣布建立"社会保障法",先后采取了一些改善工人生活待遇的措施,从而在国家法律和制度上确立了德国的社会保障制度。由此可见,有了生产力的发展和生产社会化程度的提高这样的经济条件,社会保障制度也不会自发产生,它取决于社会各阶级和各集团力量的对比。当然,社会保障具有缓解阶级矛盾、维护社会安宁的作用,并且可以在一定程度上保证资产阶级自身的发展。因此,资产阶级政府在政治上是支持社会保障制度的建立和发展的。

三、社会保障制度产生的思想理论基础

社会保障制度的产生不仅需要经济和政治社会基础,它也需要一定的思想理论基础。19 世纪末,面对资本主义社会矛盾日益尖锐,工人阶级反对资产阶级的斗争日益高涨的形势,社会改良的思潮兴起,具有代表性的有德国新历史学派提出的福利国家理论。他们认为,国家除了维护社会秩序和国家安全以外,还有一个"文化和福利的目的",主张由国家兴办一些公共事业来改善国民的生活。他们所谓的福利是通过国家的活动,对国民收入实行再分配,使那些生存需要得不到满足的人们得到援助,以缓和、协调阶级矛盾。另外,1912 年,英国经济学家庇古出版了《财富和福利》一书,1920 年又把该书扩展为《福利经济学》,这本书系统地论述了福利经济学理论。庇古的福利经济学为"福利国家"提供了新的理论依据。福利国家理论和福利经济学理论为社会保障制度的建立奠定了理论基础。20 世纪 30 年代,经济危机席卷了资本主义世界,英国经济学家凯恩斯于 1936 年出版了《就业、利息和货币通论》一书,书中的一些主张被称作凯恩斯主义,这为第二次世界大战后西方国家制定经济政策和重建社会保障制度提供了理论基础。1942 年,英国的贝弗里奇勋爵提出了一份社会保险和社会服务的长篇报告,制定了一整套对英国全体公民实行福利制度的指导原则,设计了"从摇篮到坟墓"的福利措施。《贝弗里奇报告》成为西方社会保障思想发展史上的里程碑。可见,社会保障制度的建立和发展,是有相应的思想理论为基础的。

第二节 社会保障制度在世界范围的建立

一、社会保障制度在欧洲的建立

早在18世纪和19世纪，欧洲爆发了一场产业革命，其中心变革是以机器大生产代替手工作坊，使原来以人力为主体的劳动变为以机器为主体的劳动。从世界经济和社会发展的角度说，这场产业革命是一次历史性的变革，它使劳动生产率得到了飞速的提高，也使欧洲的经济得到了迅猛的发展。但是，随着机器劳动不断地代替手工劳动者，工业化大企业不断涌现，原来依靠手工作坊为生的劳动者，尤其是一些老人、妇女，面临着被机器劳动淘汰的危险，而进入工业企业劳动的工人，也要随时面临着生、老、病、死、伤残、失业等问题，一旦这些问题出现，他们就会因丧失劳动能力或丧失工作而被中断收入来源，这对其生存造成了很大的威胁。为此，经常爆发工人运动，他们强烈要求企业或政府对这些问题给予解决。不断深化的工人运动加深了劳资矛盾，使各国政府十分苦恼。

19世纪初，英国的工人为了解决一旦遇到生、老、病、死、伤残、失业等问题而对其生活的威胁，成立了一些自发的、民间的、小规模的类似互助基金会的组织，工人在有收入来源时每人都出一点钱组成一个基金，一旦谁出现上述问题或生活困难时，谁就可以使用这笔钱。虽然这笔钱数目很小，但是对中断收入来源的工人来说，无外乎有一种“雪中送炭”的感觉。因此说，它在很大程度上缓冲了劳资之间的矛盾和工人的不满情绪，也使工人运动大大减少。英国政府注意到这种现象，感到这种办法可以维护社会的安定，对政府来说也有很大的好处，于是在19世纪30年代，英国以政府的名义正式立法，颁布了《济贫法》。该法律中规定的待遇非常低，且享受待遇的条件也非常苛刻，但它毕竟是以国家身份对此进行规范的第一部法规，而且它还告诉人们，那就是要求社会保护是公民的合法权利，社会负有保障公民生存的义务，从这点说，《济贫法》的颁布具有很重要的意义。虽然《济贫法》不是专门的社会保险法规，只能说它是世界上最早的涉及社会保险内容的法规，但是它对社会保险的产生奠定了很好的基础。

到了19世纪80年代，统一后的德国已经成为欧洲的经济强国，为了继续加快国内经济的发展,谋取欧洲霸主的地位,同时扩大殖民势力,德国政府感到必须首先解决日益尖锐的劳资矛盾。19 世纪下半叶,马克思主义开始在德国工人中传播,社会主义政党开始登上政治舞台,工人对自己权利的认识越来越深,他们开始通过工人运动要求政府实施劳动保护措施。另外,德国工人也自发组织了一些互助互济基金会。为了缓和工人运动,瓦解工人群众的各种自发组织,德国政府决定由国家立法强制实施社会保险。除了上述原因外,还有一个原因促使德国进行社会保险立法,那就是社会保险理论思想的形成。从 19 世纪 70 年代至第一次世界大战前夕,德国境内盛行鼓吹劳资合作和实行社会政策的各学派思想,这些人主张国家直接插手经济生活管理,负起"文明和福利"的职责,经济问题的解决必须同伦理道德联系起来。他们认为,德国当时面临的最危险的社会问题是劳工问题。因此,国家必须通过立法,实行包括保险、孤寡救济、劳资合作以及工厂监督在内的一系列社会政策措施,自上而下地实行经济政策改革。在这种背景下,1883 年德国制定了世界上第一部《疾病保险法》,对工人患病时所享受的权利进行法律规定;1884 年颁布《劳工伤害保险法》;1889 年又颁布了《残疾与老年保险法》。这三部法规的颁布实施奠定了社会保险的法律基础。20 世纪初,各国工人运动不断高涨,强烈要求政府对因失业而丧失收入来源的工人给予生活保障。于是,法国、丹麦、英国率先颁布了失业保险法规。至此,作为社会保险法律体系的几个主要方面——养老、疾病、工伤、失业保险等,在欧洲范围内已经形成。

第一次世界大战后,欧洲各国纷纷效仿德国的做法,建立了适应本国的社会保险制度。英国首先宣布建成了公民从"摇篮到坟墓"均有保障的福利国家。

由于产业革命是率先从欧洲,特别是西欧爆发的,因而对欧洲的经济产生了巨大的影响。但是,它对欧洲以外的其他国家的影响相对晚些,因此,也决定这些国家的经济发展与欧洲相比有很大的差距,而且这些国家对于国家采取强制干预措施来解决生、老、病、死、伤残、失业等社会问题的作用一时也很难接受。上述原因都决定着这些国家建立社会保险制度的时间,晚于欧洲的大多数国家。

继德国之后,西欧和北欧各资本主义国家也先后建立了带有强制性的社会保险体系。

奥地利,1887 年建立工伤社会保险,1888 年建立疾病社会保险,1906 年建立老年社会保险,1920 年建立失业社会保险。

丹麦,1891 年建立老年社会保险,1916 年、1933 年先后建立工伤社会保险和疾病社会保险。

挪威，1891 年建立工伤社会保险，1909 年、1936 年、1938 年先后建立了疾病、老年、失业社会保险。

荷兰，1895 年建立工伤社会保险，1937 年、1963 年先后建立了老年、疾病社会保险。

意大利，1898 年建立工伤社会保险，1919 年同时建立老年社会保险和失业社会保险。

英国，1908 年建立老年社会保险，1911 年、1946 年分别建立疾病、失业社会保险和工伤社会保险。

法国，1898 年实行工伤保险，1905 年实行失业保险，1910 年建立老年社会保险，1930 年、1946 年先后建立疾病社会保险、生育社会保险。

芬兰，1910 年建立工伤社会保险，1913 年同时建立老年社会保险和疾病社会保险，1949 年建立失业社会保险。

瑞士，1911 年建立工伤社会保险，1946 年建立老年社会保险。

瑞典，1913 年建立老年社会保险，1916 年建立工伤社会保险。

比利时，1924 年建立老年社会保险，1944 年同时建立疾病社会保险与失业社会保险。

二、社会保障制度在美国的建立

1929 年，美国也受到了世界性经济危机的冲击，造成严重的社会经济后果。而当时的美国总统、共和党人胡佛根本不考虑社会保险对稳定经济、稳定社会的作用，认为社会救济不是联邦政府的事，要靠私人捐助和慈善组织救济。因此，这更激起民众的强烈不满，示威游行频频出现。1933 年，民主党人富兰克林·罗斯福当选美国总统。他上任后，深刻认识到对于这种社会经济的动荡必须采取措施，以摆脱危机，振兴经济，缓和国内劳资矛盾，于是他推出了新的改革措施，历史上称为“罗斯福新政”。国家干预社会经济生活，包括由国家出面实施社会救济、社会保险和社会福利。新政影响最深远的是社会保险方面，而对社会保险的立法也经过了一个激烈的斗争过程。1935 年 1 月，总统向国会提出年度咨文，要求进行社会保险立法，但立刻遭到以共和党人为代表的反对党的激烈反对。他们提出，如果这个法案得到通过，子女将不再赡养父母，工人也将因征收工资税而辞工不干。一时间谣言四起，骂罗斯福是“疯子”，说新政派要赤化美国。然而，罗斯福不愧为伟大的政治家，他坚定自己的决心，克服重重阻力,成功地使社会保障法案在1935年8月得到通过。这项法规充分体现了罗斯福新政的思想。

(一)美国的社会保障思想

罗斯福新政在社会保障方面的思想是:

1. 社会保障是机器大生产的客观要求,是取代已不适应形势的"家庭保障"的新的社会政策。

2. 把以"普遍福利"为核心的社会保障制度作为建国策略,以消除人们对生活中旦夕祸福和兴衰变迁的恐惧。

3. 实行强制性多层次老年社会保险,开始"由联邦政府承担养老金开支的一半,最终则由自给的保险本金计划所取代"。

4. 失业保险实行以地方管理为主。

5. 社会保险必须促进劳动者自我保障意识的建立,即保险资金取之于民,用之于民。

6. 社会保障项目必须逐步展开,防止一哄而上。

在养老保险方面,罗斯福认为养老金就是为了促使已届退休年龄的人放弃自己的工作,从而给年轻的一代人更多的工作机会,同时也使大家在展望老年前景时都能有一种安全感。

在失业保险方面,罗斯福认为,建立失业保险不仅有助于个人避免在今后被解雇时去依赖救济,而且通过维持购买力还将缓解一下经济困难的冲击。失业保险的另一个好处是它促使雇主们更仔细地进行计划安排,从而通过稳定就业本身来达到防止失业的目的。

(二)美国的社会保障原则

罗斯福还认为,社会保障立法应遵循以下三项原则:

1. 除了开办费外,这项制度应该是自给的。

2. 除老年保障外应由各州具体经营,但必须符合联邦政府所制定的标准。

3. 为了妥善运营费用和储备金额,保护国家的信贷结构,联邦政府应通过合众国国库的受托管理人保留对于一切款项的支配权。

(三)美国的社会保障内容

法律中规定的社会保障内容包括:①老年救济;②老年退休年金;③失业保险;④对盲人、需要抚养的儿童和其他不幸者的救济。

联邦政府根据罗斯福的建议设立了社会保障署。

罗斯福的这种立法思想和原则，以及其一些具体做法，至今还为世界各国所推崇。因此，可以说美国的社会保障法案已成为世界社会保障发展史上一个重要的标志。

三、社会保障制度在世界范围内普遍建立

美国有关社会保障法的产生对世界各国来说是一个很好的促进，并且由于世界性经济危机造成了各国的经济衰退，社会动荡不安，人们的生、老、病、死、伤残、失业等社会问题，以及工人不断要求政府来解决这些问题而爆发的工人运动，更加严重地困扰着各国政府。这些国家开始逐渐认识到社会保障所具有的其他政策所无法比拟的作用，于是开始着手建立适合本国国情的社会保障制度。第二次世界大战以后，北美洲国家、大洋洲发达国家、亚洲发达国家和地区纷纷建立社会保障制度。

第三节　社会保障制度的发展

一、20世纪50年代后期至70年代社会保障的发展

20世纪50年代后期至70年代可以说是社会保障发展的鼎盛时期。仅对1958～1967年的统计，实行社会保障的国家就由80个猛增到近120个。分析其原因主要是：

第一，第二次世界大战结束后，各国开始把主要精力由应付战争转移到了发展经济上来。这就要制定一些有利于经济发展的配套措施，以扫清阻碍经济发展的一些障碍，而社会保险政策是各国首选的措施，因为它的建立能很好地安抚百姓，缓和劳资矛盾，促进经济发展。

第二，战后各国开始注重经济发展，尤其是以工业发展最为迅速。随着工业企业增多，工伤事故也随之增多，建立工伤保险制度已成当务之急。所以，这个时期建立工伤保险制度的国家最多，由1958年的77个，增加到1977年的117个，增长速度之快是其他保险项目所无法比拟的。

二、20 世纪 90 年代社会保障的发展

进入 20 世纪 80 年代，社会保障所呈现的是平稳上升趋势。如，1981 年实行社会保障的国家为 139 个，1985 年是 142 个，1990 年是 146 个。进入 20 世纪 90 年代，建立社会保障制度的国家出现了比较大的增长趋势。1992 年实行社会保障制度的国家达到了 163 个，两年时间增加了 21 个国家。究竟是什么原因使新建社会保障制度的国家增加这么快呢？分析起来，大体有以下三种原因：

第一，新兴国家的产生。如 20 世纪 90 年代初，原苏联解体，形成了 15 个共和国。这些新产生的国家，是近年来实行社会保障国家数猛增的一个主要原因。

第二，原有的实行其他模式的保障制度的国家，改为实行社会保障制度。

第三，随着经济不断发展，社会保障制度也越来越健全和完善，许多国家在建立社会保障制度之初，一般都是单项立法，对一些认为比较急迫、比较重要的项目先行立法。随着经济水平的提高，以及人们对社会保障其他项目内容立法的呼声不断强烈，许多国家开始着手健全本国的社会保障制度，完善社会保障各项目的立法。

三、社会保障制度新阶段的特点

第二次世界大战后，随着社会保障制度的全面发展，逐渐形成了社会保障现代化体系，并向全世界推进，进入了当代社会保障制度的新时期。这种形势的出现，是时代的要求，历史发展的必然，也是多种因素综合而成的结果。诸如：科学技术的空前进步，信息社会的出现，生产力的极大发展，这都为社会保障的发展提供了物质前提；战后工会运动、工人运动、群众运动、共产主义运动的高涨，社会主义国家的不断出现，形成巨大的政治压力和社会压力，迫使资产阶级政权做出一定让步；资产阶级社会改良主义与社会民主党的社会民主主义盛行空前，资产阶级政治经验的高度积累、统治策略的精妙化；等等。这一阶段的主要特点是：

第一，建立社会保障制度的国家扩展至全世界。建立社会保障制度的国家开始多在西欧、北欧和中欧，后来向北美和拉丁美洲发展，然后再向亚洲、非洲推进，这是总的趋势。“二战”结束前，从世界范围来说，形成社会保障制度的国家是少数，地域也有限，而“二战”后迅速扩展到全世界，几乎所有国家都有社会保障制度。虽然程度不同，水平有别，特色各异，许多国家还谈不上完备二字，但毕竟是在不断完善，并体现在其宪法和有关法律中。

第二,社会保障制度涉及的人数、阶层越来越广。在古代和近代早期,各国社会保障的接受者只是一些特殊的群体,如灾民、鳏寡孤独病残群体;而且占该国总人口的极少数。自19世纪80年代建立社会保险制度起,逐渐扩大到城镇劳动者,并逐渐扩及农村。“二战”后扩大趋势愈益加强,迄今已涉及大多数人,至少在发达国家和部分发展中国家是如此,有涉及社会全体成员的趋势。人们的生老病死、升学、就业和失学、失业以至家属等事宜,无不与社会保障制度息息相关。社会保障问题成为人人关注、激荡社会的热潮。

第三,社会保障形式向纵宽发展。社会保障形式从低向高、从窄到宽发展。从19世纪80年代起,社会保险逐渐代替社会救助而成为主导形式。当然,社会救助还是重要项目。

第四,社会保障费用增多。社会保障费用在古代和近代早期是较少的,从19世纪80年代起便迅速增加,但毕竟有限。“二战”后特别是20世纪60年代以来,社会保障支出在国家预算和国民生产总值中的比重上升成为长期趋势。1960~1990年,包括西方主要发达国家的世界经合组织(OECD)成员国,其政府总开支占国内生产总值的比重从28.1%上升到43.8%。这种增长的最大开支项目是养老金、医疗保健、失业救济和家庭福利。

第五,社会保障制度向体系化、全面化发展。“二战”前社会保障项目虽已逐渐增多,但毕竟没有实现社会保障制度的体系化、全面化。中央与地方之间、上级与下级之间、地方与地方之间、项目与项目之间,在立法和运行方面,都有不少漏洞或空白。“二战”后各国都先后建立起规模不同、形式多样、项目众多的社会保障体制,许多发达国家已建立起比较完善的体系,其他不少国家也正向此目标努力。在这一现代化体系下,社会保障分为若干系统,如社会救助系统、社会保险系统、社会福利系统、医疗保障系统、军人保障系统等。每一系统之下又分若干重要项目。到1979年,世界上社会保障各项目已增到494项,几乎覆盖社会生活的各个方面。社会保障管理机制的社会化也取得长足进展,机构的设立与健全、分工负责、运行秩序等都由国家立法确定,统计、数据保管、财务、会计等工作都有严格管理。

“二战”后社会保障体制发展的重要特点之一是国际化,联合国国际劳工组织发挥了重要作用。1952年国际劳工组织召开的国际劳工会议通过了《社会保障公约》(最低标准),是社会保障国际化的一个标志。1952年后它又通过了一系列的“公约”与建议,提出了希望达到的社会保障标准,这些虽然没有约束力,但一直是许多国家制定政策和标准的重要依据。

第六,社会保障理论不断发展。古代已出现过社会保障的思想或思想因素。如孔子说过:“故人不独亲其亲,不独子其子;使老有所终,壮有所用,幼有所长;鳏、寡、孤、独、废疾者皆有所养;男有室,女有归是谓大同。”欧洲16世纪和17世纪上半叶的早期空想社会主义思想,论其阶级属性是早期无产阶级思想体系,实际上包含着不少社会保障思想因素。但古代中世纪的社会保障思想未成为理论形态,更谈不上是独立的理论。19世纪80年代起,社会保障制度先后建立,同时也进入理论发展的阶段,一些学者做出了重要的贡献。大致到20世纪80年代,社会保障的理论体系便建立起来,英国处于领先地位。这时有关论著不断问世,英国的贝弗里奇报告便是重要标志。

“二战”后社会保障理论继续发展,研究者人数大增,研究的特色之一是紧密结合实际。如瑞典的帕尔梅比较研究了18个发达国家20世纪30~90年代的社会保障状况,划分出社会保障费用分配的两种模式:一是强调公民权,只要有公民权便可享受待遇,如瑞典、挪威、荷兰、新西兰等国;二是强调人们的基本生活需求,按不同家庭情况提供保障,如法国、英国、澳大利亚等。实际上,各国对这两个模式都有所兼顾,而非纯粹的某一模式。又如,英国的吉登提出,传统的福利观念立足于分散风险和对风险做事后补偿,结果是费用越来越高;现在应当更加注意预防风险,把钱花在改善生活、减少风险机会上面。再如,瑞典的贝格林德则指出,遏止失业救济费用增加的积极办法是创造就业机会。这些观点都有积极意义,反映出战后西方社会保障理论研究的一种趋势。西方社会保障制度的理论基础是资产阶级社会改良主义和社会民主党的社会民主主义。社会民主主义实质上也是资产阶级社会改良主义的变种,其根本出发点是缓和社会矛盾,瓦解工人运动,巩固资产阶级政权,维护资本主义。其政策和策略则是做出一定让步,工人阶级也利用这一点来谋取有限的利益。

第七,社会保障制度对经济、社会和政治的影响,历来是公众关心和议论的中心。社会保障一贯被认为是起“安定器”、“减震器”的作用,扮演应急的角色,以维持社会的稳定,促进生产的恢复和发展。“二战”后,社会保障制度已成为各发达国家的长期发展战略,成为进一步发展经济的重要配套措施。实践证明,它有利于维持市场经济的良好运行,让企业摆脱一些因素的困扰,取得较好的效率,并促进了第三产业的发展。社会保障体现了公平因素。公平因素虽然与效率有矛盾的一面,但更重要的是它有促进效率提高的一面,关键在于如何掌握适度,实现公平与效率的良性结合。因此,战后发达国家采取以发展社会保障为重点的方针政策,并成为经济取得出色成就的主要原因之一。

“二战”后,面对庞大的社会保障费用,任何一个政党都为自身的阶级利益着想,不能不考虑广大群众的意向与国家的承担能力,从而提出该政党的纲领和政策。每一届竞选，社会保障费用的增减问题都是各政党分歧和角逐的焦点之一，特别是保守党与社会党或工党之间激烈对阵，壁垒分明，这是战后西方政治的一大特色。如英国的撒切尔夫人、美国的里根，都曾打出缩减社会保障支出的竞选纲领。1995 年末，法国希拉克—朱佩政府提出削减社会福利的改革法案，激起工人大罢工，引起一场社会政治的大风波。社会保障问题在政治斗争中占有如此举足轻重的地位，是战后政治史研究者探讨的一个重要问题。

四、中国社会保障制度的建立与发展

新中国成立前，国民党政府数次提出创办劳工保险，并公布过一些有关法令，如《暂行工厂通则》和 1931 年公布的《工厂法》。国民政府资源委员会在 1946 年和 1948 年就职工医疗、工伤、死亡、生育等项保险福利分别做出一些规定；在 1948 年 1 月颁布了关于退休养老待遇的规定。但是，由于政局不稳，这些规定形同虚设。中国共产党在创建革命根据地政权后，也着手制定劳动法规。1932 年，临时中央政府颁布第一个《劳动法》，对职工医疗、老、残、死亡、失业等保险福利事宜作出规定。1948 年 12 月 27 日，东北行政委员会根据毛泽东的想法并吸取了原苏联的经验，在东北解放区颁布试行了《东北公营企业战时暂行劳动保险条例》。这是人民政权第一个统一制度、统一管理的劳动保险制度，开创了中国共产党领导下的社会保障事业的新纪元。

新中国成立后，1950 年党和人民政府开始制定社会保险方案，经过 30 年的建设，逐步建立起一套与计划经济体制相适应的社会保障体系。

1978 年，伴随着计划经济向市场经济的转型，社会保障制度不断完善。1993 年十四届三中全会通过《中共中央关于建立社会主义市场经济体制若干问题的决定》（简称《决定》），该决定第一次提出建立多层次的社会保障体系，规定社会保障制度包括社会保险、社会救助、社会福利、优抚安置、社会互助、个人储蓄积累保障六方面的内容，在中国社会保障制度发展史上具有里程碑的意义。1997 年发布《关于建立统一的企业职工基本养老保险制度的决定》，标志着职工养老保险进入社会统筹与个人账户相结合的模式。2010 年全国人大常委会通过《中华人民共和国社会保险法》（简称《社会保险法》）。该法规定了社会保险的内容、雇主雇员的权利义务、经办机构的职责、社会保险关系以及相关各方的法律责任等。社会保险作为社会保障体系的主体，从此走向法制化的进程。

（一）企业职工社会保险

政务院于1951年2月26日正式颁布了适用于国营、公私合营、私营企业和合作社的全国统一的《中华人民共和国劳动保险条例》，具体规定了职工在疾病、伤残、死亡、生育及年老后获得必要物质帮助的办法，同时规定职工供养的直系亲属也可享受一定的保险待遇。其后进行过修订，扩大了实施范围，提高了部分待遇标准。

1994年至1999年，与就业相关的企业职工劳动保险逐步改革为社会保险，建立了城镇职工养老保险制度、城镇职工基本医疗保险制度、失业保险制度、工伤保险制度、生育保险等五项保险制度。规定了企业、企业职工及政府的责任，减少了企业职工在工作和晚年生活中所面临的风险。

（二）国家机关、事业单位社会保险

1950年后，国家在原战时供给制待遇的基础上，以单项法规的形式，逐步对机关、事业单位人员的疾病、养老、生育、死亡抚恤等做出具体规定，先后制定和发布了《革命工作人员伤亡抚恤暂行条例》（1950）、《关于人民政府、党派、团体及所属事业单位的国家机关工作人员实行公费医疗预防措施的指示》（1952）、《关于各级人民政府工作人员在患病期间待遇暂行办法》（1952）、《关于国家机关工作人员子女医疗问题》（1955）、《国家机关人员退休处理暂行办法》和《国家机关人员退职处理暂行办法》（1955），对机关、事业单位人员的保险做出较详尽的规定，范围和待遇水平略高于企业保障。

2015年，国务院发布《关于机关事业单位工作人员养老保险制度改革的决定》，该决定指出，机关事业单位与企业等城镇从业人员统一实行社会统筹和个人账户相结合的基本养老保险制度，都实行单位和个人缴费，都实行与缴费相挂钩的养老金待遇计发办法，从制度和机制上化解"双轨制"矛盾。机关与事业单位同步改革，职业年金与基本养老保险制度同步推进，养老保险制度改革与完善工资制度同步推进，待遇确定机制与调整机制同步完善，改革在全国同步实施，"五个同步"与对统筹推进城乡养老保障体系建设，促进机关事业单位深化改革有着重要意义。

（三）社会救济和社会福利

中华人民共和国成立初期，社会救济的主要任务是医治战争创伤、安居人民生活、稳定社会秩序、促进国民经济的恢复。社会福利的很大一部分内容包含在企事业单位和政府机关的职工福利中。在社会上,福利和救济是结合在一起的,统称救济福利事业。20 世纪 50 年代后期,社会福利事业与社会救济分别发展,逐步形成了以"三无"(无依无靠、无家可归、无生活来源)、老人、儿童、残疾人、病人、精神病患者为主要对象的社会福利救济体系,建立和发展了福利院、福利工厂等福利机构。政府还投资兴办了以全体公民为对象的教育、医疗、文化、住房等公共福利设施。到改革开放前,救济和福利事业依靠政府投资兴办和提供经费。

改革开放以来,社会救济和社会福利发展迅速。制度覆盖范围不断扩大,内容不断丰富,水平不断提高。当前,社会救济主要包括最低生活保障制度、社会互助制度、扶贫开发制度、灾民救助制度、救助性社会福利制度、社会性救助服务网络六个方面。社会福利制度主要包括公共福利、特殊福利和职工福利等方面。政府对社会救济和福利事业的投入逐步加大,在保证城乡居民基本生活的同时,进一步提高人民群众的生活质量。

(四)对革命军人的优待和抚恤

第一次革命战争时期,中华全国苏维埃代表大会颁布了《中国工农红军优待条例》,初步建立了对军人的社会保障制度。中华人民共和国成立后,军人的社会保障制度不断得到健全和发展,如《中华人民共和国兵役法》、《关于军队干部退休的暂行规定》、《军人抚恤优待条例》等法规。其中,对军人的工作和生活、军人离退休后的生活保障、伤残和死亡以及家属优待等事项都规定了明确的保障办法。

改革开放后,国务院于 1980 年公布了《革命烈士褒扬条例》。具体规定了革命烈士的范围、条件和审批机关。此后,国务院又于 1988 年颁布了《军人抚恤优待条例》。

《退休士兵安置条例》(2011)、《军队离休退休干部服务管理办法》(2014)等对离休退休军队士兵和干部的生活保障、家属优待等事项做了进一步的规定。

本章综合案例

欧洲从 19 世纪末开始建立老年保障制度。经过 120 余年的发展,欧洲国家所建立的面向劳动者和所有国民的养老保障体系,在调节收入分配、防范老年贫困、促进社会团结等方面发挥着重要作用;同时,在人口日益老龄化、经济增长迟缓和日趋激烈的国际经济竞争压力下,欧洲老年保障体系日益成为欧洲劳动力市场和社会模式改革的重点。

欧洲社会保障模式的一个重要教训,就是在老年保障制度建立初期尤其是第二次世界大战后经济繁荣时期,实施了刺激提前退休的养老金政策、失业保障和社会福利政策。这一政策在人口老龄化和经济增长乏力的情况下显现先天的不足,出现了一些不良后果,因此不得不进行改革。延迟退休年龄,延长工作年限,激活接近退休年龄阶段的劳动力继续留在或者返回劳动力市场,是从北欧开始的一个改革措施,并逐步向欧盟各成员国扩展。退休制度改革是欧盟应对挑战的重要举措,也是我国可以借鉴的经验。

在建设多支柱老年保障体系方面,欧洲学者认为,老年保障体系必须走向多支柱发展的轨道,否则难以应对老龄化的危机。目前,欧洲人口老龄化是人们寿命延长和生育率下降的共同结果,传统的老年保障制度难以适应这个变化。在这种情况下,不仅要延长退休年龄,还必须建立合理的养老金结构,以保证制度具有财务上的可持续性。欧洲一些国家尤其是欧盟的新成员国已经根据世界银行推崇的"三支柱"养老保障模式进行了一些改革。但是,要建立全面覆盖的老年保障体系,仅仅依靠"三支柱"是不够的,因为总有一些社会成员难以覆盖在"三支柱"体系之内。因此,要实现养老金财务的可持续性及扩大社会保障覆盖面的双重目的,应当建立比"三支柱"更多的支柱。比如,在社会化的养老保险体系之外,还应当建立以税收为基础的社会最低养老金制度与以家庭为基础的非正式老年保障体系。

建立多支柱的老年保障体系将使在职人员为自己的老年进行积累和储蓄,这也意味着老年保障体系从现收现付制向部分积累制或积累制转变。向部分积累制或积累制转变的养老金有利于提高储蓄率以促进经济增长,并有利于实现代与代之间的收入平衡。但是,建立了部分积累制或积累制的养老金制度必须与有效的投资结合在一起才能发挥上述作用,这就需要一个完善的资本市场与之相适应。如果不具备上述条件,建立一个空账运行的记账式积累制也是有价值的,这是一些欧盟成员国尤其是一些经济体制转轨国家的做法。这样做有利于明确个人的养老保障权益,实现保障模式的转换,又不需为账户资金(实际为空账)进行投资。

▶讨论:通过对以上案例资料的学习,你认为我国面对人口老龄化的压力应采取怎样的措施来应对?

本章小结

1. 社会保障制度作为工业革命的产物经历了从萌芽、成长、壮大直到成为独立体系的过程，其产生是建立在一定的经济、社会政治和思想理论基础之上的。

2. 社会化大生产是社会保障制度产生的经济条件；无产阶级为争取自己的经济政治利益形成的政治力量与资产阶级之间的斗争是社会保障制度产生的社会政治条件；德国新历史学派的福利国家理论、庇古的福利经济学、凯恩斯主义和英国的贝弗里奇报告是社会保障制度产生的思想理论基础。

3. 19 世纪英国、德国相继颁布一系列法律法规，至此作为社会保险法律体系的几个主要方面——养老、疾病、工伤、失业保险等，在欧洲范围内已经形成。随后，西欧和北欧各资本主义国家也先后建立了带有强制性的社会保险体系。

4. 美国在受到 19 世纪 30 年代的经济危机以后，总统罗斯福上任进行了“罗斯福新政”，1935 年 8 月通过了社会保障法，正式建立起了社会保障体系。

5. 社会保障制度在 19 世纪 50 年代后期至 70 年代和 19 世纪 90 年代经历了两个快速发展的时期，而且在“二战”后社会保障制度显示出其在新阶段所具有的新特点。

重要概念

社会保障制度　社会化大生产　社会保险　社会救济　社会福利

思考练习题

1. 什么是社会保障制度？
2. 社会保障制度产生的经济条件是什么？
3. 社会保障制度产生的社会政治条件是什么？

4. 社会保障制度产生的思想理论基础是什么?

5. 社会保障制度在欧洲建立的过程是怎样的?

6. 社会保障制度是怎么在美国建立起来的?

7. 社会保障制度两次快速发展的时期是什么时候?原因是什么?

8. 社会保障制度在新阶段有什么新的特点?

9. 社会保障制度在我国的产生和发展经历了哪些阶段?

第二章 社会保障制度模式国际比较

CHAPTER 2

学习目的与要求

通过本章的学习，要求重点掌握社会保障制度的三种模式及其特点，即投保资助模式、储蓄保险模式和福利国家模式；学会对社会保障制度不同模式的经济效应进行比较的方法；同时了解英国、德国、瑞典、美国及日本等五个发达国家近期社会保障制度的改革情况；了解各国社会保障制度改革的总体趋势；领会各国社会保障制度模式对我国的启示。

第一节 社会保障制度的基本类型

目前，世界各国实施的社会保障制度大体上可以划分为三种模式：投保资助模式、储蓄保险模式和福利国家模式。

一、投保资助模式

所谓投保资助模式，是指当前由德国、美国和日本等一些国家采用的以各种保险项目为主要形式的社会保障制度。投保资助模式是最早出现的社会保障模式，因此也被称为“传统型”社会保障模式。

（一）特点[①]

1. 对不同的社会成员选用不同的保险标准，并以劳动者为核心建立社会保险制度。

2. 强调劳动者个人在社会保险方面的责任，社会保险费用由国家、雇主和劳动者三方负担，以劳动者和雇主的社会保险缴费为主，国家财政予以适当支持，即个人和雇主投保，国家资助。

3. 将劳动者享受社会保险的权利与社会保险缴费的义务联系起来，享有的社会保险待遇水平与社会保险缴费多少和个人收入情况相联系。

4. 社会保险缴费中只记录个人缴费情况，不建立以给付为目的的个人账户，社会保险基金在受保成员间调剂使用，充分体现互助互济、共担风险的原则。

5. 社会保险基金的筹集以现收现付为主。

（二）理论依据

采用投保资助模式的国家实行社会保障制度的理论依据是德国历史学派和社会政策协会的国家"干预主义"理论。这一理论主张通过"人人为大家，大家为人人"的互助互帮的原则，达到社会上大多数人不陷入贫困，保护私有财产，维护社会经济发展活力，以尽量使劳动者在一定的社会秩序中都有所得。其保险费主要由雇主和雇员缴纳，国家只给少量补贴或政策性优惠照顾。强调在向个人提供福利的时候，国家利益所具有的重要性。曾经帮助德国首相俾斯麦创建社会保险制度的柏林大学教授瓦格纳认为，"国家是正义的权力，道德的人格，作为施行这种政策的主体，最居公平的地位，所以除依国家的立法与行政的权力来实行改良外，别无他途"。而资本主义国家在第二次世界大战期间所采取的国家干预措施产生的效果，使社会保障制度的潮流向社会民主主义的方向发展。

（三）评价

1. 这种模式重视社会保险中权利与义务的密切联系，强化自我保障意识，在一定程度上体现了效率原则；保险基金在成员之间统筹使用，符合大数法则原理，也体现了保险互助互济的宗旨。

2. 这种模式采取现收现付方式筹集基金，费率受人口年龄结构与人口就业

① 孙光德，董克用. 社会保障概论[M]. 北京：中国人民大学出版社，2000：15.

比例影响很大,在人口老龄化、就业比例下降时,费率会过高而难以接受。因此,人口年龄结构不平衡、人口迅速老化的国家或地区,必须对不断上升的费率有所准备。

(四)典型国家介绍——德国①

采用这种模式的国家以德国最为典型,故其又称为"德国模式"。德国是世界上最早推行社会保障制度的国家之一。

1. 德国社会保障制度的基本原则。德国社会保障制度的确立迄今已有130多年的历史,其社会保障体系包罗万象,仅社会保险项目就有100多种。德国社会保障制度包括社会保险、社会救济、家庭补贴三个方面,其中以社会保险为核心内容。在市场经济体制下,建立德国社会保障制度的基本原则有三项:第一,社会保障要有利于发挥市场经济的作用;第二,社会保障要保持在收入再分配的合理范围内,以维护经济效率与社会公正二者的内在统一;第三,社会保障应由国家、企业和个人三者合理分担,将社会保障视为一个维护社会稳定的过程,并将国家担负的社会保障任务与每个人根据其能力自主决定命运的天然义务严格分开。

2. 德国社会保障制度的内容。其中主要包括:

(1)养老保险。德国养老保险分为法定养老保险、企业养老保险和个人自愿养老保险三种模式,后两者又被称为"补充养老保险"。法定养老保险为德国的基本养老保险,具有强制性,是基础性的养老保障。目前,约80%~90%的老年人、伤残者和遗属的主要生活来源都依靠基本养老保险。除国家公务员外,所有工资收入超过最低限额的从业人员,都是法定养老保险对象。部分收入不高的独立经营者和自由职业者,也是法定养老保险人。与法定养老保险不同,企业养老保险采取"直接支付原则",即职工在工作期间积攒了多少企业养老保险,退休后就能得到相应数额的养老金。目前,德国的企业养老保险对劳动力的覆盖率已高达65%,成为养老保险制度中最重要的补充部分。自愿养老保险者主要是医生、律师、零售商等,他们不受法定义务保险的约束。一般说来,体力劳动者参加工人老年保险,脑力劳动者参加职员养老保险。受保人每月缴纳的保险费,最高不得超过工资计算限额的18%;如果受保人每月收入低于计算限额,保险费全部由雇主负担。2015年,德国法定养老保险、企业养老保险和自愿养老保

① 吕学静. 各国社会保障制度[M]. 北京:经济管理出版社,2001:69-76.

险所支付养老金的比例大约分别为70%、20%和10%。

德国法定养老保险资金主要有两个来源:一是企业雇主和雇员缴纳的法定养老保险费,这是养老金的主要来源;二是政府的财政补贴。进入21世纪以来,德国已两次宣布调整正常退休领取养老金年龄。自2001年起至2012年,将女性60岁、男性63岁统一提高至65岁;自2012年起至2029年,从65岁逐步上调至67岁。同时,德国建立了养老金弹性领取机制,参保人低于法定退休年龄提前申领养老金的,每提前一个月降低0.3%;超过退休年龄延后申领养老金的,每延后一个月增加0.5%。

在德国享受养老金的条件主要是:①年满67岁的男性和67岁的女性投保人,分别交足15年和10年以上的保险费者,可以领取退休金。②年满60岁的男性投保人,如果在满60岁前的一年半时间里已失业52周以上,也可以领取退休金。③提前退休者、为教育照顾子女而退休者、在丧失就业能力前缴纳了15年以上保险费者,也可以享受退休金或丧失劳动能力养老金。公务员退休的最低工龄条件为10年,公务员养老金全部由政府财政负担,政府把这项支出列入国家年度财政预算。年满65岁、缴纳保险费在15年以上的农民,也可以申请领取养老金,但享受养老保险的农民必须把本人财产如农具、土地、场院等的一部分转给后代或他人。农民缴纳养老保险费和领取养老保险金的水平都相对低一些。

德国政府鼓励企业为其雇员建立补充养老保险,鼓励私人保险公司开展人寿保险业务,使部分投保人从工资收入中拿出一部分来,到私人保险公司中办理储蓄保险。这样,德国的养老保险实际上形成了一个由法定养老保险、补充养老保险、储蓄养老保险所组成的立体社会养老保险网络。

(2)失业保险。根据德国的《失业救济条例》,失业保险属于强制性保险制度。失业保险的覆盖范围包括每个工资超过最低限制的雇员,不论其工资高低,均有义务参加法定失业保险。但国家公务员和军人不是法定的失业保险对象。失业保险分为失业补助和失业救济两种。此外,还包括就业介绍、职业咨询、职业培训、职工教育、提供帮助就业的福利和康复福利,制定增加新的就业机会等措施。领取失业补助金的条件和办法是:法律规定每周工作不到18小时即为失业,失业者在失业前的2年内缴纳了1年以上的失业保险金,失业后亲自到联邦劳动局登记才能成为官方承认的失业者,并具有资格申请失业补助金。领取失业补助金的最短时间为半年,最长为2年。根据失业前净工资(扣除各种税收和社会保险费)和就业年限等情况,再套用相应的失业补助金等级,一般可以领取到相当于就业时净工资60%的失业补助金。凡不具备领取失业补助金的失业者,可以申请领取失业救济金,其条件是在提出申请领取失业救济金前 1 年内，就业时间只有 10 周或领取失业补助金超过 1 年者，失业救济金相当于失业前净工资的 58%。

失业保险金有三个来源。一是依法征收的相当于雇员工资 3.3% 的失业保险金，由雇主和雇员各负担 50%；二是雇主的“摊款”，即雇主参加互助会，并缴纳相应费用，当企业倒闭时由该互助会支付雇员的工资；三是政府财政补贴。

(3) 医疗保险。2008 规定凡收入低于 3 600 欧元/月这条基准线的公民都必须作为义务参保人参加法定医疗保险。农民、家庭手工业者、失业者、大学生、残疾人、退休人员、投保人的配偶及其子女，只要他们的收入不超过最低限，就可以免费保险。月收入超过 3 600 欧元的公民，可以自愿参加法定医疗保险，也可以到私人保险公司投保。公务员、自由职业者、独立经营者不属法定医疗保险对象。

法定医疗保险的资金来源是投保人和雇主缴纳的保险费，国家一般不给直接补贴。1994～2004 年间，法定医疗保险的保险费用一直是在雇主和雇员间平均分摊，2004 年平均上缴费率为 14.2%。从 2005 年 7 月开始，雇员需要上缴一定比率的特殊保险费，分摊比率为 54%，雇主分摊比率为 46%；若雇员的月收入在 400 欧元以下，费率为 11%，全部由雇主缴纳。养老金领取者的医疗保险费由养老保险机构缴纳，标准为年金的4.5%。失业补助金、失业救济金和家属补助金领取者的医疗保险费，由劳动局缴纳。

在投保人及其家属生病或采取预防措施时，医疗保险提供费用或服务，以保障和恢复投保人及其家属的健康。承担的费用包括外科、内科和牙科的治疗、药品，以及无力支付的住院费用等。如果患病职工丧失工作能力，按规定发给病假费。患病期在 6 个星期内均由雇主照发工资，从第 7 个星期起病假费为正常收入的 75%，最高为 85%。法律规定，雇员在患病时有权要求雇主在其一年病假期内支付 6 个月工资，之后由健康承保单位向病员支付 78 周的津贴费用，最高不超过原工资的 85%。职工在住院或疗养期间，家庭可以得到补助。职工夫妇一方因照顾生病的孩子不能上班，可以对职工因收入减少补助 50 个工作日的工资等。

(4) 工伤保险。德国工伤事故保险承担工伤事故和职业病所带来的风险。工伤事故是投保人在工作中及上下班路上所出现的事故。职业病指投保人由于从事该职业所得的疾病。投保人一旦发生工伤事故，保险机构应提供下列待遇：补偿工伤事故给个人造成的经济损失；工伤医疗费；工伤补助金（即在 6 周内付给与其本人工资相等的工伤补助金）；抚恤金（工伤或职业病使投保者的劳动能力损失 20% 以上者可以获得该项补助）；丧葬费；寡妇鳏夫抚恤金（死者生前月收入的67%,连续领取3个月);孤儿补助(18岁以下子女可得到相当于死者每年收入20%的生活费);父母抚恤金(死者生前供养父母,其父母可以得到死者年收入30%的抚恤金)。此外,还包括预防工伤事故和职业病措施,为投保者提供就业帮助等。

德国法定工伤事故保险对象是雇员、农民、从事社会福利的人。自由职业者和独立生产者可以根据自愿加入法定事故保险,国家公务员和军人不在法定工伤事故保险的范围之内。法律规定:企业雇主有义务保证劳工的安全,企业应缴纳的工伤事故保险金全部由雇主独自承担。雇主缴纳的法定工伤事故保险金的平均费率为1.32%,呈现逐年递减的趋势。支付方式是雇主必须把工伤事故保险费缴纳到同业公会,由同业公会负责对发生工伤事故的投保者赔偿。

(5)社会救济。德国的社会救济除失业救济外,还有对病人、残废者和老年人的救济。这类救济的申请者,或为维持最低生活,或是解决特殊需要,如残废人和老年人的旁人照料等。社会扶助分两类,即生活扶助和特别扶助。享受的条件是根据社会扶助的原则,只有自身没有能力和财力获得生活费的人才有资格享受社会扶助。扶助的内容包括食品费、生活费、燃料费及杂费等日常生活费。扶助的方法有短期津贴和长期津贴、普遍津贴和特别津贴等。

德国的社会保障依据雇员收入状况实行义务保险和自愿保险相结合。其中,义务保险占主要地位,收入未达到一定标准的雇员必须参加义务保险。德国社会保障制度是建立在义务保险和由第三者(包括政府在内)提供资助或补贴作为保险金来源的基础上的,实行的是现收现付资金筹集模式。

德国这种完善的高福利制度其优点是明显的。比如,它体现了社会保障制度的根本价值,即突出社会公平,具有较强的社会共济功能。但近来其统收统支的统筹模式逐渐陷入困境,具体表现为:一是包括教育、养老、医疗等巨额福利预算项目大多数面向中产阶层,违背了“由富人向穷人”进行财富再分配的初衷。二是社会福利开支的猛增,造成了庞大的政府财政赤字,使政府不得不举债来维持“福利国家”的现状。随着人口老龄化的发展,这一问题将更加严重。三是高福利导致的高税收,增大了企业的生产成本,严重削弱了经济增长的基础。

(五)典型国家介绍——美国①

美国的社会保障制度由社会保险、社会福利、社会救济三部分组成。美国

① 吕学静.各国社会保障制度[M].北京:经济管理出版社,2001:139-141.

自20世纪30年代建立保障制度以来,已形成庞大的社会保障体系。其主要特点是:

1. 适时建立和逐步完善社会保障体系。20世纪初,随着工业化的发展、生活水平的提高,在美国引起了人们对老年生活的普遍关注。20世纪30年代的经济大萧条,使老年人生活处于最困难境地,社会退休金成了老年人的希望所在。1934年,罗斯福成立了经济保险委员会,1935年公布了《社会保障法》,1939年增加了伤残保险和老年配偶养老保险。经过几年准备,在积累了一大笔基金后,于1942年付诸实施,开始支付退休金。第二次世界大战中没有新的变动。50年代经济有了很大发展,1965年增加了老人医疗保险,1972年又增加了残疾者医疗保险。经过50多年的发展与完善,逐步形成了庞大的社会保障体系。

2. 社会保障的内容广泛,社会保障的主要形式是缴纳各种保险金①。在美国,社会保障内容涉及生老病残、衣食住行、工作学习、职业工种等各个方面,集保险、福利、安居和救济于一体,项目达数百种之多。但在覆盖面和保障水平上却不如欧洲国家的"福利型"模式高,如退休保险、失业保险等,只相当于工资的50%。保障资金的来源体现多方共同负担的原则,雇主与雇员都有缴纳保险税的责任。从支配层次上看,由国家财政直接支出和属于国家管理的社会保障费比重较大。

3. 社会保障的重点在于解决"困难"②。据统计,20世纪90年代美国在公共项目下的补贴性社会福利开支已占国内生产总值的20%,这种做法使美国绝对贫困人口从20世纪50年代末期的近4 000万人降至90年代的数千人。美国的这种着眼于解决困难的保障制度虽然并不能完全消除贫富悬殊,但却保证了大多数人的基本需要,并在一定程度上避免了福利国家普遍存在的"养懒汉"的情况。

4. 在社会保障制度的管理方面,体现了多层次的管理方式。在美国,联邦、州、地方各级都有社会保障管理机构,同时,还有遍及全国的各种类型的社会保障服务。主要是举办项目、制定标准、颁布政策、筹措资金,具体的管理与服务则主要由州与地方政府基层机构承担。与此相应,社会保障基金的管理与运营严格分开,政府部门只负责监督,而保险基金保值增值在内的运营活动则由专门的经营机构进行。

---

① 范恒山.瑞典与美国的社会保障体制[J].管理世界,1998(3).

② 范恒山.瑞典与美国的社会保障体制[J].管理世界,1998(3).

5. 保障项目的参与实行强制性与自由选择相结合的原则。对于那些涉及人们生存与基本生活需要的保险如老龄、疾病与失业等项目,美国实行法律性的强制参与办法,对于其他项目特别是同少数高标准需要有关的保障项目则实行自由选择。例如:老年法定退休保险具有强制性、贡献性和福利性,退休和医疗保险基金有正常来源渠道,能自我调整。其退休金的收支是按照现收现付、收支平衡的原则确定的,根据人口老龄化的预测、退休费支出的需要,不断调整保险税税率,通过自我调整达到自我循环正常运转的目的。

6. 发展保险公司经营的自愿投保退休金保险,吸收闲散资金增强经济实力。美国的一些人寿保险公司除经营人寿保险、财产保险、死亡保险外,还大力经营集体和个人自愿投保性质的私人退休金保险,作为法定退休保险的补充。集体退休保险,由企业雇主为雇员投保,根据企业经营好坏和雇员个人情况投保可多可少,雇员退休后逐月领取。政府通过对退休保险金免税手段予以支持,并用投资获取的利润,弥补因通货膨胀导致投保金额贬值,以保证退休者收入,增强对老年人的生活保障。

7. 严格控制失业救济金发放标准和发放时间,以利于失业者积极再就业。联邦立法规定,由企业雇主缴纳失业保险税款,雇员不缴。利率由各州自行确定,全国不统一。救济金发放时间,大多数规定需经一周等待期后方可使用,最多支付 26 周。联邦法规定,在失业高峰期可延长合乎法定救济周数的 50%,即最多追加 13 周。严格限制发放周数的目的在于促使失业者积极再就业。

8. 采取措施,增收节支,迎接老龄化的严峻挑战。美国采取的主要措施是:注重研究社会保障的管理与效率、保障目标与水平等问题,逐步提高保险税税率;退休金也要纳入个人所得税范围之内,把负担加在高收入者身上;适当降低各项福利待遇水平,使之不要紧跟工资水平的增长;利用退休基金搞投资经营,增加储备,减少年轻人的社会负担。

二、储蓄保险模式

储蓄保险模式是一种个人缴纳保险费的社会保险制度。这种模式强调雇员的个人缴费和个人账户的积累,退休者的社会保障权益来自本人在工作期间的积累,且所积累的资金通过投资基金进行运作。

(一)特点

1. 要求参加中央公积金的会员首先自立,依靠自己。

2. 在因工资收入低、存款达不到最低限额时，由家属补充，会员[1]之间并无调剂互助。这样就把个人享受的待遇和自己的努力与存款的多少紧密地联系在一起，而且基金存款越多，所享受的养老金、医疗保健等待遇也越多。因此，公积金制度具有很强的激励作用。

（二）评价

1. 这种模式具有累积性和增长性，资金供给比较稳定，在经济波动中表现出较强的抵抗能力。

2. “储蓄保险”的社会保障模式，虽然有利于树立职工自我保障的意识，充分体现权利与义务的统一，但这种模式缺乏社会统筹，不能发挥社会保障的调剂互助功能，是一种初级的原始的社会保障制度。

（三）典型国家介绍——新加坡[2]

采用这种模式的国家以新加坡为代表。新加坡中央公积金制最初只是一种简单的养老储蓄制度，后来，随着社会经济的发展和收入水平的提高，逐步发展成综合性的包括养老、住房、医疗在内的制度。会员除在达到退休年龄时才能领取养老金之外，退休前还可以在特准范围内用公积金购买住房、支付医疗和教育费用等。

新加坡社会保障制度的主体是中央公积金制度。它是通过国家立法，强制所有雇主、雇员依法按工资收入的一定比例，向中央公积金局缴纳公积金，由中央公积金局加上每月应得利息，一并记入每个公积金会员的账户，专户专储。会员所享受的待遇，只在其账户的公积金金额内支付。这种中央公积金制度的要点如下：

1. 中央公积金的筹集。中央公积金由雇主和雇员共同缴纳，政府规定所有新加坡公民和永久居民都必须缴纳公积金，并存入个人账户。自 1955 年建立中央公积金制度以来，随着经济的发展，公积金缴费比例进行了多次调整。1995 年 55 岁以下雇员和雇主共同缴纳的总比例为 40%，55 岁以上者缴费比例要低一些。另外，对缴纳公积金的基数有最高限制，也就是雇主和雇员每月缴纳的公积金最高不得超过 1 200 新币。从 1992 年开始，中央公积金计划推广到所有月收入超过 2 400 新币的自我雇佣者，规定他们必须将净营业收入的 5% 存入医疗储蓄账户，并享受医疗保健方面的福利。

---

① 新加坡中央公积金制度实行会员制，所有参与缴纳的雇主和雇员都是中央公积金局的会员。

② 吕学静. 各国社会保障制度[M]. 北京：经济管理出版社，2001：284－292.

为满足不同需求，新加坡中央公积金分设了四个账户：普通账户、专门账户、医疗储蓄账户和退休账户。普通账户和专门账户设立于20世纪70年代。普通账户的公积金可用于购置政府组合房屋（简称组屋，类似中国经济适用房）、人寿保险、子女教育支出、信托股票投资等；专门账户用于为公积金成员积累退休金，提供养老保障。1984年开始建立医疗储蓄账户，为公积金成员及其直系亲属支付住院、门诊医疗服务、缴纳疾病保险费等。退休账户建于1987年，资金来源于专门账户，在成员年满55周岁时建立，年满62岁时开始支付养老金。

2. 中央公积金的使用。中央公积金主要用于三个方面：

（1）养老保险。新加坡政府规定，除完全丧失工作能力和永久离开新加坡这两种情况下可以提前支取公积金外，必须在年满55岁并且在退休账户中保留一笔最低存款，才能领取公积金。但退休账户中保留的最低存款并不要求都是现金，也可以有一部分产业作抵押。最低存款的数额是不断调整的。如果年满55岁而退休账户中的存款没有达到最低存款额，可以通过四种途径来解决：一是55岁继续工作，可以用缴纳的公积金存款中的一半来填补最低存款；二是可以将普通账户中的存款转入退休账户；三是在子女存有超过父母最低存款两倍以上的公积金存款的前提下，可以用超过部分填补父母的最低存款；四是用现金填补自己的最低存款。如果一对夫妻联合保留最低存款，则需要指定对方为相当于最低存款的1.5倍存款的受益人，一旦一方去世，最低存款就转入另一方的退休账户，以填补最低存款。退休账户内的最低存款可以在三种投资方式中做出选择：一是向获准的8家保险公司购买养老保险，保险公司按月支付养老金，直到被保险人死亡；二是存入指定的23家银行；三是继续保留在中央公积金局。如果选择后两种方式，那么，受保人在年满60岁，也即达到法定退休年龄后，每月按一定数额领取养老金，直到用完最低存款为止。

（2）医疗保险。医疗储蓄账户主要用于支付个人或家人的住院费用，包括病房费、医生费、外科手术费、各种治疗检查费等。中央公积金中的医疗储蓄账户存款，最高限额为19 000新币，超过这个限额的缴费便自动转入普通账户。如果住院费用超过医疗储蓄账户存款，不足部分用现金支付。为了保证退休者有一定的资金支付医疗费用，新加坡政府规定雇员在55岁退休时，其医疗储蓄账户中必须保留14 000新币的存款。

（3）住房保障。中央公积金可以用于两项购屋计划：一是公共住屋计划，可以用普通账户中的存款一次性购买付清建屋发展局提供的住房，或者先向建屋发展局贷款，再用缴纳的公积金按期偿还，这项计划还允许用公积金来支付由建屋发展局组织的组屋翻新费用;二是住宅产业计划,也就是用普通账户存款购买私人住宅产业或支付相关的费用。

3. 公积金的投资和管理。公积金可以用于投资。会员可以根据自己的公积金储蓄情况,在中央公积金局提出的投资计划基础上,独立选择自己的公积金投资计划。为防止滥用公积金结余,政府还规定会员要将选择投资计划后公积金余额的99%购买政府债券。为了加强对公积金的管理,政府设立了中央公积金管理局。公积金管理局设理事会,由政府、职工代表、雇主、社会保障专家四方组成,主席由政府委任。公积金管理局的日常工作由总经理负责。政府对公积金存款无权动用,只能以政府债券的形式有偿借用并如期归还。

为了弥补单纯公积金制度存在的缺乏保险机制的弱点,新加坡政府采取了这样几个措施:一是在养老和医疗账户方面,如前所述,规定了最低存款限额。二是在医疗保险方面,1990 年开始实行健保双全计划,1994 年又推出增值健保双全计划,这两项计划相当于大病医疗保险。三是在家庭保障方面,实行了家属保障计划(旨在使会员和他们的家属一旦发生不幸事件,能有一定的经济保障以渡过难关。投保年龄可达 60 岁,每年的保费在 36 ~ 360 新币之间不等,最高投保额为 36 000 新币)和家庭保障计划(旨在保证会员在永久性丧失劳动能力或死亡时,不致因付不起住房贷款而失去住宅。凡是在公共住屋计划中动用公积金分期支付购房款的会员,必须参加该计划,但 60 岁以上者和健康欠佳者不能参加这项计划。一旦投保人发生意外,公积金局将为会员支付没有付清的住房贷款,但支付的最高限额不能超过所投保的保额)。

4. 中央公积金制度的特点①。其主要有以下几点:

(1)强化了人们的自我保障意识,上一代不给下一代留下任何包袱,避免了代际转嫁负担带来的各种社会问题。

(2)由于筹资模式是完全积累式的,避免了人口老龄化的影响和困扰,不致使国家和企业背上沉重的养老负担,不会出现退休金的支付危机和困难。

(3)公积金记入个人账户,使这一制度的透明度大,监督和约束机制很强。

(4)由于把每个人的公积金存款与本人的劳动贡献和工资收入紧密结合在一起,公积金存款越多,所享受的养老金和医疗保健待遇也越多,因此具有很强的激励作用。

(5)中央公积金结余的绝大部分用于购买国家债券,保证了资金的安全。

① 孙光德,董克用. 社会保障概论[M]. 北京:中国人民大学出版社,2000:18.

这一制度也存在一些问题，主要是仅限于家庭内部互济，难以达到社会共济的社会保障目的和“安全网”、“稳定器”作用，相对比较高的缴费率对新加坡企业在国际上的竞争力也有一些负面影响。

三、福利国家模式

所谓福利国家模式，是指欧洲一些国家实行的由国家高度统一管理和支配的社会保障制度模式。采用这种模式的国家以英国、瑞典为代表。

（一）特点

福利国家模式，实行“收入均等化，就业充分化，福利普遍化，福利设施体系化”，包括“从摇篮到坟墓”的各种生活需要在内的社会保障制度。保障金按照统一标准支付。保障基金主要由国家税收解决。其具体特点在介绍英国、瑞典时分别详细叙述。

（二）理论基础

福利国家模式的理论基础是英国经济学家凯恩斯和威廉·贝弗里奇的“收入均等化”论。福利国家模式强调社会保障的再分配功能，强调通过逐渐扩大预算来扩展社会服务。但是，福利国家模式主张的社会变革有其限度，那就是不改变生产资料的私人占有形式。所谓变革基本上是在分配领域里，虽然在分配领域的国家干预将会引起生产领域的连锁反应，但资本主义生产关系并没有从根本上被动摇。福利国家模式的最大特点就是强调权利与平等。作为福利国家模式的核心思想基础之一的“权利”概念就是指各种社会福利是作为公民权的一个内容而提出的，而不是像在英国的“济贫法”时期那样作为社会上一部分人对另一部分人的恩惠。因此，在这种新思想的指导下，每一个公民都有权获得社会福利，人们享受这些福利的同时也不再有必要对任何人（如政府领导人）或任何党派感恩戴德。另一方面，当弘扬作为一种权利的社会服务思想的同时，社会保障模式所追求的平等性也作为一种核心概念被提出了。按照平等性的原则，社会福利的提供不应该针对特殊群体的特殊需要，而应当基于人们的普遍需要。因此，在这种原则的要求之下，社会福利对象所涵盖的范围进一步扩大。

（三）评价

1.“福利国家”的社会保障模式，是建立在生产力高度发达的基础上的，与我国作为发展中国家的国情不适应。目前，实行这种模式的国家由于包揽过多，支付标准过高，已陷入严重的支付危机，现正在进行调整改革。

2.“福利国家”的社会保障模式，由于社会保障完全由国家包下来，个人不交费，不利于培养职工自我保障的意识，不利于企业实行自主经营、参与市场竞争，也不利于劳动力流动。

3. 高福利、高消费也给这些国家的经济增长埋下了隐患：

（1）长期推行高福利、高消费政策，导致消费在国民收入中所占比重过大，造成投资萎缩，最终影响经济增长的速度。

（2）福利支出增长普遍超过了经济和劳动生产率的增长速度，不仅造成财政不堪重负，而且还引发通货膨胀。

（3）为了维持庞大的福利支出，福利国家不得不实行高税收政策，不仅造成私人、企业储蓄和投资能力下降，还导致参加工作所得在扣除税收后，同不参加工作而从社会保障中获得的各种津贴之间的差距大大缩小，助长了公民的懒惰情绪，严重影响了人们的工作积极性。

“福利国家”的社会保障制度是建立在高税收、高消费、高福利基础之上的，政府必须提供大量资金。20 世纪 80 年代中期，西方发达国家政府用于社会保障的财政支出占全部社会保障费用的比重平均为 14.5%，而英国为 56%，远远高于平均水平。瑞典的社会保障也是建立在高税收之上的，基本养老金 30% 由政府财政拨款。意大利的社会保障支出已占国内生产总值的 28%，居欧洲国家之首。

（四）典型国家介绍——英国①

英国的社会保障制度以 1946 ~ 1948 年颁布的几项法律为基础，并经过历年的补充修改和逐步完善，建立起了一整套“从摇篮到坟墓”的社会保障体系。1948 年，英国正式宣布第一个建成“福利国家”。所谓“福利国家”，按照英国工党 1945 年在竞选宣言中所表示的，就是使公民普遍地享受福利，使国家担负起保障公民福利的职责。英国的社会保障制度主要包括以下几个方面的内容：

① 吕学静. 各国社会保障制度[M]. 北京：经济管理出版社，2001：172 – 178.

1.社会保险。英国的国民保险法案规定,凡是中等教育毕业后(或16岁)已经就业,但还没有到领取养老金年龄(男65岁、女60岁)的公民,都必须参加统一的国民保险,缴纳保险费;按照规定缴纳保险费的公民,可以享受养老金,疾病、残疾和生育津贴、工伤津贴等社会保险待遇。社会保险缴费标准为:工薪劳动者按其收入的9%缴费,雇主按工薪总额的10.45%缴费,独立劳动者每周缴纳4.75英镑。缴费年限为一生工龄的9/10,并且必须一年缴足50~52周。

社会保险的主要项目有:

(1)养老保险。英国退休养老制度规定,男性满65岁、女性满60岁的公民可以退休,每年缴纳50周以上保险费,累计缴纳20年者可以享受全额基本养老金。养老金包括基本养老金(2011~2012财年每周为102.15英镑)和收入关联养老金(相当于退休前全年收入的1.25%)。养老金随物价变动而调整。目前,英国近1 000万老人领取养老金,约占全国人口的1/5。

(2)失业保险。这也是一种强制性的保险。凡每周收入在58英镑以上的雇员,都必须参加失业保险。享受失业保险待遇的条件是:按规定缴纳保险费,失业非个人主观原因造成,已经在职业介绍所登记失业的有工作能力者。

(3)医疗保险。其中包括疾病、残疾和生育津贴等。因患病而不能工作者可享受疾病津贴(每周30~44.35英镑),28周后如未痊愈,改为领取残疾津贴(每周34.25英镑),受其供养的妻子和子女还可以享受一定数额的家属补助。因生育而不能工作者,享受生育津贴。

(4)工伤保险。它又分暂时性工伤津贴和永久性工伤津贴。暂时性工伤津贴按疾病津贴标准发放,对全部永久残疾者的每周津贴标准一般在38.20~95.30英镑之间,对全部残疾者标准为19.05~85.77英镑不等,此外还有38.12英镑的"不能受雇"补助;因工死亡的,其遗属可享受遗属补助,每周50.1英镑,可以领取26周。

2.社会福利。其中主要包括全民免费医疗和各种津贴。英国国民医疗保健法案规定,所有公民都可以享受免费医疗服务,其经费的85%由政府财政拨付。英国实行普遍的津贴制度,对子女年龄在16岁以下的家庭发放家庭津贴,对完全丧失劳动能力者发放严重残疾津贴,凡是年满80岁而无资格领取养老金者可以享受老人年金和高龄老人津贴。

3.社会救济。它是以国民救济法为基础而建立起来的,主要是对社会保险进行补充,对无收入者或低收入者因无能力参加社会保险而遇到的各种风险给予救助。对申请社会救济的人,要进行生活状况调查,只有符合官方规定的贫困线标准者才有资格获得救济。另外,领取社会救济还有许多附加条件,比如参加劳资纠纷的工人,不得享受社会救济,只能领取家属的社会救济。领取失业津贴期满的失业者申请社会救济,还必须以登记就业、接受当局提供的任何工作为前提条件,否则取消或降低其社会救济金标准。实际上,名目繁多、百般挑剔和伤害申请者人格尊严的所谓"生活状况调查",使许多申请者深感厌恶、望而却步,许多穷人被拒之于社会救济之外。

英国所建立的上述一整套社会保障制度,使它成为所谓的"福利国家"。现在,约有5 600万国民享受免费医疗,900多万老人享受国家提供的基本养老金,参加社会保险的100多万失业者享受失业保险待遇,16岁以下的青少年全部享受免费教育,1 200多万儿童领取儿童津贴,430万无收入或低收入者领取社会救济金。总体上讲,英国的社会保障水平是比较高的。

4. 特点。英国的社会保障制度有以下几个特点:

(1)国家统一管理。英国的社会保障事业由国家设立的卫生和社会保障部(20世纪60年代以前为国民保险部)管理,有8 000名工作人员,还有上百万的人员在各地区、地方机构中服务。529个中央、地区和地方机构开展社会保障工作。全国划分12个区,每区设一个委员会,在地方设立办事处。

(2)保障项目齐全。英国的社会保障制度号称"从摇篮到坟墓"均给予保障,覆盖面广,项目齐全,考虑到社会各个阶层的保障需求。例如,一个婴儿从出生时起直至16岁,就普遍享受家庭津贴和儿童津贴,并可免费享受教育;产妇享有生育津贴;16岁以后如果找不到工作,可领取失业救济金;参加工作后如果失业,可享受失业保险或失业救助;患病,有免费医疗,还可领取疾病津贴或补助;到了退休年龄,有养老金和老年津贴;死亡,还有遗属补助。

(3)社会保障开支庞大,社会负担重。英国实行高福利的社会保障制度,支出越来越大,负担沉重。一般由雇主和雇员各负担25%,国家财政负担50%。国家预算支出占国民生产总值的40%以上,社会保障支出又占预算支出的1/3以上。这种状况不利于国民经济的进一步发展,影响了经济的发展后劲。

英国自1979年撒切尔夫人出任英国首相后,开始大刀阔斧地对现行福利政策进行改革和调整,限制社会福利方面的开支,使"福利国家"陷入了危机。

(五)典型国家介绍——瑞典①

1. 概况。瑞典的社会保险相当普遍,瑞典公民和生活在瑞典的外国公民都

① 吕学静. 各国社会保障制度[M]. 北京:经济管理出版社,2001:164-166.

享有保险,年满11岁就可以在当地保险机构登记入保。国家基本养老金差不多每人都有。父母双亲为照顾刚出生的小孩最高可享受450天的假期和相关津贴。劳动者20~64岁之间就业之日就被列入国家失业保险,一旦失业便开始享受失业保险金,最长时限为300天,事实上很少有失业达到300天的。值得一提的是,瑞典的养老保障在欧洲国家中是首屈一指的,其高福利的基础是经济的高速增长。但20世纪70年代以后,瑞典经济一直处于衰退之中,与此同时,人口结构又在老化,政府已减少对社会保障的负担比例,但养老金在国内生产总值中的比例大幅度增加,1960年为2.8%,1971年为3.4%,1979年为9.5%。2000年为9.1%,2008为9.4%,2009年为10.2%。瑞典已跨入老龄化社会,领取养老金的人越来越多,而真正创造财富的人却越来越少。这一方面会使国家的税收收入减少,另一方面社会用于养老金和老年人的医疗费用日渐庞大,成为社会的沉重负担。瑞典人的养老金来源于雇主税,医疗费、护理费等则主要来源于税收。雇主税的增加会影响瑞典商品在国际市场上的竞争能力,不利于经济发展。至于税收,瑞典现在已经是世界上税率最高的国家之一,2000年税收总额占国内生产总值的51.4%,而欧盟12国平均只占40%。近几年来,瑞典一直在酝酿对养老金制度的改革,2012年,税收总额占GDP的比例降到了45.8%。①

2.特点。瑞典社会保障体制是福利国家模式的典型代表,其显著特点有六个:

(1)覆盖面宽、内容广、水平高。瑞典的社会保障面涵盖了在瑞典工作的所有人,不论其是否具有瑞典国籍;保障内容非常广泛,主要集中在养老金、医疗和福利方面;支付的保障费用项目繁多,而且保障水平很高。除了通过已筹集到的社会保障费外,由国家财政支付的包括办公成本在内的与社会保障有关的费用已占到20%~30%。②

(2)公平优先,兼顾效率的保障原则。瑞典保障模式大致可以分为两个层次,即所有人的基本保障和与收入相联系的保障。后者涉及内容较少。总体上说,瑞典的社会保障体现了公平优先,兼顾效率的保障原则。

(3)以福利水平为基本保障。在瑞典,由社会保险机构提供给人们的保障主要是同整个社会收入的增大或覆盖面的扩大相关,个人贡献的大小同所得到的保障没有多大关系。受保人情况相同,得到的福利也大体相同。雇员工作岗

① https://en.wikipedia.org/wiki/List_of_countries_by_tax_revenue_as_percentage_of_GDP.

② 安一民.福利国家社会保障对经济增长的影响[OL].中国宏观经济信息网,2004-03-09.

位发生变化,更换雇主,福利水平不会受到影响。在瑞典,不同条件的受保人会对应地得到不同的福利待遇。

(4)现收现付制。瑞典对于基本保险等由政府支出的补充项目基本上都采取了现收现付制度,以收定支,一般不留积累(只补充少量养老金进入积累)。

(5)从社会保障基金的收支上看,瑞典社会保障基金的主要来源是各行业的雇主方。据统计,1995年企业雇主负担的养老金和医疗等多种法定保险费率高达32.9%,①而雇员则基本上不缴纳。在支付方面,则采取现收现付、以收定支的方法。这种支付方式是与瑞典发达的经济水平和宽松的政治经济环境相适应的。

(6)政府是社会保障的支配主体。瑞典成立了统一的社会保障委员会,管理全国的社会保障体系。在统一的社会保障委员会之下,形成了国家、州、市各级政府机构与服务处所构成的社会保障网络,地方自治政府在其中也发挥着很大的作用。例如,从费用的分担上看,国家管理基本保险,特别是养老保险,而医疗和高龄者护理服务则从制订计划到提供服务全部由州、市、镇和村实行。

第二节 社会保障模式实施效果比较与分析

一、社会保障水平增长比较

社会保障水平是社会保障体系中的核心要素,社会保障体系的内在因素和外部功能都与它直接相关联并围绕着它展开。

(一)社会保障水平界定②

社会保障水平是指社会成员享受社会保障经济待遇的高低程度。它是社会保障体系中的关键要素,直接反映着社会资金的供求关系,并间接反映着社会保障体系的运行状况。社会保障水平测定指标通常为社会保障支出占国民生产总值的比重。

---

① 安一民.福利国家社会保障对经济增长的影响[OL].中国宏观经济信息网,2004-03-09.

② 穆怀中.社会保障国际比较[M].北京:中国劳动社会保障出版社,2002:110.

（二）社会保障支出水平的比较①

1. 社会保障水平的比较方法主要有两种：一是人均社会保障支出水平的高低比较法，二是社会保障支出占国民生产总值（GNP）或国内生产总值（GDP）的比例比较法（见表2－1）。

表2－1　部分国家公共社会保障支出占国内生产总值的比例

国家和地区	2000年	2004年	2005年	2006年	2007年
澳大利亚	17.32	17.12	16.52	16.09	16.02
奥地利	26.72	27.70	27.36	26.97	26.42
比利时	25.42	26.50	26.45	26.42	26.35
加拿大	16.50	17.06	17.02	16.94	16.86
捷克	19.80	19.74	19.53	19.05	18.79
丹麦	25.68	27.68	27.21	26.59	26.10
芬兰	24.34	26.04	26.12	25.91	24.93
法国	27.72	29.04	28.97	28.59	28.40
德国	26.56	27.14	27.23	26.15	25.16
希腊	19.16	19.89	20.96	21.26	21.33
匈牙利	20.44	21.76	22.81	23.06	23.09
冰岛	15.25	17.38	16.33	15.87	14.59
爱尔兰	13.27	15.96	15.76	15.75	16.31
意大利	23.28	24.68	24.98	25.09	24.86
日本	16.54	18.22	18.59	18.44	18.70
韩国	4.8	6.02	6.45	7.34	7.52
卢森堡	19.78	23.87	23.00	21.79	20.65
墨西哥	5.30	6.56	6.83	6.97	7.21
荷兰	19.78	21.15	20.71	20.30	20.08
挪威	21.31	23.35	21.71	20.44	20.80

① 穆怀中. 社会保障国际比较[M]. 北京：中国劳动社会保障出版社，2002：113－114.

续表

国家和地区	2000 年	2004 年	2005 年	2006 年	2007 年
波兰	20.75	21.66	21.28	21.01	20.01
葡萄牙	18.88	22.38	22.90	22.94	22.52
斯洛伐克	17.92	16.46	16.32	15.99	15.69
西班牙	20.44	21.16	21.41	21.40	21.58
瑞典	28.43	29.53	29.08	28.41	27.30
瑞士	17.85	20.21	20.19	19.19	18.52
英国	18.60	20.45	20.56	20.36	20.54
美国	14.46	15.88	15.83	15.99	16.20
智利	13.18	11.75	11.16	10.49	10.56
爱沙尼亚	14.06	13.55	13.16	12.78	13.00
以色列	17.08	17.11	16.46	15.93	15.47
斯洛文尼亚	22.88	22.16	21.90	21.54	20.26

资料来源:经合组织 OLIS 数据库

若采用第二种方法,运用国际劳工组织、经济合作与发展组织、世界银行等国际性组织提供的数据进行比较,可以得出以下结论:

(1)经济发展水平是社会保障支出的主要决定因素,社会保障支出水平(以人均社会保障支出以及社会保障占国民收入的百分比来度量)与经济发展水平(以人均 GNP 数值来度量)正相关;经济发达国家内部社会保障支出水平并不与经济发展水平正相关。

(2)在发达国家内部,一国的政府支出水平(政府支出总额占 GDP 的比例)与社会保障支出水平(社会保障支出总额占 GDP 的比例)正相关,社会保障支出水平(社会保障支出总额占 GDP 的比例)与本国雇员和雇主缴款比例正相关。

(3)发展中国家(拉美国家)的社会保障水平与制度年龄正相关,社会保障制度建立较早的国家社会保障水平较高。

目前,社会保障支出比重过大是世界社会保障面临的最棘手问题。事实也表明,实行"福利国家"社会保障模式的国家,社会保障体制暴露的弊端比较严重,其原因之一是社会保障支出水平过高,且居高不下。

2. 按保险福利费占财政支出的比例,将建立保障制度的国家分为三种类型(见表2-2)。

表2-2 部分国家社会保障支出占中央政府财政支出的比例 单位：%

年份	国家或地区	社会保障支出	年份	国家或地区	社会保障支出
2007	中国	0.73	2012	美国	32.13③
2008	孟加拉国	2.71	2004	阿根廷	39.94
2006	印度	—	2005	委内瑞拉	7.64
2004	印度尼西亚	5.64	2008	捷克	35.37
2008	伊朗	30.09	2012	意大利	48.54
2012	以色列	27.57	2012	荷兰	36.21
2008	哈萨克斯坦	21.72	2012	波兰	43.65
2008	韩国	21.11	2012	俄罗斯	38.67
2005	缅甸	0.83	2012	西班牙	48.03
2007	巴基斯坦	0.21	2012	土耳其	34.45
2008	新加坡	12.26	2008	乌克兰	47.44
2012	泰国	17.29	2012	英国	35.65
2008	埃及	38.96	2012	澳大利亚	32.14
2012	南非	14.50①	2012	新西兰	13.24
2012	加拿大	46.94②	2012	新西兰	13.24
2000	墨西哥	20.12	2012	新西兰	13.24

注：①2009年数据，②2007年数据，③2010年数据。

资料来源：《国际统计年鉴(2014)》。

从表2-2可以看出：

第一种，高比例的经济发达国家，如加拿大、意大利、西班牙、乌克兰、波兰等，社会保障支出占财政支出的比例在40%以上。

第二种，比例适中的部分发达国家和中等水平的发展中国家，如英国、美国、荷兰、澳大利亚等，社会保障支出占财政支出的30%~40%。

第三种，低比例的部分中等水平发展中国家和低收入发展中国家，如印度尼西亚、中国、孟加拉国等，一般在15%以下。

(三)社会保障适度水平比较

1. 社会保障水平从量上讲，有“高”“低”之分，测定标准是社会保障支出总额占国内生产总值的百分比；从质上讲，有“适度”“不适度”之分，测定标准是社会保障支出与国家生产力发展水平以及各方面的承受力相适应，应既保障公民基本生活需要又促进国民经济健康发展。

2. 社会保障支出增长速度主要取决于国民收入及国民经济增长速度，但不能超越国民经济增长，应该保持适度社会保障水平，即与社会保障的基本功能相适应。社会保障的基本功能包括：既保证社会稳定，又促进经济发展；既有利于社会公平，又有利于提高效率；既保障公民生活，又激励公民积极劳动，提高公民素质，促进社会进步。

3. 适度社会保障水平的制约因素包括：

(1)社会保障需求条件。其中包括：享受社会保障待遇的人口总量；社会保障项目的多少；社会保障程度的高低。

(2)社会保障供给条件。其中包括：国内生产总值、居民收入和储蓄、财政收入、国有固定资产、社会保障资金增值、社团和民间捐献等。

事实也表明，20 世纪 60 年代至 70 年代初，西方主要工业化国家的社会保障处于兴旺时期，70 年代中后期和 80 年代初愈来愈多地暴露出矛盾和问题，形成了对经济发展的消极制约，此时社会保障水平已不适度。

依据社会保障水平测定模型计算的结果，与西方工业化国家社会保障现实状况的吻合度很高，说明社会保障水平度的测定模型和方法有一定的合理性和可操作性。

4. 适度保障水平的功能主要有①：

(1)保证大多数人的最低生活要求，使社会保持稳定。

(2)调节社会需求，推动或抑制消费，避免高经济增长与高通货膨胀并存，推动经济发展。

(3)提高人们的生活质量，提高人的素质，促进社会进步。

(4)促进第三产业发展。

5. 社会保障水平超度的后果主要包括②：

(1)抬高企业产品成本，影响企业的再投资和国家对外竞争能力。

(2)劳动者滋长依赖、懒惰情绪，影响经济效益。

(3)财政紧张，导致一些不利的政治后果。

6. 社会保障水平超度的原因主要有以下几点：

(1)人口老龄化上升。

---

① 穆怀中. 社会保障国际比较[M]. 北京：中国劳动社会保障出版社，2002：125.

② 穆怀中. 社会保障国际比较[M]. 北京：中国劳动社会保障出版社，2002：125.

(2)失业率上升。

(3)医疗保健水平提高。

(4)政策变量和观念误差。政策变量是最关键的可控变量,西方工业化国家保障水平超度的关键是政策上保障项目过多,保障程度过高。这种政策的观念基础是误认为福利越多越进步,忽略了保障超度的消极影响。

从可持续发展的角度而言,社会保障水平并非越高越好,超越国民经济增长及承受能力的社会保障水平,即便很高,也是不可取的。因为若社会保障支出超过了财政收入的承受能力,政府将不得不通过提高税收等手段来弥补财政赤字,这时通货膨胀和失业率上升则很难避免。

与国民经济发展相适应的适中的社会保障水平线,应是在保障公民基本生活的同时,又有利于激励公民积极劳动,推动国民经济高速、健康发展。

根据国内外经验和保障法规,一些经济学家提出的社会保障水平线是:养老金一般占工资总额的30%、医疗保障费用支出一般占工资总额10%~20%、工伤及生育保障支出一般占工资总额1.5%、社会福利和优抚支出一般占工资总额1.5%,即为适度保障水平的限度。①

二、人均国民生产总值增长比较

社会保障制度近年来的"危机"主要表现在影响了国民经济的持续增长。联合国组织的"世界21世纪社会保障发展"课题组专家们认为:"关于目前所谓的社会保障'危机'问题,应该明确现存'危机'的主要起因不是领取养老金人数的持续增加,也不是由于逐渐改进医疗技术的结果,最主要的原因是经济发展速度缓慢,失业问题严重。"

统计结果表明:社会保障支出水平过高的"福利国家"的国民经济增长速度普遍低于社会保障支出水平较低的国家(见表2-3,表2-4)。

表2-3 人均国内生产总值 单位:美元

国家和地区	2000年	2005年	2010年	2012年	2013年	2014年
世界	5 453	1 241	9 513	10 513	10 684	10 804
中国	955	1 740	4 515	6 265	6 992	7 594

① 安一民.从国际社会保障模式的比较看我国社会保障制度的选择[J].数字中国,2004-3-25.

续表

国家和地区	2000 年	2005 年	2010 年	2012 年	2013 年	2014 年
孟加拉国	403	485	763	862	958	1 097
文莱	18 087	25 914	30 882	41 127	38 563	40 776
柬埔寨	299	471	783	946	1 006	1 084
印度	457	740	1 417	1 481	1 487	1 631
印度尼西亚	790	1 273	3 137	3 718	3 644	3 515
以色列	20 902	20 378	30 551	32 514	36 051	37 032
日本	37 300	35 781	42 909	46 679	38 634	36 194
哈萨克斯坦	1 229	3 771	9 071	12 120	13 612	12 276
韩国	11 948	18 658	22 151	24 454	25 998	27 970
老挝	321	472	1 123	1 408	1 653	1 708
马来西亚	4 005	5 554	8 754	10 429	10 538	10 830
蒙古	474	999	2 650	4 396	4 419	4 170
巴基斯坦	514	693	1 025	1 254	1 275	1 334
菲律宾	1 043	1 201	2 136	2 588	2 765	2 843
新加坡	23 793	29 870	46 570	54 578	55 980	56 287
斯里兰卡	855	1 242	2 400	2 922	3 281	3 631
泰国	1 969	2 690	4 803	5 480	5 779	5 561
越南	433	700	1 334	1 755	1 909	2 052
埃及	1 510	1 249	2 804	3 256	3 314	3 436
尼日利亚	378	804	2 311	2 730	2 966	3 185
南非	3 099	5 444	7 390	7 592	6 886	6 478
加拿大	24 032	36 028	47 464	52 733	52 305	50 271
墨西哥	6 582	7 824	8 916	9 819	10 318	10 361
美国	36 450	44 308	48 374	51 457	52 980	54 630
阿根廷	7 701	5 768	11 464	14 791	15 009	12 922
巴西	3 766	4 793	11 318	12 148	11 939	11 613
委内瑞拉	4 800	5 445	13 559	12 729	12 213	16 530
捷克	5 995	13 318	19 764	19 670	19 858	19 554
法国	22 466	34 881	40 709	40 853	42 631	42 736
德国	23 685	34 651	41 726	43 932	46 255	47 627

续表

国家和地区	2000 年	2005 年	2010 年	2012 年	2013 年	2014 年
意大利	20 059	31 974	35 878	34 854	35 477	34 960
荷兰	25 958	41 200	50 341	49 128	50 793	51 590
波兰	4 493	7 976	12 530	13 036	13 829	14 423
俄罗斯	1 772	5 323	10 675	14 079	14 487	12 736
西班牙	14 788	26 511	30 738	28 985	29 881	30 262
土耳其	4 220	7 130	10 136	10 661	10 986	10 543
乌克兰	636	1 829	2 974	3 855	4 030	3 082
英国	26 296	39 935	38 362	41 051	41 777	45 603
澳大利亚	21 667	33 996	51 801	67 512	67 473	61 887
新西兰	13 641	27 834	33 394	39 574	42 409	—

资料来源：世界银行 WDI 数据库。

表 2－4　国内生产总值及其增长率

国家或地区	2014 年国内生产总值（亿美元）	国内生产总值增长率（%）				
		2005 年	2010 年	2012 年	2013 年	2014 年
世界	78 688	3.6	4.1	2.2	2.4	2.5
中国	103 801	11.4	10.6	7.8	7.7	7.4
孟加拉国	1 738	6.5	5.6	6.5	6.0	6.1
文莱	173	0.4	2.6	1.0	－1.8	5.3
柬埔寨	167	13.3	6.0	7.3	7.4	7.0
印度	20 669	9.3	10.3	5.1	6.9	7.4
印度尼西亚	8 885	5.7	6.2	6.0	5.6	5.0
伊朗	4 153	4.6	6.6	－6.6	－1.9	1.5
以色列	3 042	4.3	5.8	3.0	3.3	2.8
日本	46 015	1.3	4.7	1.8	1.6	－0.1
哈萨克斯坦	2 122	9.7	7.3	5.0	6.0	4.3
韩国	14 104	3.9	6.5	2.3	2.9	3.3
老挝	118	7.1	8.5	8.0	8.5	7.5
马来西亚	3 269	5.3	7.4	5.7	4.7	6.0

续表

国家或地区	2014年国内生产总值（亿美元）	国内生产总值增长率(%)				
		2005年	2010年	2012年	2013年	2014年
蒙古	120	7.3	6.4	12.3	11.7	7.8
巴基斯坦	2 469	7.7	1.6	3.5	4.4	5.4
菲律宾	2 846	4.8	7.8	6.8	7.2	6.1
新加坡	3 079	7.5	15.2	3.4	4.4	2.9
斯里兰卡	749	6.2	8.0	6.3	7.3	7.4
泰国	3 738	4.6	7.8	6.5	2.9	0.7
越南	1 882	7.6	6.4	5.3	5.4	6.0
埃及	2 865	4.5	5.1	2.2	2.1	2.2
尼日利亚	5 685	3.5	7.8	4.3	5.4	6.3
南非	3 498	5.3	3.0	2.2	2.2	1.5
加拿大	17 887	3.2	3.4	1.9	2.0	2.5
墨西哥	12 827	3.0	5.1	4.0	1.4	2.1
美国	174 190	3.4	2.5	2.3	2.2	2.4
阿根廷	5 402	9.2	9.5	0.8	2.9	0.5
巴西	23 461	3.2	7.8	1.8	2.7	0.1
委内瑞拉	5 100	10.3	-1.5	5.6	1.3	-4.0
捷克	2 055	6.4	2.3	-0.8	-0.7	2.0
法国	28 292	1.6	2.0	0.2	0.7	0.2
德国	38 526	0.7	4.1	0.4	0.1	1.6
意大利	21 443	1.0	1.7	-2.8	-1.7	-0.4
荷兰	8 695	2.3	1.1	-1.6	-0.7	0.9
波兰	5 480	3.6	3.7	1.8	1.7	3.4
俄罗斯	18 606	8.4	4.5	3.4	1.3	0.6
西班牙	14 043	3.7	0.0	-2.1	-1.2	1.4
土耳其	7 995	8.4	9.2	2.1	4.2	2.9
乌克兰	1 318	2.7	4.2	0.2	1.9	-6.8
英国	29 419	2.8	1.9	0.7	1.7	2.6
澳大利亚	14 538	3.2	2.0	3.7	2.5	2.5
新西兰	—	3.4	1.4	2.2	2.5	—

资料来源：世界银行 WDI 数据库。

三、失业率比较

在国民经济结构中，与社会保障直接相关的另一个重要因素是失业率。正如前面引证的联合国关于21世纪社会保障发展课题组专家们所提出的：目前社会保障制度“危机”的重要原因之一是失业问题严重（见表2－5）。

表2－5 部分国家和地区近年的失业率 单位：%

国家或地区	2000年	2005年	2010年	2012年	2013年	2014年
中国①	3.1	4.2	4.1	4.1	4.1	4.1
文莱	—	4.1	2.7	—	—	—
以色列	8.8	9.0	6.7	6.9	6.2	5.9
日本	4.7	4.4	5.1	4.4	4.0	3.6
哈萨克斯坦	12.8	8.1	5.8	5.3	5.2	5.1
韩国	4.4	3.7	3.7	3.2	3.1	3.5
马来西亚	3.1	3.6	3.3	3.0	3.1	—
巴基斯坦	7.8	7.7	5.6	—	6.2	—
菲律宾	11.2	8.7	7.4	7.0	7.1	6.8
新加坡	3.7	4.1	2.1	1.8	1.7	2.7
斯里兰卡	7.6	7.7	4.9	—	4.4	—
泰国	2.4	1.9	1.1	0.7	0.7	0.8
埃及	9.0	11.1	9.0	12.7	13.2	—
南非	25.0	23.9	24.9	24.9	24.7	25.1
加拿大	6.8	6.8	8.1	7.3	7.1	6.9
墨西哥	1.6	3.5	5.3	4.7	4.9	4.8
美国	4.0	5.1	9.6	8.1	7.4	6.2
阿根廷	14.7	11.5	7.7	7.2	7.1	—
巴西	9.2	9.8	6.7	5.5	5.4	4.9
委内瑞拉	14.0	12.2	8.5	7.8	7.5	7.0
捷克	9.0	9.0	9.0	8.6	7.7	7.7
法国	8.5	8.9	9.3	9.4	9.9	10.0
德国	6.9	11.7	7.7	6.8	6.9	6.7

续表

国家或地区	2000 年	2005 年	2010 年	2012 年	2013 年	2014 年
意大利	10.2	7.7	8.4	10.6	12.1	12.7
荷兰	2.6	5.9	5.0	5.8	7.2	7.4
波兰	14.0	18.2	12.1	12.8	13.5	—
俄罗斯	10.7	7.6	7.5	5.5	5.5	5.2
西班牙	14.1	9.2	19.9	24.8	26.1	24.5
土耳其	6.6	10.6	11.9	9.2	9.7	9.9
乌克兰	11.7	7.2	8.1	7.8	7.4	9.3
英国	5.5	4.8	7.9	8.0	7.6	6.2
澳大利亚	6.3	5.0	5.2	5.2	5.7	6.1
新西兰	5.9	3.9	6.7	6.9	6.1	5.8

资料来源:国际货币基金组织 IFS 数据库。

注:①城镇登记失业率。

统计结果表明,社会保障支出水平相对较高的“福利国家”的失业率,高于社会保障支出水平相对较低的采用投保资助模式的国家。

四、社会保障模式的经济效应分析

从以上社会保障水平增长比较、人均国民生产总值增长比较和失业率比较,我们可以看出:

第一,在社会保障支出水平上,采用福利国家模式的国家高于采用投保资助模式和储蓄保险模式的国家。

第二,在人均 GNP 增长上,采用福利国家模式的国家低于采用投保资助模式和储蓄保险模式的国家。

第三,在失业率上,采用福利国家模式的国家高于采用投保资助模式和储蓄保险模式的国家。

社会保障水平的社会经济效应比较,除了社会保障水平、人均 GNP 增长率、失业率等内容比较外,还有财政支出、国内储蓄、国内投资、私人消费、通货膨胀等内容比较,在此不再一一叙述。

第三节　典型国家社会保障制度的改革及对中国的启示

前述介绍的典型国家的社会保障制度不仅历史悠久,而且也是当今世界各国社会保障制度中比较典型的制度。虽然现在欧洲各国社会保障制度在运行中遇到了不少困难和问题,但深入比较和研究各国社会保障制度,对促进当前我国社会保障体制的改革仍具有重要的借鉴价值和现实意义。

一、一些国家近年来的社会保障制度改革

(一)德国的社会保障制度改革①

从20世纪90年代初,德国在以科尔为首的联合政府执政期内,围绕社会保障改革的核心问题——筹资体制改革进行了有益的尝试。1998年10月,以施罗德为首的联合政府上台后,提出要跨越左派与右派,在传统的福利国家和竞争的市场经济国家之间执行"新中间派政策",即走"第三条道路",在社会保障方面,要保持最低社会保障标准;改革公共服务,使效率最大化;关注贫困和社会排斥现象;不要对福利产生依赖,而应建立一种促使所有公民都工作而不依赖救济的现代社会保障体系;强调社会保障既是每个人的权利,也是每个人的义务。在1998年10月社会民主党和绿党共同签署的名为《觉醒与革新——德国迈向21世纪之路》的联合执政大纲中,新政府主张在保住社会保障制度的核心——社会保险制度的情况下,对社会保障制度进行适度改革和调整,以减轻国家财政负担。采取的具体措施有:开辟就业领域,如社区服务等,使领取失业和社会救济金的人尽快就业;扩大投保人员范围,先是让所有就业人员承担保险义务,逐步过渡到全体公民;建立有期限的老年预备金,以解决2015~2030年间的人口老龄化问题;进行医疗改革,提高医疗质量和降低费用。

总之,正如施罗德总理在其政府声明中所说的那样,社会保障网必须成为一个跳板,任何一个暂时需要支持的人,应该能够从这一跳板迅速地重返自己

① 俞会新,刘东华. 21世纪西方社会保障制度改革趋势[J]. 经济纵横. 2002(7).

负责的生活。

（二）美国的社会保障制度改革

从20世纪70年代开始，尼克松政府就开始旨在减少开支与调整机制两个方面的社会保障改革。里根政府按照推行私有化的思路对社会保障制度进行了进一步改革，如所有的工资收入者，包括已经参加公共养老金计划的人，都可以设立个人养老金账户，政府对此给予一定数额的免税优惠；另外，里根政府还将退休年龄从65岁逐步提高到67岁。老布什政府继承了前任的改革思路，即以市场化为机制调整的基本方向，尽量削减开支，实现由保障向工作的转化。

在前届政府社会保障制度改革的基础上，克林顿政府继续推进了改革。1996年7月，美国众议院通过了克林顿政府的社会保障改革方案，其主要内容包括：领取社会福利的最长期限为5年，并且需要在两年内找到工作；冻结赠款，由州政府决定如何使用联邦政府的援助资金；18岁以下的单亲母亲必须在校或与监护人居住在一起才能得到福利金；未成为公民的合法移民不能获得联邦政府的福利金；限制福利开支等。

据专家测算，如果不进行改革，美国的社会保障制度15年后将入不敷出，出现赤字，到2037年，美国政府将无力支付养老金。[①] 面对严峻的形势，美国总统布什于2001年5月专门成立了一个由16人组成的“加强社会保障总统委员会”。布什改革计划的核心内容是：允许社会保障制度的受益者利用部分社会保障税设立可以投资于金融市场的私人账户，以获得较高的回报率，从而弥补社会保障未来的开支不足。但金融市场的风险太高，布什的方案是否会危及退休人员及其他社会保障受益者的生活，在美国引起广泛讨论。

（三）日本的社会保障制度改革[②]

1998年6月，日本中央社会福利审议会、社会福利结构改革分会向厚生省社会援助局提出了《有关社会福利基础结构变革》的报告，明确指出日本的社会福利政策正在发生一场前所未有的变革，从重工作到重生活，从主要目的在于满足扶贫、济贫、防贫的社会保障制度到满足国民的多样化需求的改革势在必行。

日本政府从20世纪90年代初就开始着手改革、完善医疗保险制度。如适

① 吕学静.各国失业保险与再就业[M].北京：经济管理出版社，2000：274－276.
② 吕学静.各国失业保险与再就业[M].北京：经济管理出版社，2000：274－276.

当调整各方之间的医疗负担比例，将健康保险费从月工资的8.2%提高到8.5%，将被保险者自己负担的医疗费部分从10%提高到20%，并对70岁以上老人的医疗费做了不同程度的调整，增加了部分收费。1994年11月第131次临时国会确定，从2001年开始，将原来由60岁开始享受全额年金改为65岁。具体操作方法为：从2001年开始，男子享受年金的年龄每3年调高1岁，到2013年完成；女子实施时间比男子推迟5年。另外，2000年3月底由日本众议院通过的法案将企业职工的年中、年末奖金也纳入了收取养老保险费的范围，并将报酬养老金部分削减了5%。

为解决老人护理问题，从2000年4月开始实施的护理保险制度，是近年来日本在社会保障领域实施的一项重大改革。护理保险制度的对象是40岁以上的人，分第一种保险人（65岁以上的老人）和第二种保险人（40~64岁参加医疗保险的人）。护理保险的投保人平均每月缴纳2 500日元的保险费，一旦得病卧床不起就可以申请护理。护理保险服务是包括保健、医疗和福利在内的综合服务。建立护理保险制度的主要目的是建立一种便利、公平和高效的援助体系，提高保险费的使用效率，并引进竞争机制，充分发挥民间的力量。

（四）英国的社会保障制度改革

英国的社会保障体制改革始于20世纪70年代末，保守党撒切尔政府以及其后的梅杰政府，对英国的社会保障制度改革进行了大胆而有益的尝试。布莱尔领导的工党执政后，于1998年4月公布了题为《我们国家的新动力：新的社会契约》的绿皮书，大体勾画了到2020年英国福利国家制度的发展蓝图。其中提出了新福利制度的8项原则：围绕“工作观念”重塑福利国家；公私福利合作；提供高质量的教育、保健和住房公共服务；扶助残疾人；减少儿童贫困；帮助极度贫困者；消除社会保险中的欺诈行为；将政府的工作重心从发放福利津贴转向提供良好的公共服务，使现代福利制度灵活、高效、便民。在具体政策上，布莱尔工党政府首先将社会保障制度的重点转移到促进就业、扶助弱势群体方面：为促使“不工作阶层”去工作，将“寻找工作”作为领取社会补贴的必要条件，对雇用新职工的私人企业提供政府补贴；通过职业教育或培训解决年轻人及长期失业人员的就业问题；通过增加工资的形式直接向低收入家庭支付税收信用，改革可能增加贫困和失业的收益制度。其次，继续改革社会保障制度，引入私营要素，杜绝欺诈行为。例如，从1997年4月起，英国的雇主可以选择是否继续为其雇员缴纳“法定疾病保险费”，如果他可以提供其他方式的足够的保险，就可以要求雇员退出国家的保险安排。

总体看,布莱尔工党政府改革的目的是使社会保障制度更有效地为政府的目标服务:提供更多的机会,促进就业,增加投资以维持经济的持续增长,鼓励公民的独立性,促进良好的社会团结;建立一种有活力的社会保障制度用以支持工作和储蓄,同时有效地解决社会不公正和不平等现象。

(五)瑞典的社会保障制度改革

20 世纪 80 年代以来,在福利国家财政危机和世界经济自由化浪潮的压力下,瑞典的主要政治力量逐渐达成共识:政府必须把经济发展和充分就业放到政府经济政策的核心位置,在社会保障制度方面完成从强调基本社会权利向促进就业方向的转化。围绕就业这一核心,瑞典政府采取了一系列的改革措施:首先,在社会保障制度中加入就业指标,使"愿意就业"成为享受社会保障的基本条件,失业者必须参加就业培训或在职业中心登记才能领取失业津贴,就连领取社会救济和残疾人福利的人也必须证明自己已经尽力工作了;其次,在社会保障改革中,年轻人和成年人的优先性得到了重视,在原有体制中他们被假设只需要较少的保障服务,改革中的体制越来越重视对成年人的再培训和终身教育,以利用社会保障促进劳动力流动和提高工作动力。另外,在特别强调工作和培训的同时,为减少非正式就业,提高工作热情,瑞典大幅度地降低了边际税率,减少了高收入阶层的税收。

此外,瑞典正在进行养老金制度改革。新的养老金量将根据每个人一生工作年限的总收入确定,除了同收入相关外,照料孩子、国民服务及接受高等教育的时期也被考虑在计算养老金量的年限范围内。根据新的制度,退休养老金将与残疾养老金分开,但这些保险均为强制性的并为社会保障机构统一管理。这一保险方案部分适用于 1935 ~ 1953 年出生的人,全部适用于 1954 年及以后出生的人。按新规则的第一笔养老金从 2000 年起开始支付。①

二、世界社会保障体制改革的趋势

从上述 5 个西方国家的社会保障制度的改革情况,可以发现这些国家的社会保障制度改革有以下趋势。

① 俞会新,刘东华. 21 世纪西方社会保障制度改革趋势[J]. 经济纵横. 2002(7).

（一）增收节支，提高效率

增收节支，提高效率，即增加社会保障的财政收入，相应减少其支出。例如，提高社会保障的费率，增加社会保障缴费基数；延长退休年龄，削减一些社会保障项目的开支；加强管理，提高社会保障工作的效率和社会保障资金的使用效率，避免浪费；等等。

（二）促进就业，支持培训①

越来越多的西方国家接受了将促进就业作为社会保障的重要职能，纷纷将失业保险及救济待遇与是否愿意就业挂钩。另外，还通过支持培训来促进就业。例如，英国对参加培训并取得资格证书的失业人员，分别按资格等级增加失业保险给付；德国的失业保险费支出中，除60%用于保险给付外，剩余40%中的大部分被用于职业培训、补助企业雇用费等促进就业的工作中。

（三）增强社会保障制度的激励作用

通过将养老保险、医疗保险同个人的工作收入挂钩等措施，激励社会保障对象多劳多得，尽量避免不劳而获的福利病。

（四）社会保障体系私营化，充分调动民间力量

西方国家正在尝试缩小政府对社会保障范围及项目的干预，而是把有关项目转给非政府机构来管理运作，政府只制定政策法规，最终通过法律来调控社会保障制度。另外，类似日本护理保险的改革日益看重民间力量对社会保障的贡献。

三、西方国家社会保障制度改革对我国的启示

中国社会保障体系的模式选择问题已经成为制约中国经济改革与发展的重大问题。中国市场经济体制的发展和完善，客观地要求建立一套与之相适应的完善的社会保障体系，因此，在推进中国的经济体制从传统的计划经济向社会主义市场经济转轨的进程中，必须要高度重视社会保障体系的转轨。如果没

---

① 李天德．欧洲国家社会保障制度及其启示[J]．社会保障制度，1998(2)．

有对社会保障模式后面所隐含的意识形态给予清醒的认识，就很难保证社会保障各种具体政策和方法所具有的内在一致性。建立和完善社会保障制度是我国当前面临的主要任务之一。从上述对西方社会保障模式的介绍中，我们可以得到以下启示。

（一）以建设有中国特色的社会主义理论为思想基础构建我们的社会保障模式①

自由主义、保守主义以及社会民主主义构成了各个发达国家社会保障模式的思想基础，因此，要建构中国的社会保障体系，就应当以建设有中国特色的社会主义理论为思想基础，探讨诸如政府、市场与社会的关系，社会保障与个人自由等一系列原则性的问题。因为如果缺乏对这些原则性问题的系统而正确的认识，社会保障体系中的各种具体设计就可能会缺乏内在逻辑的一致性，甚至会导致相互的矛盾与冲突。因此，要使我们的社会保障体系能最大程度地发挥促进生产力发展的作用，我们必须以建设有中国特色的社会主义理论为指导，认真把握社会保障体系中的一些原则性的问题。

（二）正确认识社会保障中政府、市场与社会的关系与作用

计划经济下我国的社会保障是以政府的行政手段为主要的实现社会保障目标的工具。也就是说，从社会保障模式的实现手段来看，过去我们基本上是靠政府的行政性指令来实现对社会资源的调拨和分配的。政府的行政性的指令不仅指涉及与人们的物质需要密切相关的制度，如统购统销制度、劳动力迁移和户籍管理制度、城市价格补贴制度等，而且直接体现在与人们的精神需要（如个人声望的提高）密切相连的政治动员和思想教育方面。例如，在当时特定的历史条件下与个人获得较多的生活条件（工资、住房、提职等）相联系的是个人政治或思想标准上的变化，如参军、成为劳动模范或思想学习的标兵、升学、入团、入党等。要建设社会主义市场经济，国家对物质、精神资源的垄断地位就必须改变，而一旦国家对物质、精神资源的垄断地位被打破，国家就不可能也没有必要像过去那样依靠单一的行政手段解决社会保障问题。因此，在新的背景下，我们应当正确地认识政府、市场与社会的关系与作用。如果没有对政府、市场与社会的关系与作用的认识，我们就难以把握政府行为的边界和市场、社会活动的空间。

---

① 韩德敏.西方社会保障模式的思想基础及影响[J].中国社会保障，2002(1).

(三)确立社会保障模式的普遍主义原则

由于在改革开放之前我国的社会保障很明显地是以个人身份和职业为基础的,因此,一个人是农村户口还是城镇户口,是在全民所有制还是在集体所有制单位就业,是党员干部还是普通群众,这些个人身份和职业标志很大程度上决定了个人享受社会保障的状况。追求公平应当是社会保障制度追求的首要价值目标,但是以个人身份和职业为基础的社会保障模式在二元结构的社会背景下不是缩小了不平等程度,而是巩固和强化了不平等。例如,医疗、工伤保险和交通副食补贴等社会保障只是被城镇居民所享有,农村居民享受不到同样的待遇。

因此,中国的社会保障不应当是基于身份和职业等标志将人分为三六九等,不同等级的人可以享受不同标准的社会保障,而应当确立社会保障的普遍主义原则,即一个人享受社会保障,不是因为他是城里人(有城镇户口)、是国有企业职工、是党员干部,而只是因为也仅仅只是因为他是中华人民共和国的公民。公民身份应当是享受同样水平的社会保障的唯一基础。

(四)社会保障水平的确立要适应我国的生产力水平和经济实力

我国是发展中国家,虽然经过改革开放,近几年国民经济有较快的增长,但生产力水平仍然不高,加上人口众多,特别是拥有8亿农民,城乡差别较大,应当在社会保障水平的设定方面充分考虑我国的基本国情,遵循社会保障水平应与经济承受能力相适应的客观准则,科学合理地界定社会保障的分配层次和总体水平。

四、我国今后社会保障制度模式的选择

从以上对三种模式的探讨看,以新加坡为代表的储蓄保险模式固然有激励性强的优点,但互济性差,而福利国家模式也不能作为我国今后选择的社会保障模式,这不仅仅是因为我国的经济发展水平还不够高,不能像欧洲国家那样实行全面的、高水平的社会福利保障制度,更重要的原因还在于这种模式牺牲了社会效率,这一点正是我们在建立新制度时应该力图避免的。但是福利国家模式中的某些具体做法,例如它们完善和发达的社会保障管理和服务网络体系,以及社会法律保障体系等,都是值得我们很好学习和认真研究的。

从上述对三种模式经济实效的初步比较来看,应该把投保资助模式作为我

国今后社会保障制度的基本目标模式。其理由有以下四个:

第一,投保资助模式所遵循的“公平与市场效率相结合”原则,是符合我国客观经济发展的实际需要的。我国目前社会保障制度的不完善性,就主要表现在它仍然没有充分地体现公平性与效率性原则,如城市与农村的社会保障内容与水平的不一致性,地区及部门的不一致性等。虽然这些差别是目前我国客观现实的反映,但长期下去,必然会阻碍社会保障制度效率的发挥。因此,在今后的改革中,我国社会保障制度也应逐渐改变目前的分散局面,实行由个人和企业单位向国家缴纳各种保障税,并由国家统一管理和支配的保障制度。

第二,投保资助模式的成功之处还在于它对社会保障制度的管理方面。美国所实行的是一种多层次的以社会管理为主的管理体制。这一管理制度赖以建立的基础与我国的国家、省市(自治区、直辖市)、县区等多层次的社会结构有许多相似之处。随着我国法制的进一步加强,对我国社会保障制度的管理也要逐渐实现统一化。美国的管理模式是一种值得我们借鉴和采纳的模式。

第三,在社会保障的方法上,投保资助模式实行一种以强制为主、以各种税收为集资手段,同时实行某些项目的自由选择的参与方式,这也符合我国今后的发展需要。我国目前提倡“社会统筹与个人账户相结合”的方针,主要是由我国当前的经济状况所决定,政府不可能承担全社会的保障内容,实际上主要的保障项目还是由企业和个人自己承担。但从根本上讲,政府在社会保障体系中起主导作用,才能使保障制度的作用得以充分发挥,否则制度的效率原则就难以体现。“保险型”模式在这方面提供了许多宝贵经验。

第四,从投保资助模式的社会保障内容和保障水平来看,以美国而言,所涉及的社会保障内容虽然也有数百种,但各项目的覆盖面与保障水平,却远不像福利国家模式那样范围广且水平高。这一差别的存在,就美国来说并不是出于对经济发展水平的差别的考虑,而是出于效率的考虑。适度的保障内容和程度可以提高人们的生产积极性,保持经济的稳定发展。我国在建立新的社会保障制度时,一方面在考虑到我国的实际经济发展水平,不可能实行全面覆盖的社会保障,即使是参照投保资助模式,也不可能实行与美国一样程度的保障内容,而只能根据我国的实际情况来确定适合的保障内容。另一方面,考虑到社会保障制度本身对经济发展的影响,我国更应该慎重确定一个适度的社会保障内容体系,参照投保资助模式的一些具体做法,结合我国的实践,确定出适合我国自身需要的社会保障内容和保障水平,建立一个科学合理的既体现公平又体现效率的社会保障制度。

本章综合案例

记者与拉什一家

——瑞典:高福利依赖高税收

刚来瑞典时,在我学习瑞典语的班上,有一个来自墨西哥的移民,尽管他来瑞典的时间不长,但小伙子的妈妈是瑞典人,所以他的瑞典语很好。我奇怪他为什么不去找一份工作,而要和我们这些初学者一道从头学起。原来,像他这样的新移民,政府每月会支付4 000克朗作为基本生活费,鼓励他们学习瑞典语,而一旦他们开始工作,便不再享受这份福利。由此可见,瑞典的高福利就像它的高税收一样,无处不在,福利之手随时准备向你伸过来。

瑞典拥有一套"从摇篮到坟墓"的庞大社会保障体系。自1928年瑞典社民党提出"人民家园"理念以来,社会福利普遍享用的原则得到贯彻。在长达半个多世纪的经济发展过程中,瑞典逐渐建立起了一套"从摇篮到坟墓"的内容复杂、体系全面的庞大的社会保障制度,包括儿童津贴、病假补助、医疗保障、住房补贴、失业救济、养老保险等。瑞典的全面社会福利不仅体现在人的生命周期中,更在物质和闲暇方面提高了瑞典人的生活质量。甚至有工会人士说,"那种为每日的面包而斗争的时代已一去不复返"。

记者的朋友拉什一家三口,是典型的瑞典家庭。拉什30多岁,哲学博士,在政府部门上班,妻子西西丽亚在公司工作,女儿娜塔莉14岁,读初中。谈到瑞典的社会福利,他们说从实物性社会服务(如医疗、教育等)到现金性福利支付(如养老金和家庭津贴等),生活中一刻都离不了。

每个孩子从呱呱坠地时起,就进入了社会保障网。现金性福利支付包括每月的儿童津贴,直到16岁,16岁后享受教育津贴。以前,娜塔莉的儿童津贴为每月750克朗,到2001年长到950克朗,这笔收入是不用纳税的。由于当时西西丽亚在校读书不挣工资,娜塔莉7岁前去幼儿园几乎等于免费,幼儿园里还有一顿免费午餐。一般孩子进幼儿园的收费根据父母的收入而定。从小学直到大学,则是全部免费。

上大学以后,可以申请教育贷款,政府以此鼓励人们深造。大学在瑞典只是普及教育,所以瑞典人口素质很高。这种贷款被瑞典人称作"光荣贷款",最终还得清的人不多。西西丽亚1995年前一直在大学读书,那时政府除不收学费外,在校期间每月还发6 600克朗。其中2 000克朗作为助学金是不用偿还的,其余部分是贷款则要在工作后将逐年还清。不管你在学校贷了多少钱,工作后将逐年以年收入的4%还贷。如果你在学校时间较长,可能这笔钱一辈子都还不清,因为65岁后就不用再还任何政府贷款了。这种制度并不鼓励在校大学生打工,假如你利用寒暑假打工挣的钱超过一定数额,政府就会扣除生活补贴中白给你的那部分。

退休后就要领退休金。退休金的组成分两部分:一是基本金部分,二是附加金部分。基本金部分大家都是一样的,而附加金部分则体现多劳多得的原则。如2001年实行的新政策规定,每人工资的18.5%留作退休附加金部分,工资越高,工作时间越长,退休金拿得就越多,而且其中的2.5%将作为"储备保险金"存入自己的账户,个人可决定进行投资的方向。新制度强调,退休金与人一生的收入挂钩,个人对自己今后负责,它不仅将提高个人的工作积极性,同时还可减轻政府的财政负担。拉什的家乡是瑞典南部一个小城,母亲曾是邮局职员,现在每月退休金约9 000克朗,不算很高,主要因为拉什9岁后妈妈才开始上班,而且是每周75%的时间工作。不过她可以领取已故丈夫的部分退休金。而且,瑞典的退休老人还可以享受许多减免待遇和生活便利。比如,进收费的公共场所或乘坐汽车,只收取80%的费用;老人院里的三餐和起居都有专人负责,行动不便的老人一个电话便可以找到专职护士上门服务,费用则由政府负担;待在家里的老人如生病,他的任一亲戚甚至是朋友每年可以有两个月的带薪假期来照顾老人,需要长期照看的,则可在社会保障署领取一定的补助金。

瑞典的医疗体制是全民保健。14岁以下孩子看病完全免费。瑞典医疗收费分两部分:一是挂号费。社区医院挂号费为120克朗,专家号最贵可达250克朗,年累计挂号费超过900克朗的部分由政府承担。二是医药费。医生开处方后到药店买药,每年的药费累计超过3 000克朗的部分也免费,但看牙医自己负担的费用为6 000克朗。瑞典十分注重新生人口质量,孕妇的一切医疗检查乃至生产等都有医院提供最好的免费服务。这里的婴儿死亡率为0.7%,是世界上最低的。西西丽亚生下娜塔莉后,按规定可以休一年产假,产假期间领取工作时薪水的80%。因病假不能工作的,14天以内,单位付全额薪酬;3个月以内的,付80%;超过3个月的,则由社会福利局支付。一位朋友得了癌症做化疗,在家休养拿到的钱与上班时只相差几百瑞典克朗,而上下班所花费的汽油费还不止几百克朗。

失业保险主要有两种形式,但都要个人负担一部分。拉什现在每年交1 000

克朗的失业保险金给社会保险机构;还有一种是加入行业工会后缴纳会费,每月200~300克朗,这样失业后就有工会来负责进行再就业培训,发放相应补助等。如果他不幸失业,在前15个月里每月能领取相当于原来薪水80%的失业救济,以后逐年递减。

瑞典对残疾人的关照更是无微不至。公共场所有残疾人专用厕所;许多宾馆里,还有专供残疾人使用的房间;停车场最方便的地点是残疾人专用车位;在转了几圈也找不到车位的斯德哥尔摩大街上,有朋友开玩笑说,我就停在残疾人车位然后装瘸下来吧。不行,残疾人有自己的专用车。残疾人福利政策的首要目标是使他们和正常人享有均等的机会,包括就业机会。如果企业雇用了残疾人,可以得到政府补贴,并可以申请补助改造工作场所以方便残疾员工。

瑞典人之所以能享受到这么好的福利,除了有雄厚国力为后盾外,也是羊毛出在羊身上。高福利的背后是高税收。月收入超过6 000克朗就得向政府交税,收入越多,交税的比例越高。拉什月收入25 000克朗,需交30%税款,净收入约17 000克朗,而他的雇主还要为其缴纳35%的雇员税。拉什还要缴纳几种特别税费,如20世纪90年代初瑞典政府为弥补巨额赤字,规定个人收入的5%缴纳"赤字"税,现在有所降低,但仍继续收。

谈到高税收问题,拉什夫妇说,其实说到底,我们交的钱也都用在了娜塔莉身上,还有我们失去劳动能力以后的费用。税收的很大部分投资于义务教育,培养出来的高素质人才反过来为企业和社会发展做贡献。人们普遍认为,为维持瑞典著名的"从摇篮到坟墓"的福利制度和社会和谐,高税收是一种能够接受的代价。一旦高税收体系无法维持,福利制度就不会像过去那么慷慨。

高福利使政府负担沉重。目前,瑞典政府将46%的国民生产总值用于维持福利支出,这一比例居世界之首。另外一个压力将是,在人员和公司比过去任何时候都更容易流动的时代,将有越来越多的商界人士反对高税收制度。一些公司已经将总部迁出瑞典,或至少迁出一部分,以逃避国内的高额税率。而且福利过多过滥、过于慷慨,无疑会鼓励懒汉,大家都只想索取,却不想奉献,导致生产率下降。瑞典前任财政大臣威波尔一针见血地指出:"我们虽然并不想放弃建立一个美好的福利体系的理想,可我们却破坏了建立这种福利体系的基础。"

然而,国家健康与福利局的高级官员莫恩·罗塞则认为,瑞典的福利体制虽然存在弊端,但多少年来,人们对这套庞大的福利体制有着充分的信赖,如果现在人们失去信心，再也不愿交税，再也不愿为福利做贡献，那才是福利体制的真正危机。不可避免的后果将是贫富差距拉大，而且很有可能会加剧贫困，导致犯罪率上升。

资料来源：刘仲华（人民日报驻瑞典记者）.《人民日报》第七版. 国际周刊，2001－04－27。

▶讨论：针对中国的经济状况与社会保障水平，你认为应该如何评价瑞典的高福利高税收的做法？请提出你的观点。

本章小结

1. 随着社会保障理论的发展，各种社会保障模式相继建立起来。投保资助模式、储蓄保险模式、福利国家模式这三种社会保障模式是世界社会保障制度形成和发展过程中形成的几大模式，每一种模式都有其特点和典型国家的实际运行。

2. 社会保障水平是指社会成员享受社会保障经济待遇的高低程度。它是社会保障体系中的关键要素，直接反映着社会资金的供求关系，并间接反映着社会保障体系的运行状况。社会保障水平测定指标通常为社会保障支出占国民生产总值的比重。

3. 社会保障制度是经济运行过程中的必要因素，不同的社会保障模式会产生不同的经济效应。社会保障水平增长、国民生产总值增长、失业率状况等是社会保障经济效应分析的直接或间接因素。

4. 世界各国社会保障体制改革趋势为：增收节支，提高效率，即：增加社会保障的财政收入，相应减少其支出；促进就业，支持培训；增强社会保障制度的激励作用；社会保障体系私营化，充分调动民间力量。

5. 西方国家社会保障制度模式对我国的启示有：①以建设有中国特色的社会主义理论为思想基础构建我们的社会保障模式；②正确认识社会保障中政府、市场与社会的关系与作用；③确立社会保障模式的普遍主义原则；④社会保障水平的确立要适应我国的生产力水平和经济实力。

关键概念

投保资助模式　储蓄保险模式　福利国家模式　社会保障水平　社会保

障支出水平

适度社会保障水平　国民生产总值　人均国民生产总值　失业率

思考练习题

1. 社会保障模式的种类及其特点有哪些?
2. 社会保障水平适度和超度的效果是什么?
3. 社会保障模式国际比较的价值和意义有哪些?
4. 社会保障水平的整体经济效应如何?
5. 世界社会保障体制改革趋势是什么?
6. 西方国家社会保障制度模式对我国有哪些启示?
7. 中国应如何选择社会保障制度模式?

第三章 社会保障基金管理国际比较

CHAPTER 3

学习目的与要求

通过本章的学习，要求掌握社会保障基金的三种筹集模式——现收现付制、完全积累制（基金制）和部分积累制；比较各种模式的优缺点；正确认识社会保障基金管理在基金分担的类型、分担方式、基金管理方式、管理类型以及社会保障基金投资运营及监管等方面的国际比较；了解世界上几个典型国家的社会保障基金管理；借鉴国外经验，结合我国实际情况，以求建立适合我国国情的社会保障基金管理、运营、监管制度。

第一节　社会保障基金筹集模式比较

社会保障基金是国家依据法律和政策规定，通过法定程序，以各种方式强制建立起来的用于实施各项社会保障制度的货币资金。社会保障基金是国民收入的再分配，是社会保障制度得以正常运行的物质保证，包括社会保险、社会救济、社会福利三种基金。

一、社会保障基金筹集模式的类型

从社会保障发展历史来看，目前世界上主要有三种筹资方式：现收现付制、完全积累制（基金制）和部分积累制。下面分别介绍这三种筹资模式的特点。

(一)现收现付制

所谓社会保障基金现收现付管理制度,是指个人的养老、医疗、失业、工伤和生育等社会保险基金采用以支定收的统一征收管理和统一使用的管理方式。这种模式以德国最为典型,故又称为"德国模式"。这是一种以近期横向收支平衡为指导原则的基金筹集方式,以规定收益方式实施,由社会保障机构按所需支付的保险金总额进行社会筹资。一般由雇主和雇员,或是全部由雇主按照工资总额的一定比例缴纳社会保险税或社会保险费。这种筹资模式要求先做出当年或近几年内某项社会保障措施所需支付的费用预算,然后按照一定的比例分摊到参加社会保险的单位和个人,当年提取当年支付,一般不留余额。这种模式一般以支定收,在实际执行时会有一定余额,其实质是工作的一代人赡养退休的一代人。现收现付制管理模式生成的基础是社会人口压力较小,人口结构较年轻,国家经济实力较强,以及全国具有较完备的税收征收体系,同时国家还必须有较完备的养老法律和养老基金管理制度等。西欧一些高福利制的国家在相当长的一段时间内都采取过现收现付制的社会保障基金管理制度。

(二)完全积累制

所谓社会保障基金个人账户完全积累制模式,是指劳动者个人在劳动期间进行个人社会保障基金缴费和个人账户积累,劳动者退休以后,个人的社会保障权益来自本人在工作期间的个人缴费的积累,并且积累的资金通过投资基金进行运作。以个人账户为主导的社会保障基金管理模式的主要特点是,社会保障基金完全由个人提供,并且具有积累性和增长性,资金供给比较稳定,在经济波动中表现出较强的适应能力。

这种管理模式的特征有:一是建立个人账户,雇主与雇员的缴费全部计入雇员的个人账户;二是养老金支付是缴费确定型;三是个人账户积累基金进行投资运营,投资回报率直接决定退休后的养老金水平。这种社会保障基金管理模式以新加坡和智利为代表。采用社会保障基金个人账户管理模式的成因是本国的政治经济环境巨变或者人口老龄化速度加快,原来的现收现付制的社会保障基金管理模式完全无法保证劳动者的社会保障要求,导致社会保障基金缺口不断增大,现收现付管理制度基本崩溃,无法维持,最终导致政府把社会保障基金管理模式的重点转向个人和市场。这种管理模式的优点是充分动员了个人参与社会保障基金管理的积极性,并且通过个人提供社会保障基金,使得基金具有完全的增长性和积累性。与现收现付制的社会保障基金管理模式相比,这种基金管理模式更接近于市场经济的体制,更加适用于发展中国家和经济实力不太强、人口压力较大以及经济体制转轨的国家。在社会保障基金个人账户管理模式下,政府不再承担巨大的社会保障债务,而是由国家和个人共同承担。同时,由于个人账户投入到资本市场中,又带动了国家经济的发展,最终形成了一个良性的循环。

世界上实行完全积累的国家只有少数几个,以智利和新加坡为代表的基金制的巨大成功,人口老龄化的巨大压力以及福利国家的普遍危机,使人们对基金制的认识不断加深,越来越多的人倾向于这种积累模式。几种个人账户积累的模式参见相关知识链接。

(三)部分积累制

部分积累制是对现收现付制和完全积累制的整合,是一种兼容近期横向平衡原则和远期纵向平衡原则的筹资模式。在社会保障基金的筹集中,一部分采取现收现付方式,保证当前开支需要,另一部分采取积累方式,以满足未来支付需求的增长。该模式在维持现收现付制的基础上,引进个人账户基金制,既保持了社会保障统筹互济功能,又具备个人账户的激励和监督机制,集中体现了前两种筹资模式的优点。

部分积累制的筹资模式的特点是,初期的缴费较低,以后将逐渐稳定,具有较大的灵活性,既避免了基金制的较大风险,又可缓解现收现付制缺乏储备和负担不均的问题。这种筹资方式虽好,但操作起来难度较大,尤其是在各种比率的掌握上,很难做到恰到好处。如果各种标准和比率设置不当,不但得不到应有的效果,反而导致管理成本的大幅度提高。因此,制度设计上要谨慎,不仅要有定性分析,还要从数量上进行严格测试。

相关知识链接

个人账户积累的不同模式

近 20 年来,随着各国养老体系改革的推进,社会保障基金个人账户管理制度已经成为全世界各国主要的改革方向。由于各有关国家的政治经济背景不同，对个人账户积累资金的使用也出现了不同的使用模式，现将几种主要模式介绍如下：

1. 拉美模式（波兰、匈牙利和哈萨克斯坦等国也对其进行改良应用）。在拉美模式中，政府批准若干社会保障基金个人账户资金的管理人，职工可在这些管理人中任意挑选一个，将自己的账户交与其管理，也可不受限制地在各个管理人之间进行转换，转换时连同账户余额一起转移。在许多国家是由政府来负责资金的收缴，然后按职工的选择将资金分配给各个不同的社会保障基金个人账户资金的管理人，但也有少数国家，例如智利，将资金的收缴也下放给基金管理人。账户的登记结算由社会保障基金个人账户资金的管理人负责。当职工退休时，基金管理人或者让职工定期从账户中支取现金，或者将其账户余额转到保险公司让职工购买年金产品。

2. 英国模式。在英国模式中，职工有权利选择建立自己的个人账户来替代由国家管理的养老金计划或是由其雇主建立的养老金计划。有一大批政府批准的个人账户资金管理人提供各式各样不同风险水平的养老金投资工具，职工可在其中自由选择。职工每年可以更换个人账户资金的管理人，并可将账户余额留在原管理人手中。由政府负责收缴个人账户的养老金，并将其按职工的选择分配给各养老金管理人，然后就由养老金管理人来负责个人账户的登记结算。在职工退休时，账户余额必须转换成年金产品，或由基金管理人向职工提供，或由另外的保险公司来向职工提供。

3. 瑞典模式。瑞典模式在为职工提供多种可供选择的个人账户资金投资工具的同时，使管理成本大大低于拉美模式和英国模式。不过，由于其运转系统需要非常复杂的计算机程序来支持，因此其推进较为缓慢，尚未完全投入运行。在瑞典，任何一家有营业执照的共同基金管理人都可以参与个人账户资金的管理，只要他们愿意执行政府规定的对个人账户资金管理费率的折扣。政府负责个人账户养老金的收缴，并负责所有个人账户的登记结算。各个人账户资金管理人只面对国家的登记体系，只知道分配给自己的总金额是多少，并不知道这些资金究竟是来自于哪些个人账户。这样的一种体制有效地降低了个人账户资金管理人为争取客户而产生的营销成本。在职工退休时，由政府将其账户转换为保险公司的年金产品。提供年金的保险公司有一到两家，由政府通过竞标的方式来选择。

4. 瑞士模式。这种模式是政府要求雇主按一定的费率缴纳行业养老基金。这些基金由雇主代表和雇员代表共同管理，在职工退休时以年金的方式支付。职工个人不能自由选择基金管理人和基金投资策略。除了总体政策由政府负责制定以外,养老金管理的各个环节都交与私营机构,包括费用的收缴、账户的登记、投资管理以及个人账户资金的支付。

5. 美国模式(也称节俭储蓄计划, Thrift Savings Plan)。美国政府推出了一种"节俭储蓄计划",引起养老金改革倡议者的广泛关注。在该模式下,政府挑选出几个市场指数,这些指数跟踪国内外的股票市场、企业债市场以及国债市场,然后政府与一些合格的基金管理者签约,由他们来负责建立和管理相应的指数基金,作为养老金投资工具。职工可以将自己个人账户中的资金在这些指数基金中进行分配。与拉美模式恰恰相反,美国模式下职工所选择的是不同风险水平的投资策略,而非个人账户资金的管理者。特定指数基金的管理者由政府来确定,政府担负除投资管理和年金支付以外的其他所有职能。

6. 新加坡模式。在新加坡模式下,政府要求职工加入集中管理的个人账户资金管理计划,按一定的费率定期缴纳养老金。所有的个人账户资产都投资到一种对其定向发售的国债上。每个职工个人账户上的资金可获得与新加坡各大银行存款利率相同的利息收入。最近,政府又出台了一项政策,为职工提供一些选择余地,即当职工个人账户上的资金超过一定界限以后,允许职工将部分超出限额的资金投资到股票市场中。

二、各种基金筹集模式的优缺点比较

(一)现收现付制

1. 现收现付制的优点:

(1)可以根据需求变动及时调整征税比例或交费额度,以保持收支平衡。

(2)政策取向是实现相对公平,强调社会保障制度的再分配功能,互济性强。

(3)现收现付制不设立个人账户,无须过多的个人资料,操作简单,管理成本较低。

(4)由于以支定收,没有过多的资金余额沉淀,可以避免通货膨胀带来的货币贬值风险,没有基金保值增值压力,同时还可以避免在长期发展中可能出现的经济和政治风险。

2. 现收现付制的缺点:

(1)现收现付制会引起代际收入再分配,一代人的受益需要下一代人的供款来支付,其收支结果与负担水平随着参与者结构和需求水平变动而变动,缺乏必要的积累。

(2)由于社会保障支付的刚性，随着人们需求水平增长和人口年龄结构的变化，受到的影响较大，特别是养老保险制度，每年筹集的资金和支付的保险费会随着人口老龄化及有资格享受保险金的人数不断增长而相应增加，在养老金支付高峰期时，只能通过提高税率或缴费率筹资，这会使承受缴费负担的一代人和企业不堪重负，抗人口老龄化的能力较弱。

(3)没有基金积累，抵御突发性风险的能力较弱，地区之间和企业之间互济性差。

(4)这种方式还会产生一些对经济发展不利的因素，比如对个人账户的“挤出效应”，影响劳动力的自由流动等。

现收现付制是传统社会保障模式的筹资方式，在社会保障制度建立之初，各国都是使用这种方式筹集资金，虽然近几年人们认识到其缺陷，但这种筹资方式在各国仍占主导地位。到 1995 年，在全世界已建立社会养老保险制度的 165 个国家和地区中，有 146 个国家采取这种模式。

(二)完全积累制

1. 完全积累制的优点：

(1)由于由个人缴纳其社会保险费，其资金计入个人账户，未来收益和投保期的缴费高度正相关，因而具有较强的激励机制。

(2)实行完全积累制的基金提取比例相对稳定，充分体现基金的储备功能，透明度较高。

(3)完全积累制的费率在整个实施过程中相对稳定，不会有很大的起伏波动，具有较强的抗人口老龄化能力，受人口年龄结构影响较小。

(4)积累的基金由于短期内不会支用，可以为经济增长积累资金，促成资本形成，既为经济发展做贡献，又能使制度本身分享经济增长的成果。

2. 完全积累制的缺点：

(1)该制度设计过于强调效率，没有再分配和互济功能，不能实现财富的转移，不利于缓和贫富差距，背离了社会保障制度的初衷。

(2)由于基金制需要建立个人账户，要求获得大量的个人信息，管理成本高。

(3)基金制积累大量的资金，这是一个长达几十年的过程，会受到通货膨胀的侵蚀，需要进行投资运营达到保值增值的目的，面临着许多不确定性风险。

世界上实行完全积累制的国家只有少数几个，以智利和新加坡为代表。

(三)部分积累制

1. 部分积累制的优点：

(1)总的来讲,部分积累制兼顾了现收现付制社会保障制度的再分配功能,同时又体现了完全积累制自我保障的特点,激发了个人在社会保障中的积极性。

(2)在管理上有一定的优势,具有较大的灵活性,现收现付与完全积累相结合,使该模式的资金储备比较全面,对供款率也可根据储备和实际需要进行调整,一方面可避免完全积累制在长期中面临的巨大风险,另一方面可缓解现收现付制中存在的缺乏储备以及代际间负担不均的问题。

2. 部分积累制的缺点:

(1)部分积累制在实际操作中难度较大,既要对现收现付制短期平衡做预算,也要对基金制的长期运作进行规划,会增加管理成本。

(2)在兼容了现收现付制和完全积累制优势的同时无法避免地包含了两者的缺点,对制度设计本身提出了更高的要求。

第二节　社会保障基金分担方式比较

一、社会保障基金分担方式的类型

社会保障基金的分担方式,就是指社会保障基金的来源渠道问题,即社会保障基金由谁来承担。从社会保障基金来源的角度区分,社会保障基金的分担方式可以有多种类型。

(一)企业全部缴纳

这种筹集方式以工伤保险为代表。由于工伤在很大程度上是劳动者在劳动过程中造成的,所以在工伤问题上,各国都采用"无过失补偿原则",即无论造成工伤的原因何在,劳动者都应得到补偿。与此对应,在工伤保险基金的筹集上也往往采取由企业缴纳的方式。

(二)政府全部出资

这种情况是苏联等国家在社会保险中通行的做法,目前已经很少见,只是在个别国家的个别保险项目上有这种情况。在救济、救灾的项目基金中,这种方式是主要的。

（三）个人全部缴纳

这种基金筹集方式以智利养老保险为代表。这种方式筹集的基金开始主要运用于养老保险，在积累到一定量后，可以逐步扩展到其他保险项目，但往往无法覆盖所有的社会保险项目。

（四）企业与个人共同缴纳

这是各国社会保险基金的主要筹集方式，它可以比较充分地体现社会保险的基本原则和基本要求，也使社会保险基金有了最可靠的来源。在企业与个人缴纳的比率上，往往因社会保险项目的不同而有所区别。

（五）企业缴纳与国家资助

这种方式将社会保险的责任主要交给企业，国家只是采取帮助的方式。这种形式在传统的计划经济体制下最具有代表性。

（六）个人缴纳与国家资助

那些国家通过税收减免鼓励个人自愿参加的社会保障项目，可以归入这一类。减税意味着国家减少部分收入。

（七）个人、企业、政府三方共同负担

这是最完整的一种社会保险基金筹集方式。政府在其中的作用要么是承担一定比例的费用，要么是采取补贴的形式。

在上述多种方式中，社会保障基金的筹集以政府出资、企业缴纳、企业与个人共同缴纳、个人和企业及国家三方共同负担这几种方式为主。当然，不同的社会保障项目基金筹集的方式也有所不同。

二、主要社会保障基金分担方式比较

（一）由国家、雇主和雇员三方负担

采取三方负担方式的国家主要有英国、日本、意大利、德国等国家，但这些国家在三者间社会保障基金的分担比例并不相同，具体到不同的险种，也并非完全是由三方共同负担。虽然三方负担方式存在一些差别，但它们的共同点是承认政府、雇主和雇员在社会保障中均应当承担相应的责任,体现了风险共担的原则。在欧美市场经济国家,社会保障资金主要来自企业和雇员缴纳的社会保险税,另外政府财政每年也会有很多拨款,这部分资金一般占整个社会保障基金的20% ~40%。其理论依据主要是:

1. 国家作为社会的组织者,对于以依靠社会力量保证社会成员基本生活,稳定社会秩序的社会保障制度负有不可推卸的责任,因此在国家预算中应当拿出一部分资金保证公民生存和发展的权利,尽可能帮助全体居民分享经济进步和发展的成果。

2. 雇主作为劳动力的使用者,有义务为劳动者提供一定数额的社会保障基金,使劳动力在工作期间因病因伤时享有医治和康复的权利,在劳动者年老丧失劳动能力时能从企业获得一部分生活补助。

3. 在市场经济条件下,个人的非理性和短视,使其可能低估个人养老、医疗的支出,个人抵御风险的储备不足,最终还是要由国家和社会承担个人决策失误所产生的问题,无疑对政府和社会都是一种额外的负担。个人承担部分社会保障费用的规定,是一种责任信号,有利于培养个体的自我保障意识,增强其行为的理性程度,也可以较为有效地遏制盲目提高保障水平的冲动,减少社会整体的风险和负担。

(二)由雇主和雇员共同负担

采用这种方式的国家主要有新加坡、印度和印度尼西亚、美国等。新加坡实行的是中央公积金制度,由雇主雇员共同缴纳,并且很多年份二者的缴费率相同。政府虽不承担缴费责任,不对公积金征税,但为公积金的支付承担担保,也就是说,政府不具体参与制度供款,但对制度的最终安全负责。印度社会保障基金来源也主要是雇主和雇员负担,失业保险由雇主单独承担,只有在医疗保险、工伤保险中,政府承担很少的义务。总体而言,实行雇主和雇员两方负担的国家更注重政府作为管理者的功能,相信市场主体即个人和企业的作用,能够通过政府的有效引导达到保障的目标,政府是规则的制定者。在社会保险税的分担方面,各国规定不一,同样是养老金保险税,在美国是雇主和雇员各分摊50%,而在意大利和丹麦,雇主负担的比例比雇员大。工伤保险税一般全由雇主负担。美国社会保险税占美国全部税收的30%以上,2003年联邦政府从全国企业主和雇工及政府雇员那里收缴的社会保险税(工薪税)达7 536亿美元,仅次于征集的7 838亿美元的个人所得税收入。最近几年美国每年用于养老金发放、医疗保健服务、失业救济和家庭补助等方面的开支高达上万亿美元。

采用这种负担方式的国家中,美国和新加坡最具有代表性。美国实行的是现收现付管理制度,体现社会保障的共济性,同时也鼓励个人自我保障和企业的补充保障。该制度曾经是运行比较成功的社会保障制度之一,但随着人口老龄化的加剧,制度中缴费者相对减少而领取社会保障津贴的人相对增加,即负担系数增大,预计到2030年该制度将因收不抵支面临崩溃。为了摆脱困境,一些经济学家提出社会保障私有化,提倡个人为自己投保,增强激励机制。新加坡实行的是完全积累管理制度,在其50年的运行中,对经济和社会发展起到了积极的促进作用。但也存在争议,首先,这种制度设计在社会成员之间没有互济功能;其次,提供的社会保障水平不一,可能会加剧贫富差距;最后,公积金制度的过度储蓄降低了人们的当期消费,导致社会有效需求不足。而且,这种制度过分依赖基金的运营管理状况及宏观经济的运行情况,抗风险能力不强。

(三)主要由政府和雇主共同负担

采用这种方式的国家主要有瑞典、挪威、冰岛、丹麦、芬兰等斯堪的纳维亚半岛上典型的高福利国家。这些国家的福利支出来源绝大多数由政府和雇主承担,而且政府在其中起着主导性的作用,承担着巨大的责任。之所以采取这种模式与这些国家的政治理念和文化传统有密切关系。它们强调社会保障是每个公民应当享有的权利,坚持平等主义原则,在社会保障的层面上注重打破等级结构的不平等;强调政府承担全面责任的原则。政府把济贫转变为经济性的福利项目,把各种社会保障项目加以制度化,逐步纳入政府的必要职能,从而全面承担起社会保障的责任。除了北欧高福利国家,实行主要由雇主和国家共同缴纳的国家还有一些实行计划经济的国家,如苏联、改革开放前的中国。

这种负担方式存在的问题有:第一,全民保障的目标对社会保障的再分配功能要求很强,以高赋税形成的收入均等化,虽实现了公平,但却严重挫伤了劳动者的工作积极性,牺牲了效率。第二,不需劳动者缴纳相应的社会保障费用,比如失业保险,造成失业者消极的对待失业,成了“养懒人”的制度,不仅造成国家财政不堪重负,同时也严重影响了经济的发展。

(四)由雇员单独负担

实行这种方式的国家主要是拉丁美洲的一些国家,其中以智利的社会保障制度最为成功。智利原有的社会保障制度与德国等欧洲国家的模式较为相近,采用个人、企业和政府三方共同负担社会保障基金的方式,其中政府的责任较重。这种模式在智利的实际运行中负面影响明显，成本奇高、分配不均等问题促成其改革。20世纪70年代，智利开始出现社会保障私有化改革的浪潮，特别是在退休金制度方面。1980年的改革改变了公共部门和私人部门工人退休金制度的性质，在财务管理方面主要表现为：新的制度通过立法取消了雇主供款，改变了原有的资金来源结构，同时将原来的普通基金转换为个人基金，这样，资金来源单一化和个人基金账户的建立，使智利新的退休金制度成为强制性的个人保险制度。

这种方式存在的问题是：第一，个人缴费并建立个人账户的方式，强调了社会保障基金的储蓄功能和自我负责精神，但弱化了再分配功能，无法实现社会保障社会互济的目标，以牺牲公平的代价换来效率的提高。第二，个人自我积累的方式对积累基金的保值增值的要求非常高，进入资本市场的欲望很强，而几十年的积累过程面临的风险是巨大的，一旦基金发生贬值，则会影响人们的生活，造成社会动荡，只能由国家来承担最终的风险，因此，从长期的、动态的角度来看，国家面临着巨大的风险和责任。

第三节　社会保障基金管理方式比较

社会保障基金的管理，主要是针对社会保险基金而言，其中又以养老保险基金承担资金量最大、时间跨度最长，因此其管理方式最具有代表性。

一、社会保障基金管理的主要种类

（一）社会保障基金管理的主要种类

第一种为现收现付制。传统欧美社会保障制度大多实施现收现付的财务机制，虽然规定建立一定数量的流动准备金以应付社会保障金支付的波动，基金的数量和规模仍受到一定限制。

第二种为部分积累制。在近年的社会保险改革进程中，相当数量国家的社会保障基金采取部分积累制。如法语非洲国家和中东国家，美国、日本、瑞典、瑞士等发达国家也做出了重大调整，以较快步伐积累社会保障基金。社会保障基金与GDP的比例如表3－1所示。

表3-1　有关国家社会保障基金的分类及占GDP的比例

部分基金制国家	占GDP比例（%）	中央公积金制国家	占GDP比例（%）	私营管理个人账户制国家	占GDP比例（%）
埃及	33.1	马来西亚	55.7	瑞士	117.0
瑞典	32.0	新加坡	55.6	荷兰	87.3
日本	25.0	斯里兰卡	15.2	英国	74.7
约旦	16.9	肯尼亚	12.1	澳大利亚	60.0
毛里求斯	13.1	坦桑尼亚	9.4	智利	45.0
菲律宾	11.2	印度	4.5	丹麦	23.9
赞比亚	11.1	尼泊尔	4.0	阿根廷	3.0
加拿大	11.0	印度尼西亚	2.8	哥伦比亚	2.9
伯利兹	10.5	贝宁	2.4	秘鲁	2.1
加纳	9.4	赞比亚	0.7	波兰	1.1
摩洛哥	8.7	乌干达	0.6	乌拉圭	1.0
瑞士	7.1			玻利维亚	1.0
韩国	7.1			墨西哥	0.5
突尼斯	6.9			塔吉克斯坦	0.5
牙买加	5.7			匈牙利	0.4
哥斯达黎加	5.4				
美国	5.0				
也门	4.0				
洪都拉斯	3.5				

资料来源：Iglesias/Palacios. Managing Public Pension Reserve, The world Bank, 2000.

在部分基金制国家中埃及、瑞典的社会保障基金在20世纪90年代中期已达到GDP的1/3，日本、毛里求斯、约旦、菲律宾由于基金发展走势较好也积累了较大规模的基金。新的资料显示，估计韩国在未来的10年中，基金规模将成倍增长。加拿大最近提高了社会保险缴费比率和拟采取措施提高基金的投资回报，在未来的20年中，基金规模会快速增长。

第三种是以新加坡、马来西亚等国为代表的中央公积金制。公积金制主要在原英属殖民地的非洲和亚洲国家中，有10多个国家采取这种模式。由于通货膨胀和基金管理不善等方面的原因，公积金制的国家呈减少趋势。印度的雇员公积金计划规模最大，有2 000多万会员。但仅有100万会员的新加坡公积金模式则是举世瞩目，基金规模达到GDP的55.6%，马来西亚的公积金规模占

GDP 的 55.7%，这一格局的主要原因在于有 40 多年的积累，相当高的覆盖面和逐步提高的缴费率。

第四种是以智利为先导，在一些拉美国家和东欧国家实施的以个人账户为基础，私营化管理制。同时，在实施多层次社会保险制度的国家，第二层次和第三层次的保障模式也采取了私营化管理的方式，如瑞士这类基金的规模，是 GDP 的 117%，非常引人注目。智利社会保障基金在 20 世纪初已占 GDP 的 50%①，大大超过其他拉美和东欧国家。据统计，到 2030 年，阿根廷、匈牙利和波兰等国的社会保障基金规模将达到 GDP 的 40% 左右，呈现出很强的发展势头。

二、社会保障基金管理模式及其特点

社会保障基金管理模式一般划分为信托基金管理、基金会管理、商业经营性基金管理三种。

（一）信托基金管理模式

社会保险基金信托管理模式，即将社会保险基金委托给某一个专门机构（如财政部）管理，并负责基金投资运营的基金管理模式。美国、日本等国的社会保障基金管理属于这种模式。美国社会保障基金，主要由四个独立的信托组织——联邦老龄与遗属保险信托基金、联邦伤残保险信托基金、联邦医疗保险信托基金和联邦医疗照顾保险信托基金来运行。它们主要投资于国家长期国库券和短期公债。日本将养老保险基金、邮政储蓄等资金纳入国家预算，由大藏省资金运营部统一调配。

信托基金管理模式的特点是：

1. 社会保险基金管理与国家财政密切关联，或由财政部直接管理，或由财政部、社会保险部、劳动部及非政府人士组成的专门委员会管理。

2. 社会保险信托基金主要用于购买国债，大部分基金是作为政府预算计划的一个重要支柱而投向公共部门。

3. 投资风险由财政部承担，如发生基金收支失衡和投资损失，财政部必须通过政府其他收入来保证社会保险资金需求。

---

① 资料来源：Alejandro Ferreiro Yazigi. “The Chilean Pension System”, Los Trabajadores Press, Chile, 2003:35,228.

4. 社会保险信托基金的投资运营与财政收支平衡状态和国债市场密切相关，常作为弥补财政赤字的一个砝码。

通过信托基金的方式对社会保险基金投资运营进行管理，必须建立在严格的法律和规则基础上，并形成系统的管理程序。第一，确定管理运行参数。信托基金机构根据有关法规的要求，确定管理运行参数，以保证社会保险支付需求的兑现。第二，预测基金投资目标。信托机构根据各种变动参数，确定基金需求的收支差额，确定投资目标及项目。第三，确定投资期限。第四，对基金投资风险和收益进行评估，以提高基金管理的效果。

相关知识链接

信托基金

社会保障信托基金既是经济问题又是政治问题。1983 年，美国政府建立该项信托基金之时，主要目的是为解决出生高峰时期一代人的社会保障问题。1946 ~ 1964 年，是美国的人口出生高峰期。这段时期中出生的人口有 7 400 万，约占总人口的 30%。目前，美国正在工作者与退休人员的比例约为 3.3∶1。当出生高峰期出生者进入退休行列时即 21 世纪 30 年代，这一比例将为 1.9∶1。显然，如果继续沿用“现收现付”的办法，到 2030 年，社会保障工薪税预计会占到整个国家工薪总额的 1/3 左右，将大大高于现在的 12.4%（即 6.2% ×2 = 12.4%）。这样比例的工薪税显然过高。为此，1983 年的社会保障改革预先提高了社会保障工薪税率。目前看，社会保障工薪税收入大于社会保障福利金支出，盈余存入社会保障信托基金。而当高峰期人口退休时，社会保障工薪税收入将会小于社会保障福利金支出，差额可由社会保障信托基金的盈余来弥补。据预测，美国的社会保障信托基金总额在 2025 年之前会一直处于增长状态，资产将达到 4.9 亿美元，然后将在 2040 年耗尽。

一个关键问题是把信托基金主要用于投资还是用于消费。如果用于投资，可减少当前消费，起到使未来的退休负担“前移”的作用，如果用于消费，比如被政府借用到转移支付项目，这将无助于解决未来财政负担过重问题。其作用与“现收现付”机制没有多大区别。因此，有必要把信托基金与资本积累联系起来。但进一步的问题是,按照美国法律,信托基金只能投资于联邦债券,不能用于购买企业股票。但这并不是说信托基金与资本积累无缘。在政府的债务总额一定的条件下,信托基金持有的比例越大,就可能有更多的资金用于私人部门的投资。因此,只要信托基金不被借用于增加当期政府消费,基金就可能会增加资本积累。换言之,用于鼓励积累的资源必须等于公共储蓄与私人储蓄之和。只要信托基金的增加能够导致公共储蓄的增加,就会有利于整个社会的资本积累。

(二)基金会管理模式

基金会管理社会保险基金是世界上多数国家采取的模式,最典型的是新加坡的中央公积金局。它作为一个高度集中统一的基金会组织,既负责社会保险基金的日常业务,又负责实施基金管理和投资运营。国家通过中央公积金局依法实施基金管理,同时作为公积金投资的信托人,遵循公积金法和信托法进行资金投放。新加坡中央公积金局是劳工部属下的一个法定机构,具有财政和行政自主权,公积金局理事会成员由劳工部长委任,向劳工部长负责。公积金的汇集、结算、使用、储存等均由公积金独立管理、独立核算、自负盈亏。因此,中央公积金局是独立于财政部之外的一个准金融法定机构。

公积金局根据新加坡经济、社会、人口等发展的长期趋势,计划公积金的筹集总量和增长速度,并按退休养老、保健、购买住宅、支付教育费用、投资等会员的不同需要分配资金的用途,构建社会保险安全网。同时,对每个社会保险项目也都建立长期计划,如退休养老设有公积金最低存款计划,政府倡导人们从现在起就必须为自己的退休生活做好准备,以便将来退休后仍能维持经济独立。

中央公积金局汇集的养老保险基金,除了按规定支付会员的退休提款外,还有经常性的结余,结余的绝大部分用于购买国家债券,保证了资金的安全。新加坡政府规定,公积金结余的99%用于购买政府债券,政府将这部分资金用于改善人们的住房及其他公益事业,确保资金的安全和完整。同时,允许公民用公积金购房及各种有选择的投资,使公积金能够获得最大利益,保证了公民在养老、住房、教育等方面的需要,减轻了政府在这些方面的责任和压力。在选择投资方面,由中央公积金局提出投资方案,公民自己选择投资的办法,不仅分散了风险,而且也避免了中央公积金局直接投资的责任。另外,新加坡中央公积金局还有个显著的特点,就是中央政府直接管理公积金,并运用公积金制度直接参与调控社会基金活动。政府可以根据每个时期不同的宏观经济状况,调整供款率,增加或是降低企业的生产成本,以促进经济的良性发展。

(三)商业经营性基金管理模式

商业经营性基金管理模式是指由政府规划并授权的基金公司组织实施社会保险的基金管理。采用这种管理模式的主要是以智利为代表的一些拉美国家。这种模式下的社会保险基金由专门的基金管理公司,按照商业竞争性原则实施管理和投资运营。

1980年,智利对社会保险制度进行了全面的改革,建立了雇员个人缴费、个人账户积累,基金由多个私人管理公司管理的养老金制度。新制度的核心内容是,实行强制性储蓄,通过建立个人账户,将储蓄的功能私人化,并结合指数化年金市场,将储蓄积累转换为退休者的养老收入。具体运作是,政府强制性规定各个单位所有从业人员都必须参加养老保险,每月扣除工资的10%存入个人账户,形成养老基金。养老基金由经国家批准成立的大约20个私人管理退休基金管理公司(AFP)管理,负责基金的运营,并将基金的运营收入全部分配到个人账户中。退休基金管理公司的管理费用取决于各个公司之间的竞争。职工可以自由选择加入任何一家退休基金管理公司,也可以中途转换公司。退休金的多少取决于投保人存款和资本化过程中增值的数额。当职工退休成为退休金的受益者时,可以选择分阶段使用个人账户中的积累,也可以选择年金形式。

智利政府对退休基金管理公司的投资行为有严格的管理规定,主要有:①风险控制。资本市场上由私人机构发行的债券、股票必须经政府认可的风险评估公司进行风险分类后,才能成为养老基金管理公司的投资对象,具体投资项目还要经过政府养老基金投资风险委员会的最终裁定。②投资限制。为分散风险,政府规定养老基金对一种项目的投资不能超过基金总投资的30%,但对政府债券投资的限制相对较宽。③投资市场限制。养老基金投资必须要在规定的市场上进行,要买卖双方面议价格、对外公开信息、有完备的基础设施和完善的内部规章。④投资证券的安全保管。如果某种证券的投资来源90%以上是完全养老金,则这些证券必须被保管于智利中央银行或证券存款公司。⑤保证最低收益。养老基金管理公司每月的投资收益率不得低于过去12个月全部养老基金平均实际收益率2个百分点。

智利是世界上最先将社会保险计划按商业经营方式管理的国家,引入竞争机制,在很大程度上改变了原有体制资金营运效益差、资金严重流失的弊端,为各国社会保险基金管理创立了一个新的模式。其主要经验有:①专人专户,一家公司负责一项基金计划,以实现基金运行的简单化、透明化并强化监督管理作用。②将社会保险基金的管理运营纳入法制化、制度化的轨道,通过规定最低准备金额、基金投资限额来实现基金的正常运行。③建立有效的监控体系和制定严格的投资规则，以确保基金运营的安全性和盈利水平。

三、社会保障基金管理成本比较

社会保障的基金管理模式可以分为公共管理制与私人管理制。公共管理制是指政府直接管理或者由政府下属的其他部门管理社会保障基金的管理模式。私人管理制是由私营管理公司运用市场调节机制管理社会保障基金的管理模式。由定义可以看出，公共管理制包括信托基金管理和基金会管理两种模式，而私人管理制就是商业经营性基金管理模式。

（一）公共管理制和私人管理制的特点比较

社会保障基金的国家公共管理具有规模经济效应，从而可以降低成本。公共管理制可以兼顾社会公平，有利于实现养老金制度的生活保障和收入替代双重目的；公共管理制可以降低市场竞争的成本，最大限度地实现社会发展的目的。但公共管理制容易引起渎职和效率低下，也受制于政治压力。政府可能会将其投资于低收益的政府证券，或向正在衰落的国有企业贷款，使其投资收益率很低。而且政府管理不透明和唯一性，使其财政在出现大额赤字时会挪用基金弥补赤字。

私人管理制可以通过市场竞争带来效益，其投资决策由经济原因而非政治原因做出，能产生最佳的资金配置效益和最高的储蓄收益，并能发展本国的资本市场，促使其完善。但是，市场竞争也使管理更加复杂，管理成本增大，同时分散化的私人投资管理使经济规模效应减弱。

（二）公共管理制和私人管理制的成本比较①

在社会保险私有化的讨论中，世界银行和国际劳工组织的观点截然不同。世界银行从保护老年人和促进经济发展出发，主张采用私营化管理为主的多支柱模式；国际劳工组织从全面保护老年人的角度出发，主张建立国家强制实施的保护老年人和丧失劳动能力者及其遗属的社会保险制度。通过专家对公共管理制和私人管理制的管理成本比较分析，可以得出如下结论：

① 林义.社会保险基金管理[M].北京：中国劳动社会保障出版社，2002：62－64.

1. 社会保险管理成本在不同国家和不同规模下存在较大差异，规模大的计划比小规模的计划成本低。比如，20 世纪 80 年代末，经济合作与发展组织国家的社会保障管理成本在社会保障给付支出中的平均比例为 3.12%，拉美和加勒比海地区这一指标平均为 27.78%，经合组织社会保险支出在国内生产总值的总比例大大高于拉美和加勒比海地区。对美国不同规模的私人养老金计划的管理成本进行比较，同样得出养老金计划的规模与其成本支出反向变动的结论。

2. 公共管理制和私人管理制的管理成本均有不同程度地被低估，但一般而言，前者比后者的管理成本低。比如，美国老年和遗属社会保险的管理成本只占缴费的0.4%，而智利私人养老金管理公司的管理成本占缴费的比例为 17%。市场竞争使私人管理花费在销售和代理人佣金方面的费用增加。

3. 在公共管理制模式下，政府的集中管理降低了管理成本，但回报率也低。分散的私人管理，个人可以根据回报率和风险选择养老金投资公司，为了在竞争中不被淘汰，私人基金管理公司会尽可能使回报率最大、风险最小。例如，实行公共管理制的新加坡和印度在 1980～1990 年的回报率分别是 3%，0.3%，而实行私人管理制的智利在 1981～1998 年的平均回报率为 11%。

综上所述，公共管理制具有规模效应，其管理成本可能降低，但回报率也低，其低成本是以牺牲效率为代价的；而分散的私人管理虽然在市场竞争的作用下提高了管理成本，但其回报率也高，有利于提高养老金待遇，同时实现经济增长。具体比较见表 3－2。

表 3－2　社会保障基金管理模式比较

项　目	政府集中型	私营竞争型
管理集散度	集中	分散
规模效应	大	小甚至无
管理成本	相对较低	相对较高
投资组合灵活性	相对较死	相对灵活
收益	较低	较高
不确定性	小	大
项目	政府集中性	私营竞争型
互济性	高	低
自主性、独立性	弱	强

资料来源：张思锋，温海红，赵文龙. 社会保障概论[M]. 北京：科学出版社，2003.

第四节　社会保障基金投资运营比较

社会保障基金的投资运营是基金保值、增值的要求，也是缓解社会保障资金供给不足和人口老龄化对资金需求增加的有利途径。社会保障基金的投资运营主要是针对完全积累或部分积累制资金运行模式而言的，因此，本节在探讨社会保障基金的投资运营问题上，不涉及现收现付制社会保障资金运行模式。

一、社会保障基金投资运营资产分析

当今世界各国社会保障基金可用以投资运营的投资工具较多，每种投资工具都有各不相同的风险和收益率，应根据实际情况进行投资。

（一）银行存款

银行存款是指社会保险专营机构将社会保险基金的节余全部或部分存入国家银行和地方银行，按国家规定利息获取收入。采取活期存款、定期存款、大额定期存款及保值储蓄存款等均可。这种投资方式最大的特点是无风险，安全可靠，具有完全的资产流动性。但在通货膨胀的情况下无论是采取短期或长期定期存款，其收益率都有可能成为负值，难以抵消通货膨胀的贬值影响。如果银行长期定期存款利率足以抵消通货膨胀的贬值影响，社会保险基金的积累部分也可以进行这种投资。银行存款素来是国内外养老保险基金投资的重要工具。相对其他的投资方式，银行存款的安全性较高，仅次于国债，但也是盈利水平最低的。为了使存入银行的基金达到保值作用，国家可在政策上采取以下措施：

1. 对存入银行的社会保险基金给予保值补贴和加上一定增值补贴。如新加坡政府规定：对存入银行的社会保险基金给予优惠的利率，特别是在通货膨胀水平比较高的时候，对存入银行的社会保险基金给予保值补贴，甚至给予一定的增值补贴。新加坡公积金支付给会员的利率从 1955 ~ 1962 年一直为 2.5%，1963 年开始上升到 5%，1974 ~ 1985 年为 6.5%。也就是说，从 1955 年以来，公积金利率一直略高于通货膨胀率（1966 ~ 1987 年通货膨胀率年平均为 3.7%）。

2. 国家严格控制物价上涨和通货膨胀的幅度。

3. 由现行单利计算方式改为复利计算方式。国家如果能做到这一点，银行存款不失为一种有效的投资方式。从保险的管理机构来说，在投资银行存款时还要根据资金的周转情况选择最佳存期，及时结算，及时转存，这样增值效果要好些。

（二）有价证券

有价证券的投资，是指运用社会保险基金购买债券、股票、投资基金等各种有价证券。

1. 债券。债券是一种按期取得固定利息并到期收回本金的债务凭证，它一般可分为国家债券和公司债券两种。国家债券是国家举借债务的借款凭证，有国库券、国家建设债券、财政债券等。国家债券投资的特点是：债券利率事先确定，可以获得固定的、高于存款利率的预期收入，由政府发行，财政作担保，信誉安全性强，在急需用款时，变现能力强。可以说，国家债券是社会保险基金投资的有效形式之一。但就一般讲，仅依靠国家规定的利率还不够，因为受到市场利率的影响，其增值收益率与股票、产业投资等相比，还是较低的。为了解决社会保险基金的保值增值问题，国家对以上债券实行特殊的浮动利率，即利率每年随物价的波动相应调整或利率实行双累进，即期限的累进与物价指数挂钩，使其实际的利率永不负值；其次是发行多种短期债券、特种公债上市，贴现要有一些特殊政策，以使急需支付时，通过债券市场或财政、金融机构等将债券贴现。

购买金融债券、公司债券是可以获取较高收益的投资。企业债券，特别是私人债券，利率可能比国家债券高，但风险比较大。如果没有可靠担保或者信誉比较高的大企业，投资则须十分慎重。

2. 股票。股票是股份公司发给股东作为已投资入股的证书和索取股息的凭证。它以享有分红权利的不同分为优先股和普通股。前者根据事先规定的利率取得固定股息；后者的股息随企业盈利多少而增减，持有者可以把它作为买卖对象或抵押品的有价证券，并享有利润分红的权利。其优点是利息率比较高，流动性强，在通货膨胀时期易达到保值。国外经济学家认为，它是最能抵制通货膨胀对资产贬值的投资方式和预期收益最大的保险投资项目之一。缺点就是没有政府、财政、银行作后盾，承担经营风险比较大。但这种投资在发达国家的保险业是投资集中的项目之一。英国 1984 年寿险公司投资集中在普通股票，占 40.7%，非寿险公司投资也有 28.8%，并大量在海外投资股票。美国

1983 年个人养老金资产负债的 50% 和政府养老金资产负债的28.5% 也是股票,而财产人责任保险公司资产负债仅 21% 。

3. 公司债券。为了投资的可靠性,需要通过一些途径与方法对发行债券企业的资金偿还能力、现有的经济效益做详细的调查分析,然后做出决策或者选择那些有担保、有信誉的企业,力争获得较大的收益。但其中有许多操作性技术,应注意的是对行业企业债券的选择,即采取分散风险的策略,如购买金融性公司债券就优于生产性、商业性公司债券;购买国有大中型骨干企业债券就优于私营企业债券。总之,"鸡蛋不要放在一个篮子里"。

4. 投资基金。投资基金是世界各国养老保险基金投资的重要品种。目前我国经批准设立的专业投资基金管理公司有 10 余家,管理着 30 多只封闭式基金,总规模 560 亿元,基金净资产规模 845.5 亿元。因其由专业人士按科学的投资组合原理管理基金资产,投资安全性较高。开放式基金还会使其流动性增强。从国际经验来看,投资运作社保资金的基金一般采取消极型或防守型投资策略,如指数化投资或指数基金。指数化投资是有比较广泛的投资面,能有效地降低非系统风险,从而有风险最小的特点。有人通过对美国 2 000 多家积极型投资基金与 85 家有相同投资市场和投资存续期的指数基金进行比较发现,指数基金或指数化投资承担的风险要小得多。指数化投资的另一个优点是管理运作费用和交易费用较低。因为指数化投资是采取跟踪代表性指数的消极性投资策略,不需要花费大量时间和财力去寻找、分析信息,不需要高薪聘用分析人员,而且持有期限较长,进出市场频率和换手率低,从而节约了大量交易成本和管理运作费用。养老保险基金采取指数化投资还有一个独到的优点,即它能更大程度上保证养老保险基金增值的幅度与社会生活水平进步的幅度大体上一致,从而使参与养老保险的职工在未来能享受到正常合理的生活水准。因为指数化投资是以代表性指数为基准,而代表性指数则是股市大盘的显示器,从而也是国民经济走势的显示器。因而指数化投资能保证投资收益增长率大体与国民经济和社会生活水平的进步速度保持一致。采取指数化投资的养老保险基金也会按照社会经济增长的速率实现保值增值。国家应适时推出诸如国债基金、货币基金等多种类型,供养老保险基金选择。

5. 期货、期权等金融衍生品。随着资本市场的发展,金融衍生产品种类不断增加,如期货、期权互换等。金融衍生品具有杠杆放大作用,投资风险很大。在相关法律法规不健全的情况下,不适合作为养老保险基金这种以增值为目的的投资,应仅限于用作其风险对冲工具。

(三)委托金融机构投资

这主要是指社会保险管理机构委托金融机构(包括国家或私营银行或专业银行、专业投资机构)进行投资。其优点是:金融机构有长期投资贷款的经验,能把握基金投资对象,有一定的权威性,风险由金融机构承担,能保证贷出的资金安全回收,贷款的利率也比较高。金融机构作为中介人能利用制约力加强对资金利用者的监督,有利于把握投资的方向。因此,委托金融机构投资也不失为一种较好的投资途径。

(四)直接投资于生产与流通领域

这是指社会保险专门机构利用社会保险基金,特别是养老保险基金积累的长期较稳定的特点进行资本投资,以期望取得投资的收益。这也是西方国家社会保障基金的投资方式之一。其增值率一般高于银行存款利率,但存在投资风险。为确保投资的安全性,在管理和技术操作上都应由专门机构负责对保险基金的投资项目进行评估,实际操作时应选择流通好、变现快的短期项目或者效益好、稳定安全的中长期项目。其原则有:①保值,争取增值,力避风险过大的投资项目;②采取分散化、多元化投资的策略;③间接投资为主,直接投资为辅;④委托银行的信贷机构投资;⑤投资对象的选择最好是投资于公益事业的实体(投资于医院建设、医疗保健设施等),以与社会保险福利项目相结合,也好与国家有关部门共同投资国家短期的产业或国家垄断性行业(如铁路、航空、高速公路、水电能源、信息和通信设施等)相结合。对我国来说,投资还要积极支持大中型企业经营机制的转换和现代企业制度的建立,包括挖潜、革新、改造等技术革新,实行内涵扩大再生产。

但也有些国家成立了与保险银行类似的金融机构直接对外投资。这样,社会保险机构成立的专业银行就是社会保险基金投资的载体(如政府授权它具有金融机构的职能),它本身就拥有对外贷款的权利,但又不同于金融机构,因保险专业性银行的盈利要纳入保险基金,除了必须认真贯彻政府有关社会保险的各项方针政策外,还有承担信用活动的任务,其本身也应实行自主经营、自负盈亏,国家可以给予免征营业税、所得税及其他的税种。所得利润按既定的章程和有关规定充实保险基金,以增强基金实力。保险公司的投资办法也有两种选择:①自行对外投资;②委托其他金融机构进行贷款。

采取后者形式,社会保险机构对中介组织在它们运营时不指定投资范围和对象,由金融机构全权经营,委托人除规定的利益外,还有在年终分享利润的权利。为了保证投资的方向性,社会保险机构还可以对其有约束力。

(五)基础设施投资

这是指间接投资国家基础设施建设。在这方面最典型的是新加坡的公积金,大量用于投资机场、港口、电力、通讯等设施建设;日本的国民年金和厚生年金也被委托投资于道路、住宅以及农业基础设施。投资于基础设施建设的风险较小,但缺点是流动性很差,投资资金的回收时间较长。

(六)投资海外市场

经济全球化下的各国资本市场具有广泛的投资领域,在养老保险基金投资管理趋于成熟时,各国都逐步放开了对海外市场投资的限制比例。为了寻求更高的回报率和更安全的投资渠道,有些国内资本市场发展不完善的国家,会选择那些监管完善、发展成熟的国外资本市场进行投资。

在多种投资渠道选择中,决策者要善于认识风险、分散风险。这就取决于投资者的知识、经验和胆量及所能运用的巧妙投资策略。无论是近期投资目标,还是远期投资目标,都要重视投资方向和投资科学组合的研究。其目的就在于处理好利益与风险的关系。换句话说,是根据各类投资方式找到在一定时期内收益率较高、稳定性较好的投资组合。

总的来讲,社会保险基金的投资资金要适当地集中管理,目的是为了决策机构能较好地统筹安排;分散使用的目的是保证基金的安全,没有风险;如果没有资金的集中管理和分散使用,投资方向的选择和投资的科学组合就难以达到。

二、社会保险基金投资运营的国际经验

(一)灵活运用投资原则

为了使社会保险基金能不断扩大规模和增加容量,这就需要进行必要的投资策划。社会保险基金的投资必须遵循的原则有安全性原则和盈利性原则。社会保障基金根本的政策目标是维护社会安定,由此性质决定安全性原则是社会保障基金投资的首要原则。但是,仅有安全是远远不够的,如果没有盈利就失去了投资的意义。安全性原则和盈利性原则是负相关关系,安全性高、风险性小的投资一般收益率也小。国外在活用这两个原则时,虽然一

般都在安全的前提下追求盈利，但也认为，为了效益冒一定风险是现实的。社会保险基金的支付压力不断增大，提高盈利是缓解供给不足的最有潜力的途径。在具体操作上，可以运用现代手段大胆地投资一些效益较好的项目，甚至参与国际投资。

（二）规定最低收益率

为确保社会保险基金保值增值目标的实现，不少国家都规定了投资的最低收益率。如果出现实际收益率低于原先的预计或实际的需要，就必须采取必要的措施，包括改变投资方向和投资项目。在规定最低收益率时应注意两点：一是最低收益率应是一种长远的平均收益率，因为短期内收益上下波动的情况是经常的；二是最低收益率不应低于实际通货膨胀率，包括购买政府债券在内，所得利率不能低于通胀率，否则，必须实行贴补利率予以保值。

（三）选择良好的投资主体

投资效果除取决于投资方式外，选择良好的投资主体也是很重要的。具有较佳投资信誉和投资经历的专门基金公司被普遍看好，这些基金公司具有一批优秀的投资专家，经营管理有序并很具特色，在投资选择上不仅有技巧而且有远见，所以投资效果斐然，被认为是最具有潜力的投资主体。

（四）兼顾经济效益和社会效益

社会保险基金与其他资金在投资运用上最大的不同，是社会保险基金不仅要追求经济效益，更要兼顾社会效益，有时往往把社会需要放在重要位置上，如向基础设施投资，虽然投资期限较长，回报率一般，但社会效益显著。社会保险基金的这种特性，是与其资金的来源和性质分不开的，来自于民用之于民，是这种投资选择的最基本思想基础。国外社会保险基金还经常与地区经济发展联系起来，在保证长远利益的前提下，兼顾社会效益。

（五）投资更注重科学组合

所谓科学组合投资，首先是按类型进行组合，因此兼容了高收益性和资金安全性两者的长处；其次是短期与中长期投资的组合，能优化不同投资期限所带来的投资效果。目前，世界上社会保险基金主要投资去向有四个：债券、股票、不动产和实业投资。其中，实业投资只在少数国家比较重视。如何科学地组合这几项投资，以获得最佳投资效果，是国际社会都在摸索的课题。

据瑞士联合银行《世界年金基金通览》所列世界 18 个国家和地区年金基金投资组合资料(1983～1993 年),平均收益率最高的是法国,高达 13%,而最低的是新加坡,仅为 2.3%。原因是,法国实行投资组合,比例是债券 67%、股票 20%、不动产 11%,而新加坡主要进行国债投资(97.35%),因此投资效益悬殊。同样是组合投资的英国(收益率 10.8%),具体投资比例是:债券 12.01%、股票 79%、不动产 5.91%。由此可以看出,法国是债券投资为主附带股票和不动产,英国是股票投资为主附带债券和不动产的,虽然投资组合比例不相同,但都有比较满意的投资效益。这说明,投资组合没有固定模式,关键是要结合本国国情。

第五节　社会保障基金监管国际比较

一、社会保障基金监管的内涵

社会保障基金监管是指国家授权专门的行政监管机构依法对社会保障基金收缴、管理、支付、投资运营、基金保值增值等过程进行监督管理,以确保社会保障基金正常稳定运行的制度和规则体系的总称。由于社会保障基金的特殊性,各国都通过立法,对其管理和投资进行监管,以确保其安全性。

社会保障基金监管体系的主要内容包括:对社会保障基金营运机构的选择与确定,制定各项监管规则,设计社会保障基金营运的指标体系,实施社会保障基金的现场监管与非现场监管,确保社会保障基金的长期稳定运行和实现社会政策目标。

社会保障基金监管在全球范围内是一个崭新的课题。由于欧美国家长期以来实行现收现付财务机制,基金的营运也需要对其进行监管,但毕竟范围和规模均相当有限,社会保障基金的监管问题并不十分突出,通常由社会保险信托基金管理机构依法对其进行监管。随着多数国家社会保障实行部分积累的财务机制,多层次社会保障的制度构架受到普遍关注,社会保障基金的规模日益扩大,基金的投资营运、基金同资本市场的互动等都使监管问题日益突出,使其成为各国社会保障改革进程中备受关注的热点之一。

二、各国社会保障基金监管体系构建的比较

社会保障基金监管体系一般包括机构控制、财务控制、会员控制和保险金的控制等几个主要部门。同时，社会保障基金征缴和管理方式，也是监管的主要任务。集中征缴和分散征缴均成为一些国家选择的模式。但对社会保障基金的集中征缴与控制以防止基金流失受到更多国家的重视。

构建社会保障基金监管机构是保证其正常营运的重要制度基础。在不少国家，禁止社会保障基金监管机构的构建，而是遵循保险业的既有监管模式。而另一些国家则在原有制度框架内进行创新，如拉美国家。社会保障基金监管机构虽然有不少共性，但是仍有特殊性。秘鲁、墨西哥、玻利维亚三国在财政部或经济管理部下设专门的社会保障基金监管机构，智利和阿根廷同在劳动与社会保障部下设基金监管机构，乌拉圭和哥伦比亚则在中央银行内设立社会保障基金监管机构。阿根廷、墨西哥、秘鲁三国的社会保障基金监管机构具有高度的管理独立性，而智利等国的监管机构则属于政府部委的一个司级机构。

在经合组织国家，社会保障基金监管通常是由独立的部门负责实施，如社会保障基金监管局或养老保险基金监管委员会、银行、保险和证券监管委员会。但有些国家如奥地利、芬兰、希腊、日本、西班牙、美国等有政府参政部、劳动部、社会事务部门下属的专门机构监管，并有十几个国家对社会保障基金监管和对商业年金基金市场的监管均由一个部门负责实施。因为在经合组织国家，商业保险公司在养老金领域发挥着重要作用，其管理的养老保险基金资产占20%～30%。混业监管成为这一领域的重要特征。表3－3、表3－4分别反映了拉美国家和经合组织国家社会保障基金监管机构的有关信息。

表3－3　拉美国家社会保障基金监管的制度特征

国家	政府部门	管理类型	经费来源
阿根廷	劳动与保障部	独立	监管费
玻利维亚	财政部	独立	监管费
智利	劳动与保障部	隶属	国家预算
哥伦比亚	中央银行	隶属	监管费
秘鲁	经济部	独立	监管费
乌拉圭	中央银行	隶属	国家预算

资料来源：Demarco Supervising Mandatory Funded Pension System. The world Bank，2000.

表3-4　经合组织国家社会保障基金监管机构

国家	社保基金监管	保险监管	规则确定
澳大利亚	保险与监管委员会	保险与监管委员会	保险与监管委员会
奥地利	财政部	财政部	财政部
比利时	保险监管办公室	保险监管办公室	保险监管办公室
加拿大	金融机构监管办公室	金融机构监管办公室	金融机构监管办公室
捷克共和国	财政部、养老保险与保险监管司	保险监管	财政部
希腊	发展部	发展部	发展部
法国	养老基金控制委员会	保险控制	财政部社会事务所
德国	联邦保险监管办公室	联邦保险监管办公室	财政部
匈牙利	国家私人基金监管	保险监管	财政部
冰岛	银行监管机构	保险监管机构	财政部
爱尔兰	养老董事会	爱尔兰保险联邦	企业和就业部
意大利	养老基金监管委员会	ISVAP	ISVAP
日本	健康与福利部	财政部	健康与福利部
韩国	金融服务委员会	金融服务委员会	财政与经济部
卢森堡	保险办公室	保险办公室	保险办公室
荷兰	保险监管局	保险监管局	保险监管局
瑞士	联邦社会保险监管办、联邦私人保险监管办	联邦社会保险监管办、联邦私人保险监管办	贸易、工业社保司
瑞典	金融监管机构	金融监管机构	金融监管机构
英国	金融服务机构和职业养老金法则机构	金融服务机构	贸易、工业保障司
美国	劳动部养老福利管理署	商业部、全国保险协会	商业部、全国保险协会

资料来源：OECD. Maintaining Prosperity Ageing Society，1998.

三、社会保障基金监管的主要内容及比较

（一）社会保障基金监管模式的选择

社会保障基金监管的有效性很大程度上取决于基金监管模式的选择。长

期以来,社会保障基金监管均置于政府机构的直接控制之下,或由政府严格规范,委托专门机构实施监管。近年来,随着经济自由化、贸易自由化、金融保险自由化的呼声日益增大,随着社会保险部分基金制或完全基金制模式受到普遍重视,私营分散化管理,强调基金营运机构竞争的市场化管理模式成为国际潮流,政府集中的监管模式受到较为激烈的批评。

目前,以智利为代表的拉美国家,以波兰为代表的东欧国家,都在社会保障基金的私营化分散性管理模式方面,在基金投资营运绩效、投资风险控制等方面积累了重要的经验。

(二)社会保障基金营运机构资格审定

无论是采取由专门机构如社会保险银行或社会保险基金理事会的方式构建相对集中的营运机构,还是构建分散的、适应的、竞争的养老保险基金管理公司,抑或委托现有金融机构、保险机构实行社会保险基金的投资营运,都必须高度重视对营运机构的审批程序和严格的资格审查。一般来说,社会保险基金管理机构只负责社会保险基金的收缴、基金账目的保管、会计事务的处理、基金收益的年度调整及信息披露等日常管理活动。而由外部投资经理负责投资营运时,对基金营运机构的监管主要是通过对公司账目财务报告的定期审查来实现对其日常经营活动的监管。

(三)建立社会保障基金监管的法律规则体系

1. 必须建立健全社会保障基金监管的法律体系。由于社会保障基金所具有的强制性、社会政策目的性等基本特性,决定了社会保障基金监管的全过程均须遵循国家有关法律。

2. 要发挥社会保险基金监管委员会的重要作用。国际经验表明,社会保险基金监管委员会不仅在基金日常监管方面发挥着重要的作用,而且在基金投资营运的重大投资决策、长期投资战略方面都发挥着重要的决策咨询和监管作用。

3. 要构建社会保障基金的投资规则体系。为了实现社会保障基金投资的安全性、盈利性、适度选择性、流动性原则,欧美国家和一些拉美国家制定了较为严格的基金投资组合规则。一般分为几种类型①:一类是美国、英国、加拿大

① 李绍光.养老金制度与资本市场[M].北京:中国发展出版社,1998:173－174.

等国家。这些国家对社会保障基金(主要是养老基金)的投资组合没有太严格的限制,主要是遵循谨慎人原则选择投资工具,即强调社会保障基金的投资托管人有义务像对待自己的资产一样,谨慎地为养老保险基金选择一个最有效分散风险的资产组合。但谨慎人原则的重要制度条件需要较完善的资本市场体系和完善的相关法律作为支撑。另一类是在欧洲大陆各国实行的资产组合中,证券、房地产和外国资产的比例分别不能超过20%,5%和4%。法国规定,补充性养老基金的资产中必须有50%投资于政府债券;丹麦规定养老基金必须持有60%以上的国债,外国资产不能超过20%,房地产和股票等均不能超过40%。表3-5提供了欧美国家养老保险基金投资组合的相关信息。

表3-5 欧美等14国养老基金投资组合限额规定

国别	投资组合规则(占基金资产的百分比)
比利时	自我投资不超过15%,房地产投资不超40%,单项存款不得超过10%
丹麦	股票、房地产投资比例不超过40%,政府债券、抵押信用券不低于60%
法国	不低于50%的资产投资于欧盟公共债券,贷款项目不得超过30%,投资于股票不得高于65%,投资房地产不高于10%
德国	指导性规则,投资欧盟股票不超过30%,投资欧盟房地产不超过25%,非欧盟债券6%,外国资产20%,自我投资10%,跨国投资不高于5%
爱尔兰	实施严格的谨慎人原则,自我投资需要批准
意大利	由基金董事会制定投资的政策,政府债券不超过90%
日本	投资债券不低于50%,投资股票不超过30%,房地产不超过20%,外国资产不超过30%,投资单一公司的资产不超过10%
荷兰	自我投资不超过5%,自由准备金可达到10%,自我投资15%
挪威	投资股票不得超过20%,投资未担保贷款不超过30%
葡萄牙	政府债券30%,房地产投资不超过50%,自我投资15%,投资股票、房地产不超过40%
西班牙	投资金融资产比例10%,投资于债券、存款、房地产抵押贷款项目不超过90%
瑞典	大部分养老金资产只允许投资于债券、抵押债券等
英国	自我投资不超过5%,实行谨慎人投资规则
美国	谨慎人投资规则

资料来源:OECD. Maintaining Prosperity Ageing Society,1998.

由表3-5可见,实施较为严格投资组合规定的欧美国家,一般按照资产分类制定基金投资的最高限额,也有一些国家规定单一资产投资上限和持有资产的最低限额(主要是政府债券)。

还有一类国家规定严格的投资组合限额，如拉美国家和东欧改革国家。如智利、阿根廷、秘鲁三国规定，投资政府债券的资产分别不超过35%～50%，50%和40%，投资于私营部门债券和定期存单的资产分别不超过30%～50%，28%及35%～50%，投资于股票资产不超过35%～50%，35%和30%。此外，智利还规定投资于单一金融机构的资产不超过养老保险基金的15%，投资于非金融机构的债券不应超过70%。[①] 受诸多因素的制约，智利等拉美国家投资组合的限制有一定松动，主要体现在投资股票的限制由20世纪90年代初的10%放松到21世纪初的30%～50%，投资国外资产的比例限制也有所松动。尽管实行严格的投资组合限制，但拉美国家对股票投资的限制较松，呈现出较高的投资收益。如智利在1981～1988年的7年中，平均投资收益率达到11%，阿根廷近年获得13%的投资收益率。

对欧美国家来说，实行谨慎人规则的补充养老保险基金投资的收益率一般高于实行严格投资限制的大陆欧洲国家，前者在股票投资方面限制较少。如英国1995年"养老保险金"法规实行最低基金要求，补充养老基金投资于股票的比例达到70%左右，在20世纪90年代初期曾高达83%。因而从1980年以来，英国的补充养老保险基金的投资收益率平均高达18%。谨慎人规则强调发达完善的资本市场条件，需要有更完备的法律及规则体系作支撑，需要有高度透明的监管体系。同时，社会公众对制度运行的原则予以充分的理解和对规则自觉遵循，成为重要的制度条件。相反，对资本市场不够发达，法律法规不够健全，监管体系较为落后的国家，严格投资限制的方式更有利于基金的安全营运。

4. 构建社会保障基金监管的规则体系。欧美、拉美及东欧国家已在这方面积累了丰富的经验。如制定资产分散规则、外部管理规则、投资组合规则、外部审计与精算规则、信息披露规则等。这些规则对降低系统风险、代理风险和投资风险具有重要作用。

(四)社会保障基金监管的实施

社会保障基金监管的实施包括三方面的内容，首先是社会保障基金的日常监管。多数国家是由社会保障主管部门来承担社会保障基金的监管职能。如英国的社会保障部门；美国的劳动部；日本的健康与福利部；智利、阿根廷的社会保障部；法国成立有专门的社会保障基金监管委员会，通过审核批准社会保

① 林义.养老保险改革的理论与改革[M].成都：西南财经大学出版社，1995：213.

障基金营运机构,定期检查社会保障机构的营运活动,审核营运报告,处理和解决违规问题。大多数欧美国家的财政部或通过制定监管规则,或直接监管社会保险金的投资运营过程,直接或间接进行监管。其次是社会保障基金的投资监管。严格实施社会保障基金投资监管的各项规则,注重基金投资总量控制和结构限制,规定投资方向,监督各项投资限额、投资组合的实施情况。最后是社会保障基金营运的风险防范。建立风险基金,及时实施对超多预警指标的基金的保护措施,是社会保障基金监管的一项重要任务。

第六节　国外社会保障基金管理的成功经验

一、世界上几个典型国家的社会保障基金管理介绍

(一)美国

美国社会保障主要包括社会保险和社会福利两部分,社会保险由政府、雇主和雇员共同负担,社会福利主要是政府财政负担。从筹资方面看,美国社会保障基金主要有三个来源:社会保障税,是老年遗属保险、伤残保险以及老年医疗保险等项目的主要资金来源;社会保障资金增值收入,社会保障资金结余存入银行或投资于国债的利息及其他收入全部并入社会保障基金;政府财政拨款,是政府举办的各种社会福利项目的经费来源。

美国在1935年建立社会保障制度的同时也建立了社会保障信托基金管理委员会,挂靠在财政部。其成员由财政部部长、劳动部部长、卫生与人力资源事务部部长和社会保障总署署长以及两名由总统任命并有国会认可的公众代表组成,财政部长出任执行董事。该委员会的主要职责是,负责社会保障资金收支状况评估、资金投资方向等宏观决策和管理,每年向国会报告社会保障资金收支状况,提出加强管理的建议。按美国现行政策,社会保障信托基金结余只能投资于美国政府发行的债券或由政府担保利息和本金的债券。财政部为此专门发行了一种灵活性很强的特别债券,可以随时提前兑现。

(二)英国

英国的社会保障福利大约有30多种,按照资金缴纳和用途可分为国民保

险福利、一般性福利和收入关联福利三类。从社会保障资金筹集来看，英国社保基金主要来源于国民保险基金和一般财政税收，其中，来自国民保险基金的收入约占53%。国民保险基金按照收入的不同分为四类缴纳，不同类别缴纳国民保险基金的，可以享受不同的国民保险福利。

在基金管理体制上，英国是由中央政府的社会保障部负责集中统一管理。社会保障部长是内阁成员，该部负责制定社会保障政策和管理制度。1988年实行机构改革，把制定政策与执行政策的机构分开，在社会保障部下设置了四个局：基金收入局、福利救济局、信息和技术服务局、住房安置局，这些执行部门各自在职责范围内相对独立地开展工作，并逐步实现企业化管理。

（三）加拿大

加拿大的社会保障计划按性质可分为全民福利计划、社会保障计划、低工资收入补助和社会救济计划。历年社会保险和福利支出占财政总支出的50%左右，是世界上实行高福利政策的国家之一。社会保险费用由政府、雇主和雇员三方共同负担，保险项目不同，其负担比例也不相同。这样的负担方式，大大减轻了政府责任，增强了个人参与社会保险的意识，对于社会保险的健康发展起了重要作用。作为实行现收现付筹资模式的高福利国家，加拿大是以采取高税收政策为代价的。高税收政策受到了人们的普遍抱怨，而征缴的社会保险费又难以满足当年需要，因此政府不得不大量削减社会保险支出。

加拿大的社会保险是一个多层次的体系，分为三支柱。法定社会保险待遇水平，只是以满足基本生活需要为目标；各种工会组织或行会都建立了本企业和本行业的发达的企业补充保险，也称为“公司养老金计划”；受政府政策鼓励，各种私人性质的公民自我储蓄养老金计划也非常发达。三层次的社会保险体系，使加拿大公民可以享受高福利待遇。

加拿大政府社会保险的组织管理分工明确，各负其责。财政部负责社会保险基金的收支预算，年金保险和医疗保险由联邦卫生福利部门管理，失业保险和工伤保险由人力移民部和劳工补偿局统一管理，税务部门征收与收入关联的保险费用。作为一个高度分权和自治的联邦制国家，加拿大全国实行统一的社会保险政策，这是很难得的。

除了上述几个社会保障基金管理上有特色的国家外，新加坡和智利的社会保障基金管理也是非常有特点，在前文中已有介绍，在此不再复述。

二、中国社会保障基金监管现状

随着我国多层次社会保障制度的逐步建立和社保筹资模式由现收现付制向积累制的转变，社会保险基金的规模越来越大。另外，我国社会保障制度覆盖范围在不断扩大，近年来正以20%左右的速度递增。2014年社会保险基金收入合计39 828亿元，支出合计33 003亿元，结余6 825亿元。截止到2013年年末，社会保险基金累计结余45 588.1亿元。面对如此巨额的基金，社会保障基金的投资营运、保值增值等，都使该基金监管的作用日益彰显①。

我国社保基金由国有股减持划入的资金和股权资产、中央财政拨入资金、经国务院批准以其他方式筹集的资金及其投资收益构成，投资管理根据《全国社会保障基金投资管理暂行办法》的规定运作。投资运作的方式是由社保基金理事会（以下简称理事会）直接运作与理事会委托投资管理人运作相结合，投资范围限于银行存款、买卖国债和其他具有良好流动性的金融工具，包括上市流通的证券投资基金、股票、信用等级在投资级以上的企业债、金融债等有价证券。理事会直接运作的范围限于银行存款、从一级市场购买国债。其他投资需委托社保基金投资管理人管理和运作。委托投资管理人管理和运作的社保基金资产由理事会选择的托管人托管。

目前，我国的社保基金监督机构包括劳动与社会保障部、财政部、证监会、保监会、银监会以及社保基金理事会。在具体投资运营监管的分工上，由劳动和社会保障部负责社保基金投资的监管；财政部拟定社保基金的财务管理制度，并组织实施对社保基金使用的财政监督；证监会负责对社保基金投资交易与信息披露的监管；保监会负责对社保基金投资的保险产品进行监管；银监会负责监管托管银行；社保基金理事会负责对基金管理公司的监管。这种监管模式是借鉴美国的分散监管模式，出发点是尽量发挥各部门的专业优势，在各自的监管领域发挥专业优势。中国目前处于经济和社会发展的转轨时期，各监管部门自身都是一个独立的经济利益体，各监管部门的“官员”都是独立的“经济人”，其监管决策必然受到部门利益和经济人利益的影响，从而使得监管行为和行业政策发生变异，信息在各部门间的传递受到阻碍，甚至发生改变。此外，社保基金投资的多头监管，必然出现监管真空、执法不力、监管无序以及基金被挤

① 2014年的社会保险基金收支数据来自《中国统计年鉴》；2013年社会保险基金累计结余数据来自《中国劳动统计年鉴》。

占、挪用等违规行为，使得基金的安全性受到威胁。这些构成了当前我国社保基金投资监管不力的根源。

小案例

北京的一些社会保障专家警告说，中国迅速膨胀的社会保障基金在监管运营方面正在面临越来越大的挑战。专家们说，最近上海市发生的“违规使用巨额社保基金案”，就说明政府部门在管理中有漏洞，相关政策在贯彻中执行不力，监督体系也尚未健全。随着社会保障制度覆盖范围的不断扩大，中国社会保障基金近年来正以20%左右的速度递增。中国社会保障基金包括养老、医疗、工伤、失业、生育等五大项。2005年，中国各项社会保障基金的规模已达18 435亿元人民币，是2000年的3倍，超过国内生产总值的10%。

中国劳动和社会保障部公布，截至2005年，全国社保基金累计结余6 066亿元。中国还建立了资金规模达2 000多亿元的全国社保基金战略储备。2.4万家企业积累了680亿元的企业年金。然而，中国社保基金的监管一直是棘手的问题。劳动和社会保障部的一位人士说：“随着养老保险制度改革，积累的资金规模更加庞大，监管任务日趋繁重。”据官方不完全统计，1998年以来，中国共清理回收挤占挪用的社保基金160多亿元，2001年以来追缴养老保险基金95亿元，追回冒领养老金1.6亿元。另外，还有一些违规使用的基金已无法追回。

目前，中国正在一些省市试点推行从“现收现付”到“部分积累”的养老保险制度改革，这一改革将把基础养老金中“个人账户部分”积累起来。劳动和社会保障部所属的劳动保障研究所所长何平说，预计这部分积累资金规模很快将达到万亿元。在最早试点“部分积累”养老保险制度改革的辽宁省，积累的养老保险基金从试点前2001年的13.2亿元猛增到2005年的204.17亿元。

运营增值是中国社保基金面临的另一个棘手问题。何平说：“中国社会保障基金投资运营是个突出问题，买国债的回报率不到2%。以前，多采取银行协议存款，但随着老百姓储蓄率不断提高，银行对协议存款已缺乏热情。”他指出，发达国家劳动者年轻时候建的个人账户，几十年后可能只有1/3是本金，大部分是基金运营利润，因此基金关键是投资运营。辽宁省个人账户基金积累后，按照国家有关规定，先后投标协议存款120亿元，委托金融机构购买国债53亿元，2005年的综合收益率为2.92%。完成部分积累改革试点的吉林、黑龙江两省也主要采用银行协议存款的方式运营基金。劳动和社会保障部一位人士说：

“社保基金原来是银行贷款的重要来源，现在大银行不缺钱，小银行又不安全，国债利率比较低，投资渠道越来越窄，资金靠什么去保值增值，迫切需要研究。”

资料来源：新华网，北京，2006－9－26。

三、国外经验对中国的启示

通过对各国社会保障基金发展和现行改革趋势的学习，我们应借鉴它们的成功经验和发展过程中的教训，同时结合我国实际情况，更好地完善我国社会保障基金的管理运营制度。

（一）社会保障基金管理方面

在构建和选择社会保障基金管理模式时，应注意以下几个原则：

1. 强调基金管理的自主性和相对独立性，在国家综合财政预算中建立社会保障基金独立核算制度。西方发达国家是将社会保险基金的收支和政府的一般财政收支分开的，并相应设立独立的社会保险预算，避免用社会保险积累基金去平衡财政收支，避免社会保险基金和一般财政相互挤占，以保证保险基金的专款专用；也便于调节各地经济发展的不平衡性。同时，社会保险是国家行为，国家财政应对社会保险提供保证和必要的监督与管理。我国社会保障基金的收支，现在尚未建立起完全独立核算体系，社会保险的收入和支出、超支和节余，很难在国家独立的社会保险基金预算、决算中反映出来。社会保险基金的考核体系不完整，既难于与国际进行比较和难以获得准确的数据，也难于对社会保险基金的宏观调控、收支情况和经营情况进行分析等。在基金的用途上，出现拆借、挪用甚至搞风险投资，难以保证基金的安全性。社会保险基金的有效营运，涉及广大职工的基本生活保障，关系到社会保险制度的成败，因而，国家应从立法角度对社会保险基金管理加以明确的规定，不能随意挪用社会保险基金。

2. 设立专门机构对社会保障基金实行科学化管理。许多国家的社会保险基金运营的管理，都是相对集中的。如美国社会保障基金的管理，主要是由四个独立的信托组织（包括联邦老龄与遗属保险信托基金、联邦伤残保险信托基金、联邦医疗保险信托基金、联邦医疗照顾保险信托基金）来进行的。日本将养老保险基金、邮政储蓄等资金汇合为财政投融资，纳入国库预算，由大藏省资金运营部严格统一调配。为了保证社会保障基金管好、用好、保值、增值，必须建立健全各项管理制度。会计人员要严格负责对保险基金收、付的账实行再审查；财务管理方面，要求财务人员加强财务监督和检查，并使基金能够增值；加强审计的检查与监督，防止贪污浪费。此外，还要重视业务管理，这是关系到保险基金正常运转与否的关键。通过日常业务上的审查与核实，能保证基金的运转处于正常轨道上。

3. 确定适度的社会保障待遇水平。一般来讲，保障水平过高，不仅会影响社会再生产资金的积累，影响企业的发展，而且还会影响经济的发展；社会保障水平过低，不仅无法保障职工基本生活，影响劳动力的再生产，而且会危及社会的稳定。现阶段我国正处于社会保障的调整和完善阶段，生产力发展水平比较低，还不具备实行高福利的经济实力；同时覆盖面也比较窄，一些集体企业、个体企业和外资企业的职工还没有享受到应有的保障，占我国人口绝大多数的农民还没有被纳入到社会保障制度的覆盖中来；再者，社会保障支付水平易上不易下，福利国家的弊病，为我国构建、完善社会保障制度提供了有益的借鉴。由于以上原因，我国现阶段只能实行低水平、广覆盖的社会保障水平。

（二）社会保障基金运营方面

1. 社会保障基金运营法制化。世界各国社会保障基金的运营，所在国家都制定有相应的法规和政策作指导。但在我国，社会保险基金的管理主要依靠行政机关颁发的规定、办法和通知运行，缺乏必要的基本立法。因此，基金的筹集、支付结构、调拨、管理费的支出比例和运营缺乏制衡机制和监督机制，难以形成有效的法律管理程序，存在很大的随意性。要使社会保障基金的投资运营保值增值走上法制化、规范化道路，必须以相应的法律、法规为依据，立法是行为的前提。因此，建议在制定“社会保险基金投资法”中，应对投资的一系列问题做出明确规定。其内容应包括投资机构主体、投资原则、投资方向、投资方式、投资权限、可用于投资的比例及收益程度、风险管理、奖惩办法等，以便协调社会保险基金的运营与国家信贷资金运用的关系。社会保险基金的运营，除了受法律制约外，还应受政府有关职能部门的管理和监督。这样，才能使基金投资做到有法可依。与此同时，对于不依法投资、乱挪用社会保险基金的行为，又可依法惩办。

2. 投资方式多样化，投资组合效益化。不论采取何种基金管理模式，都应高度重视协调处理好安全性和效益性。社会保险基金运营的基本目标，就是既要求基金的安全营运，又要有适度的收益性。要强调预测分析和科学决策原则，使基金管理建立在短期与长期收支平衡的预测估计之上，避免基金管理中的重大失误。

投资方式多样化的正确性，已被世界保险基金多年的投资实践证实了。在市场经济体制下，进行投资运营，必然有一定的风险。制约风险的有效办法之一就是分散风险。根据基金的性质和收益的需要，预先确定一种适合的风险与收益标准，在选择投资项目时，严格以此标准为依据，既不要为追求过高的收益而冒较大的风险，也不能为安全而不顾收益。在收益、风险、流动三者的关系中，基金的投资收益与风险呈正相关；投资资产的流动与收益却呈负相关。社会保险基金的投资组合原理，实际就是分析投资的盈利与风险、流动性三者之间的关系，也就是根据各类投资方式在一定时期内的收益率及其稳定性，将几种投资方式进行有效的组合，寻找出一组收益率高且稳定性较好的投资组合来，或者为了降低风险，投资者必须尽可能对总资金分期、分组、分类进行分散投资组合，包括投资工具的组合、投资期限的组合、投资项目的组合。

3. 继续深化资本市场改革，完善监管制度，创新金融工具。纵观世界各国，社会保障基金运营效益好的，都有一个完善的资本市场，形式多样的投资工具、金融衍生品，使其社会保障基金能够选择多种投资组合，达到分散风险、提高收益保值增值的目的。而我国资本市场发展历史较短，很不完善，投资工具品种较少。以发展时间最长的国债为例，近年来，我国政府实行积极的财政政策，国债发行规模逐年递增，交投愈趋活跃。但已发行的国债存在品种单一、期限结构不合理、可上市流通国债数量有限等情况，制约了养老保险基金可选择的种类和结构。因此，要增加我国社会保障基金的安全性，减少风险，提高收益，就要尽快完善资本市场。

目前，我国已经建立起统账结合部分积累模式的社会保障管理体制，在投资运营方面也有很大的改进，成立了全国社会保障基金理事会专门管理基金运营，为保障基金安全，对投资渠道进行整改，形成了具有中国特色的社会保障体系。我们在比较借鉴世界其他国家的社会保障基金管理和运营经验的基础上，应结合我国实际的经济、社会状况，不断改进，以最小的成本形成完善的社会保障基金管理制度。

本章综合案例

2006 年我国社保基金审出 71 亿违规　部分资金无法追回

国家审计署 2006 年 11 月 23 日公布了对 29 个省区市、5 个计划单列市的企业职工基本养老保险基金、城镇职工基本医疗保险基金和失业保险基金的审计结果。审计结果显示，截至 2005 年底，上述三项保险基金累计结余 2 918 亿元。从审计情况看,社保基金还有一些历史遗留问题尚未解决,有些地方未能严格执行国务院有关规定。此次审计发现的违规问题金额,在1999年前发生23.47亿元,2000年以来发生47.88亿元。

具体情况是,1999年前发生的违规问题金额大多是涉及保险基金安全和完整的问题。其中:动用保险基金对外投资11.48亿元;购建办公用房、职工宿舍和其他房产3.77亿元;委托金融机构贷款未收回1.89亿元;用于规定范围以外的支出1.25亿元;经商办企业0.68亿元;弥补行政经费0.33亿元和违规担保0.22亿元。另有原行业基本养老保险统筹基金结余未移交财政专户存储等3.76亿元。当时,三项保险基金财务会计制度尚不健全,一些地方出于保险基金保值增值的需要,出借和投资了一部分基金;有些社保机构动用三项保险基金购建了办公用房或其他一些房产,既无法变现,也没有正常的资金来源归还基金。以上问题虽经有关部门查处,但因种种原因部分基金至今不能收回。

2000年以来发生的违规问题金额47.88亿元。其中:扩大三项保险基金开支范围用于弥补"补充医保基金"及借给企业等16.69亿元;用于委托金融机构贷款、对外投资等5.44亿元;用于购建办公用房及弥补行政经费等0.32亿元;未按规定实行专户管理23.37亿元。

此外,审计还发现一些地方基金管理不够规范。一是社保费代征机构未按规定时间将保险基金收入16.20亿元交入专户;二是社保经办机构在决算中少计保险基金收入8.12亿元。

这次审计也发现个别地方由于保险基金管理混乱,造成损失。如河南新密市将企业职工养老保险基金637万元存入两家城市信用社,由于2002年11月信用社撤销,资金面临损失。宁夏石嘴山市医保中心自2000年以来,会计资料管理混乱,账目不全,部分凭证缺失,该中心主任和财务科长采取截留银行承兑汇票的手法,将某企业交给医保中心的3 190万元医疗保险费转移到其亲戚、朋友名下。另外,审计还发现,有些行业主管部门存在截留社保费的问题。如建行贵州省分行与工行贵州省分行少申报缴费基数,在征得贵州省社保局的同意后,对已提取的基本养老保险费和失业保险费6 422.64万元予以截留。

针对审计中发现的问题,审计署建议,各级政府一定要严格社保基金管理,限期整改此次审计查出的问题,严肃追究有关责任人的责任。2007年一季度前,把整改情况通报审计署,审计署将于适当时候公告各地整改情况。

这次审计发现1999年以前发生的挤占挪用、违规出借和投资等问题,由于种种原因至今尚未处理。为保证保险基金的安全完整,建议各级劳动保障部门对所有侵占保险基金的问题认真进行清理,采取措施积极清收。如果确实已经造成损失，无法清收的，由同级政府予以偿还，确保基金安全完整。

建议提出，要努力扩大征缴面，逐步提高保险基金的统筹层次。总体看，目前征缴面还未达到国家规定的水平，绝大多数地区的社会保险仍然是市县统筹，使社会保险关系接续困难，影响人才流动，阻碍全国统一市场的形成和企业改革的进一步推进。

针对2006年11月22日国务院常务会议做出“社会保险基金是条‘高压线’，任何人都不得侵占挪用”等指示，劳动和社会保障部透露，“社保基金管理条例”的制定现在已纳入立法日程，将争取与制定中的《社会保险法》同步出台。各地也在采取措施完善管理制度。

劳动和社会保障部基金监督司司长陈良认为，社保基金出现问题，首先是基金监管法规不完善。目前，对社保基金的管理只有《劳动法》中有概括性规定。此外，还有一些文件和规定，但都停留在部委一级，法规层次不高，缺乏对违规行为的有效制约。其次是管理力量和手段有限。有些地区的基层甚至没有计算机，只能人工记账。另外，社保基金管理人手极少，全国基金监管人员不到100人。如广东某市只有1个人管理着1.7万家企业的工伤保险工作。此外，有些人法制、政策观念淡漠；还有监督不到位。

此次审计的省级、省会城市、计划单列市及部分延伸城市三项保险基金2005年收入3 128.46亿元、支出2 203.14亿元，分别占全国当年基金收支总额的50.7%，46.5%；全国三项保险的参保人数分别达到15 716万人、13 783万人和10 648万人。

2005年，全国基本养老保险基金和失业保险基金的发放保障了4 367万离退休人员和362万失业人员的基本生活，减轻了企业负担，促进了经济社会的健康发展，维护了社会的稳定。

资料来源：新京报，2006－11－24.

▶讨论：结合以上资料，谈谈国外社会保障基金管理实践对我国社会保障基金管理的启示？我们从中应该吸取哪些经验教训？

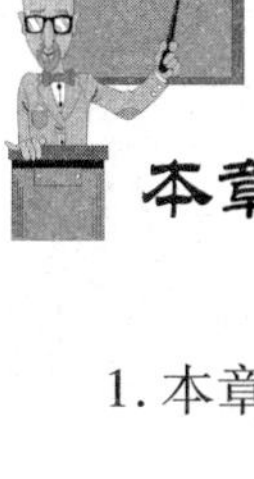

本章小结

1. 本章首先探讨了社会保障基金筹集模式的类型，分析了各种筹集模式的优势和存在的问题。然后介绍社会保障基金的分担方式的类型、特点，以及社会保障基金管理方式的类型和成本比较。

2. 在社会保障基金投资运营方面，首先介绍了可用于社会保障基金运营的投资工具，以及各种投资工具特点；然后阐述了投资运营的国际经验。

3. 社会保障基金监管方面，首先介绍了社会保障基金监管的内涵，然后介绍了社会保障基金监管体系的构建，对比了不同国家的制度特征；之后介绍了社会保障基金监管的4项主要内容。

4. 最后介绍了世界上有代表性的几个国家社会保障基金管理的情况，以及国际经验对我国建立社会保障基金管理运营的启示。

关键概念

社会保障基金　现收现付制　完全积累制　部分积累制　社会保障分担方式

信托基金管理模式　基金会管理模式　商业经营性基金管理模式　公共管理制

私人管理制　社会保障基金监管

思考练习题

1. 什么是社会保障基金筹集模式，其类型及特点有哪些？

2. 试分析社会保障基金分担方式的类型及优缺点。

3. 简述社会保障基金筹集模式的演变和发展趋势。

4. 社会保障基金管理方式有哪几种？每种类型的特点是什么？

5. 对社会保障基金两种管理成本进行比较。

6. 简述社会保障基金投资运营的国际经验。

7. 社会保障基金监管的内涵是什么？

8. 社会保障基金监管的主要内容有哪些？

9. 总结我国社会保障基金监管的现状。

10. 你认为中国社会保障基金的管理和运营未来该如何发展？

第四章 社会保障管理体制国际比较

CHAPTER 4

学习目的与要求

通过本章的学习，要求把握社会保障管理在管理机构、管理内容、管理方式等方面的国际比较；了解社会保障管理体制的历史经验与发展趋势；掌握各国社会保障管理体制的实证比较；了解西方国家近年来的社会保障体制改革与发展趋势；清楚中国社会保障管理体制的现状与问题；领会国外社会保障管理体制的经验启示，以进一步完善我国的社会保障管理体制。

第一节 社会保障管理的国际比较

社会保障管理是有效实行社会保障制度的关键。一国社会保障管理体制受社会生产力发展水平和社会经济制度的制约，管理的方式需要适应特定的社会保障制度及其变化。随着社会保障制度日益社会化和法制化，社会保障管理也逐步趋向于社会化、市场化、法制化和现代化。社会保障管理体制的内容包括三个方面：社会保障管理机构（管理主体）、社会保障管理内容（管理客体）和社会保障管理方式。

一、社会保障管理的内容

社会保障管理内容包括三个密切联系的方面：社会保障的行政管理、社会保障的基金管理和对社会保障对象（即受保人）的管理。

（一）社会保障的行政管理

社会保障的行政管理包括以下内容：

1. 拟定社会保障发展规划和计划，统筹协调社会保障政策，统筹处理地区和人群之间的利益矛盾。

2. 制定社会保障法律、法规和政策。在所制定的法律中，应规定的基本内容包括：社会保障的实施范围和对象，享受保障的基本条件，社会保障资金来源，基金管理和投资办法，待遇支付标准和对象，社会保障中有关方面（国家、单位和个人）的责任、权利、义务及违法责任等。在立法过程中，应区分清楚中央和地方政府的立法权限、范围和关系。中央政府主要是制定社会保障的基本法、母法，地方政府则制定子法、实施细则和各种条例。

3. 贯彻、组织和实施各项社会保障法律法规，并负责监督、检查。

4. 受理社会保障方面的申诉、调解和仲裁。

5. 建立和完善社会保障信息化、社会化服务体系。

6. 培养、考核、任免社会保障管理干部。

（二）社会保障的基金管理

社会保障的基金管理包括基金的筹集、管理运营、支付三个方面的内容。基金筹集一般是通过国家、单位和个人按一定比例缴纳社会保障费用而实现的，也可以包括社会捐助。基金支付就是给付受保人各项社会保障待遇，如养老金、失业金、救济金、医疗费报销、家庭补助等。基金的管理运营，包括基金的日常财务和个人账户管理，以及基金的投资营运，以实现基金的保值增值。按照政事分开的原则，基金管理一般由专门的基金管理机构负责。

（三）对社会保障对象的管理

对社会保障对象的管理，就是对社会保障的享受对象提供一系列必要的服务。它包括对在职者、退休者、鳏寡孤独者、失业者、生活困难者、伤残者等保障对象的管理。这种管理不但提供物质保障，也包括提供日常生活和健康方面的服务，提供参与社会活动和就业方面的机会和可能，以及提供精神和心理慰藉等。这是一项非常复杂的管理工作，主要是在政府的组织和引导下，依靠工会、各种社团、慈善协会、家庭等社会力量来完成管理，走社区化、社会化的管理路子。

社会保障管理的上述三个方面是紧密相连、不可分割的。行政指挥系统履行立法职能，并对业务管理机构实施监督；基金管理机构形成社会保障管理的执行系统；对社会保障对象的管理，则是社会保障管理不可分割的服务系统。三个方面有机结合，形成了完备的社会保障管理体系。

二、社会保障的管理机构比较

社会保障管理机构是指负责社会保障法令的贯彻、监督和审查，维持社会保障制度正常运行而设立的权力和办事机构。社会保障事务是复杂、专业的社会事务，需要有专门的机构来管理。在市场经济条件下，社会保障管理机构是政府管理机构中不可缺少的重要组成部分。

（一）社会保障管理机构的分类

社会保障管理机构一般是在国家的统一领导下，采取条块结合、以块为主的分级的管理体制，具体地可分为以下两类：

1. 以行政层次或者行政权限为标准，将社会保障管理机构分为高层管理机构、中层管理机构和基层管理机构三个层次，这是一种纵向切条的划分办法。

（1）高层管理机构，即中央级管理机构，属于领导和决策层次，负责制定国家社会保障事业发展的全国规划，制定社会保障政策、法规和法律，指导、统筹和协调社会保障事务，组织、贯彻和实施社会保障法律法规，对社会保障事务实施全面监督。

（2）中层管理机构，即省级地方管理机构，属于辅助和传递层次，负责具体贯彻实施中央政府社会保障管理机构的决策和法律法规，制定地方性实施细则和补充规定，反馈社会保障法律法规在实施过程中发现的问题和有益的经验，以及地区内的社会保障基金调剂及业务执行情况、处理有关申诉等。

（3）基层社会保障管理机构，即地（市）、县（市）级地方社会保障管理机构，属于社会保障事务执行和经办层次，它按照国家的法律法规和上级领导机关的指示，负责社会保障日常性工作的管理和经办。具体包括社会保障费收缴、基金的管理、待遇的给付，以及提供社会保障事务的信息、咨询和服务等。

比如在英国，社会保障部是全国社会保障的最高行政主管部门，各地（相当于省一级行政区）设立社会保障局，县市设立社会保障处，统筹负责全国的社会保障事务。此外，中国、加拿大、波兰、马来西亚、缅甸等国家，也都属于这种类型。

2. 以管理职责、管理性质和业务范围为标准，把社会保障管理机构分为行政主管机构、业务经办机构、基金营运机构和社会监督机构四个类别。这是一种横向切块的划分办法。

(1)行政主管机构，即各级政府机构序列中管理社会保障事务的相关政府部门，主要职责是对社会保障的立法、监督检查、贯彻实施。

(2)业务经办机构，是既隶属于又相对独立于各级社会保障行政主管机构的一种公共事业部门，主要职责是对社会保障参加者(受保人)的资格审定、登记，社会保障基金的收缴，社会保障基金的日常财务和个人账户管理，社会保障待遇的计算、发放，以及对投保人提供各项社会化服务。

(3)基金营运机构，是隶属于又相对独立于各级社会保障行政主管机构的具有企业法人地位的金融部门，主要职责是进行社会保障基金的投资、营运，实现基金的保值增值。从行政层次上看，它和业务经办机构应属同一个层次，因此在理论和实践上各国有把它和业务经办机构合二为一的，也有分开的。

(4)社会监督机构是独立于政府的公共事业部门，提供公共服务，机构成员由政府代表、企业代表、职工代表和专家学者组成，主要职责是对社会保障的政策法律执行情况、基金筹集、基金管理营运、待遇给付、服务质量等诸环节、诸机构，实施全面的监督，包括监督政府的行为。

在德国，目前已建立了立法、决策、管理、预算编制和具体执行的各负其责又互相制约的社会保障管理体制。联邦议会负责社会保障的立法，各类保障协会具体管理各项社会保障项目，政府部门监督执行。

在法国，社会保障司(最近几年里，名称和职能在不断变化)负责社会保障的监督和颁布法律，全国养老保险基金会、全国疾病保险基金会、全国家庭补贴基金会及其各自的各级地区性分支机构，分别负责管理全国的养老保险、疾病保险、工伤与职业病和家庭补贴等保障项目。此外，意大利、瑞士、瑞典、土耳其等国家，也都属于这种管理机构。

(二)部分国家的社会保障管理机构的设置

社会保障是社会化事业，它要求有社会化、专业化的社会保障管理机构。社会保障行政管理体制的合理构建，将在社会保障管理系统中占有核心的地位。因此，依法建立起符合社会保障运行规律的社会保障管理机构是政府非常重要的任务。一个国家或地区应当根据社会保障事务的多寡，设置一个或多个专门的社会保障部门来管理社会保障事务；同时，明确各管理部门的管理职责，即需要确定每个管理部门乃至部门内部机构、各岗位相应的管理职责，而不能混合不同岗位的职责。设立专岗、专人、专责是避免社会保障管理过程中相互推诿、不负责任现象的基本前提。

目前，在社会保障管理实践中，不同的国家有着不同的选择，有的国家社会保障由一个部门管理，有的由多部门管理，还有的采取政府管理与民间管理相结合的管理体制。但总的趋势是政府管理正在走向专业化、集中化和社会化。部分国家中央一级政府中设置的社会保障管理部门及部分全国性半自治或自治机构，参见表4－1。

表4－1　部分国家社会保障管理机构设置情况

洲名	国名	主管社会保障事务的主要政府部门	主要的全国性半自治或自治机构
欧洲	英国	工作与年金部，保健部，苏格兰政府保健部，威尔士保健与社会服务部，北爱尔兰社会发展部，北爱尔兰政府保健部	
	法国	社会保障司，经济、工业与就业部，劳动、社会关系、家庭与团结部，健康、青年与体育部，预算、公共会计与公共服务部	全国工薪者养老保险基金会，全国工商业就业联合会，就业和职业培训总委员会，全国工薪者疾病保险基金会，全国家庭津贴基金会等
	德国	联邦劳动和社会事务部，联邦卫生部，联邦保险监管局，联邦家庭、老年、妇女和青年部	德国养老保险协会，法定医疗保险机构联合会，州医院协会，联邦评价委员会等
	意大利	劳工和社会福利部、经济和财政部，卫生部	国家社会保障协会，国家意外保险协会等
	丹麦	社会保障部，卫生与预防部，国民社会保险署，劳动就业部，社会福利部	劳动力市场委员会，劳动力市场补充养老金委员会等
	俄罗斯	联邦卫生和社会发展部，联邦财政部	联邦强制医疗保险基金会，联邦退休基金会等
北美洲	美国	社会保障署，劳工部，财政部，联邦人事局	政府劳工补偿基金会、蓝十字—蓝盾组织等
	加拿大	人力资源和技能发展部，卫生部，社会发展部	就业保险委员会等

续表

洲名	国名	主管社会保障事务的主要政府部门	主要的全国性半自治或自治机构
拉丁美洲	巴西	国家社会保障福利部,卫生部,劳动和就业部	社会保障福利委员会,工人救助基金咨询委员会等
	智利	劳动和社会保障部,卫生部,社会保障总监署,养老金总监署,卫生总监署	社会保险资助基金会,国民健康基金会,紧急社会基金会
大洋洲	澳大利亚	财政部,健康老年部,人民服务部,教育、就业、工作场所关系部,家庭社区服务部	证券与投资委员会,卫生保健服务标准理事会,医疗质量安全委员会,安全、赔偿委员会
	新西兰	社会发展部,卫生部,劳动部	
非洲	南非	卫生部,劳动部	社会发展部,补偿委员会等
	埃及	社会保险与社会事务部,健康和人口部,财政部,教育部,国防部,内政部	健康保险组织,保险和养老金组织,社会保险组织,治疗护理组织
亚洲	日本	厚生劳动省	全国劳动者共济组合联合会,国家公务员互助公会联合会等
	韩国	健康、福利与家庭事务部,劳工部,教育部,国防部	公务员委员会,国民健康保险公团,健康保险评价社,工人补偿与福利公团
	新加坡	中央公积金局,卫生部,社会发展部,财政部,人力部,劳动部	国家福利理事会,中央储蓄基金会

资料来源:《50 国(地区)社会保障机构图解》[M]. 北京:中国劳动社会保障出版社,2011. 所列政府部门为所在国主要社会保障管理机构.

从表 4 - 1 所提供的资料,可以发现如下规律:

1. 政府积极介入社会保障事务并承担主要管理职责,尽管现阶段有些国家将一些社会保障事务交由自治或半自治机构管理,但各国政府并未推脱其主要的管理责任。

2. 管理体制无定式,包括管理机构设置的名称、数量及所负管理职责,乃至政府与社会机构、中央政府与地方政府之间的管理职责划分,在不同的国家或地区均存在着差异,因此,社会保障管理体制并无统一范式,表明它需要充分考虑各国的具体情况。

3. 依法行事,即管理机构的设置及其职责均有相关法律规范,并根据法律赋予的职权行使管理职责。

4. 高效率成为几乎所有国家社会保障管理体制追求的目标。一些国家为了实现效率目标，往往会对原有的社会保障管理体制进行改革或干脆重组管理机构。

此外，也存在着官僚主义、效率不高的现象，如一些国家社会保障管理机构日趋臃肿，管理队伍日益庞大，造成了管理资源的严重浪费；一些国家的管理机构则对社会保障基金运行的监控不力，造成了政府在有关社会保障事务方面日益被动的局面。因此，改革社会保障管理体制，不断提高管理效率并维持高效率，已经成为许多国家的共同目标。①

（三）自治和半自治管理机构

1. 机构概述。在政府管理系统之外，各国都会有一些社会保障事务是需要依靠自治机构或半自治机构进行管理的，这些机构独立于政府系统之外，自主运行、自我管理。自治机构与政府没有直接关联，政府一般不介入其事务，如慈善团体、私人养老院等。半自治机构则可能有政府机构的代表直接介入组织，有时其领导人亦会由政府任命，但政府社会保障管理机构并不负责对该类机构的管理，如欧洲一些国家建立的社会保险基金会或协会，中国的残疾人联合会等即是半自治机构。因此，自治机构或半自治机构都是相对于政府系统是否直接通过行政权力的介入而言的，它们客观上不接受政府的直接管理，而是由有关立法进行相应的规范，在法律、法规的规范下自我管理、自我发展，并接受社会监督。因此，自治或半自治性质的社会保障机构通常是管办合一的机构，即同时充当着管理机构与实施机构的双重身份。在这种情形下，法制的规范和来自社会的监督会起到很重要的作用。如 1999 年 6 月通过的《中华人民共和国捐赠法》，即为慈善机构募集社会保障资金提供了法律规范，如果再加上慈善事业法或条例的配合，则各慈善团体即可走上依法自我发展、壮大的道路。

2. 机构自律。由于政府的不干预政策，严格自律便成为各种自治或半自治社会保障机构在运行过程中表现出的一个主要特征。在实践中，机构自律首先是表现为运行程序规范、透明。在程序方面，募集基金或款项、业务管理及待遇或服务的提供，均会有一套完整的规则，任何个人或组织均不能违背这些规则。由于规则的公正性与严密性，规则的严格执行便保证了自治或半自治机构的良性运行。同时，自治或半自治机构还将自己的社会保障活动置于接受社会监督之下，有的

① 郑功成. 社会保障学——理念、制度、实践与思辨[M]. 北京：商务印书馆，2000：423 – 426.

则接受政府职能部门的一般监督。其次,在机构内部,一般设置相应的监督部门,专门负责对各项社会保障活动与固定员工的检查与监督,并为此建立起相应的考评机制。再次,各自治或半自治机构通常还要接受超越机构之上的系统监督,即一些自治机构或半自治机构会通过建立团体联合会的形式来形成整体合力,团体联合会一方面负有与政府及社会各界沟通的责任,同时亦是机构自律的一种超级形式。团体联合会制定的规章、制度等通常成为各参与机构的行为准则。

3. 部分机构的行政架构。为便于了解自治或半自治机构的自我管理,我们以中华慈善总会、香港公益金等机构为例,并对其行政架构进行图示说明。

中华慈善总会是于 1994 年经中国政府批准设置的一个全国性慈善机构,它在性质上属于自治机构(尽管现阶段它与民政部存在着较为特殊的关系),从事的活动是通过向社会各界募集资金来开展各种扶危济困、助孤助残、赈灾及其他社会公益事业。中华慈善总会的行政架构如图 4 -1 所示。

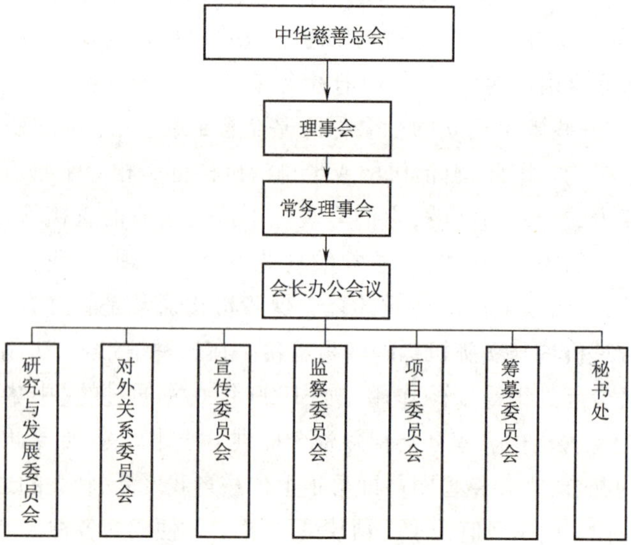

图 4 -1　中华慈善总会行政架构图

在该组织中,各委员会均通过常设的办公室开展日常工作,其中筹募委员会、项目委员会及其办公室等是最重要的部门,而监察委员会则负责该机构财务的内部审计与行政监察。此外,为加强自律,中华慈善总会还长期委托毕马威华振会计师事务所进行年度或专项审计,并接受社会各界的公开监督。

香港公益金是香港地区专门负责募捐的慈善团体,它募集的款项直接拨付给140多个民营慈善机构或社会团体，是有影响的劝募组织。香港公益金的组织架构如图4－2所示。

在该组织内，董事会是最高权力机构，董事会的会长通常由香港最高行政长官或其夫人担任，这种任职更富有象征意义。各委员会均由捐款人代表、政府代表和公益金会员机构代表，以及社会贤达担任，它虽然是志愿性工作，却掌握着实际权力。而由固定员工充任的办事处及其所属部门，则相当于执行委员会的一个秘书机构。显然，这种结构充分借助了外部力量，并将自身活动直接置于由非固定员工（亦称为志愿者或义工）组成的各委员会的管理与监督之下。

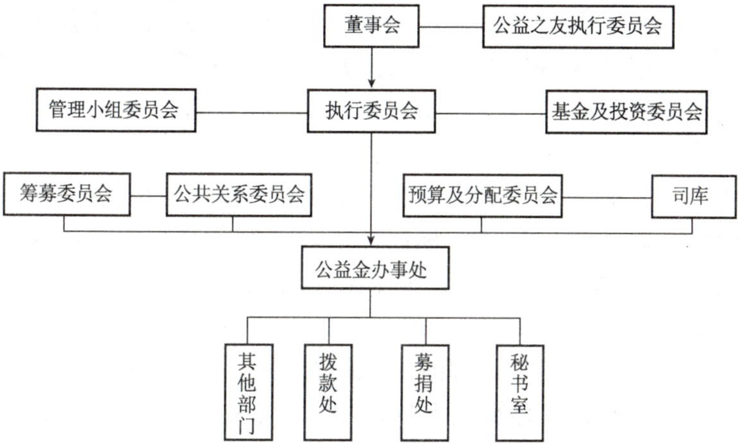

图4－2　香港公益金组织结构图

三、社会保障管理方式的比较

根据各国的政治、经济、文化、历史背景和民族传统等因素的不同，各国所采用的社会保障管理方式有所不同。在社会保障管理方式中，根据政府在社会保障事务中的介入程度以及责任大小，可以将社会保障管理方式划分为三种类型：政府直接管理、半官方自治管理和商业保险管理。

（一）政府直接管理模式

在这种模式下，政府设立专门的管理机构统一集中管理全国的社会保障事务。政府首先要负责制定社会保障的政策和法令,对社会保障实施的范围与对象、享受保障的基本条件、基金来源、待遇支付标准与支付方式、管理办法、社会保障有关方面(主要是国家、用人单位和个人)的责任、义务、权利等做出规定。其次,政府还要负责社会保障的业务管理,包括受保人的登记和审查;保障基金的征集、计算和支付;保障基金的使用、调剂和运营;在工伤保险中,要组织对劳动者丧失劳动能力程度的鉴定,组织协调对保障对象进行一系列必要的服务等。此外,还要负责检查和监督这些政策和法令的实施情况,受理有关社会保障的申诉,调解和裁决发生的纠纷,等等。

在这种政府直接管理的模式下,又有两种具体形式:一种是集中统一的形式,即中央政府授权一个部或一个委员会,下面层层设置机构,实行统一政策、统一制度、统一标准、统一表格、经费统收统支。在具备现代化技术手段的条件下,这种高度统一的管理可以通过全国计算机联网实现。采用这种形式的典型是英国。另一种是分权管理的形式。分权管理又可分为两种:①上下分权,即中央政府制定基本法律和法规,地方政府可根据自己的具体情况制定具体的法规细则,有较大的立法权。如美国就是这样,各地方州政府有较大的权限。②左右分权(或称横向分权),即实行分部门管理,如劳工(劳动)部门管劳工保险,卫生部门管医疗保险,农业部门管“农保”’(农业工人或农民的保险)等。

在政府直接统一管理社会保障的国家里,一般从中央到地方都设立专门机构,包括行政管理机构和业务管理机构。管理人员一律为国家的公职人员。

(二)半官方的自治管理模式

在这种模式下,政府部门的职能主要是立法和监督,社会保障的具体实施则由若干具有半官方性质的独立机构去执行,一般是由雇主和雇员双方组成社会保险基金会、董事会、理事会、协会等,根据政府立法独立制定社会保险的实施细则,依法独立运作,实行民主管理,接受行政部门和社会的监督。例如,德国的养老保险,由劳动和社会秩序部监督。养老保险按地区或按行业由劳资双方代表组成理事会具体组织实施。联邦政府设立保险监督局,对地区、行业的社会保险机构行业规范进行监督检查。医疗保险受卫生部监督,按七大行业和地方(联邦、州、地)设立医疗保险机构。医疗保险机构是独立的企业组织,由劳资双方组成的董事会管理,依法自定医疗保险费标准,自行征收医疗保险费。又如,法国的养老保险由社会事务部和就业部监督,劳资双方组成中央、大区、省三级基金会,独立进行管理和运作。此外,美国、意大利、瑞典、瑞士等国家也采用这种管理模式。

(三)商业保险管理模式

这种管理模式是建立在社会保障基金按着“完全积累”原则筹集和运作的基础上的。在完全积累原则下,对筹集来的基金通过投资运营,使基金保值增值,以保证受保人今后的需求。在这种情况下,基金的保值增值是社会保障管理的主要任务。因此,充分发挥商业保险在基金运作方面的经验和灵活的市场运作机制,就成为实行完全积累筹集社会保障基金的国家对社会保障管理方式的选择。在商业保险管理模式中,政府部门的管理职能是立法和监督。社会保障的组织实施和基金运作可以委托商业保险公司进行,也可以成立专门机构完全按着商业保险的机制运作。例如新加坡,其社会保险由劳工部负责监督,具体实施由半官方的中央公积金局负责,公积金局实行董事会领导下的经理负责制。又如,智利的社会保险由劳动和社会保障部负责监督,具体实施由社会保险公司、私营养老基金管理公司等负责。此外,印度、印度尼西亚等国也采用商业保险管理模式。

(四)三种模式的利弊比较

上述三种管理模式,各具特色,各有各的历史背景和社会条件。一般说来,各有各的优势和劣势。

1. 政府直接管理模式能保证社会保障政策的统一和严格执行,管理力度大,能体现政府的意图,有助于体现社会的公正性,有利于保障受保人的利益和维护社会稳定。其缺点是管理效率和服务质量可能难尽人意,并且政府直接承担社会保障责任,在出现问题和矛盾时,即使是管理上的问题和失误,政府也将处于直接与民众对抗的地位,缺乏回旋余地,易造成社会问题。

2. 半官方自治管理模式体现了民主管理,管理机制较为灵活,政府处于监督、协调的地位,有利于减少矛盾。但缺点是,其本身要求的条件比较苛刻(如要求国家的法制要健全,监督机构要公正、权威,办事机构要得力、守法),而且在体现政府意图和保证公平方面差强人意。

3. 商业保险管理模式适合在实行完全积累筹资模式的国家执行。这种模式的优点是政府的责任最少,管理比较简便,效率也可能比较高;缺点是要求国家高度法制化,资本市场健全,而且由于参保人的待遇保障完全依赖于基金在市场中的运营情况,因而参保人需要承担巨大的市场风险。

由于上述三种管理模式各有利弊,因此一个国家并不一定只采用一种社会保障管理办法，有时大部分保障项目交由非政府机构管理，而把其中某些项目的管理集中统一在中央政府手中。例如美国，老年保险和老人医疗保障就是由联邦政府统一管理的。不论采用哪种模式，在社会保障领域中，国家都发挥着强大的作用。

四、社会保障管理体制的历史经验和发展趋势

社会保障管理的意义在于它能够将社会保障法律制度细化并促使其得到贯彻落实，能够通过社会保障计划或方案的制订来主导社会保障制度的长期发展，能够监控和纠察社会保障的具体实践以保证其健康有序的运行。因此，现代社会保障制度不仅要求建立起相应的社会保障管理体制，而且要求建立健全、高效率的社会保障管理体制。

（一）历史经验

社会保障管理属于有别于生产管理的社会政策管理，作为国家上层建筑的组成部分，它既是社会保障法制的自然延伸，也是对社会保障法制的强化，在实践中要受到社会生产力和社会经济制度及现代各国行政架构的制约。世界各国社会保障管理体制发展的历史表明，确立一国社会保障管理体制的模式，必须充分考虑该国的政治经济体制、文化传统等因素。政体不同的国家，社会保障管理体制一般存在较大差异。通常，联邦制国家大多采取分散管理的模式，而中央集权国家则较多采取统一管理模式。社会保障的政府理念也是重要的影响因素。实行社会保障国家或政府责任制的国家一般都采取高度统一的管理模式，而推行非国家或政府责任制的国家则倾向于采取相对分散的管理模式。同时，各国的现实国情也是重要的影响因素，对于人口总量少，全国生产力发展水平差异不大的国家，可以采取统一的管理模式，也可以采取分散的管理模式，视各国的政治文化传统而定；对于人口总量极为庞大，国土辽阔，经济发展水平呈梯度特征的国家，例如中国，社会保障管理体制就必须采取集权（或集中）管理与分散（或分层）管理相结合的模式。

（二）发展趋势

在生产社会化程度不断提高的情况下，劳动者的生、老、病、死、伤、残、灾、失业等，成为一种社会风险，社会保障成为由政府组织实施的（其中社会保险更是强制实施的）一项公共事业。各国的社会保障管理体制在发展变革中，必须

不断提高工作效率,降低管理成本,提高服务质量,更好地发挥社会保障的互济功能。就是说,要按照政事分开,决策、经办、营运、监督分离的原则,建立机构统一、政策规范、政事分开、管理法制化、监督有力的社会保障管理体制,这是未来社会保障管理体制改革的根本方向和目标。因此,社会保障管理体制的发展,将越来越呈现以下趋势:

1. 法制化趋势。社会保障组织管理的正常化、科学化,需要有制度作保证,带有强制性的、体现国家意志的制度,即法制。社会保障管理事业只有纳入法制化轨道,才可以使社会保障管理的程序、手段以及内容有法可依,依法行事。

世界各国都非常重视社会保障的立法工作,并不断强化其法制建设。具体包括以下方面:

(1)健全社会保障立法。将所有社会保障内容都纳入法制管理范畴,用法律消除社会不稳定因素的发生。

(2)明确社会保障的权利义务关系。将公民在社会保障上的权利义务关系全部纳入法律体系,做到权利义务相互联系、相互对等、互助统一。

(3)社会保障法律体系系统化。保护公民的正当权益,惩罚违规行为,树立社会保障法的权威性。

(4)进行社会保障机构自身的法制化建设。

2. 社会化趋势。社会保障的社会性和保障性,决定了社会保障必须实行社会化管理。在生产社会化条件下,劳动者的生、老、病、死、伤、残、灾、失业等,成为一种社会风险,必须由社会统一承担。社会保障(特别是其主要项目之一的社会保险)的社会性质的实质,就是要体现"大数法则",通过建立社会统筹基金,使基金统一筹集、统一管理、统一使用,实行"风险共担、统筹互济"。社会保障社会化管理的内容应该包括以下四个方面:

(1)组织机构社会化,即成立专门的机构对社会保障的规划、领导、组织、实施,进行社会化的统一集中管理,而不是单个企业的自我管理。

(2)管理者和服务人员社会化,即充分发挥政府、单位、社团、社区、家庭和志愿者等各方面社会力量在社会保障管理中的管理、监督和服务作用。

(3)坚持属地化管理,根据区域间经济社会发展不平衡、地区间利益关系和管理水平的差异,社会保障的互济性总是在一定的范围内(典型的表现为一个行政区域和地域内)实现的,而不可能在全社会同时实现。基金实行互济的区域范围,称为基金的统筹层次或统筹地区。

(4)筹资社会化,即社会保障资金来源于政府、单位、个人、社会资助等社会的各个方面，而不是由政府和单位统包统揽。

3. 科学化趋势。社会保障涉及面广、涉及对象和事务多、非常复杂、业务性很强，这决定了其必须实行科学化、专业化管理。科学化管理的核心，是实现管理的计算机化、信息化和网络化。通过计算机系统收集、存储、处理资料，进行精算、统计、财务管理，以及制订计划等。

4. 民主化趋势。社会保障管理是政策性很强的工作，直接关系劳动者的切身利益，关系社会稳定和国家的长治久安。要保证社会保障政策的正确贯彻实施，就必须健全监督机制，实行民主化管理。民主化管理的核心，是建立和健全监督机制。监督可分为行政监督和社会监督两个方面。为了加强监督，首先必须建立专门的社会保障监督机构，行使行政监督的职责；其次疏通各种渠道，加强来自广大群众、新闻媒体和社会各方面的监督，以增加决策的透明度和政策实施的准确性、公平性。同时，在社会保障管理的各部门、各环节之间，明确分工、政事分开，以便于各司其职、相互监督。

5. 系统化趋势。社会保障管理的社会化与法制化，都有赖于系统化的实现。社会保障管理体制应系统化：机构健全、功能配套、程序合理，并且要在组织机构之间建立科学合理的关系，实现整体化的功能效应。当代国家社会保障涉及生、老、病、死、伤残、孤寡、妇女、儿童、失业、就业等多个方面。随着这些项目与内容的建立，必然要求建立相应的组织管理机构，进行分门别类的组织管理。但是，不论组织机构的功能如何划分，组织分工如何细密，都需要中央或地方政府设立一个统一管理、协调的部门。这就是高度分化基础上的高度综合。

社会保障机构管理的统一性在各国表现不同，具体有以下几点：

(1)有的国家单独设立行政主管单位，如澳大利亚的社会服务部、比利时的社会福利部、新加坡的社会事务部等。

(2)有的国家设立社会福利与卫生合并的行政主管单位，如韩国的卫生福利部、英国的卫生与社会福利部。

(3)有的国家设立社会福利(或社会事务)与劳工行政合并的行政主管单位，如联邦德国的劳工与社会事务部、意大利的劳工及社会福利部等。

(4)有的国家则是特殊的复合体制，如美国的卫生教育福利部。

社会保障工作是政府职责中的一个特殊领域，必须由一个部门统管，以利于工作的计划性和各部门执行计划时的协调配合，防止职责混淆不清和资金、人力浪费。然而从社会大范围看，社会保障部门独立承担保障任务也会遇到很多困难，需要与其他有关部门，互相联系、互相协调，共同完成任务。这就有赖于社会保障组织与其他机构之间的协调统一。

第二节 各国社会保障管理体制实证比较

伴随社会保障制度产生的社会保障管理已有上百年的历史,世界各国在实践中逐渐形成的社会保障管理体制纷繁多样。对部分典型国家的社会保障管理体制进行实证研究,从中探讨建立科学有效的管理体制的基本原则和基本要求,找出社会保障管理的共同规律,以促进社会保障管理的发展。

一、美国社会保障管理体制

美国是世界上最早实行系统的社会保障法律制度的国家。它在1935年颁布实施了《社会保障法》。联邦社会保障署是最重要的社会保障管理机构,是联邦政府专司社会保障行政管理的机构。1994年,国会通过了"社会保障机构独立"的议案及法律修订案。自此以后,社会保障署从健康和公共服务部分离出来,独立管理主要社会保障事务,其内部结构可见图4-3所示。联邦劳工部、健康和公共服务部也具有一定的社会保障管理职能。社会保障事务的经办机构有政府机构,即联邦社会保障署在各州设立大区办公室,各州设有地区办公室,依需要再设立社区办公室或更小的分支机构;还有非政府机构,如各类商业保险公司。社会保障的监督机构包括代表联邦或州政府的监督机构和行业性的监督组织。

美国社会保险基金的管理方式是混合制,是现收现付制和资金积累制的综合。基金积累部分全部由财政部运营。社会保险基金投资只限于购买联邦政府的债券。社会保障信托基金(OASDI)机构是独立于财政部之外的机构,社会保障财务完全由社会保障信托基金(OASDI)机构操作,信托理事会监督基金的管理与运营。

美国社会保障管理体制的主要特点:①行政管理机构独立操作;②社会保障基金运营与行政管理分离;③充分利用市场融资手段提高社会保障基金的支付能力。联邦政府对整个社会保障事业缺乏宏观调控和有效协调的能力,出现向统一和精简方向发展的趋势。

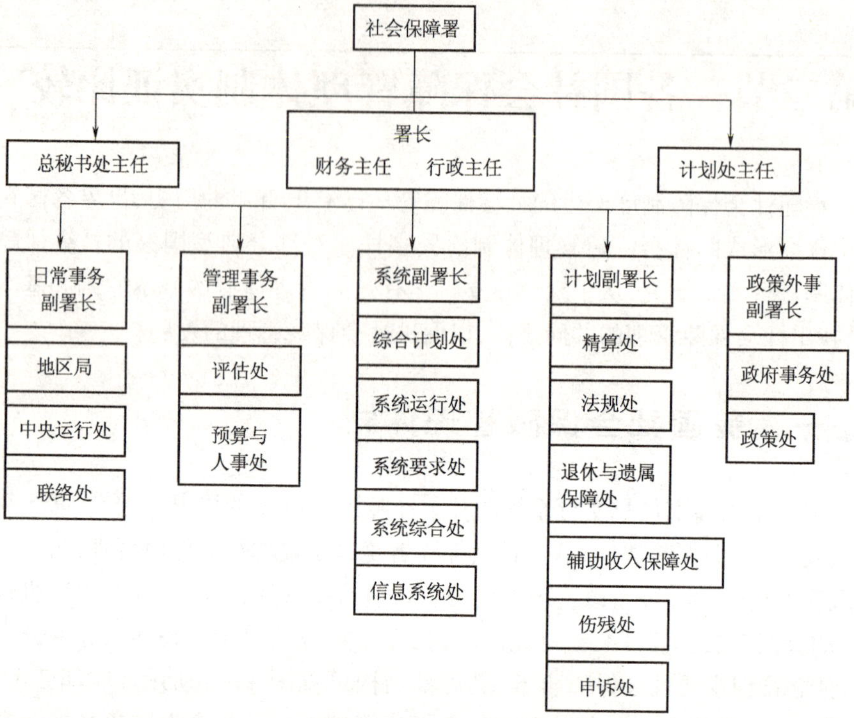

图4－3　美国社会保障机构内部结构

二、英国社会保障管理体制

英国在20世纪初期颁布了一系列社会保障法令，社会保障包括全民津贴、国民保健、住房补贴和教育补贴等。英国早期的社会保障制度完全由政府一个部门集中管理，以后分为若干部门管理。从中央到地方，社会保障工作人员队伍十分庞大，60%服务于公共部门的人员从事社会保障范围的工作，包括行政人员、社会工作者、医生护士和心理医生、各种专家顾问等。近期由于职业年金和个人储蓄的发展，协助官方福利机构工作的民间自愿团体组织迅速发展起来。但是，社会保障管理还是以政府为主。在管理方面，英国实行彻底的“行政主导”方式，提供全民免费医疗的“国民保健制度”由中央政府的保健部协调管理，其余社会保障工作由“工作与年金部”主管，社保资金由英国政府负责征收和发放。

英国社会保障管理体制的特点:①政府积极介入社会保障事务,并承担主要的管理职责;②社会保障立法内容全面,执法司法制度健全;③社会保障管理机构日趋臃肿,存在社会保障事业官僚化的趋势;④在社会保障制度改革中,国家正在将一些社会保障事务交由民间自治机构管理;⑤公共社会保障的行政管理与基金运营尚未分离。

三、德国社会保障管理体制

德国是世界上第一个以社会立法实施社会保障制度的国家。德国实行的社会保障体系,是由社会保险制度以及以普通税收收入为来源的社会福利和社会救助制度构成,如养老保险、失业保险、事故保险、医疗保险、护理保险、社会救济、住宅补助、子女补助和教育补助等,不同层次的社会保障项目几乎覆盖了所有的社会成员。德国目前已建立了立法、决策、管理、预算编制和具体执行的各负其责又互相制约的社会保障管理体制。联邦议会负责社会保障的立法,政府部门监督执行,各类保障协会具体管理。德国还有工农业事故基金会,管理职业伤害保障和失业保障。另外,德国还有专门的政府雇员保障公司。德国每个参保人员都有一个社会保障号码,通过保障号码可以查到参保人的所有资料,计算机全国联网,信息系统比较完善。在德国,社会保障争议由普通法院依简易、速结、费用低的特殊程序处理。

德国具有自治民主管理的传统,社会保险的具体事务是由各个社会保险公司(均为自治性的公共团体)负责管理和提供服务,按照社会保险制度的市场运转机制进行运作。而政府各部门则可以专职于宏观决策,如社会保险的政策、预算的制定,社会保险制度运转的预测和监督,以确保参保人的权利不受侵犯,实现社会公平。其中在政府部门中,财政部门负责全德国的社会保险预算的编制,联邦劳动和社会事务部负责社会保险的决策和管理。这种管理体制是与德国实行的社会市场经济体制相适应的。

德国社会保障管理体制的特点:①联邦议会负责社会保障的立法,政府部门监督执行;②强调自治原则,实行劳资共同参与的管理体制;③运用现代管理手段和管理方法。

四、法国社会保障管理体制

法国的社会保障制度是在英国贝弗里奇计划和德国俾斯麦制度基础之

上建立起来的一个混合体。法国社会保障制度在运作上,享有高度的自主权。在国家资助与调控下,通过全国、大区及省三级机构进行社会化经营和分散管理,根据社会最低标准和分摊金缴纳数额来确定个人受益比例。以普遍保险制为例,在全国一级设有3个机构:全国领薪者疾病保险金保管局、全国领薪者养老保险金保管局、全国家庭补助金保管局;在大区一级,设有16个大区疾病保险基金会,既负责地区一级的医疗保障事务,也代管养老事务;在省一级,有365个基层管理机构。三级机构各有分工,全国一级机构负责各险别的立法管理、协调社会保险普遍制财政的共同管理、签署劳资协议、保证享受普遍制的领薪者的工作条件及在职培训等。大区一级机构则是职能不太明确的混合组织,其作用不单单体现在疾病保险方面,还负责管理与私立医院签订的协议及工伤和职业病有关报销费用的规定,并代理全国领薪者养老保险金保管局的养老金发放和相关服务;省一级机构同大区一级组织或私立互助组织一样,负责履行公立机构的服务职能,如社会保险个人号码的登记、报销相关费用、发放各种补助金、监督分摊金的缴纳及推动社会和公共卫生活动等。

若受保人同社会保险机构发生争端,可提出申诉。如属一般性争端,例如,双方对社会保险登记地点、分摊金的缴纳方式、享受补助金的权利或数额等有不同意见,应首先通过调解委员会来解决;如果调解无效,可向社会保险事务法院、上诉法院和最高法院逐级申诉。如果属技术性争执,如残疾程度和丧失工作能力的认定等,应先由大区技术委员会受理;受理无效才可逐级上诉,直至全国技术委员会。

国家在社会保障体制中的作用主要有:第一,制定有关法规。目前,已制定《社会保险法》、《公众健康法》、《家庭和社会救助法》、《劳工法》和《保险法》等。第二,监督、鼓励和直接管理。例如,社会事务部设专人负责监督各社会保险机构;财经部监督社会保障体系的资金状况;国家财政总监负责控管资金;社会事务总监负责提交社会保险执行情况年度报告并回答质询。社会保险机构的行政负责人均由政府任命,政府不仅有权解散社会保险机构行政委员会,还有权取消社会保险机构做出的决定。国民议会每年审查社会保险基金运转和收支情况,并提出相关建议与法案。

在法国,中央一级社会保障组织有全国疾病保障基金会、全国老年保障基金会、全国家庭补贴基金会;在地方有两级基金会组织。社会保障基金会由理事会管理,在理事会中2/3为工人代表,1/3为雇主代表。理事会的决策必须经过联邦政府批准(有批准程序);理事会的主任由联邦政府任命;总会计师由联邦劳动和社会事务部和财政部任命。社会保障基金会的职能有:①管理社会保障费用的使用,实现财政预算平衡;②就医疗费用的标准同医务卫生工作人员协商;③监督医务人员的工作质量。

法国各项社会保障业务均建立了全国计算机联网,社会保障工作具有高度专业性。法国建立了欧洲唯一的"社会保障高级人才培训中心"。全国600多个基金会的负责人和高级管理人员均经过该中心的培训。

法国社会保障管理体制的特点有:①政府以强有力干预和控制手段介入社会保障事务,并不直接承担主要管理职责;②社会保障立法内容全面,执法司法制度健全;③强调社会自治原则,实行劳资共同参与的管理体制;④公共社会保障的行政管理与基金运营分离;⑤建立了高效统一的社会保障征费制度,实现了社会保障经办机构与相关机构(银行和邮局)的有效协作,为世界各国树立了榜样;⑥注重人才的培养和使用,建立了全国缴费的计算机联网。

五、新加坡社会保障管理体制

新加坡的社会保障共分为四个层面。第一层面:自我帮助,涉及中央公积金计划和个人积蓄。第二层面:家庭帮助,涉及中央公积金储蓄部分,中央公积金保险和家庭成员之间的相互支持。第三层面:社区帮助,涉及公益和慈善组织。第四层面:政府扶助,涉及公共支持。

新加坡以中央公积金制度取代了社会保障制度,社会保障从老年人的生活入手,做到"居者有其屋"和"疾病有治疗"。政府中央公积金局直接全面管理由雇主和雇员强制性缴费的社会保障基金,中央公积金为每个被保障人(雇员)设立个人账户,提供养老、医疗、住房和家庭意外事件保障。公积金利率由政府决定。55岁以前个人账户分为三个部分:普通账户(月工资的30%,约全部基金的75%)、保健账户(月工资6%,自愿为大病建立医疗保护附加基金,支付公立和私立医院的费用)和特别账户(全部基金的10%)。55岁以后变为退休账户(提取全部基金时,依法留一笔数额作为养老金,可以购买中央公积金局批准的保险公司的养老金)和保健账户。55岁以下的会员可以动用普通账户的存款进行中央公积金局指定的投资,中央公积金局指定托管人。

新加坡管理社会保障工作的部门包括政府部门与私人机构。私人机构主要是一些民间团体、组织,如各种基金会等,它们根据国家政策主要从事社会福利和救助工作。国家对这些机构提供一定的优惠政策,所需资金主要由社会各界捐赠。政府部门主要制定社会保障法规政策,并管理和使用社会保障资金。

新加坡中央公积金局是一个具有本国特色的社会保障管理机构。它是在政府劳工部一般监督下的半官方机构,实行董事会领导下的总经理负责制。董事会主席和总经理由劳工部任命,任期3年,董事10人,有政府代表3人,雇主代表3人,专家4人。董事会有决策权,下设财金委员会和规划决策委员会。中央公积金局内设6个部门,即会员服务部、人事部、电脑部、雇主服务部、行政部、内部审计部。全局有700多个工作人员。中央公积金局内部具有严格的操作规章,年行政费用控制在当年保障基金总额的0.5%。中央公积金系统是透明的,其账户每年都经过国家审计局审计并对外公开。中央公积金局对外具有权威性和强制执行权,对拖欠缴费的雇主规定了严格的处罚办法,从罚金到停止营业,从缴纳每日高达15%的滞纳金,直至移交法院判处2年徒刑。

新加坡社会保障管理体制的特点有:①采用政府集权与现代公司结构相结合的手段介入社会保障事务,承担全面管理职责;②社会保障立法内容全面,执法司法制度健全和严明;③社会保障管理机构规范、高效、廉洁,深得公民的信任;④公共社会保障的行政管理与基金运营尚未分离。

第三节　国外社会保障管理体制对我国的启示

一、中国社会保障管理体制的现状与问题

(一)中国社会保障管理体制的现状

中国的社会保障体系主要由社会保险、社会救助、社会福利和社会优抚四大支柱组成,在管理体制上,四者是不同的。社会福利、社会救助和社会优抚管理体制相对简单,管理部门为民政部,资金完全由政府财政支持。社会保险是社会保障体系的核心部分,社会保险法规规定了受益人的缴费义务,其管理体制曾经历过四个不同的发展阶段,即工会管理(1951～1969年)、企业自管(1969～20世纪80年代末)、多部门管理(20世纪80年代末～1998年),1998

年组建了劳动和社会保障部，将原人事部管理的机关事业单位职工养老保险，民政部管理的农村养老保险和卫生部管理的医疗保险统一划归由劳动和社会保障部管理。为了避免社会保障管理上的“条块分割”问题，1998 年国务院决定将原实行系统统筹管理的 11 个行业（铁道、民航、交通、邮电、电力等）社会保障工作移交地方管理，实行按行政区划的属地管理原则。2008 年国务院进行机构改革，将人事部与劳动和社会保障部合并为人力资源和社会保障部，养老保险实行省级统筹，医疗保险实行地市级统筹管理，社会保险待遇实行社会化发放。2000 年国家成立了“社会保障基金理事会”。

目前，中国社会保障管理体制在中央一级是以政府行政管理为主的组织系统。人力资源和社会保障部负责统筹建立覆盖城乡的社会保障体系，对养老、医疗，失业、工伤，社会保障基金等进行管理。各业务司制定政策、规划、标准、管理办法，审核、批复省、自治区、直辖市上报的有关方案和请示。人力资源和社会保障部设立有养老保险司、失业保险司、医疗保险司、工伤保险司，分别负责养老、失业、医疗和生育、工伤事务的管理；农村社会保险司负责农村养老保险和被征地农民的社会保障；法规司负责起草相关法律法规草案和规章，承担机关有关规范性文件的合法性审核工作，承办相关行政复议和行政应诉工作；规划财务司负责拟订社会保障事业发展规划和年度计划，承担编制全国社会保险基金预决算草案工作，参与拟订社会保障资金（基金）财务管理制度；社会保险基金监督司负责拟订社会保险及其补充保险基金监督制度、运营政策和运营机构资格标准，依法监督社会保险及其补充保险基金征缴、支付、管理和运营，并组织查处重大案件，参与拟订全国社会保障基金投资政策。

民政部负责管理全国的社会救助、社会福利、优抚事业等。设有救灾司、社会救助司、社会福利和慈善事业促进司、优抚安置司。

财政部设立有：社会保障司，主管社会保险基金收支两条线、财政专户管理、中央和地方财政预算中用于社会保险支付的审核、拨付；会计司，主管社会保险基金财务、会计制度的编制和颁布；国债金融司，主管社会保险基金，定向发行国债和政府彩票。国家发展和改革委员会设立了社会司，主管社会保险事业和发展规划。国家审计署设立了社会保障审计司，对各地社会保险基金进行年审并受理重大投诉。保监会监管中国人寿保险公司承办的各类企业年金、再保险公司提供的商业人寿保险公司的再保险。证监会规范和发展中国资本市场，管理国有基金管理公司，减持国有股，筹措养老保险基金。国家体改办对社会经济制度改革进行研究、协调规划，向国务院提出建议。

社会保险经办机构的主要业务包括:①社会保险登记;②社会保险档案管理;③社会保险申报;④社会保险缴费;⑤社会保险基金管理(社会保险费分账管理、收支两条线管理、个人账户基金管理,监督审计、统计、报表等);⑥社会保险监督、检查、报告,劳动和社会保障部进行行政处罚;⑦社会保险经办机构人事、财务、教育等管理。

(二)中国社会保障管理体制的主要问题

中国社会保障管理体制长期以来存在的主要问题有:部门分割、切块管理、画地为牢、各自为政,以及政事合一,立法、监督与基金经办操作职能集于一身,宏观间接管理与微观直接管理不分,缺乏监督制约机制,难于界定和强化管理责任,管理效率和服务质量不高。具体表现在以下几点:

1. 社会保障立法相对滞后。近年来,我国相继出台了一些社会保险单项法规,并于2010年10月28日通过了《中华人民共和国社会保险法》,对促进社会保险事业发展、依法加强社会保险管理起到了积极作用。但作为“最后一道防护线”的社会救助却迟迟没有出台,从而影响到适合我国国情的全面的社会保障体系的建立。

2. 历史上形成的社会保障多头管理、政出多门、互相掣肘问题还没有真正解决。一方面,中央政府将社会保险综合管理的任务交给了人力资源和社会保障部,但从省到县由地方政府不同部门按项目和对象管理社会保险的问题还没得到解决。另一方面,对长期以来由政府有关管理部门根据各自管理的社会保险项目和对象制定的社会保险政策没能进行认真的梳理,对原有政策在保险范围、基金筹集、支付条件和待遇水平等方面存在的矛盾和差异没能加以规范和统一。例如,企业职工在职期间本人要缴纳养老保险费,机关、事业单位职工则个人不缴纳保险费,而退休时企业职工和机关、事业单位职工按不同的办法计算养老金,养老金水平不同。这就在劳动者之间引起了矛盾。此外,对由于原来管理范畴不同形成的边缘交叉部分,在管理权限、执行何种政策上更是矛盾重重,互相扯皮。

3. 社会保障管理存在着宏观调控与微观管理职能界限不清、管理权限混乱问题。社会保险的强制性、互济性、公平性决定了社会保险在享受条件、待遇水平、基金调剂、使用等方面必须集中统一,各地方和部门不得强调各自的特殊性而各行其是。另一方面,由于我国地域广阔,经济发展水平差异较大,各地又要根据本地实际情况,在坚持统一制度和政策的条件下,实事求是地解决问题,科学地划分各级政府和有关部门的管理职能和管理权限,正确处理好宏观调控和微观管理之间的关系。于是,一些地方和部门不顾国家规定的养老保险享受条件和待遇标准,擅自降低退休年龄,违规为一些职工办理提前退休。还有些地方不顾本地经济发展水平和国家、企业的承受能力,盲目提高养老金标准,使养老金的替代率超过100%。有些地县强调本地区利益,不按时足额上缴省级调剂金,使养老保险省级调剂能力大大削弱。上述错误做法不仅会造成社会保险管理的混乱,而且会使刚刚建立的统一的企业职工养老保险制度形同虚设。人为地加大基金支出,削弱基金调剂能力,也会使养老保险基金实行部分积累模式的总体设计无法实现。

4. 社会保障管理存在行政管理与业务管理不分、业务管理与监督检查不力的问题,难以形成各司其职、相互制约的运行机制。有的地方政府部门超越行政管理范畴,直接干预社会保险基金的支出,出现了动用社会保险基金用于市政建设、弥补财政赤字、支持地方企业等违规行为。有的政府部门动用社会保险基金用于盖办公楼、建职工宿舍、购买小汽车等。有的地方社会保险行政管理机构与业务经办机构是“一套人马,两块牌子”,一个人说了算,没有制约,无人监督。这样,既不能认真履行行政管理和监督职能,又不能认真搞好社会保险业务管理工作。因此,只有严格地区分行政管理与业务管理、业务管理与监督检查的界限,坚持行政管理与业务管理分开,业务管理与监督机构分设的原则,才能建立起科学、有效的管理体制和运行机制。

二、国外社会保障管理体制的经验启示

通过前两节对各个国家社会保障管理体制的比较,我们可以看出,要想建立高效率、低成本和适应性强的管理体制,必须坚持下列做法。

(一)坚持依法管理

社会保障的全民性、综合性、延期支付特点决定其对法制的依托性。只有在社会保障各个环节均依法办事,才能形成一个长期的、有机的系统工程。

(二)坚持公开、公正与效率原则

向全体公民和参与人公开必要的信息,为全体参与人建立公正的资格标准、待遇标准和一致的程序,是保证高效率、低成本运行的基本条件。

（三）行政管理与基金运营分开

社会保障行政管理与其基金运营是工作对象与性质完全不同的工作。行政管理需要及时、准确，基金运营需要分散风险、保证回报率，二者需要不同类型的人才操作、执行不同的工作程序、承担不同的风险。将行政管理与基金运营分开，可以保证各自的工作效率和避免社会保障基金的不正当使用与管理。

（四）集中管理与分类管理相结合

在社会保障的分类和社会保障的险种之间需要具体分类的管理，如养老保险、医疗保险和失业保险的适用对象不同，可以分类管理。但是，在缴费和监督等方面应该进行综合管理。

（五）政府管理与民间管理相结合

政府全面管理综合性很强的社会事务，财政成本和行政成本必然越来越大，还容易助长懒惰现象的出现。在市场机制中创造政府与民间组织协调管理的体制是最科学的选择。

（六）中央协调与属地管理相结合

社会保障基金的运作规则应当由中央制定。基金统筹水平因受到地区间经济差别的影响，应当根据各地经济发展情况决定基金统筹水平和属地管理。在属地管理的基础上建立各地协调措施，以保证劳动力的合理流动。此外，社会保障是一个综合性的社会系统工程，涉及众多的政府部门和组织，有关部门的协作是社会保障有效管理的必要条件。

三、完善中国的社会保障管理体制

在中国，由于社会保障制度建立时间较短，各项法律、法规还不健全，还没有形成强有力的监督体系。目前，中国社会保障管理体制建设可以更多地参考政府直接管理模式，并根据中国人口多，经济发展不平衡的基本情况，对一些社会保险项目进行半官方自治管理模式的试点，最终使整个社会保障管理体制向半官方自治管理模式过渡。

此外，要进一步理顺社会保障管理体制：一要坚决贯彻属地统一管理原则，未纳入地方管理的中央企业一定要纳入省级统筹管理,彻底解决条块分割、政出多门、待遇不一、相互攀比、影响政令畅通的羁绊。二是比照工商、税务、技术质量监督系统的模式,实行省以下垂直统一管理,加大省级统筹的力度。省、市职责明确:省级在中央的总体规划下,负责具体政策的制定,基金的统一调剂,监督市级的执行;市级主要负责政策的组织实施和具体管理操作。三要建立完善行政管理、基金经办和社会监督三个体系,建立“三马一车,相互制衡,协调配合”的机制。行政管理机构主要负责社会保险规划、政策法规的制定和行政监督,统一管理各类人员的社会保险政策。基金经办机构主要负责社会保险基金的经办和事务管理工作,按照立法规定基金经办机构的性质、体制、职责、权利和管理制度。社会监督机构应由政府、人大机构代表、企业代表、职工(包括离退休人员)代表组成,主要负责对社会保险法规、政策、基金运营执行情况的监督。这样,会使社会保障管理体制更加顺畅。

(一)关于我国社会保障行政管理的构想

1. 加强对社会保障的协调和决策工作,成立国家社会保障委员会。社会保障体系是我国社会主义市场经济体系的重要支柱之一,是保持改革、发展、稳定,实现国民经济可持续发展战略的重要制度保证。社会保障的实施又涉及多个政府部门,成立有权威、有协调能力的国家社会保障委员会是十分必要的。

国家社会保障委员会可由人力资源和社会保障部、人事部、民政部、卫生部、财政部、国家计委、国家经贸委、中国人民银行、国家税务局、国家审计署等部门的负责人组成。由一位国务院副总理担任委员会主任。委员会的主要职责是审议社会保险发展规划,并监督其执行,对重大社会保险改革向国务院和全国人大提出决策意见,协调政府各管理部门的工作等。

国家社会保障委员会下设两个办事机构:一个是办公室,负责处理委员会的日常工作;另一个是社会保障研究室,组织开展对我国社会保障改革和发展重大课题的研究,成为我国社会保障决策的智囊团。

各省级政府也可相应设立社会保障委员会,对本地区的社会保障工作进行协调、决策。

2. 进一步强化和规范政府主管部门对社会保障的管理。2010 年 10 月 28 日国务院设立了人力资源和社会保障部,结束了中央一级对社会保险多头管理的局面。人力资源和社会保障部自成立以来,在综合规划管理我国的社会保险工作,推进各项社会保险改革方面做了大量工作。当前在加强社会保险行政管理方面还需做好以下工作：

(1)加快省、地、县三级社会保障行政主管部门的建设，统一省、地、县社会保险工作的管理。

(2)进一步规范和完善中央和地方的社会保险职能划分，该集中的要集中起来，该放到地方的职能要放下去，明确分清中央政府和地方政府对社会保险的管理权限和应承担的责任。

(3)加强对各项社会保险改革的统一规划和协调。

财政部门对加强社会保险基金的管理和监督负有重要责任。近年来，财政部门实行社会保险基金收支两条线管理，建立、完善了社会保险基金财务、会计制度，积极筹措资金支持社会保险待遇的发放，加强了社会保险基金管理和监督的力度。但随着我国社会保险的改革和发展，调整财政支出结构、建立社会保障预算、开拓社会保障基金来源已成为财政部门面临的重要课题。

3. 加快建立社会保障法律体系建设。随着我国社会保险改革的深入，养老、医疗、失业等社会保险的单项法规、规章已经陆续出台，社会保险法也已出台并实施，尽快出台社会救助法，建立和完善我国社会保险法律体系已成为当务之急。

(二)关于我国社会保障业务管理的构想

1. 根据社会保障项目的区别和各自特点进行分项、分级管理。社会保障中的养老保险、遗属保险、残疾保险带有全社会性质，其待遇支付属于年金性质，在管理上可采取集中管理方式。当前阶段可进行基金省级统筹，调剂使用，待条件成熟后可过渡到全国统筹管理。失业保险与地区性经济发展水平和劳动力市场发育程度有关，宜实行区域性管理。医疗保险与本地经济发展水平和医疗保障水平密切相关，并且费用开支难以预测和控制，可在县市一级管理。

根据管理方式的不同，可以建立相应的业务经办机构。对集中管理的项目，为保证政策的统一和基金的调剂，业务经办机构应按统筹层次实行垂直领导。社会保险经办机构要保持相对的独立性，在内部管理中要引入商业化管理机制，要增强服务意识，增加管理的透明度，避免“官方化”的倾向。

2. 业务经办要实行收支两条线管理。社会保险基金的征收，必须按着社会保险基金征缴暂行条例的规定由税务机关或社会保险机构依法征收，所征收的社会保险基金必须及时全额的划入财政专户。社会保险经办机构的重要职责是进行社会保险登记，做好企业和个人的缴费记录，管理职工个人账户，并根据社会保险的法律、法规、政策做好社会保险待遇的支付工作。财政部门要根据社会保险待遇支付需求，及时将资金从财政账户中拨出，通过银行将社会保险待遇及时、全额发放到受保人手中。

3. 建立社会保障服务社会化体系。社会保障服务面向广大群众，具有广泛的社会性，其管理必须社会化。建立社会保障服务社会化体系是各级政府的责任。政府应对该体系建设进行规划、组织、扶持，这是我国从“企业办社会”转化为“政府办社会”的重要组成部分。建立社会保障服务体系是一项繁杂的系统工程，当前可将社会保障服务需求进行分解和排列，根据轻重缓急，分项组织落实。

养老保险服务方面，在开展养老金社会化发放的基础上，可由当地劳动保障部门、工会、养老保险经办机构、退休人员代表等组成退休人员管理委员会，委员会可在街道居民委员会、乡镇以及在退休人员较集中的大企业内成立退管会并建立退休人员活动站。退管会负责组织退休人员学习时事、政策，开展科学、法制教育，开展各种文体活动，增进身心健康。退管会要及时了解退休人员的意见和要求，帮助他们解决实际困难。退管会还可以组织退休人员根据各自的业务技术专长兴办经济实体，既可以促进当地经济发展，又可以为开展服务工作提供部分资金支持。

失业保险的服务工作应主要由劳动保障部门负责。失业保险经办机构在做好失业人员失业补助金发放工作的同时，应重点做好失业人员转岗培训、职业介绍工作，促进失业人员再就业。

医疗保险的服务工作应主要由劳动保障部门和卫生部门负责。通过医药卫生体制改革降低医药成本、提高医疗服务质量。基本医疗保险服务实行定点医疗机构和定点药店管理，发展社区卫生服务，方便群众就医。

在社会保险服务体系建设中，应充分发挥民间组织的作用。通过民办公助的办法，鼓励和帮助民间组织开办养老院、疗养院、职业介绍所等，直接参与社会保险服务工作。随着社会保险服务工作和社区管理的发展，社会保险服务主体逐渐纳入社区服务的范畴，主要的服务工作以民间组织为主，成为我国第三产业的重要组成部分。

(三)关于我国社会保障监督管理的构想

社会保障监督由两部分组成，一是由政府有关部门代表国家对社会保障工作实施的行政监督，二是由社会保障的参与者和受益者对社会保障工作的社会监督。

在行政监督方面，随着社会保障体系的不断完善，政府劳动保障部门、财政部门、审计部门、中国人民银行等各自的监督职能和责任已经明确。当前要解决的问题主要是进一步完善行政监督的法规和办法，使之更具有可操作性和增加行政监督的透明度，同时，加强执法队伍建设，加大执法力度，彻底解决社会保障行政监督中无章可循、有法不依和执法不严的问题。

社会保障的社会监督亟待加强，当前应重点做好以下两方面的工作：

1. 中央和省、市、县建立具有权威性、代表性的社会保障监督委员会（或监事会）。委员会由用人单位代表（各类企业代表、事业单位代表、机关代表）、职工代表（包括退休人员等）、其他代表（包括人大、政协委员、社会知名人士、从事社会保险研究的专家学者等）等按比例组成。委员会在同级人大常委会领导下工作，委员会办公室设在人大。监督委员会的主要职责是：①定期听取社会保障行政部门和业务经办部门的工作报告，审查社会保障政策、法规、制度的执行情况；②监督检查社会保障基金预算和资金运营计划执行情况；③审查社会保障基金征收、存储情况；④对社会保险经办机构的管理、服务工作进行考评；⑤受理群众有关社会保险的举报、申诉，并监督有关部门对举报、申诉问题的处理落实情况。

2. 加强社会舆论对社会保障的监督。充分利用电视、广播、报纸等新闻媒体，一方面要加强对社会保障政策、法规、制度的宣传，使群众了解国家政策规定，了解用人单位和群众本人的权益和责任。另一方面要对不按规定缴纳社会保障费的行为，不按规定支付受保人社会保障待遇的行为，以及社会保障管理中的违法、违纪行为进行曝光。

本章综合案例

发达国家政府间社会保障管理责权的划分

一、美国

美国是联邦制国家，实行联邦、州和地方三级相对独立的财政体制，各级政府的管理责权划分在联邦宪法中有明确规定。老年、遗属和伤残保险由联邦政府负责，对享受条件和标准都有详细、严格的规定，其资金来源主要是由雇主和雇员共同缴纳的社会保障税，并由联邦政府统一负责。失业保险由联邦政府和州政府共同负责，以州政府为主，联邦政府给予适当补助。失业保险税分为联邦税和地方税两种，联邦税率为工资总额的0.8%，州税率为工资总额的5%左右。医疗保险以私人保险为核心，以政府举办的医疗照顾计划和医疗救助计划为补充。为老年人和部分残疾人提供健康保险的医疗照顾计划由联邦政府负责，其资金主要来源于由参保人缴纳的税费和联邦政府的一般税收。为贫困人群提供卫生保健服务的医疗救助计划由联邦政府制定总体原则，州政府具体主办，联邦政府根据各州与全国人均收入水平的差异对各州进行补助，补助水平低限为50%，高限为83%。社会救济和社会福利由联邦政府和州政府共同负责，联邦政府对一些社会救济和社会福利项目做全国性规定，大部分项目由州政府负责具体管理，资金主要由地方政府负责解决，全国统一的项目，联邦政府给予一定的补助。公共卫生以州和地方政府为主进行管理，资金也主要由地方政府负责解决，联邦政府给予一定补助。

二、加拿大

加拿大是联邦制国家，政府财政由联邦、省和地方三级构成。虽然加拿大在政治上实行高度分权和自治，但其社会保险制度的一个重要特点是全国实行统一政策。除了财政上自成体系的魁北克省外，加拿大全国的养老保险和失业保险由联邦政府负责管理，各项政策全国统一。养老保险计划分为两个部分：一是人人有份的普遍养老金（1952年制定的“养老年金计划”）由联邦财政资助；二是加拿大养老金计划（简称CPP）则由缴费来筹资。失业保险的资金来源于雇员和雇主缴费以及联邦政府资助，且政府资助的部分主要用于“鼓励就业福利”。医疗保险属于省政府管理的保险项目，由各省自行制定法规。联邦政府虽不直接经办医疗保险，但通过财政转移支付制度来保证各省实行全国标准大体一致的医疗保险福利政策。社会救济计划的制订和实施由各省负责，在经费方面联邦政府负责50%的费用，其余50%由省、地方两级政府分担。对军人及其家属的优抚救济全部由联邦政府提供资金。省和地方政府负责公共卫生，联邦政府给予地方适当的补助，以平衡各地的福利水平。

三、德国

德国是联邦制国家，政府分为联邦、州和市镇三级，各级政府财政保持相对独立。社会保障的管理体制表现为国家立法和社会自治管理相结合，各项社会保障政策由联邦政府制定，全国高度统一，但具体管理则表现出分散性和多样化的特征。养老保险由联邦政府立法并制定政策，由社会自治管理。基本养老保险具有强制性，由受保人缴费筹资，其费率根据实际情况一年一定。另外，统一的基本养老保险计划要保证地区间的平衡,全国养老保险协会统一调剂结余基金,不足部分由联邦财政补足。失业保险由联邦政府负责,联邦劳动部是具体承办机构。失业保险基金由雇主和雇员缴费筹资,当入不敷出时,联邦政府将用财政收入予以补贴。就医疗保险来说,联邦卫生部负责制定政策和监督检查,但具体事务则由分布于全国各地的600个医疗保险公司负责管理(各州卫生局负责卫生医疗保健和公共医疗设施建设)。基本医疗保险的资金来源于雇主和雇员的缴费,政府并不承担任何责任,政府财政主要用于对公立医疗机构的固定资产的投入。社会救济由州和市镇政府负责,主动向被救济者提供救济。社会救济的资金来源于国家税收,由政府财政提供,75%来自市、县,25%来自州政府。德国的公共卫生由州和市镇政府负责,各市、县都设立了独立的卫生所,主要承担传染病防治监督管理等6项公共卫生职能,经费主要由联邦和州政府在税收中按比例支付,各州、市(县)公共卫生管理部门的经费不等,但均能完全满足工作需要。

四、澳大利亚

澳大利亚是联邦制国家,政府分为联邦、州和地方三级。社会保障管理责权主要集中在联邦政府,各主要社会保障项目所需经费基本上都由联邦政府预算列支。澳大利亚的社会保障制度属于社会救助模式,大部分开支列入联邦政府财政预算,其社会保障支出已占预算总支出的50%左右。养老保障和失业保障的管理责权集中在中央,由社会保障部通过20个区域性和216个地区性机构执行具体项目。为减轻财政负担,自1992年引入的强制性养老保险计划要求雇主和雇员缴费。澳大利亚的失业保障的制度类型为失业救济制度,就业、教育与培训的地方分支机构及其代理机构接受失业津贴申请。与许多国家不同,其失业救济费用完全由联邦政府财政负担。医疗保险由联邦政府负责资金的筹集和支付,州政府负责组织卫生服务的提供,并从联邦政府得到医院经费。州及州以下政府主要提供联邦政府无法提供的社区服务,如残疾人事务、老年人照顾和儿童护理等等。虽然公共卫生的具体管理工作由地方政府负责,但大部分资金还是来源于联邦政府财政。

五、英国

英国是中央集权的单一制国家,实行高度集权的社会保障管理体制。中央负责统一制定重大的全国性社会保障政策,具体事务绝大部分由中央政府在各地的派出机构承担,地方政府只是根据自身财力大小提供一些补充性的、地方性的社会服务,中央政府对其中许多项目提供资金支持。就养老保险来说,社会保障部的待遇机构通过其中央、地区和地方办事机构,管理年金和收入调查以及津贴的支付。社会保障部缴费征费机构负责征收和记录国民保险费。失业保险由中央政府集中统一管理,社会保障部征费机构管理缴费和记录,就业部就业服务机构管理待遇发放。与其他发达市场经济国家有着很大的不同,英国医疗保险的责权高度集中。在具体管理时,社会保障部通过其区域或地方办事处管理保险费和现金补助;卫生部通过国民健康服务机构管理医疗服务。英国社会救济制度是以1948年国民救济法为基础而建立起来的,由专门成立的国民救济署负责执行。英国实行的是国家卫生服务保障制度模式,中央政府高度集权,其公共卫生事宜也由中央政府统一管理。

六、法国

法国是单一制国家,政府分为中央、省和地方三级,是中央集权程度较高的单一制国家。自1967年以来,法国创立了四个国家级社会保险管理机构及其地区分支机构,负责基本社会保险资金的筹集、支付和管理。养老保险由中央政府负责制定统一政策,具体事务由四个国家级的独立管理机构及其地区分支机构经办,其资金主要来源于雇主和雇员缴费。法国政府把"反失业"列为经济政策的首要任务,其失业保险相应由中央政府劳动部直接管理。失业保险的资金除来源于雇主和雇员缴费外,不足部分由中央政府财政补贴。医疗保险的管理类似于养老保险,一方面中央政府负责制定统一政策,另一方面具体业务也是由国家级独立管理机构及其地区分支机构经办。医疗保险的资金来源于受保人缴费和政府特种税收。中央政府确定最低生活保障标准并进行管理,省级政府负责非现金救助等社会救济,中央政府负责提供社会福利补贴等,市镇政府负责管理各地医院,提供公共卫生服务。

七、日本

日本属于单一制中央集权国家,分为中央政府、都道府县和市町村三级政府。在社会保障方面,中央政府负责全面规划和政策制定,管理各种保险基金并进行补贴。都道府县侧重经济服务,负责生活保障、伤残保险等事务。而基层的市町村侧重居民生活服务,负责医疗保险、国民养老金征收。养老保险由中央政府负责管理,地方政府进行养老金的具体征收工作。失业保险由中央政府负责管理,各都道府劳动部门的就业保险处和公共职业安定所负责征收费用。医疗保险由中央政府负责管理、监督,通过地方政府的相应机构执行保险项目。上述基本社会保险项目的费用由财政负担约1/3,其余由雇主和雇员负担。社会救济和公共卫生由中央和地方政府共同负责。社会救济的资金全部由财政承担,公共卫生和医疗经费的51%也由财政负担。另外,从国家财政支出情况来看,中央政府社会保障支出占中央支出约11%(1996年),其中大部分是转移给地方直接支出的。地方支出民生费、劳动费、卫生费等，这些支出占地方支出的近19%（1993年）。

▶讨论：根据以上材料，谈谈你对我国合理划分政府间社会保障管理责权的看法。

本章小结

1. 在市场经济条件下，社会保障管理是政府的一项基本的社会管理职责。社会保障管理体制是有效实行社会保障制度的关键。它包括社会保障管理机构（管理主体）、社会保障管理内容（管理客体）和社会保障管理方式三方面内容。

2. 社会保障管理体制的核心部分是社会保障管理机构，但社会保障管理机构本身不能等同于社会保障管理体制。社会保障管理机构是指负责社会保障法令的贯彻、监督和审查，维持社会保障制度正常运行而设立的权力和办事机构。有的国家社会保障由一个部门管理，有的由多部门管理，还有的采取政府管理与民间管理相结合的管理体制。

3. 社会保障管理内容包括三个方面：社会保障的行政管理、社会保障的基金管理和对社会保障对象（即受保人）的管理。行政管理系统履行立法职能，并对业务管理机构实施监督；基金管理机构形成社会保障管理的执行系统；对社会保障对象的管理，则是社会保障管理不可分割的服务系统。

4. 根据各国的政治、经济、文化、历史背景和民族传统等因素的不同，各国所采用的社会保障管理方式有所不同。在社会保障管理方式中，根据政府在社会保障事务中的介入程度以及责任大小，可以将社会保障管理方式划分为三种类型：政府直接管理、半官方自治管理和商业保险管理。

5. 总结国外社会保障管理体制的经验与教训，对完善我国的社会保障管理体制有一些启示。为了建立高效率、低成本和适应性强的管理体制，要加快社会保障法律体系建设，要建立完善行政管理、基金经办和社会监督三个体系，根据社会保障项目的区别和各自特点进行分项、分级管理，建立社会保障服务社会化体系等。

关键概念

社会保障管理　社会保障管理体制　社会保障管理机构　社会保障管理方式
社会保障行政管理　社会保障基金管理

思考练习题

1. 什么是社会保障管理体制？
2. 社会保障管理方式有哪些？
3. 简述社会保障管理体制的发展趋势。
4. 国外社会保障管理体制对我国的启示有哪些？
5. 我国社会保障管理体制的现状如何？
6. 如何进一步完善我国的社会保障管理体制？

第五章 养老保险制度国际比较

CHAPTER 5

学习目的与要求

通过本章的学习，要求理解养老保险制度的基本含义；掌握养老保险制度的不同形式，养老保险制度的四种模式，即国家统筹模式、投保资助模式、强制储蓄模式和福利国家模式，以及养老保险基金筹集方式、待遇给付方式、待遇计发方式；了解养老保险制度发展及多层次养老保险制度的内容；正确认识各国养老保险制度在资金来源、享受条件和待遇给付标准等方面的差异，并把握具有代表性的典型国家的养老保险制度；掌握中国的养老保险制度现状和存在的问题，以及如何借鉴国外经验，完善中国的养老保险制度。

第一节 国际养老保险制度介绍

一、养老保险的基本含义

(一)养老保险制度相关概念

1. 养老保险的概念。养老保险是社会保障制度的重要组成部分。所谓养老保险,是国家和社会根据一定的法律和法规,为解决劳动者在达到国家规定的解除劳动义务的劳动年龄界限,或因年老丧失劳动能力退出劳动岗位后的基本生活而建立的一种社会保险制度。

2. 替代率的概念。替代率是衡量老年保障程度的关键性指标。它是指退休金价值占某一时期内员工收入(退休前一年、前五年或终生平均工资的比例;各国采用的基准有所不同)的比例。从某职工的退休金替代率可知道其退休后的生活大概可以维持在什么水平。

(二)养老保险的含义

1. 养老保险是在法定范围内的老年人完全或基本退出社会劳动生活后才自动发生作用的。这里所说的完全是以劳动者与生产资料的脱离为特征的;所谓基本指的是参加生产活动已不成为主要社会生活内容。需强调说明的是,法定的年龄界限(各国有不同的标准)才是切实可行的衡量标准。

2. 养老保险的目的是保障老年人的基本生活需求,为其提供稳定可靠的生活来源。

3. 养老保险是以社会保险为手段来达到保障的目的。

(三)养老保险的特点

除了强制性、互济性和普遍性等社会保障制度的共同特征外,养老保险还具有以下主要特征:

1. 参加养老保险与享受待遇的一致性。医疗保险、工伤保险、失业保险等其他社会保障项目的参加者不一定都能享受给付待遇,而养老保险待遇的享受人群是最确定、最普遍的。因为大多数人都会进入老年,都需要养老。

2. 保障水平的适度性。养老保险基本功能是保障劳动者年老时的基本生活,这就决定了其保障水平要适度,不能太低或太高。

3. 受期限的长期性。参加养老保险者达到享受待遇的资格条件后,就可以长期享受待遇直至死亡。

(四)养老保险的目标

养老保险的目标是:防止老年贫困;提供退休收入;防止退休后的生活水平受通货膨胀的影响。

二、养老保险制度的类型

养老保险,在传统的家庭养老保险向社会养老保险发展的过程中,各国在实践中产生了不同的制度模型。根据养老保险的主要责任承担者的不同,可将其分为国家公共保险制、职业年金制和个人储蓄制。

(一)国家公共保险制度

国家公共保险制度由国家通过立法强制执行。它以工资税(费)的方式筹集,资金实行现收现付,养老金以给付确定原则(DB)支付,资金运营与资本市场不关联。

国家公共保险制的三种主要模式为缴费受益模式、收入关联模式和均等受益模式。缴费受益模式为参加保险的人提供职业年金;收入关联模式以个人收入状况的不同提供年金;均等受益模式为国民提供同等数量的年金。在实践中,不同的国家有的采取一种模式,有的实行不同模式的组合。世界上绝大多数国家都在实行国家公共保险制度,特别是经济合作与发展组织国家(OECD)。

国家公共保险制度的优点是给付水平稳定,体现了社会共济的原则,并且实施起来安全可靠。但是,随着制度的发展和人口老龄化的到来,该制度面临着一些问题。如:现收现付制难以应对人口老龄化的挑战;公共管理机构低效率运行,而且容易滋生腐败;待遇确定模式使雇员没有缴费积极性。

(二)职业年金制度

职业年金是由雇主提供的补充养老保险。根据雇主性质不同,职业年金可分为企业年金、国家公务员年金以及军官年金等。职业年金制度由政府立法实施并提供优惠政策;根据具体国情,各国政府规定雇用单位强制、半强制或自愿实施;由公司、行业组织或养老金管理机构进行管理;建立统筹账户、集体账户或个人账户;领取方式分为年金方式或趸付(一次性支付)。职业年金制一般由雇主和雇员共同缴费(少数国家雇员不缴费),雇员需要服务一定的年限后方可领取年金,在雇员流动时,年金应当有转移机制。

职业年金的实施在多数国家采取自愿的方式,少数国家如法国、瑞士、澳大利亚等国为强制实施。年金的基金筹集方式一般为完全积累;在养老金的给付方式上,国家公务员和军官的补充年金采取现收现付和给付确定模式,私营部门管理的年金一般为完全积累的缴费确定模式。

比较有代表性的如美国的401K计划,是一个自愿性双方缴费、缴费确定和自由选择支付方式的制度。另外,法国采取与众不同的全国统筹、现收现付、强制性企业年金制。

职业年金制的优点:一是对公共保险起到补充作用,使退休者有了更多的收入来源。二是减轻了国家养老负担,由单位和个人承担的部分养老责任可以有效分担国家财政风险。三是个人参与、与收入挂钩的缴费受益制度可以更好地激励劳动者的工作积极性,员工愿意通过自身努力在更高的水平上享受退休收益。四是采取积累制的企业年金具有相当的规模,可以投资于国家建设和资本市场,为国家经济的发展提供资金的支持,并通过投资增值提高雇员未来收益。

目前,职业年金制的实施范围正在不断扩大,许多国家在考虑降低公共年金替代率,由强制实施的职业年金来补充退休金不足部分。该制度的发展还有赖于资本市场的不断完善和投资决策的合理性。

(三)个人储蓄制度

顾名思义,个人储蓄养老保险就是由个人将部分现期收入储存起来,以备将来年老使用。根据个人储蓄养老是否有政府主导,分为国家强制的个人储蓄养老保险制度,以及个人或家庭自愿的购买商业年金或银行储蓄行为。

国家强制实施的个人储蓄制,是由国家通过立法强制雇员(或雇主)按照雇员工资的一定比例进行养老保险储蓄,基金计入雇员个人账户,当雇员达到法定退休年龄后,个人账户的积累额作为退休金返还给退休者。这种模式主要在亚洲和拉美国家推行,以新加坡的中央公积金制度和智利的私营养老个人账户最为典型。

对于个人或家庭自愿的商业保险或养老储蓄,一般政府会提供税收优惠,这部分市场的发展在很大程度上依赖于国家的政策取向。

在实践中,各国分别采用了一种或几种制度模式,如企业年金制和个人储蓄制的结合,国家公共保险制和企业年金制的结合等。未来发展的趋向是结合上述三种制度优点,由国家、企业、个人三方分担责任的多层次的养老保险制度。

小案例

韩日两国养老观差异大

如何养老是自古以来人们关心的不变话题。但是,在不同时代、不同国家,养老方式也存在着较大差异。最近一份调查发现,韩国人养老主要靠自己,而日本国民则更相信政府保障。

韩国人更担心养老问题

韩国《朝鲜日报》25日发表了一篇调查报告,分析了韩、日两国生育高峰一代如何准备退休后的生活资金。

2006年,该报联合美国一家调查公司对两国属于这一代的1 400多名上班族作了一次调查,结果显示,63.4%的韩国人认为退休后的生活资金主要靠自己筹集,远远高于日本37.7%的比例。45.1%和42.9%的韩国人最担心的是年老后的健康和生活费,日本人的比例则分别是63.4%和23.5%。

两国人心态不一样

为什么韩国人更担心老了没有生活费？30.8%的人回答说:“需要补助子女”;其次是本人的医疗费用;最后是“的确生活费不足”。日本的国民年金(养老金)等公共性质的年金平均要比韩国高很多。据调查,每月领取120万韩元(1元人民币约为120韩元)以下年金的韩国人占60.2%,日本只有31.6%。每月领120万韩元以上的韩国人不到40%,而日本人则达60%。

还有近一半的韩国人说自己几乎或者完全没有钱储蓄,这也高于日本21.4%的比例。即便如此,仍然只有0.5%的韩国人回答说“子女会负责为我们养老”;日本虽然也只有2.7%,但还是领先于韩国。似乎两国子女自己的日子也不好,要么就是不孝顺。

另外,根据世界银行以及一些国际咨询公司的调查,首尔的物价排在世界144个大城市中的第二位,将东京远远地甩在后面。首尔的牛仔裤、牛肉、公寓租金费用是全球最高的。

养老对策各有千秋

对于“养老资金投资在哪儿”,41.9%的韩国人回答说“国内房地产”,而只有3%的日本人这样回答。那么日本人投在哪儿呢？答案是股票38.3%、信托投资26.3%、国内债券18.6%、其他9.2%、外币7.6%，一看就很分散。但是韩国人却将82.7%投在房地产和股市上，这直接导致韩国房地产市场高热不降，随时都可能出现泡沫。2006年1月底，韩国政府不得不出台新政策，鼓励国民投资海外基金，到海外购买房产。韩国银行业人士也开始警告国民减少房产投资比例，尽早分散风险。

有关韩、日养老各有所依的报道出来后，也引起网民的热烈讨论。有位网民说："韩国只注重和照顾'自己和周边'，而日本则强调'所有人'。情况不同，优缺点也不同。由于两国根本不同，虽然单纯进行这样的比较有点牵强附会，但是如果韩国能弥补自己的缺点(派系争斗和利己心)，就可以更实实在在地发展。"

另一位网民则认为："对韩国和日本进行简单比较，这本身就有问题。如果日本这样的国家位于欧洲大陆的话，韩国人就不会对他们加以鄙视。日本不是韩国人眼中所看到的那么简单。"

资料来源：作者詹德斌，环球时报，2007-02-06。

三、国际养老保险的模式

世界各国的养老保险制度千差万别。根据养老保险制度的总体设计，可将其分为四种模式，即投保资助模式、福利国家模式、自我保障模式和国家统筹模式。

(一)国家统筹模式

国家统筹模式由国家承担劳动者的全部养老责任，国家事先对社会保障费用作预留和扣除，个人不缴纳保障费，保障对象为全体公民，其宗旨是"最充分地满足无劳动能力者的需要，保护劳动者的健康并维持其工作能力"。工薪劳动者在年老丧失劳动能力之后，均可享受国家法定的社会保险待遇，但国家不向劳动者本人征收任何老年保险费，老年保险所需的全部资金，都来自于国家的财政拨款。这种模式在少数社会主义国家实行，原苏联是这一类型的首创与代表，我国改革前也实行这种方式。该制度是计划经济的产物，国家把养老保险作为一项制度来推行。

国家统筹模式养老保险在一定历史时期对于稳定社会、保障劳动者的晚年生活，起到了积极作用。但是随着社会经济的发展和人口老龄化的加快，特别是转入市场经济新体制后，国家统筹模式养老保险制度暴露出很多弊端。例如，资金来源过于单一，使国家或企业背上沉重的财政包袱；劳动者本人不缴纳任何费用，造成劳动者缺乏自我保障意识，国家和企业身上的包袱越背越沉重等。

（二）投保资助模式

投保资助模式又称为自保公助模式，是社会共同负担、社会共济的养老保险模式。它由劳动者个人参保，国家提供一定的资助。每一个劳动者和未在职的普通公民，都属于社会保险的参加者或受保对象；在职的企业雇员必须按工资的一定比例按期缴纳社会保险费，未在职的社会成员必须向社会保险机构缴纳一定的养老保险费，作为参加养老保险所履行的义务，这样才有资格享受社会保险。同时，企业或雇主也必须按照企业工资总额的一定比例定期缴纳保险费。

按照投保的情况不同，领取的保险金分为三个层次：第一层次是国家法定退休金，包括普遍养老金和雇员退休金两种。普遍养老金覆盖到全体国民，不管有无工作及收入多少，只要达到一定的年龄，并且向社会保险机构缴纳过一定的保险费，每一个老年人都有权利享受此保险金。通常，在实行普遍养老金的国家，公务员有补充退休金。雇员退休金，只有企业的雇员才能享受，雇主和政府工作人员没有此保险。企业的雇员只要按规定缴纳保险费，达到法定退休年龄，就可享受雇员退休金。雇员缴费按照工资的一定比例，工资过低不缴费，工资超过一定数额以上的部分也不需缴费。第二层次为企业补充退休金（企业年金）。这种保险一般由企业实施，企业为吸引、保留优秀员工，提高雇员退休生活水平实施该保险，具体投保及领取办法由企业自行规定。各企业实行的补充退休金标准各不相同，但一般由雇主投保，雇员中途离开企业一般无权领取补充退休金。第三层次为个人养老保险，包括养老储蓄、养老互助储蓄及人寿保险等。未被企业养老保险覆盖的个体劳动者和想提高老年保障水平的人可以按照自己的需要参加个人养老保险。

投保资助模式起源于德国，后为美国和日本等效仿，是目前世界上大多数国家实行的养老保险方式。我国自20世纪90年代以来对养老保险制度进行了改革，基本目标就是向投保资助模式方向发展，根据我国经济水平和职工的承受能力以及劳动力结构复杂、层次不一的特点，实行国家、企业和个人共同负担的投保资助模式，建立社会统筹与个人账户相结合的养老保险制度。

（三）强制储蓄模式

强制储蓄模式由企业和个人缴纳保险费，国家不进行直接投入，只给予一定的政策优惠。采用这种保障方式的以新加坡为典型代表，在少数亚非发展中国家实行。强制储蓄模式的典型特点是由中央政府决策，并自上而下地组织开展强制储蓄。因为有中央政府的这种作用和政府在税收和利率方面的政策优惠,才使得这种模式有社会保障的性质。

新加坡的基本做法是由政府制定《中央公积金法》,并成立一个权威性的社会保险机构——中央公积金局,制定养老保险的方针政策,进行日常管理;每个雇员都有自己的社会保险卡,上面记录着自己的缴费情况;政府只对养老保险金缴费进行税收和利率的优惠。

在这种模式下,可积累大量的社会保险基金,配合良好的资金运营管理,可以为退休者提供高水平的保障。新加坡的公积金制度建立以来,运转良好,不仅为退休者支付了充足的退休金,而且还有相当的结余。截至2012年6月底,新加坡中央公积金规模为2 192.67亿新元,而2011年新加坡GDP为3 268亿新元,中央公积金是GDP的0.67倍。从各账户的规模来看,截至2012年6月底,普通账户累计结余888.84亿新元;专门账户累计结余507.48亿新元;医疗账户累计结余569.77亿新元。退休账户累计结余265.77亿新元。[①]

国家利用公积金购买国家债券,解决居民住房建设资金短缺的问题;通过公积金在国家建设项目上的投资,还实现了国家经济的高速增长,并进一步提高劳动者收入水平,为公积金提供更多的资金来源,形成良性循环。但是这种模式也有一定的局限性,要求企业和劳动者的投保费率较高,必须是在经济发展速度较快、水平较高的情况下才能实行。其他一些经济发展水平不高的国家实行这一制度的效果并不理想,其主要原因就是社会投保能力不足,致使资金短缺,不能实现良性运行。此外,公积金制度给国家和中央政府带来了过大的工作量和责任,在经济发生波动的情况下或出现货币贬值等问题时,中央政府难以保证兑现对社会保障的承诺。

(四)福利国家模式

福利国家模式是在英国、北欧国家及其他英联邦国家普遍推行的养老保险制度。该制度作为福利政策的一项主要内容,强调普遍性和人道主义,把所有老年人作为普遍养老金的发放对象,退休者还享受与收入关联的年金。普遍养老金的基金来源于税收,由国家和企业承担,个人不缴纳或只缴纳少部分保险费。

福利国家模式形成于第二次世界大战前后,1948年英国工党政府宣布英国成为福利国家。福利国家制度下实行的普遍养老保险,有两种运作系统:一种

① 新加坡中央公积金概况. http://www,huaxia,org,cn,2001-08-4.

是定额制，以北欧和英国为代表，保障对象是公务员，采取直接现金给付办法；第二种是工资收入所得比例制，以德国为代表，保障对象是全体劳动者，要求强制性加入，经费来源于保险税费。20 世纪 70 年代以来，福利国家模式逐渐暴露出一些问题，政府为了保持高水平的福利待遇，不得不实行高税收，导致高负担，最终导致社会福利的危机。福利国家在危机面前，只得采取改革措施，从而造成了政治上的被动局面。

表 5－1　养老保险四种模式的比较

模式分类	责任分担	覆盖范围	保障水平	缴费	管理
国家统筹模式	国家财政包揽所有退休费用	国有、集体企业职工和国家机关、事业单位工作人员	保障层次单一，保障水平高	个人无须缴费	管理简单粗放
投保资助模式	国家同企业、个人分别负担养老保险责任	覆盖范围广，普遍养老金覆盖所有居民	多层次保障，满足投保人不同需求	保险费由企业和个人缴纳	管理体系相对复杂，管理成本高
强制储蓄模式	国家财政不支付保险费，政府只提供税收优惠政策	覆盖范围广，几乎覆盖所有居民	保障水平高	保险费由企业和个人缴纳	公积金局统一管理
福利国家模式	国家和企业承担责任	覆盖范围广，全体居民	保障水平高	国家和企业承担，个人缴纳少部分或不缴纳	管理体系复杂，成本较高

资料来源：董梅萍. 社会保障概论[M]. 上海：华东理工大学出版社，1999.

四、养老金待遇给付方式

养老金待遇给付分为待遇确定型和缴费确定型。在西方国家，缴费确定型养老金给付方式已经占有越来越大的比重。

(一) 待遇确定型(DB)

待遇确定型是根据预先设定的养老金领取水平来决定缴费率，即“以支定收”。当职工退休时，可领取的养老金数额会保持与原有工资的一定比例(替代率)，但由于职工寿命的难以预期以及通货膨胀等因素，这种给付方式会使支付养老金的一方支出数额不确定,存在一定的风险。对于参保者来说,领取养老金需要满足相当的条件,比如在一单位连续工作达到一定的年限,这样会使部分劳动者实际上难以领取养老金。

(二)缴费确定型(DC)

缴费确定型是参保人按照一定的缴费率来缴纳保险费,保险金存入个人账户,退休后领取的养老金按照个人账户的积累额确定。养老基金通常委托社会保险机构、投资公司代为管理和投资。这样,职工退休后领取的退休金数额是不确定的,但由于个人账户是属于个人所有,职工不必担心其缴费得不到回报,而且个人账户可以随职工转换工作而转移,有利于市场经济条件下的劳动力流动。

五、养老金的计发方式

根据养老金与个人收入有无关联,可将养老保险制度分为普遍保险模式和收入关联模式。

(一)普遍保险模式

在这种模式下,国家对不能自我供养的全体老年公民提供养老金。该制度实施范围广,覆盖全体国民,甚至外国侨民,并且与个人收入状况无关,无论老年人是否就业和工资水平的高低,国家均为其提供等额养老金。资金主要来自于国家财政补贴。

均等养老金给所有老年人提供了基本生活保障,充分体现了社会保障的公平性,但由于资金来源单一,一旦国家财政发生困难,该制度将难以实施,有被收入关联模式取代或降低给付水平由企业年金模式取代的趋势。

(二)收入关联模式

在该制度下,国家、企业和个人三方分担缴费责任,养老金的待遇取决于雇员的工资收入水平,一般以雇员在职期间领取的最高工资或若干年的平均工资为计发养老金的基础,通过替代率这一指标反映退休金的水平。该制度体现了雇员自身的保险责任,同时国家给予一定的资金支持,合理分担了责任。

收入关联模式在世界上多数国家实行,以德国为典型代表。在 1888 年 11 月,德国政府推出了老年和残疾社会保障法。该法案规定:对工人和普通官员一律实行老年和残疾社会保险,保险资金由国家、企业主和工人三方负担,企业主和工人各缴保费的一半,国家提供一定的补贴。法国、美国、日本等国也以收入关联模式建立了自己的养老金制度。

第二节　养老保险制度的建立与发展

一、养老保险制度的建立

自人类社会存在以来,养老问题就关系到社会的稳定发展。家庭养老是最初的养老保险模式,即由家庭承担赡养老年人的责任,这种模式一直延续到今天。随着时代的进步尤其是工业化时代的来临,人们离开了赖以生存的土地,而是加入到雇佣劳动大军中,成为自由流动的劳动力,原有的家庭保障的功能弱化了。为了保证劳动力的充足供给,资本主义国家政府相继开始实施养老保障。

社会养老保险先在法国有了初步的萌芽。1669 年,法国政府颁布了世界上第一部《年金法典》,规定对于不能继续从事海上工作的老年海员提供养老保险。尽管这一制度仅仅适用于海员,但它是制度化的老年社会保障的开端。

19 世纪下半叶,德国的俾斯麦政府推出了第一批具有现代性质的社会保障法案。1888 年 11 月,继《工伤社会保险法》和《疾病社会保险法》之后,德国政府又提出了老年和残疾社会保障法草案,交付国会讨论通过,定于 1889 年开始实施。该法案规定:对工人和普通官员一律实行老年和残疾社会保险;保险资金由国家、企业主和工人三方负担,企业主和工人各缴保费的一半,国家提供一定的补贴;退休者的退休金收入,根据其在职时的工资收入等级确定;年满 71 岁、缴纳保费满 30 年的,有权享受退休养老待遇。由此形成了现代意义上的社会养老保险制度。它是社会化大生产的产物,并保证了社会化大生产的持续不断进行。

继德国之后,各国纷纷建立了各具特色的养老保险制度。丹麦 1891 年建立老年社会保险制度;挪威 1894 年建立老年社会保险制度;奥地利 1906 年建立老年社会保险制度;英国 1908 年建立老年社会保险制度;美国也于 20 世纪 30 年代建立了全国性的政府管理的养老保险制度。1940 年只有 33 个国家建立了养老保险制度,发展到现在,已有 160 多个国家建立了这一制度。

1908 年英国建立现代意义上的养老保险制度是各派政治力量妥协的结果,

同时也部分继承了过去的济贫传统。英国1908年的《老年人养老金法》决定建立的是一个养老社会救助制度,由政府财政筹资,个人无须缴费,政府通过财富审查来为那些收入低于一定水平的老人发放养老金。第二次世界大战以后,英国的养老保险制度发展成为全民福利,人人都能享受统一金额的养老金。

苏联在建立社会主义国家之后,逐步建立了与西方资本主义国家完全不同的社会保障制度。苏联的社会保障制度是建立在计划经济基础上的以“低工资、高福利”为特征的国家型社会保障制度。从养老保险看,苏联的养老保险制度是个人无须缴费,养老金由企业和国家发放,养老金水平相对于西方国家要高,尽管它的经济发展水平比西方国家低。

二、养老保险制度的发展

第二次世界大战以后,世界各国的社会保障获得了全面发展,并在20世纪70年代逐步走向鼎盛。西方国家更是走上了具有全民性、项目齐全、待遇水平高的福利国家的道路。其主要原因在于:①20世纪30年代的大萧条及其带来的大动荡,使工业化国家意识到建立健全社会保障体系对于社会稳定的重要性;②战后经济的快速稳定增长为扩大社会保障提供了充实的经济基础;③战后西欧各国纷纷由社会民主党执政,社会民主党的施政目标相对倾向于为劳动者谋取福利,这是社会保障范围不断扩大、水平不断提高的政治基础;④战后社会主义国家的高福利对资本主义阵营产生了巨大刺激,在《贝弗里奇报告》的直接影响下,西方国家纷纷扩大社会保障范围,提高福利水平。

1942年,英国发表了著名的《贝弗里奇报告》。该报告主张在英国建立一个包括养老、医疗、失业、工伤、社会救济、儿童和妇女福利在内的“从摇篮到坟墓”的社会保障计划。在养老保险方面,报告提出要建立统一缴费、统一待遇、普遍享受的养老保险制度。《贝弗里奇报告》于1945年被执政的工党政府所接受。

第二次世界大战以后,一些欧洲国家(北欧国家及荷兰、瑞士等)效仿英国,建立了全民享受的具有福利色彩的社会养老保险制度。其他欧洲国家则继续坚持德国模式,实行收入关联型的养老保险制度。第二次世界大战后开始建立养老保险制度的发展中国家(不包括社会主义国家)基本上以德国模式为摹本。新兴的社会主义国家则基本上是按照苏联模式建立了计划经济下的国家型养老保险制度。

第二次世界大战以后,各国养老保险制度的发展呈现出以下特点:筹资方式采用现收现付制；覆盖范围不断扩大；保障水平不断提高；普遍建立收入关联型附加养老金；发展自愿性企业年金计划（少数国家为强制型）；新加坡的公共管理基金积累模式产生了一定的影响。

三、多层次养老保险体系的建立及其内容

在第二次世界大战结束后的三四十年里，以现收现付为主体的各国养老保险制度也逐渐暴露出一些问题。国家财政不堪重负，出现了因老龄化而产生的支付危机，实际退休年龄不增反减，享受待遇的条件过于宽松等。到了20世纪80年代~90年代，这些问题越来越突出，并由此引发全球性的养老保险制度改革。改革主要围绕三个方面：一是增收节支；二是建立多支柱养老保险体制；三是在政府严格监管下逐步开展养老保险基金投资运营。就改革的模式问题，按照世界银行的设想，是以多支柱制度取代业已存在的公共养老金体制。

世界银行提出的建议方案是建立三支柱养老保障制度：

（一）强制的公共管理支柱

该支柱是以收入再分配为目的的养老保障制度。它用现收现付制来运营，财源可以是保险费也可以是税。但是，支付仅限定为定额（在收入鉴定也同时进行的情况下）或最低保障额。

该支柱在一定程度上类似于国家公共管理的模式，但主要区别在于保障水平的降低，仅限于保障国民基本的退休收入，将极大地降低现有的社会保障税率和国家财政的负担。

（二）强制的私人管理支柱

该支柱是由民间运营和管理的缴费确定型养老保障制度。它要求全体国民必须加入，财政管理上实行积累制；要求政府从第二支柱的养老保障制度中退出。第二支柱的设计以收定支，缴费和投资收益共同积累，基金的管理是私营的和竞争性的，基金可以采取个人储蓄形式也可以采取企业年金形式。

强制实施的制度要求个人及雇主为参保人年老后的生活积累必要的资金。收入与缴费数额、时间长短相关联，可以提高参保人的积极性。第二支柱可以增强储蓄，从而提高经济增长率，并且可以减少提前退休的人数。此外，逆向的收入再分配现象也会消失。第二支柱变为积累制后，可以消除人口老龄化对养老保障制度的财政压力，所以也可能降低财源调剂的成本。

(三)自愿性支柱

该支柱包括个人自愿储蓄养老、自愿参加商业保险以及企业为雇员提供的额外的补充保险计划。政府对于这部分的储蓄是否提供税收优惠政策可以根据本国情况确定。

通过以上三个支柱的共同作用,国民被不同层次的养老金计划所覆盖,可以使各种风险得以分散。国家、企业、个人通过不同层次的养老金计划共同承担养老责任,体现了社会保险的共济性。

第三节 养老保险制度国际比较

一、养老保险覆盖范围与项目比较

养老保险制度的适用范围包括公务员、雇员、个体劳动者(含农民)及公民和合法居民等。在有些国家,养老金给付范围既包括被保险者本人,也包括无收入的配偶、未成年子女及其他由被保险人抚养的直系亲属。

各国养老保险给付项目除了退休金,通常还包括供养直系亲属的补助、遗属补助、伤残补助。

(一)退休金

退休金普遍采取年金方式定期支付,待遇与缴费年限、缴费工资等相关;也有的国家按固定数额支付;在实行多层次保险制度的国家,退休金往往有多种来源,既有固定的基本养老金,还有补充性的与个人收入挂钩的养老金。对于需要供养妻子或年幼子女的退休者,通常给予额外的补贴,妻子通常可以领取基本养老金的50%。

(二)伤残补助

伤残补助针对丧失劳动能力、具备最低工龄和满足最低缴费年限的人。多数国家规定缴纳保险费3~5年或从事受保职业3~5年的残疾人士可以享受伤残补助。补助标准一般为工资收入的一定百分比,最高可等同于养老金数额。

（三）遗属年金

遗属年金的领取条件是受保人死亡并且已经开始领取年金，或者具备了领取年金的最低缴费期限和工作年限。遗属年金可分为遗孀年金和孤儿年金。一般遗孀年金为亡夫年金的50%～75%；孤儿年金为50%～100%，领取期限一般至成长到一定年龄为止。

二、养老保险资金来源比较

养老保险基金来自于国家、企业和个人，但在实施不同的养老保险模式的国家，费用分担方式各有不同。

（一）国家、企业、个人三方分担

目前，建立了养老保险制度的国家中，约有一半采取了这种分担方式。企业和个人共同缴纳保险费，国家给予一定的补贴。比如英国、德国、日本、加拿大、丹麦等国就采取这种方式（参见表5－2）。

表5－2 部分国家养老金费率

国别	总费率（占可受保总收入的百分比）	雇主的份额（%）	雇员的份额（%）	政府分摊
比利时	16.36	8.86	7.50	年度补贴
法国	16.65*	9.9*	6.75*	可变补贴
加蓬	7.50	5.00	2.50	—
德国	19.5*	9.75*	9.75*	非保险福利的费用
意大利	32.7*	23.81*	8.89*	社会救济福利加上总赤字的费用
韩国	9.00*	4.50*	4.50*	行政管理的部分费用
卢森堡	24.00	8.00	8.00	可受保收入的8%
巴基斯坦	7.00	6.00	1.00	需要时的补贴
波兰	26.82（包括残疾人）	17.06	9.76	最低养老金保障款
特立尼达和多巴哥	8.40	5.60	2.80	社会救济福利的全部费用

续表

国别	总费率(占可受保总收入的百分比)	雇主的份额(%)	雇员的份额(%)	政府分摊
美国	12.40*	6.20*	6.20*	特殊津贴和家庭经济情况调查后的津贴的费用
瑞典	18.91	11.91	7	
日本	14.64	7.32	7.32	
英国	23.8	12.8	11	
加拿大	9.9	4.95	4.95	
澳大利亚	9	9	0	
中国	28	20	8	

资料来源:周弘.125国(地区)社会保障资金流程图[M].北京:中国劳动社会保障出版社,2011.

*为2006年统计数据。

(二)企业和个人分担

采取这种分担方式的,一般采取收入关联模式,按照个人工资收入的一定比例缴纳保险费,对于征收的最高收入规定一个限额,超出部分不再征收。采取这种方式的有法国、叙利亚、以色列等国家。

(三)国家和企业分担

政府和企业负责的养老保险制度一般建立在税收基础之上。国家通过建立特定的税收制度来从企业筹集养老保险的基金,如开征社会保障税。政府负责的养老保险资金来自于财政收入,如烟草税、汽油税等消费税。在瑞典、挪威、意大利、苏联等国家实行该分担方式。

三、享受养老保险的条件

一般来说,各国都规定一定的退休年龄和最低缴费年限,作为领取养老保险金的条件。有的国家还有居住年限等其他规定。

(一)退休年龄的规定

世界上没有统一的退休年龄标准,法定退休年龄,一般为60~65岁。多数国家规定男女劳动者的退休年龄相同,部分国家的男性退休年龄比女性高5岁

(参见图 5 - 1)。一般在退休时才可领养老金,但一些国家规定了最低领取养老金年龄,可提前领取减额的退休金,如日本在 60 岁,韩国在 55 岁即可领取退休金,酌情减少。随着人口老龄化的到来和人均寿命延长,各国养老金面临着越来越大的压力,因此都在考虑提高退休年龄,以便增加养老金收入,减少养老金支出,有效降低养老金支出的压力。

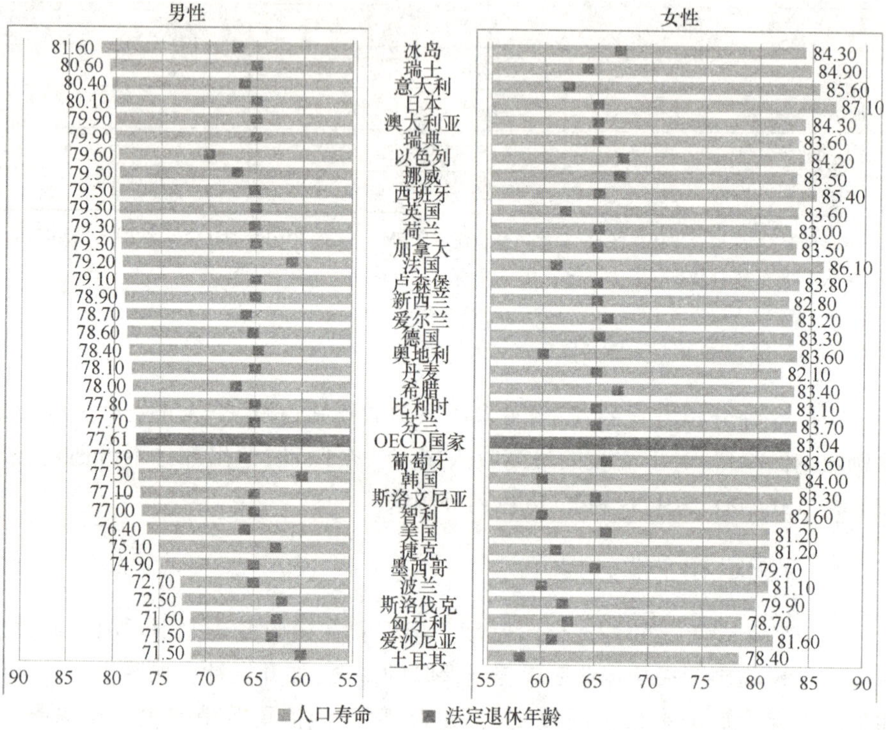

图 5 - 1　OECD 国家“法定退休年龄”与“人口寿命”对比图

数据来源:根据美国社会保障局发布的世界各洲社会保障计划系列研究报告数据计算整理得到。

引自:郝君富,李心愉．退休年龄国际比较与退休年龄延迟政策发展趋势研究[J]．中国地质大学学报(社会科学版),2015,15(6).

(二)工作年限的规定

工作年限是领取养老金的又一重要条件。工作年限规定有的国家较长,如马来西亚规定 20 年;有的国家较短,如瑞典为 3 年,美国为 10 年,英国为 15 年。对于从事特殊工作的被保险人,如从事危险、有害身体健康的工作的人员，年龄和工作年限可适当放宽；对于工伤或职业病患者、残废军人，在其退休及领取养老金时，可不受年龄和工龄限制。

（三）居住年限的规定

居住年限的规定主要针对本国居民外出工作和国外移民而制定。随着人口在世界范围内的流动性增强，根据国籍归属来决定保险待遇已经不合时宜，有的国家出台了关于居住年限的限制。如澳大利亚规定享受待遇的人必须在国内连续居住 10 年，或居住 10 年以上但连续居住 5 年。

四、养老保险的支付水平比较

养老保险的支付水平可以用退休金与退休前工资的替代率反映出来（见表 5－3）。

表 5－3　OECD 各国的养老金替代率　　单位：%

国家名称	公的养老金	强制的职业养老金	私的养老金	合计
西班牙	73.9	—	—	73.9
意大利	71.2	—	—	71.2
法国	58.8	—	—	58.8
瑞典	33.9	21.7	—	55.6
德国	42.0	—	16.0	58.0
英国	32.6	—	34.5	67.1
荷兰	29.5	61.1	—	90.7
美国	38.3	—	37.8	76.2
加拿大	39.2	—	33.9	73.1
日本	35.6	—	—	35.6

资料来源：OECD. Pension at a glance 2013，p. 137.

对计发养老金的退休前收入，各国的标准不同：英国以最后 5～7 年平均工资为标准；匈牙利为最后 5 年中最高 4 年的平均工资为准；罗马尼亚为最后 10 年中最高 5 年的平均工资为准；海地为最后 10 年平均工资为准。一般而言，都将临近退休年龄的最后若干年平均收入作为计发养老金的标准。

小案例

外国人退休后能领多少钱

纳税人上缴的专项税金是欧美一些国家基本养老金保障系统的主要资金来源。那么,到了65岁的法定退休年龄时,纳税人能得到多少退休金?

在欧美国家和地区,90%以上的退休者不单纯依靠领取政府发放的基本养老金来养老。这些国家还有一个非常发达的保障老有所养的辅助网络。比如,美国在税收政策上实行间接的财政转移,支持养老金制度;德国则是每年要拿出几百亿欧元支撑其庞大的养老保障系统运转。

而退休金的来源,各国有许多不同之处。在美国,雇主和雇员各拿出工资收入6.2%的税收,形成专用"社安金"。其中85%用于支付养老金,15%则用来支付残疾金、遗属遗孤抚恤金等其他社会保障基金。在法国,基本养老金由雇主交8.2%,雇员交6.55%;法国对遗属遗孤补助的资金来源于由雇主按雇员收入的5.4%缴纳的困难家庭补助金。

退休工资有差别

很多国家的退休职工领取的退休金并没有一个固定额,要视退休年龄、工作年薪和年限、供职岗位等情况而定。少者,领不到原工资的50%;多者,可以领到原工资的100%以上。

瑞典的养老金分成两块,一部分是基本养老金收入,另一部分是"养老附加金",这是瑞典特有的。"养老附加金"据退休前的收入状况和纳税情况而定,工龄越长,工资越高,"养老附加金"积累的就越多,退休后就能领到越多的退休金。

而在法国,情况就不一样了。法国是世界上公认的实施社会福利比较"慷慨"的国家。一般职工退休后可以领取原工资50%的退休金,公务员则按退休前工资的75%计算。法国法律规定,必须交满160个季度的养老保险金并满65周岁以后申请退休,才能全额按比例享受退休金。法国对一般退休者原工资收入的计算基数是由当事人收入中最佳25年的平均值构成。比如,某人一生中最好时期的月收入达4 000(约4万元人民币)欧元,最差时期的月收入仅1 000欧元,而最佳的25年的月收入平均为2 500欧元,那么他能领取的退休金就是1 250欧元。对于年龄到了65周岁但没有交足养老金的人来说，退休金要按比例扣减。比如，假设一个人到了65周岁但只交了90个季度的养老金，25年的月收入平均值为2 000欧元，他就只能领取562.5欧元的退休金[90÷160×2 000(欧元)×50%]。看来，缴纳养老金的年限对退休金收入的影响还是很大的。

鼓励人们老有所为

目前大多数发达国家的法定退休年龄是65岁，美国和德国在今后几年内将把退休年龄提高到67岁。这些国家鼓励人们到了法定退休年龄时继续留在岗位上。英国人的口头禅是"50岁创业才开始"。而树立在德国科隆市大街上一家公司的广告词本身就已经彰显西方国家在老年人问题上观念的转变："55岁太老了？我们连65岁的人都雇呢。"

西方各国目前对到了法定退休年龄仍继续工作的人在各方面实施鼓励政策。在芬兰，65岁退休领取的养老金比60岁退休最高可多出40%。美国人到了退休年龄但仍愿意坚持工作的，每多工作一年就奖励10余个百分点的退休金，直至正式退休。其实，近几年美国已经多次调整了退休年龄，现在的退休年龄规定是65岁6个月，以后每年延长两个月，直到延长到67岁为止。前不久，美国参议员哈格尔已经提出了一个把退休年龄提高到68岁的议案。

实际情况确实如此。一方面，西方国家的政府对养老金的巨额缺口和老年社会的到来已经感到"惊恐"；另一方面，公司的决策者们目前正在重新审视退休人员的使用价值，并热衷于对老年人的"余热"进行开发。据美国劳工部统计，在1994年至2004年间，65~69岁年龄段的老年男性就业率从27%上升到33%，女性就业率也从18%上升至23%。

资料来源：中国经济周刊，2005-08-01。

五、各国养老保险制度比较

(一)德国——投保资助型养老保险

德国人口8 089万(2014年)，65岁以上老人人口数为1 700万，占总人口的21%，是人口老龄化较严重的国家之一。1889年德国首次颁布《残疾和老年保险法》。1911年将医疗保险、事故、伤残保险及养老保险合并为《帝国保险法》。经过1957年、1969年两次重大改革，又制定了《农民养老金法案》。德国养老保险组成部分有法定义务养老保险、企业补充养老保险、私人养老保险。另外，还有其他特定群体的养老保险，如公务员、法官、士兵和自由职业者养老保险。

1.法定义务养老保险。这是德国的社会保障制度最大支柱，是强制性的养老保险制度，覆盖了近90%的从业人员。德国法定义务养老保险情况如表5－4所示。

表5－4　德国法定养老保险制度情况简表

覆盖范围	所有雇佣劳动者及独立经营者
资金来源	由雇主、雇员、政府三方共担 缴费率为18.7%（2015年），2015年缴费工资上限西部：6 050欧元，东部：5 000欧元；下限450欧元；联邦补贴占20%；公务员养老金列入财政预算
受益条件	男65岁、女65岁；投保5年。年满63岁可提前退休，减发养老金
待遇水平	每月领取的养老金＝个人收入分值×养老金类别因子×现在的养老金值
管理机构	联邦政府一般监督，各保险机构管理业务

资料来源：根据有关资料整理而成。

注：个人收入分值：投保人缴费期内每年工资收入与当年雇员平均工资收入之比的和；养老金类别因子：把法定退休年龄（65岁）领取养老金视为1.0，无工作能力养老金视作1.0，无职业能力视为0.667；现在的养老金值：相当于一个收入分值的养老金月值。

2.企业补充养老保险。德国的企业补充养老保险不是法定的，是企业雇主与雇员自愿达成协议办理的。保险费由企业和个人承担（企业补充养老保险对劳动力的覆盖率高达65%）。雇员退休时可领取企业养老金，也可提前领取，条件是支付养老金的承诺已经满10年，或者在本企业工作12年，支付养老金的承诺满3年。尽管企业补充养老保险是宝贵的补充，不过德国设立补充养老保险的企业较少。

3.私人养老保险。由个人自愿参加，大都是医生、律师、零售商等高收入者。保费完全由个人支付，私人保险公司将保费存入银行，以利息支付养老金。参加私人养老保险的人数占参加各类养老保险总人数的10%左右。

（二）美国——多层次的养老保险

美国有3.19亿人口（2014年），65岁以上老人占人口的13.5%（2012年），赡养率为1∶3.3（2005年）。美国是经济大国，经济高度发达，国民生产总值居世界首位。1935年制定《社会保障法》，开始实行养老保险制度。1946年颁布《遗属养老保险法》，1959年颁布《病残保险法》，现行《养老保险法》在1982年制定。美国养老保险由社会保险、企业年金和个人储蓄三部分组成。

1. 社会养老保险。美国的社会养老保险制度是强制性养老保险计划，又称老年、遗属和残疾保险计划。目前全美已有1.2亿人参加了退休养老保险，约占全部在业人员的95%，几乎所有的社会劳动者都已纳入保险范围。美国的社会养老保险制度情况参见表5－5。

表5－5　美国的社会养老保险制度情况简表

覆盖范围	雇员及独立劳动者
资金来源	由雇主、雇员共同承担 缴费率为12.4%（2015年，雇主、雇员分别缴纳6.2%）；独立劳动者缴纳12.4%
受益条件	年满65岁，缴费40个季度。（目前领取养老金的正常年龄为66岁，但可以选择在62～70岁之间的任何一天开始领取。如果提前领取，其养老金要被削减，视实际领取年龄与正常领取年龄差距，最高可削减25%。反过来，如果延后领取，其养老金会适当增加，每晚一年增加8.0%。）
待遇水平	基本保险：相当于工资收入比例累退，水平低于其他发达国家 辅助保险：退休后，其65岁以上配偶可享受保险金的50%，若有条件领取的投保人死后，其无工作满60岁的配偶可代其全额领取，未满18岁的子女，也可领基本保险金的50%
管理机构	社会保障署集中统一管理

资料来源：根据有关资料整理而成。

2. 企业年金。它又称私人养老金计划，是雇员福利计划的一个重要组成部分。美国约有50%的私营企业雇员参与了该计划。

企业年金制度有两种基本形式：缴费确定型和待遇确定型。缴费确定型计划基金积累额由数十年投资回报率决定。待遇确定型计划事先确定退休后可享受的退休金。

企业年金由雇主缴费，雇员可交可不交。雇主缴费作为税前列支，雇员的缴费也不作为应税收入。企业年金委托人寿保险公司、商业银行信托部或个人受托人作为投资代理人，提供养老金的方法多半使用人寿保险和年金保险方法。

3. 个人储蓄养老。个人储蓄养老计划是指由个人建立的一种符合联邦所得税法规定的享有税收优惠的退休储蓄账户。所有70岁以下且有收入者都可以参与该计划。美国享受税收优惠的个人储蓄养老计划账户最早设立于1974年，通常称为个人退休账户。个人退休账户允许每个人每年向指定账户存入一定数额资金，这笔钱不作为当年个人收入，不必缴纳当年税费。存款限额最初是每年2 000美元,2001年布什政府的一揽子减税法案中提高到3 000美元,2005~2007年为4 000美元,2008年为5 000美元。

(三)英国——福利国家型养老保险

英国人口约有6 451万(2014年)。英国经济发达,19世纪下半叶,工业产值曾占世界首位。目前国内生产总值在西方国家中位居前列。20世纪初,英国政府制定《老年赡养法》、《国民保险法》等一系列法案,首次进行了养老保险立法。现行养老保险立法是根据1978年开始生效的《社会保障法》建立起来的,1992年《社会保障法》又对国家基本养老金制度作了进一步补充。英国养老保障制度由三个支柱组成,即国家基本养老保险、职业养老金和个人储蓄性养老保险。

1. 国家基本养老保险。它包括对每个人提供的基本养老金和对雇员提供的与收入相关联的国家养老金,两者都采用现收现付制。英国基本养老保险制度情况参见表5-6。

表5-6 英国基本养老保险制度情况表

覆盖范围	全体公民
资金来源	雇主缴费13.8%(2014年),雇员收入在上下限之间者缴10%或8.2%,低于下限者缴2%,超过上限部分不缴 自我雇用者每周固定缴6.55英镑,加上年利润的6.3% 自愿投保人每周缴7.55英镑;政府补贴很大部分
受益条件	男满65岁,女满60岁,缴费满10年,有领取养老金的资格
待遇水平	定额养老金:标准很低,一般相当于退休前个人平均收入的20%左右 收入关联养老金:保年指数化净收入的1.25%,不超过20年 高龄金:年满80岁者每月50.50英镑
管理机构	社会保障部统一管理,非政府部门具体实施

资料来源:根据有关资料整理而成。

2. 职业养老金。职业养老金是由私人和公共部门的雇主给雇员提供的,包括待遇确定型、缴费确定型和混和型三种计划类型。绝大多数大公司提供的都是DB职业养老金计划。

职业养老金是英国养老金体系中最重要的组成部分。职工退休后由国家基本养老金提供最低生活保障,而退休后主要收入来源是职业养老金,所以英国职业养老金计划占有相当重要地位。该计划规模相当庞大,截至2004年4

月底,参与的总成员人数超过 2 500 万(包括公共事业职业养老金计划的人员)。

3. 个人储蓄性养老保险。这种养老保险主要向自雇人员和没有参加职业养老金计划的人群提供,通常是缴费确定型计划。个人储蓄性养老保险鼓励个人向保险公司投保养老保险,平时缴纳保险费,年老时享受养老金。各种私人养老保险,往往是经过投保人对各种养老保险办法权衡比较之后,认为最为有利才被选中的一种形式,它基本上属于一种储蓄养老、由保险公司经营的特种保险。

(四)新加坡——强制储蓄型养老保险

新加坡有 547 万人(2014 年),人均寿命 83.1 岁(2015 年)。1953 年通过公积金法案,首次制定《养老保障法》。现行的《养老保险法》在 1985 年颁布,又经 1991 年修正。新加坡养老保险制度同其中央公积金制度是分不开的。中央公积金制度是一项储蓄和保险兼备的强制的社会保障制度。新加坡中央公积金是一个缴费确定型的计划,这一计划用于为工人们在其退休或不能工作时提供经济收入上的稳定来源。新加坡养老保险制度情况参见表 5-7。

表 5-7　新加坡养老保险制度情况简表

覆盖范围	所有公共和私人部门的雇员
资金来源	雇主雇员共同缴纳,国家对公积金不征税,并提供支付担保 缴费率:未满 55 岁者 40%(雇主雇员各缴 20%);月收入低于 500 新元者不交;月薪高于1 200新元以上的部分不交;50 岁以上减交
受益条件	55 岁
待遇水平	一次性领取保险费 + 至少 2.5% 的复利(每年调整);2003 年以后留 8 万新元保障基本生活和医疗费
管理机构	劳工部一般监督,中央储蓄基金会具体管理(三方理事会)

资料来源:根据有关资料整理而成。

(五)智利——私营化的养老保险

智利有 1 781 万人口(2014 年),其中城镇人口占 87%。1999 年,智利开始步入老龄化社会,60 岁以上老人占总人口的 10%。1918 年,智利建立了第一个为白领工人和蓝领工人提供退休金的养老计划,1924年开始实施职工社会保险制度。20世纪80年代初进行的退休金制度私有化改革取得了举世公认的最大成功,新的退休金制度被誉为"智利模式"。现行《养老保险法》在1980年颁布。智利现行养老保险体制包括养老、遗属抚恤和非因工伤残三项内容,实行强制性储蓄,建立个人账户,将强制性储蓄的功能私人化。智利养老保险制度情况参见表5-8。

表5-8 智利养老保险制度情况简表

覆盖范围	所有1983年后参加工作的挣工资的公民;1982年底前参加工作者自由选择新旧制度
资金来源	雇主不缴,雇员缴工资的13%,其中10%计入个人账户
受益条件	男65岁、女60岁;或未到退休年龄非因工伤残
待遇水平	退休前10年月平均工资的60%。交费满20年者不足部分政府每月补贴60美元;残疾人按致残前10年月平均工资的60%领取致残生活费,直至死亡
管理机构	联邦政府一般监督,各保险机构管理业务

资料来源:根据有关资料整理而成。

第四节 各国养老保险制度对中国的启示

一、中国养老保险制度概况

我国的养老保险制度是从1951年建立起来的,是国家保障模式的典型。由于中国实行的是城乡二元的计划经济体制,实际上是"企业保障(单位保障)"模式,对国有集体企业职工和国家机关事业单位职工实行"生老病死"全面保障,农民由家庭自我保障。

随着中国的改革开放和由计划经济体制向市场经济体制的转轨,原有的保障方式已经越来越不适应时代的要求。国有企业开始进行管理体制的改革,职工再也没有铁饭碗可以端;劳动力要求自主择业、自由流动,也不愿被几十年束缚在同一个工作单位。为此,从1986年开始的《中华人民共和国经济和社会发展的第七个五年计划》中,提出要逐步建立健全适应新形势需要的社会保障制度,并明确了社会保险的社会化管理,开始了由单位保障向社会保障转变的过程，逐步进行退休费用的市、县统筹及退休人员的社会化管理。1991 年，《国务院关于企业职工养老保险制度改革的决定》中提出："随着经济的发展，逐步建立起基本养老保险与企业补充养老保险和职工个人储蓄性养老保险相结合的制度"。1993 年 11 月 14 日中共十四届三中全会通过的《中共中央关于建立社会主义市场经济体制若干问题的决定》，明确提出要建立多层次的社会保障体系。从此，我国逐步建立起多层次的养老保险体系。我国多层次的养老保险体系由社会统筹的基本养老保险、企业补充养老保险和个人储蓄性养老保险组成。

(一) 基本养老保险制度

基本养老保险亦称国家基本养老保险，它是按国家统一政策规定强制实施的为保障广大离退休人员基本生活需要的一种养老保险制度，是我国养老保险制度的第一根支柱。我国实行的是社会统筹和个人账户相结合的基本养老保险制度，这是我国在世界上首创的一种新型的基本养老保险制度。这个制度在基本养老保险基金的筹集上采用传统型的基本养老保险费用的筹集模式，即由国家、单位和个人共同负担。社会统筹部分现收现付，个人账户部分完全积累，强调个人账户养老金的激励因素和劳动贡献差别。因此，该制度既吸收了传统型的养老保险制度的优点，又借鉴了个人账户模式的长处；既体现了传统意义上的社会保险的社会互济、分散风险、保障性强的特点，又强调了职工的自我保障意识和激励机制。随着该制度在中国实践中的不断完善，必将对世界养老保险发展史产生深远的影响。

根据 2005 年 12 月 3 日发布的《国务院关于完善企业职工基本养老保险制度的决定》，从 2006 年 1 月 1 日起企业职工个人账户规模统一由本人缴费工资的 11% 调整为 8%，全部由个人缴费形成，单位缴费不再划入个人账户。基础养老金领取条件：一是达到法定退休年龄（男 60 岁，女 55 或 50 岁）；二是所在单位和个人依法参加养老保险并履行了缴费义务；三是个人缴费满 15 年。基础养老金月标准是以当地上年度在岗职工月平均工资和本人指数化月平均缴费工资的平均值为基数，缴费每满一年发给 1%。个人账户养老金标准为个人账户储存额除以计发月数。

目前基本养老制度覆盖范围主要是城镇所有企业及其职工，在此基础上各地还制定了城镇个体工商户和灵活就业人员参保办法。2011 年年末，全国基本养老保险参保人数达28 391万人,其中参保职工21 565万人。①

(二)企业年金(企业补充养老保险)

企业年金是指由企业根据自身经济实力,在国家规定的实施政策和实施条件下为本企业职工所建立的一种辅助性的养老保险。它居于多层次的养老保险体系中的第二层次,由国家宏观指导、企业内部决策执行。企业年金的资金筹集方式有现收现付制、部分积累制和完全积累制三种。缴费可由企业完全承担,或由企业和员工双方共同承担,承担比例由劳资双方协议确定。企业内部一般都设有由劳、资双方组成的董事会,负责企业年金事宜。

经过十几年的发展,企业年金已经逐步在部分行业企业建立。2004年颁布的《企业年金试行办法》和《企业年金基金管理试行办法》,确立了我国企业年金信托化和市场化发展的框架。截至2012年6月底,全国建立企业年金的企业有5.47万家,参与职工仅1 847万人。目前我国企业年金规模已达约1 000亿元。我国企业年金市场前景广阔。世界银行预测,未来我国企业年金每年增长将达到1 000亿元,2010年企业年金总规模将达到1万亿元,2030年总规模将达到1.8万亿元。②

(三)个人储蓄性养老保险

职工个人储蓄性养老保险是我国多层次养老保险体系的第三支柱,是由职工自愿参加、自愿选择经办机构的一种补充保险形式。对于具有一定经济能力的人可以通过个人储蓄性养老保险来提高自己在失去劳动能力之后的生活水平。由社会保险机构经办的职工个人储蓄性养老保险,由社会保险主管部门制定具体办法,个人根据自己的工资收入情况,按规定缴纳个人储蓄性养老保险费,记入当地社会保险机构在有关银行开设的养老保险个人账户,并应按不低于或高于同期城乡居民储蓄存款利率计息,以提倡和鼓励职工个人参加储蓄性养老保险,所得利息记入个人账户,本息一并归职工个人所有。职工达到法定退休年龄经批准退休后,凭个人账户将储蓄性养老保险金一次总付或分次支付给本人。职工跨地区流动,个人账户的储蓄性养老保险金应随之转移。

---

① 《2012年度人力资源和社会保障事业发展统计公报》。

② 《2012年度人力资源和社会保障事业发展统计公报》。

二、中国养老保险制度的主要问题

（一）统筹层次低

我国虽然建立了统一的企业职工基本养老保险制度，但在我国养老保险制度由单位保险向社会保险转变过程中，实际上形成了地区保险的局面，使得养老保险的社会互济功能大大降低。国家先后出台政策提高养老保险的统筹层次，目前制度规定社会养老统筹层次应该是省级统筹，但实际上只是市、县、行业统筹，造成了各地区企业的缴费率不统一和养老金领取水平存在差距，影响了企业公平竞争和劳动力正常流动。

（二）管理手段比较落后

目前我国养老保险管理手段仍比较落后，管理中存在着许多问题。例如，职工跨区域流动，不同性质的企业、事业、机关单位之间的职工相互流动时，养老保险续接困难；基金管理效率低下，养老金仍主要用来购买国债和银行储蓄，基金收益甚小，根本无法满足老龄社会对养老金的需求，没有真正建立起养老金保值增值的有效机制；在基金的使用、投资、运营等方面效率低下。同时，由于基金管理监管机制的缺位导致基金的挪用、贪污、腐败现象时有发生。

（三）覆盖范围小

目前的养老保险制度主要覆盖有固定工作的正规就业者。自 1995 年国务院决定在全国建立基本养老保险制度以来，国有企业职工绝大部分已经加入基本养老保险制度，但集体企业、三资企业、私营企业和个体劳动者参保率不高，特别是大量的灵活就业群体尚未纳入保险范围。工作不稳定、收入低、没有正式劳动关系是灵活就业人员的基本特征，这也成为他们参加社会保险的障碍。目前，全国尚没有建立统一的灵活就业者参加养老保险的制度。因此，形成了灵活就业群体参保比例小、中断参保比例高的现象。

（四）养老保险面临巨大财务压力

发达国家一般是在经济发展到一定水平后才进入老龄化社会，而我国进入老龄化社会时，人均 GDP 仅为 1 000 美元，属于“未富先老”。从目前全国各地的养老金收支情况看，许多地区动用了全部个人账户资金，也就是说，即使在“空账运行”的情况下都一直收不抵支，且年度赤字规模持续扩大，只能依靠各级政府的财政补贴。这种资金上的巨大缺口使得目前确定的“统账结合”的养老模式基本上不可能实现。养老金面临严峻的隐性债务危机和当期支付的财务危机。相关资料显示，基本养老保险个人账户“空账”规模 1997 年为 140 亿元，2004 年累计为 6 000 亿元。“空账”运转是现在向未来透支，是老一代向年轻一代透支，长此下去必然蕴藏巨大资金风险，动摇新制度的根基，养老保险对“新人”的社会保障承诺也将失去资金保证，降低改革后新制度的信誉。

（五）养老金待遇偏低

在与国外养老金替代率的对比中，我们发现，我国的养老金替代率是比较高的，于是一些专家就呼吁降低养老金替代率，进而降低缴费率，以此来为多层次的养老保险体系让出发展空间。但是，如果仔细研究就会发现，由于受长期计划经济的影响，我国居民的工资水平普遍偏低，所以我国的基本养老保险待遇只是名义替代率高，但实际替代率却不高，甚至是很低。据上海市劳动保障局的初步统计，退休职工每月的养老金平均在 1 400 元左右。最少的每月在 700 元左右。这样的养老金水平仅能维持最基本的生活，并不能满足老年人其他方面的需求。

（六）养老基金保值增值困难

目前，我国的社保基金分为统筹基金、个人账户基金和全国社保基金。前两者归地方管理，存入财政专户，利息收入是唯一的增值收益，只有全国社保基金进行了真正意义上的投资。扣除了通货膨胀的因素外，社保基金的盈利情况并不令人满意。所以，需要在确保基金安全的前提下，为养老基金寻找新的收益率较高的投资渠道。

（七）家庭保障功能弱化

在我国社会保障机制尚不健全和完善的条件下，家庭养老起到了社会稳定器的作用。然而，随着社会工业化、城市化的发展以及计划生育政策的实施，家庭的规模及结构发生了很大的变化，出现了“四二一”核心家庭，年轻一代的子女上面有四个老人，下面还有小孩，而且自己还要买房子、生活、看病、积累自己的养老金，负担很沉重。所以，依靠子女提供经济支持的传统家庭养老受到了很大的挑战。

小案例

中国拟逐步实现养老保险个人账户随本人全国流动

第十届全国人大常委会二十五次会议第二次审议的劳动合同法草案增加规定：国家采取措施，逐步实现劳动者基本养老保险个人账户随劳动者在全国范围内流动。

前些年，中国已经首先从东北三省开始进行养老保险个人账户的改革试点。但面临的一个问题是，中国社会保险目前还是局限于地方统筹，而地方统筹的一个最大弊端就是劳动者的个人保险账户不能在全国范围内流动。这并不适合中国目前的实际情况。

例如，某人今年在广东打工，明年在江苏打工，今年的社会保险费就留在了广州，如果不发给他，他到江苏就没有了，只能在江苏另外再算；但是如果发给他的话，又违反了社会保险的社会共济的原则。社会保险是等到退休之后拿出来，或者是给现在的退休人员支付社会保险的，这就是现在社会保险支付的矛盾所在。

在劳动力流动日益加剧的今天，只是局限于地方统筹的养老保险账户制度必定会阻碍整个社会的发展，甚至妨害民众安身立命之本。

有关业内人士指出，虽然今天劳动合同法草案只是简单地做了原则性的规定，但这将是一条直接关系到将来社会保险法立法的规定，一旦成为法律规定的话，就要求社会保险法要规定全国的社会保险，要实现全国统筹。

有分析称，草案中这一原则性的规定，是一个很高的要求，将来社会保险法立法也要按照这个办。

资料来源：孙宇挺，中新网，2006－12－25。

三、国际经验对我国的启示

（一）加快养老保险制度立法

我国的社会保障制度立法还很落后。国外发达国家普遍依靠立法来保障制度的实施，我国需要借鉴国外经验，尽快形成社会保障制度立法，或者形成各个保险项目的单独立法，如要加快养老保险立法等。以法律的形式将养老保险各方的权利、义务明确下来，对于不依法执行者可以追究相应的责任，对于企业可以追究其欠缴费的责任，对于政府部门也可以追究其管理不善的责任。

（二）提高养老保险管理的信息化水平

要充分利用“金保工程”①建设的有利时机，建立全国联网的养老保险数据库，实行全国统一的社会保险卡制度。社会保险卡以IC卡形式记载个人基础信息、缴费基数、实际缴费年限、视同缴费年限、账户累计储存额以及个人账户转移情况等。这样，劳动者不论在哪个城市、哪个企业，只办理一次社会保险登记，就可以以该社会保险关系作为依据，不间断地对社会保险缴费进行记录、接续、转移，做到简便易行。建立和完善社会保险卡制度，将会杜绝一人多保现象的发生，防止社会保障基金的流失，促进人员有序流动和养老保险关系及时转移，确保参保人员切身利益。

（三）提高养老保险的统筹层次

统筹层次的提高需要社会保险管理机构的统一和职能的明晰。我国应当将现有的养老保险统筹层次提高到省级，并逐步提高到全国统筹，在全国实行统一的养老保险政策，在全国范围内对养老保险基金调剂使用，均衡各地区负担，降低基金投资风险，使养老保险真正满足群众老有所养的基本要求。作为过渡，可以考虑先由省、自治区、直辖市人民政府依据所辖各地、市经济发展和养老保险负担水平等因素，适当划分档次，在条件相近的地市实行同一缴费比例，经过逐步调整，实行省级统一的企业缴费比例。

（四）扩大养老保险制度的覆盖面

目前，扩大覆盖面最大的问题是将灵活就业人员纳入保障范围之内，国家应该出台统一的对于灵活就业人员的参保政策，以较低的缴费吸引灵活就业者的广泛参保。抓紧制定完善混合所有制、非公有制经济从业人员、灵活就业人员的养老保险政策，将他们纳入到社会养老保障体制中来，这不仅有利于保障这部分人应有的权益，还可以充实社会养老保障基金，提高基金抗风险能力。

---

① 劳动和社会保障部实施的社会保障管理信息化工程的名称。目前，该工程正在建设中。

必须加快探索适合农村地区及进城务工农民的养老保险制度，使养老保险真正面向全社会所有劳动者。

(五)适当提高退休年龄

目前，我国职工退休年龄，机关事业单位男为60岁、女55岁，企业职工男60岁，女50岁，一直是沿用20世纪50年代中期国家确定的国家机关和事业单位人员的退休年龄。它低于世界上其他许多国家的职工退休年龄，如瑞士男、女职工退休年龄都为67岁，美国、德国、英国的退休年龄为65岁。我国应当适当提高退休年龄。退休年龄延长，一方面减少了退休人数，节省了退休金；另一方面增加了向养老保险基金缴费者数量，有利于发挥老年人的一些优势，为国家多创造财富，增加养老金收入。

(六)大力发展企业年金

发达国家的经验表明，养老保障主要依靠国家的基本社会养老保险、企业年金和个人储蓄性养老保险三个支柱。在我国，基本社会养老保险作为国家养老保障的第一支柱，正在逐步走向完善，发挥着基础作用。第二支柱的企业年金，相关的政策、规章已发布，政府在有关文件中多次提到要给予税收优惠，但究竟如何优惠，怎样落实，政策还不够明确，各地做法也不一，应尽快制定统一的税收优惠等相关鼓励办法。第三支柱的个人储蓄性养老保险，虽然保险公司已经营了20多年，业务也在不断发展，但还没起到支柱作用。我们要在不断完善基本养老保险制度的基础上，大力发展企业年金和个人养老保险，构筑我国的养老保障体系。目前，在美国等发达国家实行的反向抵押贷款制度值得我们借鉴，它是通过老年人将自有住房抵押给金融机构，金融机构按月给老人支付养老金，直至老人去世，银行将老人的住房收回，然后在二级市场出售，回笼资金。通过住房资产的提前变现，为老人提供了一笔数额可观的养老金作为现有退休金的补充，提高了老人的生活质量。此外，一些国家建立的非缴费型的养老保险制度也值得我们借鉴，对解决弱势群体的养老保障问题提供了新的思路。

(七)建立健全农村养老保险制度

随着城市化进程的加快，农村人口的养老隐性问题将显性化，解决农村人口养老问题将是社会不得不面对的重要任务。只有建立和完善包括农村在内的社会养老保险制度，才能彻底解决农民“老有所养”的问题，提高农村养老保障水平。应尽快建立并健全有关农村社会养老保险的法律法规，以法制的形式将农民的这项合法权利确定起来。要强化政府责任，加大扶持力度。鉴于目前我国政府财力有限，城乡差别还比较大的现实，可以按照“低水平、广覆盖”的原则，设计城乡有别的社会养老保险标准。同时，由于我国经济与社会发展中的许多原因，农民养老不可能完全依靠社会，家庭养老仍然是老年保障的主要形式，必须继续充分发挥家庭养老的优势。最后，理顺管理体制，提高基金统筹管理层次。要建立健全农村养老保险基金监督机构，财政、审计部门要依法加强监督，确保基金的安全，真正用到农村劳动者身上。农村养老保险资金统筹应实现从县级到省级，直至到全国性的统筹安排。

本章综合案例

新世纪老年人口每年以2%的速度增加 老龄化社会来临

据美国《福布斯》杂志报道，全球老年人口正以每年2%的速度增加，到2050年，全世界60岁以上的人口数量将超过15岁以下人口的数量。在人口普遍老龄化的趋势下，如何应对？

英国　提供各类免费服务

伦敦有很多的免费艺术表演和参观地。居住在城外的老年人可以享受免费的公共交通运输。凡是超过60岁或者身有残疾的人，无论是在伦敦的哪个地方，都能够享受免费的公共交通运输。

但是，在周一到周五的9时以前，老年人被限制搭乘各种公共交通工具。这样做的目的是，使老人们远离工作日早晨拥堵的交通，不给晨间交通造成过大的压力。但周末和公共假期日，这样的限制就解除了。

日本　找机器人给老人做伴

日本南砺市人口中有26%的老年人，这里是世界上最早几个开发机器人照顾老年人的城市之一。

据医务人员介绍，机器人能根据人的声音做出反应，它已经成为一些老年人家庭成员之一。更新一代的机器人会看护好老年病人，防止他们摔倒，提醒他们吃药等。另外，它也能作为通信工具，使老年人和远方的家人聊天。

美国　着力解决老人吃饭问题

在21世纪的纽约，每天的食物运输车为大家带来了很多方便。一个非营利性组织每年提供200万吨食物给17 000名老年人，其中主要是妇女，他们无法上街买东西及做饭。

这个主意出现在20世纪60年代中期。有人首先利用联邦资金建立了一个老年人中心。他们的目标是对老年人问题中两个可控制的因素施加影响力：营养问题和孤独问题。有关工作人员这样说："我们的目标是给他们提供营养，让他们和人交往。老年人宁愿待在家里，也不愿意到养老院去，即使去了，他们还会有一段时间不吃养老院的食物。"这样一种理念和方法现在已经传到了洛杉矶、波士顿、芝加哥和美国其他一些城市。

德国　老人重返学堂听课

埃克汉·克劳斯以前在一家德国的化学制品和保健公司担任管理职务，63岁的时候他退休了，但是，退休之后，他感觉适应一种安逸的生活是一件极其困难的事。为了消磨时间，克劳斯去科隆大学旁听文学课，他吃惊地发现有很多的同龄人也在干着同样的事情。其实在德国，大概有4万名老年人在大学里听课以消磨时间。

资料来源：《上海译报》，人民网－人民日报海外版，2005－07－21。

▶讨论：我国应如何解决人口老龄化带来的一系列问题？

本章小结

1. 养老保险制度一般分三种形式，即国家公共保险制度、企业年金制度、个人储蓄制度。养老保险的四种制度模式为国家统筹模式、投保资助模式、强制储蓄模式和福利国家模式。本章还介绍了养老保险的基金筹集、待遇给付、待遇计发方式。

2. 介绍了养老保险的制度发展及多层次养老保险制度的内容。养老保险制度随着时代的变化而发展。

3. 对养老保险制度的各个方面进行比较，包括养老保险制度资金来源、替代率、享受条件、待遇水平等方面的内容，并介绍了典型国家养老保险的制度设计、管理和运行状况。通过比较，发现各国养老保险制度的优势和不足，以供我国参考借鉴。

4. 我国实行的是多层次的养老保险制度，经过多年发展，我国养老保险制度正在逐步走向完善，但还存在很多问题，要善于吸取国际经验，进一步完善我国的养老保险制度。

关键概念

养老保险　投保资助模式　强制储蓄模式　福利国家模式　多层次养老保险制度

思考练习题

1. 简述养老保险制度的三种形式。
2. 养老保险四种模式各有哪些特点？
3. 比较现收现付、完全积累和部分积累模式的优缺点。
4. 养老保险待遇在待遇给付和计发方式上如何规定？
5. 简述德国、英国、新加坡、智利的养老保险制度。
6. 为什么我国要实行多层次的养老保险？
7. 我国现行养老保险制度包括哪些内容？
8. 国外养老保险的经验给了我们哪些启示？

第六章 医疗保险制度国际比较

CHAPTER 6

学习目的与要求

通过本章的学习，重点掌握国际上医疗保险制度的几种模式，即国家医疗保险型、社会医疗保险型、商业医疗保险型和储蓄医疗保险型四种模式；比较各种模式的优缺点；了解各国强化医疗供需双方费用控制机制的改革措施和卫生服务体制控制措施等；领会国际医疗保险制度对中国医疗保险制度改革的启示。

第一节　医疗保险模式比较

医疗保险的特殊之处就在于它涉及被保险方(即患者)、保险机构和医院三方的关系，这就使得医疗保险制度面临的问题和矛盾比其他社会保险项目更多、更复杂。自从德国政府率先在1883年颁布了疾病保险法案以来，医疗保险的发展已有120余年的历史。纵观各国的社会医疗保险制度，各有其特点和利弊，无论是发达国家，还是发展中国家，迄今为止，也未能找到一种十全十美的医疗保险制度。各国都在不断地进行改革，不断地完善自身的制度。为了分析评价各种医疗保险制度，方便起见，我们对国际上的医疗保险制度进行分类，大致可以划分为国家医疗保险模式、商业医疗保险模式、社会医疗保险模式、储蓄医疗保险模式四种。以下我们将以特定的国家为例，来分别介绍这四种医疗保险模式。

一、国家医疗保险

国家医疗保险又称之为全民健康保险服务,也可称之为政府医疗保险,它主要是指政府通过税收形式筹集医疗保险基金,通过预算拨款支付国民卫生服务消耗。

(一)基本目标

鉴于建立国家医疗保险所依照的原则,我们不难看出,此计划的基本目标就是,覆盖全民,对于每个公民的疾病风险,不论其贫困或富有,均给予稳定的生活安全保障。

(二)特征

这种模式的主要特点是:强调福利普遍性和公民享受社会福利的权利以及政府提供社会福利的义务。企业和政府基本上负担了全部的福利支出,政府通过税收筹措医疗卫生经费,按区域人口结合其他因素给国立医疗机构直接拨款,向全体居民提供免费或价格极为低廉的医疗预防保健服务。

但我们也必须承认,国家卫生服务制度实施以后,虽然解决了全民就医的公平性问题,却同时带来了医疗机构服务效率低下、医疗需求膨胀、医疗费用急剧上升等一系列问题。

(三)典型国家介绍——英国①

1. 医疗保健制度构成。英国医疗保健制度是国家保健服务制度,分为国家保健服务和私人医疗保险两部分,其中以社区保健服务为重点。

(1)国家保健服务。设中央、地区和地段三级医疗保健服务管理体系,根据服务内容不同,分别由中央政府机构、地方及私营企业内部组织承担,而职业保健服务则由企业与地区或地段卫生部门联合承担。英国95%以上的医院都是国立医院,主要承担住院服务和急诊。居民必须通过家庭医生的推荐转诊才可以入院治疗。凡是英国公民,都可以获得免费的医疗服务。

(2)私人医疗保险。由私人医生提供医疗服务,私营企业部门将其作为职工福利为雇员缴纳部分或全部保险金。

---

① 吕学静. 各国社会保障制度[M]. 北京:经济管理出版社,2000.

(3)社区保健。1974年英国政府对国家保健服务系统进行了全面改革,形成"中央集权管理,社区提供基本医疗服务"的局面,医疗资源分配按"块"落实到社区。在英国整套医疗服务系统中,社区保健涵盖了医院服务以外的所有保健项目,它又分为全科医疗服务和社区服务。

全科医疗服务是由全科医生通过全科医生协会与地区卫生局签订医疗提供合同,并由家庭医生个人或集体开设诊所的服务。全科医生提供一般的门诊服务,包括对常见病的诊断治疗和对精神病防治、妇幼保健等进行业务上的指导。如果全科医生不能处理,则由他介绍患者去医院专科医生处治疗。同时,全科医生还主要负责各种预防保健服务和健康宣传教育。一般来说,每个英国公民都有各自的家庭医生或全科医生,政府规定居民到所在地段的全科医生诊所登记注册,患病时首先到全科医生诊所进行诊治。某一地区全科医生诊所的数量和全科医生的数量由全科医生服务管理部门根据本地区的居民人口数进行规划和限制。全科医生的收入根据到其诊所登记注册的居民人数而定。

社区护理包括家庭保健、老年保健、精神卫生、残疾人照顾和健康教育等。另外,健康观察员和家庭护士分别负责儿童保健和疾病预防以及老年人的护理。

2. 资金来源。英国是中央集权型的,由中央政府提供资金,分配预算到地区卫生部门,再由地方卫生局分配预算到医院和全科医生,免费向全民提供医疗卫生服务。国立医疗机构的经费95%来自政府拨款(其中,81%来自普通税,14%来自医疗方面的国民保险收入),另5%来自服务收费等。2006~2007年度政府预算用于全民卫生保健制度的经费约968.96亿英镑,达到公共开支总额的17%,仅次于养老保障开支。

3. 管理机构。英国国家卫生服务由卫生和社会保障部统一计划管理。卫生和社会保障部是英国医疗制度的最高权力机构,下设地区和社区卫生局,共3级。其各级职能分别是控制资源分配、作计划预算和提供卫生服务。在英国,卫生管理区域是按照地理特点、经济水平与卫生服务基础情况划分的,与行政区的划分不完全一样。如果从职能部门来划分,国家卫生服务组织可以分为3个部门:医院管理委员会(医院服务管理部门)、执行委员会(全科医生服务管理部门)和卫生局(个人及公共卫生服务)。后两者主要提供基层保健,又叫社区保健服务。

英国的全民卫生保健制度建立以来,政府对它一直处于欲废除而不能、欲维持而困窘的境地,因此,采取了一系列的改革措施。其措施之一:加强基层保健,即社区卫生服务,以节约卫生保健费用。国家对全民卫生保健制度的投入有限额,导致地方严格控制医疗服务的使用,也造成医疗设施的缺乏,居民卫生保健需求得不到满足,抗议全民卫生保健制度服务质量太差。卫生部门不得不通过耗资较少的社区保健,积极预防,减少居民的发病率,以缓解供求矛盾。全民卫生保健制度改革以来,取得初步成效。经过改革,过去只认为医院是治病的地方,现在医生除了治病,还要帮助病人重视预防保健。

由于英国的全民医疗服务体系运行效率低下、候诊人数众多、经费增长过快,2010 年卡梅伦政府颁布了《公平与卓越,解放 NHS 白皮书》(以下简称“白皮书”),开始了对 NHS(英国国家医疗服务体系)的新一轮改革。这次改革被外界认为是 NHS 自 1948 年成立以来最大的一次医疗改革。这次改革撤销了之前由卫生部委任的服务委托和购买机构——初级卫生保健信托(Primary Care Trusts,PCTs)和战略卫生局(Strategic Health Authority,SHA)等官方的行政管理机构,由全科医生主导的临床服务委托组织(CCGs)取而代之,将更多权力通过 CCGs 下放给当地的全科医生,希望通过让全科医生参与管理工作来提高医疗服务水平。改革前,PCTs 一直是 NHS 运作的核心,负责管理 80% 的卫生预算(每年的卫生预算约为 1 000 亿英镑),通过向委托服务机构购买服务来满足当地居民的健康需求。改革后,原本的 152 个 PCTs 由 211 个 GP(全科医生)主导的 CCGs 代替,发挥医疗卫生规划和购买服务的职能。

《健康和社会保健法案》还提出,引入私立部门参与医疗市场竞争,提高病人护理和治疗的效率,减轻政府财政负担。鼓励私营医疗机构参与医疗服务。

这次改革更加强调了社区服务的重要性。目前,NHS 大约 2/3 的预算用在慢性病上,比如,心脏病、糖尿病、老年痴呆症等。这些无法根治的疾病像无底洞一般消耗着 NHS 的财政预算。为了减少支出,鼓励一系列社区服务(即综合护理),帮助慢性病病人养成健康的生活方式,无须住院治疗。而这个综合护理还包括门诊预约、社区小手术及病人的术后康复。

尽管国家卫生局在提供医疗服务方面存在一些缺点,但免费提供基本医疗服务的原则很受英国人民欢迎,此原则已保持到今天。

二、商业医疗保险

商业医疗保险与社会医疗保险相对应,主要是通过市场来筹集费用和提供服务,并对医疗保险机构、医疗服务机构和医疗服务实行市场调节。政府对于营利性医疗供给、服务价格很少干预。

(一)基本目标

政府以高效率发展经济为目的,将社会医疗保险作为经济发展的手段之一。

(二)特征

美国的医疗保险制度强调的是个人自由与个人选择,而不注重整体的公平性,强调权利与义务的对等性,国家给予公民是否投保和选择权。其医疗保险组织按其经营性质可以分为营利性和非营利性,并主要依赖私人医疗保险来支持整个医疗保险体制。鉴于医疗保险是国民健康的一个重要保障,政府鼓励公司和业主为雇员提供医疗保险费,按费用多少给公司免税,以达到增加资金筹集渠道的目的。

(三)典型国家介绍——美国

1. 医疗保险制度的构成。美国医疗保险采用“双轨制”,分为私人医疗保险和社会医疗保险。美国医疗保险制度包括两方面:一是联邦政府主导的医疗保险制度(Medicare),主要针对参加联邦公共养老金计划、65 岁及以上老年人,这类医疗保险主要用于支付住院、治疗、处方药费用及护理费用;二是由营利或是非营利性的社会组织举办的私人健康保险。雇员本人直接或通过雇主间接购买自愿保险,美国私营健康保险制度非常发达,项目丰富广泛。

(1)私人医疗保险。最有影响力的则是“蓝盾”“蓝十字”计划。目前,大约 2/3 的美国公民根据同雇主签订的劳动合同协议参加了私人医疗保险。

20 世纪 70 年代以来,美国出现了一些新型的非营利性的医疗保险组织,如健康维护组织和优先提供者组织。如今,全国的商业医疗保险组织有 1 800 多家。

健康维护组织是另一种管理医疗保险模式,受到联邦政府的推崇,也被越来越多的中下层收入人士所接受。健康维护组织与传统的私人健康保险组织不同,它有自己的合同医院和开业医生,直接为投保者提供门诊、住院和预防服务。投保者参加健康维护组织后,可以在规定范围内免费享受一切服务,所有费用全部由健康维护组织承担,投保者越健康,意味着健康维护组织所支付的医药费越少,盈利的可能性越高。因此,健康维护组织努力提高投保者的健康水平,常常把工作重点放在健康保健服务上,重视健康教育,加强预防性出诊访视,加强健康检查、筛选患者,注重早发现、早诊断、早治疗,并在保证投保者健康的基础上,自发控制费用,如降低住院率、压缩住院期、使用疗效好的低价药等。健康维护组织比传统健康保险节省25%的费用。目前已经有1 600万美国人加入了该计划。

定点服务计划是一典型的改进型健康维护组织医疗服务形式。加入者只要多支付10% ~15%的保费与大约30%的医疗费,就可以到任何地点,寻找任何医生诊病。在全国630个健康维护组织机构中,实行这类计划的已经从1990年的20%增加到现在的50%。

优先提供者组织则是一种采用预付制的保险组织,它通过与医院签订合同,向投保人提供所需的优质服务,而且价格可以优惠,成员也可以自由选择组织内的医院和医生。优先提供者组织组织形式较健康维护组织更为灵活多样。

(2)社会医疗保险。社会医疗保险包括医疗保险、医疗补助和通过联邦所得税税制对私人医疗保险的隐含补贴。由于美国绝大多数医疗保险业是向就业者倾斜的,所以那些老年、失业及贫困的人就很难或者无法享受到医疗保险。为此,政府在1965年开始采取两种辅助办法,用以补足私人保险市场的缺陷。一是对老人和残障者提供医疗照顾福利。但享受这种福利的老人必须在65岁以上、并向国家缴税10年以上,符合此条件的人政府将负担大部分的看病医药费和全部的住院费。二是对低收入贫困家庭给予医疗资助补贴,政府约负担贫困者住院治疗80%的费用。

政府主导的医疗保险主要由三部分构成:一是住院保险,主要用于报销住院费用,其覆盖对象主要有两类:①参加联邦公共养老金计划的劳动者退休后自动加入住院保险制度;②残疾劳动者在其获得联邦公共养老金计划待遇2.5年以后,自动加入住院保险制度。住院保险制度通过社会保障税的方式预先征收,2015年雇主和雇员各承担1.45%的住院保险税,自雇者则承担2.9%。二是补充医疗保险,主要用于支付医生的服务和门诊病人的护理费用。三是2003年美国政府立法确定了处方类药品支付制度,用于支付未包括在住院保险和补充医疗保险中的处方药费用。该制度在实施初期主要向受益者提供药品折扣卡,但从2006年开始,政府对其进行改革,要求自愿参加该计划的人首先缴纳保险费,政府再为购买处方药的受益者提供补贴。

2.资金来源。美国医疗保险的资金筹集渠道十分丰富,投保人、企业和国家三方都承担缴费义务。尤其在私立医疗保险层面,政府更多地通过税收优惠鼓励雇主为雇员购买私人医疗保险。美国私人医疗保险90%的情况是雇主为雇员支付保险金,保险公司对投保者主要采用“按人计费”的方法支付保险金。

自我雇佣的私人业主,医疗保险费的25%可抵税。

3. 管理机构。美国联邦社会保障署是联邦政府专司社会保障行政管理的机构。健康和公共服务部在医疗照顾、医疗救助项目上负有一定责任。

由各类商业保险公司承担和具体实施医疗保险项目,但其保险计划、费率标准、执行情况等受到政府有关部门管理和监督,如在国会设立定额委员会,讨论诊疗代号和诊疗标准问题,向国会做专题报告;还可在承办医疗救助和医疗照顾社保项目的医院,成立同行评估组织和医生报销委员会,抽查医院的收费标准等。

最重要的则是,大量的非营利组织通过接受政府的专项基金赞助,吸引义务服务者,提供大量、有效的社会化服务。

美国医疗保险模式是自由市场性医疗保障。由于医疗市场的局限性和市场失灵,其医疗服务提供的公平性较差,同时也造成医疗总费用失控。尽管美国的医疗总费用居全球之首——占其国内生产总值的16%,但仍然有4 699.5万人得不到任何医疗保险。1993年,克林顿政府提出建立一个普遍的医疗保险制度的改革方案,该计划对中小企业、低收入家庭都有利,也会降低那些为雇员提供医疗保险的企业的负担,但可能增加那些没有为雇员提供医疗保险的企业的负担。经过一年的讨论,该项改革被否定,健康保险的范围没能扩大。2009年9月9日,奥巴马在国会两院联席会议上发表讲话,阐述其医疗保障政策计划,呼吁推动美国医改,以 拯救陷入危机多年的美国医疗保险体系。2010年3月21日,美国众议院通过了最终版本的医改法案——医疗改革法案,于2014年正式生效。该法案旨在以最低的成本让美国民众享有较好的医疗服务,在减轻政府和企业压力的同时,激活经济活力。新医改方案主要改革内容是:一是扩大医保覆盖面。政府在10年内投入8 000亿美元,到2020年实现将4 600万无医保人员中的3 200万人纳入医保覆盖范围,对于未按规定购买医疗保险的雇主和个人强制征缴罚款税,从而实现医保覆盖率从目前的85%上升到95%。二是财政税收作为医改的主要杠杆,通过减免中产阶级税收鼓励其参保,同时对高收入者征收较高的税率。三是强化控制医疗成本,鼓励以服务质量为基础,补偿卫生服务提供方。

三、社会医疗保险

社会医疗保险是通过立法形式强制规定雇主和雇员按一定的比例缴纳保险费,建立社会保险基金,用于雇员及其家属看病就医的一种医疗保险模式。

患者在就医时,需要自付一定的医疗费用。

(一)基本目标

国家通过制定制度为公民提供基本医疗保障,保证公民在遭遇疾病而需要特别支出的情况下得到一定的经济补偿。

(二)特征

社会医疗保险的显著特征表现在:政府通过立法,强制投保。德国的医疗保险制度强调社会的团结与平等,并通过强制性保险制度分散医疗风险,收入在一定水平以下的人必须在疾病基金中登记注册;保险对象覆盖面广,包含全体从业人员,全国规定了统一的疾病基金最低福利标准;只保障国民的基本生活,公民缴纳保险费才可享受保险津贴。

(三)典型国家介绍——德国

1. 医疗保障制度构成。与片面地由国家卫生管理机构或者片面地由私人医疗保险公司控制的两个模式不同,德国采取不同职业群体的不同的医疗保险公司多种形式并存的模式。

德国的医疗保险主要包括法定的社会医疗保险、私人医疗保险及其他保障体系(如公务员津贴,警察和联邦军队的免费医疗)三个部分。

保护公民的医疗保险中最重要的方面是法定医疗保险。在德国约有90%的居民即7 762万人口参加法定医疗保险。法定医疗保险对象是所有工资收入者、学徒、失业保险受益者、残疾人员、收入在一定数额以下的雇员、学生、养老金领取者和自由劳动者等。参加法定保险的雇员只需缴纳医疗保险所规定的费用的一半,另一半由雇主承担。所有的有工作的人都必须参加保险。没有工作的家属、孩子可以随有工作的家长一方参加保险。靠社会福利生活的人,由社会福利局给他们交保险金。工人和雇员月工资在3 600欧元以下的都必须在法定医疗保险公司保险。超过这个限度可以自己选择。所有在法定医疗保险公司保险的人,根据不同的保险公司缴纳月收入的11%~14.7%。其中一半是自己付,另一半是雇主给付。

社会医疗保险的内容主要包括:疾病的预防和疾病的早期诊断;疾病的治疗;病愈后的身体康复;生病期间的护理;丧葬待遇;妇女孕期及哺乳期间的有关待遇;当病假超过6周时,投保者可在医疗保险机构领取相当于基本工资80%的病假补贴,最长为78周;职工子女如果生病,该职工每年可以享受10天的护理假期。

此外,还有10%左右的居民自愿享受私人医疗保险提供的保险待遇。私人保险公司因人、因病而异。年轻人、身体好的人,缴费相对较少。但老年人、有慢性病的人,缴费就较多。私人保险比法定保险有很多的“好处”。比如:住院可以要单间,可以请主任看病,可以指定由那个医生手术等等。在法定医疗保险公司保险的人,如果也想享有这些好处,就必须再买一个附加保险。参加私人医疗保险的人收入较高,缴费多,医疗服务水准也高。德国共有700万人参加了私营医疗保险,他们是月收入高于6 300马克的医生、企业主、自由职业者、政府雇员等。

2. 资金来源。社会医疗保险的筹资一般包括雇主、雇员、政府,以及其他的募捐或慈善赞助资金等。

3. 管理机构。法定医疗保险的经办机构是医疗保险所,共有以下七种保险所:地方医疗保险所,企业医疗保险所,手工业医疗保险所,海事医疗保险所,农业医疗保险所,联邦矿工保险所,替代性保险所。它们是私人的团体,以自治方式管理。它们通过自己的机构即代表大会(被保险人的议会)进行管理。这一自我管理的机构由被保险人和雇主各以一半数量的代表组成(替代性保险所的管理机关例外,只有受保人的代表而没有雇主代表)。

由于社会医疗保险费用支出不断增加,缴费人口逐渐减少,自1984年以来,德国的法定医疗保险连年亏损,1991年亏损56亿马克,1992亏损90亿马克。为了消除不合理支出,精简不需要的保险体系结构和改善扭曲的经济激励机制,提高医护人员的责任感,德国政府开始进行医疗保险改革。1993年,政府推行《卫生结构改革法》,旨在加强对职业医生人数的控制,调整社会医疗保险体系的结构;同时,改革费用报销办法,限制医院、医生在治疗以及药物使用和康复等方面的费用支出,但是这在一定程度上提高了个人的费用承担比例。1994年,政府推出了一种新的医疗保险:社会护理保险。这种保险一方面减轻了医疗保险费用的负担,另一方面将家庭义务护理社会化,为解决社会老龄化问题开辟了新的途径。1996年,被保险者开始有权自由选择医疗保险公司投保;同时,国家建立风险结构平衡机制,调整不合理的市场竞争,强化社会保险的互助原则。

四、储蓄医疗保险

储蓄医疗保险制度是根据法律规定,强制性地储蓄医疗基金。它既不是强制性地纳税，也不是强制性地缴纳医疗保险费或自愿购买医疗保险，而是依据法律规定，强制性劳方或劳资双方缴费，以雇员的名义建立保健储蓄账户，用于支付医疗费用的一种制度。

（一）基本目标

这种保险目的在于，充分实现自我保障的原则，减少政府财政负担。

（二）特征

这种储蓄医疗保险制度的优点主要是消除了传统社会医疗保险和国家医疗保险制度中第三方付费所带来的弊端，还能克服商业医疗保险的消费不公平现象，管理效率较高。

（三）典型国家介绍——新加坡

1. 医疗保险制度构成。新加坡的医疗保障以个人责任为基础，政府负担部分费用，包括政府补贴、保健储蓄、保健双全与保健基金等四项措施。政府对全体国民的医疗服务提供补贴，病人在国立诊所接受门诊服务，只需支付 25% ~ 30% 的费用，政府负担其余费用。在政府补贴的基础上，把纵向的自我保险积累——保健储蓄，同横向的大病统筹计划——保健双全，以及政府为贫困人群设立的捐赠基金——保健基金结成一个整体，相辅相成，使每个国民都能获得基本医疗服务。

新加坡 1983 年立法，1984 年制定了“保健储蓄计划”，这是一项全国性的、强制性的储蓄计划。要求每一个有工作的人，包括个体业主，都要按法律规定参加保健储蓄。个人账户强调在医疗保险中的个人责任，鼓励居民合理利用医疗服务，减少浪费，克服传统第三方付费时引起医疗费不合理上涨的弊端。除此以外，由于个人账户是一种强制性的终生储蓄，老年人的医疗费用由自己年轻时候的储蓄承担，不会转移到未来居民头上，这可以防止人口老龄化给劳动力人口带来的经济负担。所有在岗的工作人员，都必须加入个人账户。为了在退休后能获得医疗保健的照顾，会员在 55 岁从公积金提取存款时，他的保健账户上也必须有一个最低存款（目前为 115 000 新元）。新加坡的个人账户只用来支付住院费用和某些高额的门诊治疗项目。

此外，中央公积金局还建立了保健双全计划、增值保健双全计划。这两个计划是为那些希望为重病、大病而建立更多的预防性储蓄的会员而设置的。保健双全又称大病统筹，是在 1990 年开始推行的，属于自愿型的保险，对象是所有个人账户的投保者及其直系亲属，其目的在于协助投保人支付巨额医疗费用。

尽管储蓄计划和大病保险计划覆盖了绝大多数居民，但仍有一小部分贫苦居民需要得到政府的特别帮助。为此，新加坡政府于 1993 年 4 月推出了穷人医疗救济，也称保健基金。2001 年，保健基金总额已达 7 亿新元。保健基金主要用其利息进行医疗救助，并在每所公立医院设有政府委任的、由平民和社区领导组成的委员会，无能力支付住院费的穷人可向委员会提出救助申请，委员会对申请者的情况进行审议，决定救助金额。一般情况，99% 以上的申请者都能得到救助。

2. 资金来源。在新加坡，中央公积金的个人账户每月需要缴纳相当于投保人工资的 40% 的保险金，雇主雇员各缴纳 20%，医疗保健户头包括在公积金的总缴纳率中，一般维持在 6% ~8% 左右，医疗保健储蓄用来支付会员或其直系家庭成员在政府的医院或政府批准的私人医院求医的医疗费用。

3. 管理机构。在新加坡主要由政府部门负责社会保障工作制度的制定、修改，通过税收政策给予缴纳中央公积金者适当优惠，鼓励人们参与储蓄计划；由卫生部具体负责制定卫生政策，规划医疗保健机构的发展，确定医疗费用的标准，提供疾病防治和医疗服务，监督医药水准和卫生立法，制定指导保健储蓄计划的有关政策。

相关知识链接

医疗社会保险

医疗社会保险是指由国家立法，通过强制性社会保险原则和方法筹集医疗资金，保证人们平等地获得适当医疗服务的一种制度。广义的医疗保险，包括补偿由于疾病给人们带来的直接经济损失（医疗费用）和间接经济损失，对分娩、残疾、死亡也给予经济补偿，以至支持疾病预防、健康维护等；狭义的医疗保险仅指对医疗费用进行补偿。

第二节　医疗保险运行体系比较

一、医疗保险资金来源的比较

医疗保险是将医疗保险费集中起来，建立医疗保险基金，用于支付被保险人医疗费用的一种经济机制。医疗保险制度的核心内容是医疗资金筹集、使用和偿付，它直接涉及医疗服务提供者、医疗服务需求者与医疗基金经营管理者三方利益的再分配。

医疗保险资金的筹集是医疗保险制度运行的起点。上节所述四种医疗保障模式，在资金的筹集上各有差别。

（一）国家医疗保险模式资金的筹集

国家医疗保险模式基金主要来自于税收，并以国家预算拨款的形式分配给医疗保险机构。全部或大部分由国家财政的公共开支支付，个人基本上不缴纳保险费或缴纳得不多。

英国国家财政预算在卫生保健方面的投入占卫生经费的90%以上，只有10%是由国民保险基金（7%）和本人负担（3%）来完成。英国现行的医疗保险制度具有全民性。其中，医疗照顾的对象是全体居民，疾病补助和生育补助的对象是周收入在46英镑以上的雇员和交足保险费用的独立劳动者。在1975年4月前交足26周保险费，或在任何一年交足26周保险费或患病一年交足50周保险费者，都可领取疾病现金补助；而任何年度缴纳的保险费至少为该年度较低周收入的25倍者可以领取生育金补助。生育补助分为一次性补助和一定条件下领取的18周补助金两种，资金来源由政府、雇主、雇员共同负担。疾病补助分为标准补助金和收入关联补助金两种。政府另负担国民保险费的85%。

（二）商业医疗保险模式资金的筹集

商业医疗保险模式，通过社会人群自愿的方式参加保险，共同分担经济损失。保险人与被保险人签订合同，缔结契约关系，双方共同履行权利和义务。

以美国为代表的商业医疗保险模式，费用主要来自本人。美国的医疗保险，主要由“住院保险”和“辅助性医疗保险”组成，基于个人负责的原则，医疗保险中的A部分通过对在职人员征收医疗保险工薪税(与社会保障工薪税合称为社会保险工薪税)来筹集资金,由雇主和雇员分别缴纳工资收入的1.45%,合起来为2.9%。医疗保险工薪税的税基包括全部工薪收入,没有上限。医疗保险工薪税收入存入“专款专用的”医疗保险信托基金,用于支付保险金或叫医疗保险福利金。医疗保险的A部分实行的是“现收现付”制度。与医疗保险的A部分不同,医疗保险中的B部分“补充性医疗保险”不依赖于工薪税收入,而是一般性财政收入和自愿投保者每月缴纳的保险费。目前,补充性医疗保险费用的75%来源于一般性财政收入,25%来源于保险费。可见,这部分的财政补贴负担较重,同时也表明财政转移支付成分较大。

(三)社会医疗保险模式资金的筹集

社会医疗保险模式是通过多方筹资来获得资金的,主要来源是:由雇主和雇员按照一定限度以下的工资的固定比例缴纳保险费,政府酌情给予补贴。

德国疾病保险基金主要来自劳资双方缴纳的保险费,雇主和雇员等额分担应缴的费用。也就是说,14.2%的平均费率中的7.1%由雇员从其毛工资中支付。缴费的基数是缴费人的毛工资,但这一毛收入最高以医疗保险缴费上限为准,这一数值每年都要进行调整。法定医疗保险的缴费上限为养老保险缴费上限的75%,在2008年的缴费上限是3 600欧元/月。

社会医疗保险模式对参保人的医疗服务分为两种:一种是直接提供医疗服务,即社会医疗保险机构自办医院或自聘医生;另一种是间接提供医疗服务,即参保人看病后垫付医疗费用后社会医疗保险机构给予补偿。在德国,参保人患病时可得到必要的医疗服务,原则上无须自己缴费。社会保险机构同医疗服务的提供者,如医生、医院、药房等签订合同,后者按照合同中的规定为参保人提供医疗服务,由保险组织与医院结算付费。每一位参保人在患病时都可以获得合同中所规定的服务,对所有投保人一视同仁,而无论其收入和地位的高低。

(四)储蓄医疗保险模式资金的筹集

储蓄医疗保险资金来源主要靠强制性的个人储蓄,由受保人长期积累,国家在政策上予以优惠待遇。

新加坡的保健储蓄,是根据年龄不同按工资的6%~8%缴纳,由雇主和雇员平均分摊,存入个人公积金账户中的保健储蓄分户。根据不同年龄段缴纳工资不同比例的金额,35岁以下为6%,35~40岁为7%,45岁以上为8%。缴纳的保健储蓄金可以免缴个人所得税。因此,每月缴纳金额是有限制的,月薪超过6 000新元的部分不用缴纳。个体户从1992年7月实行此制度,按照年收入的一定比例缴纳,超过72 000新元部分不计缴。保健储蓄金根据当时的平均利率获取利息,法律规定最低利率是2.5%。1992年的利率约4%。保健储蓄还规定了缴纳的最高限额,1992年为16 000新元,以此来避免储蓄余额的过度沉淀,同时最高限额也足以保证储蓄者终身利用政府补贴的低等级病房所需的医疗保健费用。

二、医疗保险基金筹资模式比较

社会保险基金的筹资模式主要有两种:一种是现收现付式,是按照一个较短的时期(通常为一年)内横向收支平衡原则确定费率,筹集社会保险基金,使当期支付的社会保障基金基本上与当期收入的社会保障费持平。另一种是预筹积累式,是根据一个充分长的时期内纵向收支平衡的原则来筹集基金,使在任何时点上累积的社会保险费总和连同投资收益,能够以现值清偿未来的社会保险金给付需要。对应上节所述四个模式,国家医疗保险、商业医疗保险和社会医疗保险属于现收现付式,而储蓄医疗保险属于预筹积累式。

以社会医疗保险模式为例,其基金管理的基本原则是:力求当年收支基本平衡,一般不积累。这种模式虽然具有管理便捷,财务关系清楚,少受通货膨胀影响等优点,但在对医疗服务提供方与需求方的行为缺少有力度的制约措施的情况下,社会医疗保险所采取的"收支平衡"的基金筹措与偿付方法,将会导致医疗保障基金收与支的循环上升;并且由于缺少长远规划与储备,在人口老龄化速度加快的情况下,年轻人为老年人支付的医疗费用逐渐增多,社会负担将会逐渐加重,因而不能解决医疗费用负担的代际转移问题。

预筹积累式,相对于现收现付模式,技术要求较高,管理难度加大。由于储蓄医疗保险模式采取的是"纵向"积累的方式,与社会医疗保险的"横向"筹资模式有所不同,因而能够解决人口老龄化所带来的医疗费用激增的问题,即每一代人的医疗保健费用问题由本代人来解决,从而避免出现上一代人的医疗费用转移到下一代人的身上。同时,由于以储蓄为基础,患者要用自己的钱支付医疗费用,因而有利于提高个人的费用意识和责任感,促使人们更审慎地利用医疗服务,避免对医疗服务的过度利用,从而有利于控制医疗费用的增长。

三、医疗保险费用支付方式比较

医疗保险的费用支付,是指在医疗社会保险机构作为付款人,代替被保险人支付他们因接受医疗服务所花去的医疗费用,对医疗机构提供医疗服务所消耗的经济资源进行补偿。保方作为第三方付费,其费用支付的各项政策和措施,直接影响到基本医疗保险费用的支出。医疗保险的支付方式从总体上可以分为后付制和预付制。目前,国际上比较通行的医疗费用支付方式多种多样,这些方式各有利弊。

(一)按项目付费方式

按项目付费方式属于“后付制”类型。这是医疗保险最传统,也是运用最广泛的一种费用支付方式。它是指医疗保险机构根据约定的医疗机构或医生定期向保险机构上报的医疗服务记录,按每一个服务项目向服务提供者支付费用。

这一支付方式的特点是医院收入与提供的服务项目数直接相关。这样容易刺激需求,供方可增加不必要的医疗服务项目或服务量,以此从保险机构获得更多的费用偿付。由于保险机构作为服务的局外人(第三方),只能事后对医院上报的服务项目和收费账单进行审查,在控制医疗费用方面显得“软弱无力”。

(二)按服务单元付费方式

按服务单元付费方式是按预先确定的次均费用或者床日费用定额,或根据医疗机构实际服务量(门诊服务人次或住院床日)支付医疗费用。

这一支付方式的特点是医院或医生的收入与提供服务的次数直接有关。它容易刺激医生通过增加服务次数(如分解门诊次数,分解住院单元)以提供过量服务,获取多偿付费用。

(三)按人头付费方式

按人头付费方式是指由医疗社会保险机构根据医院或医生服务的被保险者人数,定期向医院或医生支付一笔固定的费用。在此期间,医方负责提供合同规定的一切医疗服务,不再另行收费。

这种方式的特点是在一定时间内,按一定服务对象人数,预先承包给约定医疗单位的医疗费用。这种支付方式能够鼓励医院或医生自觉开展健康教育、体检等活动，以期最大限度地降低发病率，从而减少医疗费用开支；但也可能导致医疗机构减少服务提供或降低服务质量的现象发生。

（四）按病种付费方式

按病种付费方式是根据国际疾病分类法，将住院病人的疾病分为若干组，每组又根据疾病的轻重程度及有无合并症、并发症分为若干级，对每一组的不同级别分别制定价格，按这种价格对该组某级疾病治疗的全过程进行一次性支付。

这种方式通过统一的疾病分类定额偿付标准的制定，达到医疗资源利用标准化。它的费用制约力度较强，在客观上可促进医院注意节约，避免不必要的支出。但其缺点在于制定标准的过程复杂，调整频繁，管理成本过高。

（五）总额预算付费方式

医疗保险机构与医疗服务提供方协商，确定供方一年的年度总预算，相当于为供方设立了一个封顶线。其特点是医院必须为前来就诊的所有被保险人提供合同规定的服务，但收入不能随服务量的增加而增加；如果全部服务的费用超出了年度总预算，医疗社会保险机构不再追加支付，亏损由医院自负。这种支付方式将医疗消费和费用的控制主动权交给了服务供方，医疗保险管理得以简化和成本下降。

此外，医疗保险费用支付方式按支付内容还可以分为：对医生的支付，如工资制；对门诊医疗服务的支付；对住院医疗服务的支付；对其他服务的支付，如药品、康复、护理等医疗服务项目设置专门的支付方式。

这里再着重介绍一下工资制。西方国家医疗服务体制与我国有较大差别，医生大多数属于私人开业，独立于医院之外，因而在医疗保险中对医生设置了专门的支付方式。工资制是由社会保险机构根据医生或其他卫生人员的服务向其发工资。其特点是社会保险机构对医生支付固定的费用，不考虑医生看病次数和服务人数的多少。所以，工资制难以调动医生多提供服务、提高服务质量的积极性。

四、医疗服务效率比较

卫生资源的配置情况是考核医疗服务效率的重要指标之一。

一般来说,卫生资源需要在预防服务、初级卫生保健和医疗服务三者之间进行合理的配置。在国家医疗保险模式中,由于资金来源于政府,通常比较重视卫生资源在预防性服务和初级卫生保健中的投入,使有限的资源发挥最大的效益。而在自费医疗制度下,容易形成对预防和初级卫生保健的忽视。

在国家医疗保险模式下,政府卫生部门直接参与医疗服务的计划、管理、分配与提供,医疗机构的建设与日常运行经费往往通过财政预算下拨给政府主办的医疗机构,或者政府通过合同的方式购买民办医疗机构或私人医生提供的医疗服务。在这种模式下,医疗卫生资源的配置、医疗服务价格等几乎不利用市场机制的调节作用,医疗服务的提供具有国家垄断性。但由于失去了市场调节的灵敏性,从而导致卫生资源的配置效率较低,医疗机构在微观运行上缺乏活力,因而医疗机构的服务提供效率也较低,不仅居民对医疗服务的需求不能够得到满足,而且供需双方都缺乏费用意识,使医疗费用的水平较高。

商业性医疗保险模式最大的特点是具有灵活性。在这种医疗保险体系下,医疗消费者的自由选择迫使保险组织在价格和服务质量上展开竞争,提供低价优质的服务,也迫使医疗服务的提供者降低医疗服务的成本,高效率地提供高质量的医疗服务。但是,由于医疗服务的供需双方信息不对称,医疗服务的提供者可以利用其技术上的优势刺激消费,诱导需求,从而导致医疗消费的膨胀,使社会医疗总费用较高。

新加坡政府认为,卫生服务和医疗保险不能完全依靠市场机制,单纯的市场机制不能确保医药成本降低,政府对此必须有强有力的干预和严格的宏观调控。新加坡政府重点进行了以下四个方面的宏观调控:做好卫生事业发展的宏观规划;严格控制高科技在国立医院普遍使用;严格控制药品的使用和采购环节;严格控制医院业务收入的增长。

五、医疗保险公平性比较

公平与效率的关系问题是市场经济条件下一个永恒的话题。市场竞争注重效率,市场规则提升效率,但同时也导致了收入的不公平性,这也是市场经济本身难以克服的一大缺陷。医疗保险就是通过收入再分配,通过国家干预,向低收入者倾斜,以求得一定程度的公平。因此,医疗保障的公平性主要可以医疗覆盖范围来表现。

国家医疗保险模式具有全民性和平等性。这种以社会全体成员为服务对象的保险制度,遵循的是普遍性原则,强调公平权的平等,一般以全体居民或公民为保障对象，其性质是全民保障。其保障对象资格的确定，主要依据居住年限、公民身份，而不论有无收入、是否就业。

社会医疗保险模式和储蓄性医疗保险模式是国家医疗保险制度同市场经济的有机结合。其覆盖对象主要是工薪收入者，强制保险，并可享受与各国或各地区经济发展水平及医疗服务提供水平相适应的医疗服务内容。这种以劳动者为服务对象的保险制度，遵循的是特殊性原则，强调个人的责任，其性质为就业保障。其保障对象资格的确定，主要取决于是否存在雇佣关系，以及是否按时足额缴纳保险费。

商业医疗保险模式是由保险公司承办的、以营利为目的的一种医疗保险形式，其筹资不是强制性的，而是由投保人自愿选择保险项目，并自愿缴纳相应的医疗保险费。由于低收入者难以支付较高的医疗保险费用，因而不能够享受医疗保险服务，或只能获得较低水平的医疗服务，因此，这种医疗保险体系的公平性较差。当前，美国仍然有一定比例的人口没有参加任何形式的医疗保险。

相关知识链接

社会保障中的公平与效率

社会保障中公平与效率是两大基本原则，公平以效率为前提，没有效率的公平毫无意义；效率以公平为保证，如果社会中存在着很大的不公平，只会引起社会的动荡不安，效率也只能是空谈。所以，各国或地区在社会保障制度安排中，应当以自身的情况为出发点，将公平与效率进行合理的处理。

第三节　国外医疗保险对中国的启示

一、国外医疗保险制度

（一）发达国家医疗保险制度的特点

1. 医疗保险有法律的保障。在市场经济发达的国家里，卫生医疗服务的普及无一例外是与健全的、覆盖面广的医疗保障制度密切相关的。这些国家大都颁布了有关国民健康保险的法律法规，在医疗保险基金和征集、管理和使用等方面都有比较健全的法律体系作保障，确保了医疗保险制度的正常运行。如德国涉及的医疗保险的法律、法规非常全面、详细。

2. 实行政事分开。政府的医疗保险管理部门都不介入具体的操作性工作。政府的职责主要是：①制定和颁发医疗保险政策；②对全国医疗保险运行中的重大问题进行研究，并且通过一定手段进行宏观调控等。具体的操作性的工作全部经由保险机构开展，如德国法定医疗保险经办机构是经过一定程序批准成立的疾病基金会。疾病基金会是一种依法独立经营的非营利性机构，与医疗保险行政管理部门没有隶属关系。疾病基金会设立由雇主和雇员按相同数量的代表组成董事会，选举董事长，另设监事会。

3. 社会保险费融资方式的多样化。许多发达国家都已形成了多方位的社会保险费融资渠道，有投保人缴费，雇主缴费，国家资助、拨款，有关税收，投资和其他收入等。

4. 注重对弱势人群的保护。发达国家的医疗保险制度无论在保障程度和保障范围中都非常注重对弱势人群的保护。实行社会医疗保险和国家医疗保险的国家都如此，就是以自由医疗保险为主的美国，其联邦政府和州政府也分别承担了对老年人医疗健康保险和贫困人群的医疗救助，保障了这些人群对基本医疗服务的需求。再如，新加坡的保健双全计划和保健基金方案，作为个人保健储蓄计划的补充，专门为了注重对弱势人群的保护。

5. 覆盖范围广、保障全方位。社会经济水平的高低直接影响医疗保险承保范围的大小、承保程度的高低。大多数发达国家医疗保险制度都是高保障和广覆盖。医疗保险覆盖到领薪者、非领薪者和农民。除此之外，还覆盖到领薪者的家属、失业人员等。同时，其保障的项目也是全方位的：预防、孕妇保健、医疗、康复、疾病津贴、生育津贴以及死亡津贴等。

(二) 国外医疗保险制度改革的特点和经验

1. 重点控制医疗费用。当前，世界各国的医疗保险制度几乎都处于改革和调整时期。由于对医疗服务需求居高不下，尤其是人口的老龄化和过度消费，引起了各国的医疗费用剧增，发达国家更是首当其冲，从而使各国医疗保险基金走入险境，到了几乎无法承受的地步，而同时政府投入也难以大幅增加。美国是医疗费失控者。它的医疗卫生费上涨速度超过了经济增长速度：1989 年医疗保健支出占国民生产总值的11.6%，1993 年上升到 14%，20 世纪末达到

19%。美国近几年来每年以1 000亿美元幅度增长,2007年这项开支达2万亿美元,耗去了国民生产总值的16%。据政府预测,如果按照此速度发展下去,到2030年美国的医疗保健开支,要占国民生产总值的近1/3。1960~1999年,英国医疗费用占国民生产总值比例的增长幅度为48.7%。

因此,改革的重点是控制医疗费用的迅速增长。目前,各国控制医疗费用的方法有:①费用分担。②加强初级保险医生与病人之间的关系。③加强预防工作和自我保健。④最大限度地使用医疗辅助人员。⑤合理使用药品,使药品原料和生产本国化。

具体来说,国外医疗保险制度中控制费用的经验主要有以下几点:

(1)针对患者的措施。①增加个人负担。其中包括提高个人缴纳保险费的基数和费率,以及个人负担的医疗费比例。在提高缴纳保险费基数上,最通行的做法是将全年奖金列入计费基数。另外在个人缴费费率上也都有逐年增高趋势,日本是4.6%,韩国是5.8%,德国更达6.1%。②限制住院天数,即采取住院医疗保险中缩短患者住院期限的措施。如美国住院保险就规定正常保险待遇仅限住院60天(自付69.6美元/日),超过上述规定其自负额就成倍增加直至完全自付;61~90天为174美元/日,91~150天为348美元/日,超过150天的住院费用将全部由患者自付。这样做,大大缩短了平均住院日。③增设处方费。如英国规定每例处方患者需支付4.25英镑的处方费。又如,德国也根据药品价格,由患者分别支付3~7马克的处方费。这样做,使门诊就诊人数有所下降。④限定就诊机构范围。当投保者在指定的服务提供者那里寻求服务时,他们不需要支付任何费用或者只是支付极少一部分费用;如果投保者到外面去寻求服务,那么就要自己负担全部费用,或者自付相当高的比例。如美国的管理型保健计划中投保人在网络内诊所或医院就医和在网络外的医疗机构就医,个人所支付费用是不同的。所以,当投保者在指定的提供者那里寻求服务时,保险机构就可以有效地控制或降低服务的过度利用。⑤利用初级保健医生的作用控制费用,即由初级保健医生作为"守门人",向投保人提供基本的医疗保健服务,并负责指导、管理、监督、协调和提供其他保健服务。这意味着所有的非急诊保健服务都由初级保健医生提供,或者由他们转诊。同时,还采取一些经济措施,鼓励"守门人"向投保人提供预防保健服务,以维持和促进投保人的健康,减少对医疗服务的利用。如英国的国家卫生服务制度改革,重视全科医生在整个卫生服务中的中心地位,地区卫生行政部门将大部分资金按登记注册人数分配给全科医生,使得全科医生成为资金拥有者。这样全科医生一方面提供服务,一方面作为病人的代理人购买医院服务,从而影响了医院的供给。

(2)针对医院的措施。①加强审核监督。由于医院是医疗保险机构预算的大头,因此,对医院加强审核监督,都被作为控制医疗费用的重要一环,其中对医疗单位报批的单据更是严格审核。如美国有个同行服务审核组织,即地方政府将医生工会和非医师人员结成组织,经常到医院对医生进行抽样审核,检查医生用药、治疗等是否过度,使用率是否太高,以此来督促医生减少医院的浪费。此外,各国对医院的违规行为一般都采取断然措施予以惩罚,如取消定点医院资格。②防止滥用和盲目引进尖端医疗仪器设备。这是有效防止医院过度扩充医疗设备和服务、缓解医疗费用上涨的有效措施之一。如美国国会在1974 年通过了医院配置贵重设备和开设新服务项目的需求证明书法案,规定凡是在一年中需要购买仪器设备和床位等投资超过 10 万元美金以上的医院都必须经有关委员会审核、同意后才能购买。再如,丹麦设有全国最高评估各医院上报需配置新设备和开展新技术的专门机构。③限制医院的规模和数量,转换医院功能。医院规模的限制是指医院床位数量的限制与床日费用定额的限制。据西方发达国家统计,医疗费用中住院费用占了 50% ~60%,而门诊费用仅占30%左右,因此控制费用的力度应放在住院上。限制医院的数量就是限制医疗设施的增加,缩小医疗服务范围。欧美许多国家的卫生行政管理机构近三十年来采取措施,关闭需求过剩、效率不高的公立医院和小医院,限制大医院的规模,转换和调整现有医院功能,使医院规模合理化;同时针对人口老化的特点,将医院转换为慢性病医院或老年保健院。④直接建立医疗保险医院。这是一种由医疗保险机构直接提供医疗服务的方法,在拉美各国比较盛行。20 世纪70 年代,美国出现新型医疗保险组织——健康维护组织,这是一种集筹资与医疗保健服务于一体的预付保健组织形式。其成员只需按月或年交付一笔固定的费用,就可以免费得到门诊、住院和预防等综合性卫生保健服务。保险公司自行组建健康维护组织开展业务,与提供医疗服务的医院、医生签约,按看病交费的原则对医院和医生付费。医院与保险公司结成利益共同体,形成商业契约关系。⑤控制医务人员的收入。在发达国家,对于保险医生的诊疗报酬,一般都有医疗保险部门制定“公定费用表”,然后根据工作量(如按包干的人头计算)对照付给报酬。“公定费用表”标准的改定权属于政府的医疗保险部门,标准可上可下灵活应对。在发展中国家,医务人员的收入多数被列入政府管辖范围,如印度国家职工医疗保险制度,就明确规定医务人员除一些特殊的津贴外,其收入应与政府工作人员的工资收入基本一致。⑥改变按服务项目收费。各国的医疗保险实践证明,如果按服务项目收费,医院及医生就会诱导需求,过度地提供卫生服务。目前,一些国家已采取了改革方法。如德国虽然维持服务项目收费,但采用“点数币值递减”方法予以控制。再如,美国的健康维护组织将传统的服务项目收费变成包干给医疗服务供方的定额付费,使医务人员参与到医院保险的管理中来,使得服务提供者在经济刺激下,首先会自觉消除不必要的服务;其次会尽量提供最经济有效的服务;还会提供各种预防保健服务以保持投保者的健康。

2. 重视初级医疗服务。在国外,不少国家“全民皆保”已成为现实,即使尚未达到把全民作为对象,也是尽量努力扩大医疗保险的覆盖面,以使更多的国民能够享受医疗服务,其中大规模发展初级医疗服务在发展中国家尤为见效。作为医疗保险制度有机构成的初级医疗服务,它不需要太专业化的人员和设备,又能分散到各地区,实现人人享有医疗服务的目标,尤其在预防医疗方面具有独特功效。它能在初级预防阶段,就排除了人们许多致病因素。所以,初级医疗服务是能使治疗性功能与预防性功能达到合二为一的非常重要途径。初级医疗服务的发展,还能减少患者的候诊时间和烦琐手续,以及更能合理利用医疗资源,这对控制医疗保险的支出也有显著作用。

3. 发展补充医疗保险。由于法定医疗保险的财政限制,社会自助风气的盛行,以及人们对舒适便利医疗需求的增加,补充医疗保险在许多国家都有长足发展,成为法定医疗保险的有力补充。目前,有些国家的补充医疗保险在本国的市场占有率已有很大份额,如荷兰、英国、德国都已分别达到33%,13%和10%。应该看到,发展补充医疗保险,不仅能提高整体医疗保障水准,而且还能使降低法定医疗保险待遇成为可能,从而减轻国家和企业的负担。

4. 突出老年人医疗地位。由于世界各国普遍出现了人口老龄化和高龄化的趋势,老年人所消耗的医疗费用往往占去各国医疗费用总支出的大半,引起了各国政府的高度重视。各国纷纷制定医疗保障发展战略,对医疗保险筹资原则和范围在原有基础上进行改进。从医疗保险范围来看,一是设立专门的老人保险制度,一般都以65岁以上老人为对象,并有特别的保险财源安排;二是在通常医疗保险制度中,实行以老人医疗为重点,例如强化对老人的医疗供给,重点向老人提供预防医疗、居家护理、医疗咨询、健康指导等医疗服务,减轻高龄老人医疗费的负担等;三是建立老年护理保险。由于全面突出老人医疗,从而使许多国家的医疗保险制度的功能发生变化,既保留了保障医疗费这个传统,同时又向提供更多的医疗服务方面倾斜。

5. 鼓励私立医疗保险参与竞争。随着控制医疗费用的压力不断增加,一些国家扩大私立医疗保险范围的动力也在增加,像英国、加拿大等实行国家医疗保险型的国家纷纷鼓励私立医疗保险机构进入市场,并且与政府保险开展竞争。这一做法的优点是可以增加患者对服务的选择性,居民可以有更多的权利根据偏好选择理想的卫生服务,并能提高供方效率。

6. 提高医疗及服务效率。提高医疗及服务效率是发展国家医疗保险中不可缺少的环节。目前,不论是发展中国家还是发达国家,在这方面都有一些重要举措出台。一方面是调整医疗保险管理系统,包括软件上的调整和硬件上的调整。软件上的调整主要通过加强集中管理,解决多头分散和低效率的现状,以及制定更为现实的法规和相关制度等,以使管理趋向规范。硬件上的调整,主要是管理信息化,改变医疗保险管理硬件落后的现状,以使操作效率提高。另一方面是在医疗保险制度的一体化上加以强化。

二、我国医疗保险制度的改革

(一)传统医疗保险制度的弊端[①]

1. 经济体制改革与传统医疗保障制度的冲突。经济体制改革要求国有企业进入市场竞争。但是“企业办社会”的体制,使国有企业承担就业、养老、医疗、住房保障等社会服务、社会管理及社会保障的责任,使得大多数国有企业在市场竞争中背负着沉重的包袱。同时,职工医疗保险制度覆盖面窄,改革以来壮大起来的非公有制企业职工得不到同样的医疗保障,这与社会主义市场经济的建立是相违背的。

与此同时,农村合作医疗也由于家庭联产承包责任制的建立,失去了集体经济这个依托而逐步衰弱,并被自费医疗重新取代。

2. 缺乏合理的筹资机制和稳定的经费来源。劳保医疗经费由企业自己筹集、自己管理和使用,弱小企业根本无力承担职工的大病风险,尤其有些亏损企业连工资都发不出,更无法顾及医疗保障,这对劳保医疗是极大的冲击。而农村合作医疗也同样存在统筹层次低、抵抗风险能力差等问题。

3. 供需双方缺乏有效的制约机制,浪费严重。劳保医疗和公费医疗的费用大部分由政府和企业包揽,很显然,这是对低工资的一种补偿,已经超越了我国经济发展的水平和承受能力。而职工没有自我约束,需求过度,刺激了一些不合理的消费,导致医疗费用的大量浪费和流失,给政府财政带来极大的压力。

---

① 杨宜勇,吕学静. 当代中国社会保障[M]. 北京:中国劳动社会保障出版社,2005:105-107.

(二)我国医疗保险制度的改革①

1998年12月14日国务院发布了44号文件《关于建立城镇职工基本医疗保险制度的决定》,标志着职工医疗保险改革在全国范围内全面推开。

这次全国城镇职工医疗保险制度改革,旨在解决三个问题:一是实行用人单位和职工个人共同缴纳医疗保险费,建立基本医疗保险基金,切实保障职工的基本医疗;二是建立统筹基金与个人账户相结合的基本医疗制度,发挥互助共济和个人自我保障的作用,形成医、患、保三方制约机制,控制医疗费用过快增长;三是将原公费和劳保医疗实行统一管理,在全国实行新的医疗保险制度。

改革的基本思想是"基本保障、广泛覆盖、双方负担、统账结合",即基本医疗保险水平要和我国社会主义初级阶段的生产力发展水平相适应,相应的筹资水平要根据目前我国财政和企业实际承受能力确定,保障职工基本医疗;基本医疗保险要覆盖城镇所有用人单位和职工,不论企业性质和效益好坏;实行企业、职工共同缴费的筹资模式,强调个人缴费义务,为企业减压;同时,建立医疗保险统筹基金和个人账户,适当提高统筹层次,但要明确各自的支付范围。2006年6月国务院批准成立发展改革委。卫生部牵头,相关部门参加组成深化医药卫生体制改革部际协调工作小组,负责研究医药卫生体制改革的总体思路和政策措施,拟订相关文件。2008年10月14日,《中共中央国务院关于深化医药卫生体制改革的意见(征求意见稿)》全文向社会公布,公开征求社会意见。2009年1月,国务院通过《关于深化医药卫生体制改革意见》和《2009~2011年深化医疗卫生体制改革实施方案》,新一轮医药卫生体制改革工作起航。

"十二五"时期是我国深化医药卫生体制改革的攻坚时期,是建立完善基本医疗保障制度和医疗卫生制度的关键时期。最大成果是"十二五"期间,覆盖城乡全体居民的基本医疗保险制度框架初步形成,城镇职工基本医疗保险和新兴农村合作医疗参保人数达到13亿人,这意味着"全民医保"体系在中国已初步建成。与此同时,筹资和保障水平明显提高,保障范围不断扩大,基本上形成了人民群众"病有所医"的制度保障体系。但是,还存在着多方面的问题,特别是城乡居民患大病发生高额医疗费用后,个人负担仍较为沉重,容易出现因病致贫、因病返贫等现象。

---

① 吕学静.现代社会保障概论[M].北京:首都经济贸易大学出版社,2005:85-86.

1. 医药卫生体制改革继续前进。2012 年 3 月 14 日，国务院印发《"十二五"期间深化医药卫生体制改革规划暨实施方案》，具体目标和任务包括：一是加快健全"全民医保"体系；二是提高基本医疗保障水平；三是完善基本医疗保险管理体制；四是提高基本医疗保险管理服务水平；五是改革完善医疗保险结算方式。

2. 新型农村合作医疗制度建设继续加强。2015 年 1 月 23 日，卫生计生委、财政部发布《关于做好 2015 年新型农村合作医疗工作的通知》。该通知要求，自 2015 年起，各级财政对新型农村合作医疗的人均补助标准达到 380 元，平均个人缴费标准达到每人每年 120 元左右；将政策范围内门诊和住院费用报销比例分别提高到 50% 和 75% 左右；全面推开利用新型农村合作医疗基金购买大病保险工作，尽早启动大病保险补偿兑付；全面、系统推进按人头付费、按病种付费和总额预付等多种付费方式相结合的复合支付方式改革。

3. 城镇居民基本医疗保险制度进一步完善。2015 年 1 月 27 日，人力资源和社会保障部、财政部发布《关于做好 2015 年城镇居民基本医疗保险工作的通知》。该通知提出，2015 年各级财政对居民医疗保险的补助标准达到人均 380 元，居民个人缴费在 2014 年人均不低于 120 元；居民医疗保险政策范围内住院费用保险比例达到 75% 左右；2015 年年底所有地级以上统筹地区全面启动实施城乡居民大病保险，覆盖所有医疗保险参保人员；经基本医疗保险报销后需个人负担的实际支付比例不低于 50%；全面推进按人头付费、按病种付费和总额控制等复合付费方式。

4. 医疗保险支付方式改革加快推进。为促进商业保险参与基本医疗保险经办服务，2012 年 4 月 11 日，卫生部、中国保险监督管理委员会、财政部、国务院深化医药卫生体制改革领导小组办公室联合发布《关于商业保险机构参与新型农村合作医疗经办服务的指导意见》。该意见具体部署了在确保基金安全和有效监管的前提下，积极倡导以政府购买医疗保障服务的方式，探索委托具有资质的商业保险机构经办各类医疗保障管理服务，促进新型农村合作医疗制度平稳高效运行。

5. 异地就医结算管理和服务进一步完善。2015 年 1 月 9 日，卫生计生委、财政部发布《关于做好新型农村合作医疗跨省就医费用核查和结报工作的指导意见》。该意见要求，2015 年，选择部分统筹地区和定点医疗机构，依托国家新型农村合作医疗信息平台开展跨省就医费用核查和结报试点；2016 年全国跨省就医费用核查工作机制初步建立，跨省就医结报试点范围进一步扩大；2018 年，全国大部分省（区、市）基本实现跨省就医费用核查，跨省就医结报工作进一步推进;2020年,全国大部分省(市、区)要在具备条件的定点医疗机构开展跨省就医直接结报。①

相关知识链接

中国的医疗保险改革政策

目前,我国的医疗保险改革有六条主要政策:①基本医疗保险费由单位和个人共同缴纳,用人单位缴费率控制在工资总额的6%左右,职工缴费率一般为本人工资收入的2%。②单位和职工缴纳的基本医疗保险费要分别建立统筹基金和个人账户。③统筹基金和个人账户分开管理、分账运行。统筹基金主要用于支付大额或住院医疗费用,个人账户主要用于支付小额或门诊医疗费用。统筹基金支付设起付标准和最高支付限额,起付标准为当地职工年平均工资的10%左右,最高支付限额为当地职工年平均工资的4倍左右。④健全基本医疗保险基金的管理和监督机制。⑤加强医疗服务管理,积极推进医疗卫生服务体系结构调整,加快医疗机构改革。⑥离退休人员、老红军、二等乙级以上革命伤残军人医疗费用按原渠道解决,不足部分财政帮助解决。国家公务员实行医疗补助政策。妥善解决国有企业下岗职工以及退休人员等有关人员的医疗待遇。

三、国外医疗保险模式给我们的启示

(一)加快医疗保险的立法

医疗保险的实质是国民收入的分配与再分配。它包括多方面的经济利益转移,如从高收入者向低收者转移,从发病率低的青年人群向发病率高的老年人群转移,这就涉及经济利益的再分配问题。这种再分配只有依靠法律强制才能顺利实施。

① 郑功成.中国社会保障发展报告2016[M].北京:人民出版社,2016:138-142.

借鉴国外医疗保障制度的法制性，我国也必须加快立法工作的进程，确保法律的强制执行，切实解决扩面困难以及拖欠和少缴、漏缴医疗保险费问题，保证属于医疗保障范围内的单位和职工都参加医疗保险。

（二）实施医疗保险层次的多样化

从实际情况看，各国的医疗保险制度都不是唯一的模式，都是在一个主要的医疗模式基础上，建立多层次、多样性的医疗保险体系。如德国的医疗保险有法定的社会医疗保险与私人医疗保险之分，主要以法定社会医疗保险为主，它覆盖了德国90%的人口；美国的医疗保障以私人医疗保险为主，但为弥补私人医疗保险的不足，政府推出了包括医疗照顾制度和医疗救助制度的社会保险；最为独特的是新加坡，它把纵向的自我积累保险——保健储蓄，同横向的大病统筹计划——保健双全，以及政府为贫困人群设立的捐赠基金——保健基金结成一个整体，相辅相成，使每个国民都能够获得基本医疗服务。

我国的医疗保险制度改革，必须从中国社会经济具体情况出发，按照社会主义市场经济的要求，以“政府主导、独立运行、资金多元、待遇多层、制度规范、全面覆盖”为总目标，立足满足大多数成员的基本医疗需求，并通过完善包括基本医疗保险、补充医疗保险、商业医疗保险、社会医疗救助等多层次的保障体系，为全国居民提供基本的医疗保障。

（三）坚持医疗保险水平的适度性

医疗保险水平一定要与国情和各方面的承受能力相适应。西方国家的高福利政策，给这些国家的社会和经济带来了沉重的负担。而福利水平是有刚性的，一旦提高了，很难再降下来。这启示我们要从实际出发，制定合理的医疗保障水平，必须遵循“低水平、广覆盖”的基本原则。“低水平”是由我国的基本国情决定的。我国目前尚处于社会主义初级阶段，人口多，底子薄，经济发展极不平衡。办任何事情一定要从大多数人的角度去考虑问题，必须与各地社会生产力的发展水平和各方面的承受能力相适应，要从实际出发，实事求是。只有确定一个最基本的、低标准的医疗保障水平，才能确保改革成功。目前，我们只能着眼于大多数人的基本医疗需求并为之提供必要的医疗服务。

（四）保持医疗保险范围的合理性

很多实行社会医疗保险的国家并不一定做到全民覆盖，它有一个渐进和发展的过程。即使那些发达的国家，也很难要求每个人都能受到医疗保险的保护。大多数国家在最初实行医疗保险计划时,保护范围是很有限的,之后,随着经济的发展,才逐步扩大。可见,医疗保险范围的普遍性也是一个缓慢发展的过程。

我国发展城镇职工基本医疗保险的一个基本原则是要"广覆盖",就是要将基本医疗保险覆盖城镇所有用人单位及其职工,包括私营企业、个体工商户、外商投资企业等。该制度推行5年多来,发展到了覆盖1亿多职工的规模,也仅占城镇职工总数的1/3,还有很多个体工商户、私营企业的职工尚未参加基本医疗保险,而广大的农民仍然没有任何形式的保险。要建立一个覆盖所有居民的医疗保险体系,使得每一个居民无论个人身份如何,无论他在城市或是农村,都能受到医疗保险的保障。

(五)建立有效的医疗费用控制机制

医疗保险机构控制医疗保险费用的途径主要有两条,包括对需方的费用控制途径和对供方的费用控制途径,即建立医患双方的制约机制。

1. 对医疗服务需方的费用控制途径。其中主要有:

(1)费用分担。通过费用分担,提高个人自付力度,增强被保险人的费用意识,减少不合理及不必要的医疗服务消费。但在引进费用分担机制的过程中,要正确处理公平与效率之间的矛盾,要兼顾一般人群与特殊人群的差异,要消除收入与风险的"剪刀差"等诸多问题,确保弱势群体的基本医疗。

(2)缩小医疗保险报销范围与报销比例。为了有效控制需方过度需求和超前消费,可减少医疗保险报销范围。

(3)经济激励措施。如对未就医者实行节约奖励;对超费用者要适当征收附加税;加强费用意识教育,一旦发现就诊时冒名顶替、费用转嫁等现象,则对违规参保人员进行严肃处理。

2. 对医疗服务提供方的费用控制途径。其中主要有:

(1)通过对定点医疗机构实行"定额支付、总量控制、超支不补、结余归院"和"总额控制、结构调整"的措施,对医疗机构形成制约;限制医院的规模和数量,转换医院功能;限制医院贵重仪器设备的配置与使用。

(2)引入竞争机制,促使改善医疗服务态度,提高医疗服务质量。

(3)增加非住院保健项目,可针对服务对象的医疗卫生需求,开设低医疗成本的老年护理院、社区卫生服务中心,设置家庭病床,为老年人提供医疗保健和家庭式照料;为重危病人和临终病人或晚期癌症病人在家庭内或临终关怀所提供医疗护理和善后医疗保健服务;开设长期卫生保健服务站,专门为慢性病患者和生活不能自理的残疾人提供长期或终身的医疗护理服务，或提供以居住式为主的医疗护理服务。

(4)采用合理的费用偿付方式。应该尽量实施医疗费用的偿付与医院、医生的收入脱钩，以及医保支付逐渐向总额预算方式转变。

(5)加强对医疗服务机构的监督与管理。由医疗保险机构对医疗单位进行考核，择优确定合同医疗单位。增设参保就医点，加大职工自主选择定点医疗机构的“自由度”，促使医疗单位以优质、高效、合理收费来吸引消费者。此外，调整不合理的医疗服务价格和医药费结构，提高医务人员的技术劳务价值。加强对医生的医德医风教育，对违规医院和医生进行行政通报或经济处罚。

3. 必须明确政府在医疗保险费用控制方面的职责。其中包括：

(1)制定与医疗保险相配套的政策。如医疗机构分类管理与补偿政策，药品集中招标采购政策，医药分业、药品收支两条线管理政策等；着力解决医疗保险制度、药品流通体制和医疗卫生体制三项改革协调发展问题。

(2)调整与完善医疗机构的补偿机制。一方面，理顺医疗服务价格体系，包括逐步提高医疗劳务性收费标准；适当降低大型医疗仪器设备的检查、治疗的收费标准；降低药品价格，减少药品销售的中间环节，规范药品市场；结合医院分级管理，实行按级分等收费；放开特殊医疗服务价格，按完全成本收费。另一方面，逐步弱化药品收益对医院的补偿作用。坚持和完善医院药品收支两条线管理办法，并进一步规范和完善药品收结余的核定上缴和合理返还的操作办法。实行药品收益与医院收入脱钩，割断“以药养医”经济利益机制。促进定点医疗机构与定点零售药店之间的竞争，打破医疗机构一统天下的格局。

(3)对城镇医疗机构进行分类管理，促进医疗机构之间公平、有序的竞争。非营利性医疗机构主要提供基本医疗服务，也可提供少量的非基本医疗服务，但不以营利为目的，其收入用于弥补医疗服务成本，实际运营中的收支结余只能用于自身的发展，享受同级政府给予的财政补助，执行政府规定的医疗服务指导价格，享受相应的税收优惠政策。营利性医疗机构根据市场需求自主确定医疗服务项目，医疗服务价格放开，依法自主经营，照章纳税，其所得收益可用于投资者经济回报。

(4)制定区域卫生规划，通过改变卫生资源增量的投向和对具有不合理结构的卫生资源存量进行调整。资源配置应该向社区倾斜，向预防保健倾斜，以提高有限资源的利用效率。

本章综合案例

据悉,2006年4月1日起,肝移植术后抗排异治疗、白血病的造血干细胞移植费用都将纳入北京市的医保报销范围。

据了解,此次纳入医保报销的6种病症具体包括:肝移植、肝肾联合移植术后抗排异治疗以及白血病、再生障碍性贫血等病症所进行的造血干细胞移植费用,都于4月1日纳入北京市基本医疗保险的支付范围。

由于白血病、再生障碍性贫血等病症患者多集中于儿童、学生,对于孩子生病全家致贫致困的问题,医保处表示,北京市中小学生、婴幼儿也将纳入本市医保范围。该政策出台后,下一步将解决儿童患白血病等病症问题,使他们也能享受按比例报销。

目前,全球医疗保障面临的共同问题是:医疗费用膨胀,导致收入补贴的大幅增长。由于全球人口老龄化日益严峻,使得医疗费的增加成为必然。在人的一生中,老年期是使用医疗保健费用最高的时期。在社会保障的开支中,医疗保健费的开支是一个重要的项目,一般西方发达国家医疗保健开支占到国内生产总值的7%左右。

推动医疗保健费上涨的原因,除了人口老龄化是重要原因之外,还有其他一些原因:①随着医学的发展,医疗设备的科技含量越来越高,高科技含量的新药品层出不穷,医护成本不断提高,门诊费和住院费都大幅度提高;②随着现代社会的到来,在西方发达国家,传染病发病率下降,慢性病发病率上升,特别是心血管病、癌症、艾滋病等发病率上升,疾病谱发生重大变化。这些所谓“富贵病”“现代病”医疗期长,医疗费高,造成医疗费猛涨。在发展中国家,这种倾向也正在步发达国家的后尘,尤其像我国,白血病的发病率不断提高,成为威胁家庭生活的又一重大疾病。上述情况都导致医疗费呈增长趋势。

在发展中国家,由于传统的农业社会向工业化社会过渡,工业化和城市化的速度迅猛发展,传统的大家族被核心小家庭逐步代替,由于人口大量迁移,大批农村人口流入城市,使过去主要依靠家族和社区为基础的社会保障逐步被现代社会保障制度所代替,社会保障的各种福利和补贴日益增长。

资料来源:白血病干细胞移植费用纳入北京医保,科学网。

▶讨论:我国的医疗费用上涨,有哪些特殊的原因?针对我国国情,应当采取什么措施应对费用上涨的问题?

本章小结

1. 本章介绍了国际上主要的四种医疗保险模式：国家医疗保险模式、社会医疗保险模式、商业医疗保险模式和储蓄医疗保险模式。每种模式都有不同的历史条件和理论依据。

2. 通过对上述四种医疗保险模式在资金来源、医疗保险费用支付方式、医疗保险基金筹资模式、医疗服务效率以及医疗保险公平性等五方面进行比较，可以看出，国家医疗保险模式在效率、社会医疗保险模式在费用控制、商业医疗保险在保障公平性、储蓄医疗保险在社会共济方面都存在着明显的不足。

3. 如何控制医疗费用的不合理增长，如何改善卫生资源配置的低效率是世界各国共同面临的难题。各国在强化供、需方费用控制机制，以及改革卫生服务体制方面，进行了大量的探索，并取得了一定的成效。

4. 如何借鉴国际医疗保险模式的经验，建立并完善适合我国国情的基本医疗保险模式，是当务之急。中国医疗保险制度的改革需要社会医疗保险、医疗卫生体制和药品生产流通体制三改并举，相互配合，同步进行。

关键概念

国家医疗保险模式　社会医疗保险模式　商业医疗保险模式　储蓄医疗保险模式

预付制　后付制　现收现付式　预筹积累式

思考练习题

1. 比较分析国际上四种主要的医疗保险模式的特点。

2. 对国际上四种主要的医疗保险模式的运行作比较分析。

3. 国际上四种主要医疗保险模式存在哪些问题?
4. 对四种主要医疗保险模式应采取什么改革措施?
5. 总结分析各国医疗保险改革的特点和经验。
6. 如何确定医疗保险制度的适度性?
7. 分析医疗保险原则中公平与效率的关系。
8. 我国医疗保险制度存在怎样的问题?
9. 通过国外医疗保险模式的比较能给我们什么样的启示?
10. 你认为我国应在哪些方面改革医疗保险?

第七章 就业保障制度国际比较

CHAPTER 7

学习目的与要求

通过本章的学习，要求理解就业和失业的概念及失业的类型；掌握失业保险制度的概念与类型；了解失业保险制度的建立和发展；通过对失业保险制度在国际间的比较，把握各国保障就业的类型及各国促进就业的措施；正确认识中国的失业保险制度现状、问题；领会国际经验对中国就业保障的启示。

第一节　就业保障制度概述

一、就业和失业

（一）就业的含义

就业是指在一定的社会经济条件下，劳动者得到了有报酬的从事生产经营活动或其他非经营性工作的机会。其实质是个人得到了以特定的方式参与社会劳动，从而使自己的物质需求和精神需求获得满足的社会机会。就业是在劳动年龄内具有劳动能力的社会人在正常情况下应该享有的权利。一定的就业量也是一国经济和社会健康发展的基础和必要条件。

国际劳工组织定义是，就业是指一定年龄阶段内的人们从事的为获取报酬或赚取利润所进行的活动。从定义中看，就业有以下含义：

1. 主体必须达到法定年龄。各国普遍规定了就业者年龄的上下限。

2. 只要从事获取报酬或赚取利润的活动，就是就业。不管其就业的形式和方式。

国际劳工组织规定，凡符合下列条件的都属于劳动者：

(1)正在工作的人，在规定的时间内从事有报酬或收入的工作人员。

(2)有职业，但临时因残疾、休假、劳动争议等不工作的人，以及单位临时停工的人。

(3)雇主和自营业者，或协助家庭经营企业或农场而不领取报酬的家属。

(4)已办理离休、退休、退职手续，但又再次就业者。

(二)失业的概念和类型

1. 失业和失业率的概念。失业是指在市场经济条件下，在劳动年龄内有劳动能力并有就业愿望的劳动者失去了或者没有得到有报酬的从事生产经营活动或者其他非经营性工作的机会。这意味着这些人不能参与到社会劳动中来，其物质和精神需求也不能得到满足。失业包括没有工作和正在寻找工作两种情况。

如果把失业分为自愿失业和非自愿失业，那么非自愿失业才是政府所要关注的。国际劳工组织定义，失业是指有劳动能力和有就业意愿的劳动者找不到工作的一种社会现象，实际就是劳动者不能与生产资料相结合的状态。劳动者长期失业不仅影响到自身生活和家庭收入，而且失业者往往情绪沮丧，对生活失去信心，甚至引发心理的和精神的疾病，对社会的稳定和发展也是极为不利的。因此，各国政府都在积极探索促进就业的政策。

失业率指失业人数占劳动力总数的百分比，它是衡量一个国家宏观经济中失业状况最基本的指标。其用公式表示为：

$$\text{失业率}=\frac{\text{失业人数}}{\text{就业人数}+\text{失业人数}}\times 100\%$$

2. 失业的类型。根据失业的成因和特点，失业一般分为摩擦性失业、结构性失业、周期性失业、季节性失业、技术性失业等。

(1)摩擦性失业。英国经济学家庇古提出，摩擦性失业，是指劳动力市场供求关系出现暂时的或偶然的供求失调所引起的失业，或在生产过程中，由于暂时的或局部的、难以避免的摩擦所导致的失业。摩擦性失业实际上是劳动者在要求就业和获得工作岗位之间存在时间差而形成的。

由于劳动力市场中总会存在用人单位和求职者之间相互寻找的过程，因此，摩擦性失业是不可避免的，可以视为是正常失业，可以与充分就业状态并存。

(2)结构性失业。结构性失业是指由于劳动者技能结构与现有的就业岗位技能结构错位，造成的失业与岗位空缺并存的一种失业现象。

结构性失业表现为劳动力市场需求与供给的不匹配，用人单位需要具有一定技术、经验的劳动者，但在劳动力市场中找不到；而劳动者凭自身现有的知识、经验和能力谋求工作岗位，也找不到。结构性失业的产生与国家经济发展的趋向、某些行业的发展状况相关，往往表现为劳动力市场中某些岗位高薪招人，而求职者大量失业。比如，我国目前大量存在的高级蓝领稀缺的现象。结构性失业一般难以在短期内解决。

(3)周期性失业。周期性失业，又称为有效需求不足型失业，是指由于经济运行总是处于周期性的循环状态，从而就业需求产生周期性波动而导致的失业。

周期性失业根源于经济的周期性波动，表现为劳动力市场供求总量的不平衡，在经济高涨时期，失业大量减少，在经济衰退时期，失业大量增加。一旦出现周期性失业，往往会有大量工人失去工作，严重影响社会的稳定和经济的健康发展。但由于经济波动的客观必然性，周期性失业很难加以解决。

(4)季节性失业。季节性失业是由于季节性的生产或市场的变化等原因而引起的。比如旅游业、建筑业、农业，由于存在明显的季节性特征，在旺季需要大量人员，在淡季则用人有限。季节性失业属于正常失业范围。

(5)技术性失业。技术性失业是指由于引进技术代替人工劳动而产生的现象。引进新的设备、采用新的管理方法、改变生产的流程等都可能替代人工劳动。在机器大生产的初期，技术性失业极为突出，现在，技术性失业也是不可避免的。但要看到，失业者往往是年龄大、知识层次低、技能单一的人。政府制定失业保险政策时需要考虑到对他们的帮助和扶持。

上述对失业类型的划分是为了让大家了解失业产生的原因。现实中，一国的失业状况往往很复杂，基本上各种类型的失业同时并存，国家解决失业问题需要考虑当时主要的问题，采取有针对性的措施。

(三)充分就业

没有非自愿的失业就是充分就业。虽然各国都把充分就业作为经济发展的目标之一，但是实际上充分就业只是一种理想状态，失业率在4%左右就被认为是达到了充分就业的状态。因为随着工业经济及信息经济的发展，失业是不可避免的现象。

首先,从劳动力的供给与需求总量来看,两者很难达到均衡。对于生产而言,劳动力和资本、土地等都是一种生产要素,劳动力的供给与需求状况同样可以在生产要素市场上反映出来。当劳动力的总需求大于或者等于总供给时,从理论上看劳动者能够实现充分就业,劳动力资源得到充分利用;然而当劳动力市场出现另一种情况即总需求小于总供给时,劳动力就会过剩,失业就会出现。这一方面是由于一定时间内劳动力的供给总量超过了当时社会现有生产条件所能够提供的工作岗位总数,另一方面是由于一些劳动者的技能、素质不能适应现有社会生产的客观要求,从而无法胜任所提供的工作岗位,即因为劳动力的有效供给不足或者说对劳动力的有效需求不足而导致了失业。

其次,从劳动力的供给与需求结构来看,失业现象难以避免。随着科学技术的发展,经济的发展不仅表现在总量的提高上,更重要的是经济结构的优化升级。产业结构、地区结构、城乡结构发生变化,一些部门或行业衰退,而另一些部门或行业兴起;一些地区经济发展缓慢甚至停滞,而另一些地区经济迅速发展起来。这些变化客观上要求就业的结构、水平也随之变化。但实际上,劳动者所掌握的技能在短时间内很难改变。在经济结构的转换中衰退产业、落后地区所释放出来的劳动力一般难以适应新兴行业、经济发达地区的就业要求,从而成为结构性失业者。

二、失业保险的含义和类型

(一)失业保险的基本含义

失业保险制度是指国家通过立法实行的,由社会集中建立基金,对因失业而暂时中断生活来源的劳动者提供物资帮助的一种社会保险制度。

失业保险的基本功能是保障失业者的基本生活。在现代市场经济条件下,失业是不可避免的,失业者离开工作岗位,失去了工作和收入,意味着无法保障基本生活,无法得到社会和家人的认可,长期失业者更会对自己失去信心,甚至走上违法犯罪的道路。让就业者参加失业保险,可以使他们有基本的生活来源,维持一定时间的体面生活。

现在,世界各国普遍重视失业保险的促进就业功能,比如失业金的领取与参加一定的职业培训、鼓励失业者从事服务行业或自营职业等。

(二)失业保险的类型

各国的失业保险制度类型各不相同,大体可分为强制性失业保险、非强制性失业保险、失业救济以及由以上三种类型中的某两种所形成的双重保险制度。

1. 强制性失业保险。强制性失业保险是指符合法律规定范围的人员,不管个人是否愿意,都要强制其参加失业保险,缴纳一定的保险费用。目前,大部分国家实行了强制性失业保险制度,如美国、加拿大等,还有更多的发展中国家加入,我国也采取强制性失业保险。

2. 非强制性失业保险。非强制性失业保险是指符合法律范围规定的人员,是否参加失业保险,取决于投保人个人的意愿。参加保险后,就必须按失业保险法律规定,承担相应的缴费义务并享有应得的权利。在丹麦、冰岛等国实行非强制性失业保险。

3. 失业救济。失业救济是由国家单方出资,享受救济者不必承担什么义务,但要经过收入调查确定是否符合救济范围。经过有关机构批准后,才能对贫困的失业者进行救济。在澳大利亚、阿根廷、新西兰等国家实行失业救济制度。

4. 强制性失业保险和失业救济相结合。这种结合方式是指同时存在强制性失业保险和失业救济两种制度,对于不同的失业者适用不同的制度。如 1969 年,前联邦德国颁布的《劳工安置与就业保险法》,规定失业保险覆盖大部分受雇人员及家庭雇工,但不包括每周工作少于 19 小时的人员;失业救济覆盖不在失业保险范围之内的人员和不能继续享受失业保险金的人员。目前,该制度在法国、英国、德国等欧洲国家实行。

5. 非强制性失业保险和失业救济相结合。在瑞典、芬兰等北欧社会福利制度比较完善的国家,实行的是非强制的失业保险和失业救济相结合的失业保障制度。瑞典失业保险采取国家资助、工会主办、个人自愿参加的方式。在瑞典,企业雇员大都通过参加工会参加集体保险。除此之外,可享受国家失业救济的人员有:一是不愿意参加失业保险的人员;二是参加了失业保险但尚未具备享受失业保险金待遇的人;三是受雇于不存在失业保险金的部门;四是每天工作少于 3 小时,每周少于 17 小时的人。

6. 强制性失业保险与非强制性失业保险相结合。在日本实行该制度。1974 年日本的《雇佣保险法》规定,强制性保险范围包括绝大多数的受雇人员,但是那些工时少或企业规模小的受雇人员可以参加非强制性失业保险。

目前，大多数国家都实行双重或多重失业保险，在实行方式上大多以失业保险为主，失业救济为辅。失业保险制度主要对象是公务员和企业雇员，失业救济对象则是无缘享受失业保障的人员，或经济收入低于补贴规定的雇员，两者的直接目的都是既保障基本生活，又为再就业创造条件。

三、失业保险制度的形成与发展

由于工业化时代的到来，失业成为不可避免的现象，失业工人的大量存在，对于资本主义国家的稳定造成了极大的威胁；而且，如果失业工人的基本生活没有保障，也难以为经济高涨时期提供大量充足的劳动力。因此，政府为了缓解雇主与工人之间的对立，防止工人走上反抗的道路，陆续为他们建立了失业保险制度。

最早建立失业保险制度的国家是法国，于 1905 年建立，其后挪威和瑞典分别在 1906 年和 1907 年建立了失业保险制度。这三个国家的失业保险均为非强制性失业保险，即法律确定范围内的人员是否参加失业保险取决于个人意愿，参加保险就必须根据失业保险法律规定接受管理，包括承担一定的义务和享受相应的权利。

1911 年英国颁布了《国民保险法》，开创了强制性失业保险制度的先河，后被一些国家效法，强制性失业保险成为世界失业保险制度的主流。到 1997 年初，世界上已有 68 个国家和地区建立了失业保险制度，其中大多数国家和地区实行强制性保险，自愿性保险的范围只限于工会已建立失业保险基金的产业。

在基金来源上，一般与社会保险其他险种相同，通常由雇员和雇主平均分担，也有些国家规定全部保险费由雇主缴纳。政府对强制性和自愿性两种保险的补贴数额都很大。在享受待遇条件上，一般都规定：非自愿性失业；缴纳一定期限的保险费或在受保职业工作一定年限；申请者具有工作能力并愿意寻找工作。另外，对无正当理由而自愿离职的，由于行为不端被解雇的，或参加劳资纠纷导致停产而使自己失业的，一般规定要取消其享受资格或降低给付标准，有的还要推迟给付时间。

在失业补助金上，通常以周为单位支付，标准为其最近一段时期平均工资的一定百分比。大多数国家计算失业补助金的替代率，为平均收入的 40% ~ 75%。有些国家一律支付等额补助金。如果失业人员已成家，除发给基本补助金外，还要对其配偶及子女加发一定的补助金。在支付失业补助金前，通常有几天的等待期。大多数国家对连续领取失业补助金的时间有一定限制，一般情况下为8~36周,在某些情况下可适当延长。

另外,有些国家根据缴费期限或参保时间决定享受期限。有些国家除正规的失业保险外,还提供失业援助或提供以失业人员家庭经济状况为条件的其他待遇作为补充。这样,失业人员领取补助金期满后,如果收入低于一定水平,还可以继续得到一些救助。在管理体制上,多数国家是由政府部门管理,有些是由自治机构管理,这种自治机构一般由受保人、雇主和政府三方代表组成。失业保险与就业服务之间经常保持紧密的行政联系。有些国家已将失业保险和就业服务合并管理,基层的管理工作尤其如此,目的是为了促进失业人员尽快实现再就业。2000年4月和2003年5月对《雇佣保险法》进行修改。

第二节　失业保险制度比较

在建立了失业保险制度的国家中,其具体规定各有不同,本节从失业保险的覆盖范围、基金来源、失业金领取条件、领取的金额、失业保险的管理体制等几方面加以比较。

一、失业保险的覆盖范围

失业保险覆盖范围最广,包括所有劳动年龄人口,这种广泛的覆盖面不要求失业者过去有工作经历,但要有工作意愿。在大多数国家,失业保险的覆盖面仅限于从业人员范围之内,把一些有就业意愿但还未从业过的人排除在外,有的国家甚至只包括雇员或部分雇员。

在实施强制性失业保险制度的国家,企业雇员一般都是在失业保险覆盖范围之内。另外,部分国家将公务员纳入失业保险范围,如美国、日本、加拿大等;部分国家将农民列入失业保险范围,如德国、日本等;还有的国家包括个体劳动者,如丹麦、挪威和卢森堡等。

在实施非强制性失业保险制度的国家,只有建立了失业基金会的部分产业中的雇员被失业保险制度所覆盖,但在这些产业内部,工会会员必须参加失业保险,非工会会员可以自愿参加。未参加失业保险的工人一旦失业可以申领失业救济金。

另外,有不少国家将非正规部门就业人员排斥在失业保险范围之外。非正规就业部门指那些稳定性不强、人员流动性大的小规模经济的部门。这个领域的就业人员的不稳定性及强流动性易造成管理上的困难。随着经济和社会的发展,失业保险范围有逐步扩大发展的趋势。

二、失业保险的基金来源

失业保险基金的来源有三个,即雇主、雇员及政府。雇主一般按照企业工资总额的一定比例缴纳,雇员按照自身收入的一定比例缴纳,对于雇员收入超过一定限额以上的部分,通常不必缴纳保险金;政府对于资金的收支缺口予以平衡。

按照失业保险金的承担者分类,各国失业保险基本存在以下几种分担方式。

(1)国家承担。雇主和雇员不必缴费,国家承担全部的失业保险金的给付。以澳大利亚为例,每年的失业保险金的支出由财政部门做出预测,社会保障部门予以平衡,由国会讨论通过。由国家承担全部责任的还有新西兰和匈牙利。

(2)国家和企业分担。国家和企业分担方式一般由企业缴费、政府补贴。以美国的部分州和意大利为代表。

(3)国家、企业、个人三方分担。在这种方式下,雇主和雇员缴费,政府承担部分失业保险开支和弥补失业保险收支差额。世界上有40%以上的国家采取这种方式,比如德国、英国、丹麦、加拿大等。

(4)企业和个人分担。失业保险费用由雇主和雇员共同缴纳,在法国、荷兰、以色列等国家实行这种分担方式。

(5)个人全部负担。以前南斯拉夫为代表。

(6)全部由企业负担。在加纳实行这种制度。

三、失业保险的给付水平

失业保险的待遇水平,是指对于失业者发放的失业保险金额的多少。一国失业保险待遇水平的高低,取决于国家的经济发展水平和基本生活标准。应以失业保险金水平不能高于最低工资标准为原则,否则会“养懒汉”。通常,发达国家失业保险金的数额一般为失业前工资的50% ~60%,发展中国家一般是40% ~50%。

（一）计算失业保险金的方法

计算失业保险金的方法有五种，下面分别加以介绍。

1. 绝对金额制。政府按照当前社会经济发展水平、失业者的基本生活需要、国家财政状况等因素，规定对于失业者给予一定数额的失业金。实行这种制度的主要是英联邦国家。

2. 以社会平均工资的一定比例为标准。按照这种方式，失业者领取的失业金为一定比例的当前社会平均工资。这种方法管理相对简便，对失业者一视同仁，只满足他们的最基本的生活需求。目前在波兰实行这样的方式。

3. 以个人收入水平为标准。在这种方式下，领取的失业金水平同个人收入相关，它是按照失业前工资的一定比例计发失业金。一般高收入者领取失业金的比例较低，低收入者领取的比例较高。实行这种方式的有加拿大、瑞士等国家。

用于计发失业金的失业前工资，不同的国家有不同的规定。有的国家规定按照失业前一个月工资计发，如埃及。有的国家规定按照失业前一定时期的最高月工资为基准，这样对于失业者较为有利。有的国家按照失业前一定时期的平均工资为基准，如巴西。而加拿大则按照整个投保失业保险期间的平均工资为标准，领取保险金额为失业前平均工资的55%。

以个人收入水平为标准，可以让失业者享受失业金的水平与以前的劳动成果相关联，鼓励劳动者勤奋工作。

4. 以绝对额加个人收入的一定比例为标准。绝对金额部分按照社会经济发展状况由政府制定。对于个人收入部分规定相应的比例。最终领取的失业保险金由上述两部分组成。这种方式体现了国家经济发展水平和个人收入水平的共同作用。德国等国家实行这种制度。

5. 按照失业时间长短决定。失业时间短，给付的失业金水平较高，随着失业时间延长，失业金水平不断下降。其目的是为了降低失业者对保险金的依赖性。

（二）失业保险金的给付期限

给付期限是失业保险的重要概念，一般国家规定领取失业保险金的等待期和最长领取期限。等待期是自申领失业金后，到可以领取的限定时间。目前，各国等待期规定一般为7天以内。领取期限多数国家最长领取期为6个月，最短为3个月。

（三）失业保险金给付的限额

失业保险金既要满足失业者的基本生活，又不能让失业者失去就业的积极性，因此，待遇水平过高或过低都不合适。一般上限为失业前工资水平的80%左右，下限为失业前工资水平的40%左右。

四、失业保险的管理体制

（一）政府部门直接管理

失业保险制度是社会保障制度的一个分支，应该由政府承担起相应的责任。政府部门设置专门的机构管理失业保险事务，一般该机构隶属于劳动行政部门。采用这种管理体制的国家较多，如美国、英国、日本等多数发达国家。发展中国家为强化失业保险管理，也基本由政府专门机构进行统筹管理。政府直接参与管理的方式有利于制度的平稳发展。

（二）自治机构管理

自治机构一般由工会、雇主和政府三方组成，在政府监督下管理失业保险。德国、意大利、法国均采取这种管理方式。法国的失业保险由劳资双方共同组成的理事会管理，政府的社会保障部予以监督。德国的失业保险由雇主、雇员、工会三方代表组成的保险机构管理，联邦劳动局予以监督。这种方式可以提高管理效率，并且可以直接获取各方面对于制度的建议。

（三）工会管理

在工会基础较好的国家，如丹麦、瑞典等国实行工会管理方式。这种方式更有利于劳动者权利的维护，政府管理责任较轻，如瑞典的失业保险基金收支和管理都由工会组织进行。

五、失业保险制度促进就业的规定

失业保险制度的设置是为了让失业者在被迫失业时，不致生活无保障。但现实中，存在着部分人主动失业，依靠失业保险金维持生活的现象。发生这种现象的原因可能是失业金的水平过高、领取资格限制不严或管理体制不完善造成的。为防止投保人故意失业、骗取保险金的行为,各国一般采取以下措施。

(一)严格审查失业者领取资格

对于失业者人为因素造成的失业,失业保险不提供保障。人为因素包括失业者自动放弃工作、拒绝适当的工作等。有的国家对于劳动者因劳动纠纷和渎职导致的失业不提供保险金。进行失业原因的调查可以杜绝不符合领取条件的人得到失业保险。

(二)逐渐降低失业金水平

失业金水平在失业初期高些,随着失业期间的延长,失业金的待遇水平将逐渐降低。失业初期待遇高些,是因为失业者最初难以适应收入的突然减少,因此需要有较高的替代率。但为了减少失业者对失业金的长期依赖,以后待遇要逐渐降低。

(三)规定失业金领取的最长期限

失业金领取的期限越长,失业者越会对领取失业金维持生活的方式产生依赖性,并会降低他们求职成功的概率,因为脱离劳动力市场越久,就越难以跟上科学技术的进步,并且会遗忘已掌握的技能。所以,对于失业金规定最长领取期限,可以让劳动者在一定时期内主动就业,避免产生长期失业者。

失业保险制度一方面要通过这些措施防止自愿失业,同时还必须对失业者提供就业信息及培训服务,提高失业者在劳动力市场的竞争能力和就业机会。采取切实可行的措施来促进失业者就业才是最好的保障。

六、各国失业保险制度简介

(一)德国的失业保险制度

德国政府于1927年颁布了《职业介绍法》和《失业保险法》。1969年颁布《劳动法》和《职业促进法》,工作的重心由单纯的保险救济转变为促进就业和预防失业为主,表明该制度进一步发展;1974年的《失业救济条件》则使失业保障更加完善;1994年8月实施的《就业支持法》允许建立私营的职业介绍所,这更有利于减少失业。德国目前使用的失业保险制度是2002年修改后的,施罗德政府于2002年开始采取渐进的劳动力市场政策,冲击了德国惯有的高福利理念,触及了劳动力市场的“痼疾”,在降低失业率和促进再就业方面起了积极的作用。

德国失业保险是一项强制性保险,所有雇员原则上都参加失业保险。该保险由联邦劳工局负责,其提供的服务和待遇有工资补偿,包含失业补贴、失业救济、短工津贴、坏天气补贴(适用于建筑工人)等;就业培训和求职费用;进修、改行培训、求职、差旅及在国外工作的返家探亲费用等。

缴费率2004年为月毛工资的6.5%,由员工和雇主各支付50%,即3.25%。员工需缴纳的部分,由雇主从员工工资中提取,代为缴纳。最高计算基数为月毛工资5 150欧元。服兵役者和收入少于计费上限10%的投保者可免缴。

享受失业保险的资格必须满足以下条件:①正处于失业状态,等待职业介绍;②获得保险资格;③已经将失业状态上报给劳动局,正式提出对失业保险费的申请;④对于劳动局介绍的职业必须接受;⑤参加了失业保险。根据失业前的工资水平,没有孩子的失业者领取的保险金为原工资的60%;有孩子的失业者为原工资的67%。根据失业者的年龄和之前就业时间长短,失业者可以领取6至32个月的失业保险金。

投保者要领取失业补贴必须在失业前3年中至少要缴费360天;而获得失业救济者须在失业前投保150天或领过失业补贴。

失业补贴和失业救济待遇分别为领取者失业前净工资的67%和57%(无孩子者则为60%和53%)。失业救济的费用由联邦通过税收来解决,其他支出则由雇主和雇员各付一半。

(二)美国的失业保险制度

美国的失业保险法律依据是1935年颁布的《社会保障法》。1935年,在建立社会保障制度的同一年,国会通过立法授权各州政府建立失业保险制度。失业保险项目由州政府进行管理,联邦政府只是制定一些措施鼓励各州政府建立失业保险制度并尽量在州际之间保持统一性。

美国失业保险具有强制性,凡是符合条件的企业和个人必须参加。失业保险覆盖范围初期仅限于私营工业和商业部门职工,20世纪70年代后扩大到农业工人、州和地方政府雇员以及非营利组织雇员。

美国的失业保险领取条件为:①必须是非自愿失业。自愿失业或者由于自身过错而被解雇者不能领取失业保险金。②有工作能力并处于可就业状态。有工作能力是说在体力或脑力方面要有工作能力,个人处于不可就业状态只包括以下情况:受伤、生病、正在参加岗位培训。③必须在失业期间积极地寻找工作。各个州都要求失业者在失业介绍所登记，并每隔一定时间向就业服务机构汇报失业期间的求职情况。④前一年的工资总收入达到规定的标准。约3/4的州规定，基期的最低收入或者以高季度工资为基础增加数倍，或者达到规定的具体数额；13个州规定必须工作一定时间（大多为14周至20周）；有6个州规定了一个统一的最小的基期收入，数额在1 000美元至2 964美元之间变动。有了这些条件的限制，在所有失业者都可以申请失业保险金的前提下，只有1/3的失业者能够真正领到。

失业保险基金来源于雇主为雇员缴纳的失业保险税，分为联邦失业保险税和州失业保险税。联邦失业保险税率在全国保持统一并随着经济的发展而增加，在最初的1936年只有1%，1937年增至2%，1938年达到3%，1983年改为3.5%，1995年开始保持在6.2%，之后随着2011年6月30日联邦失业附加税被废止，联邦失业保险税率从2011年7月1日起，由6.2%降至6%。为了促进各州失业保险的发展，1985年出台的《联邦失业税法》规定，如果州失业保险措施符合联邦的相关要求且雇主已经缴纳了州失业保险税，那么这些雇主可以减免5.4%的联邦税率，即只按照0.8%的税率缴纳联邦失业保险税。州失业保险税率平均为工资总额的5%左右。2000年4月和2003年5月对《雇佣保险法》进行了修改。

失业保险金支付以周为单位，一般标准为职工周工资的50%，期限通常为26周。近年来，根据有关应急失业补偿规定，该期限有了一定的延长。

（三）日本的失业保险制度

日本于1947年以后，根据失业保险法实施了失业保险制度，又于1974年将原来实行的失业保险改为雇用保险，目的在于减少失业，促进就业。

1. 失业保险的运作主体。日本失业保险管理工作，统一由劳动省职业安定局及其在全国主要地区设置的600多个公共职业安定所负责办理参加和支付有关待遇的手续。也就是说，雇佣保险制度的运作主体是政府。劳动省职业安定局失业保险处通过都道府县设置的失业保险处对公共职业安定所的制度运作进行指导。

2. 雇佣保险的适用范围。日本雇佣保险制度的基本方针是强制适用者加入。只要雇佣一名属于雇用保险制度的劳动者的单位，就属于雇佣保险的适用单位。但是，下述不适用于失业补助制度的劳动者，不可随意加入雇佣保险：从事4个月的季节性工作者；船员保险的受保者；公务员；65岁以上者；短期季节劳动者。

3. 雇佣保险金的来源。日本雇佣保险金由国家、雇主和被保险人三方负担，一般按企业工资总额的11.5%缴纳；农村水产业按工资总额的13.5%缴纳；建筑业按工资总额的14.5%缴纳。国家每年按失业救济金实际支出总额的1/4或1/3予以补助。被雇者个人缴纳部分由雇主在每月发工资时代扣代缴。日本失业保险基金筹措方式不是统一的，用于失业补助的资金来源于雇主、雇员和政府资助三方面，而用于预防失业促进再就业的资金则来源于雇主一方，这是日本有别于其他国家的独到之处。

4. 失业救济享受条件。最近12个月内参加保险满6个月且在公立职业安定所登记失业，有能力工作并愿意工作者，每隔4周向职业安定所报告一次；工人被解雇7天后可申请失业救济；工人主动辞职的，在3个月后才能申请失业救济，本人辞职而有正当理由的，可不受3个月限制。

5. 失业救济金标准。失业救济金计发基数为工人失业前6个月的平均工资。

一般职工失业救济金：日工资在3200～7 750日元的，按60%～80%发给，低于2 500日元的，按2 500日元发给；日工资在7 750～12 200日元的，按60%发给。

临时工失业救济金：分为四等。一等为6 200日元，二等为4 100日元，三等为2 700日元，四等为1 770日元。

支付期限：最低为90天，最高为300天。在有必要并得到认可的情况下，给予适当延长。

（四）英国的失业保险制度

英国失业保险的首次立法是1911年，现行的法律于1995年制定。其制度类型是强制性社会保险和社会救助双重制度。

1. 失业保险覆盖范围和缴费。英国的失业保险覆盖周收入在62英镑以上的雇员、自我雇佣者、缴纳减额养老保险费的已婚妇女和遗孀。英国失业保险费用来自社会保险缴费。

2. 享受失业保险金的条件。1995年的失业保险法规规定，领取缴费型失业保险金的条件是：年龄在18岁以上的失业者或每周工作低于16小时的人，最近2个纳税年度中的1年足额缴纳社会保险费（且缴费收入基数不低于应税周收入低限的25倍），或者最近2个纳税年度中每年的社会保险缴费的收入基数不低于应税周收入低限的50倍；在职业介绍所登记失业，并且两周到介绍所填一次表；具有劳动能力并愿意从事全时工作。本人无正当理由而自愿离职，或因本人不良行为而失业，或拒绝失业介绍所为其介绍工作的，不能领取失业津贴。对于收入调查型失业保险金，领取的条件是：没有获得领取缴费型失业保险金，或者达不到领取缴费型失业保险的资格条件，或者超过领取时限；没有其他收入或者收入不超过某一低限。

3. 失业保险待遇。缴费型失业保险待遇为：年龄在 25 岁以上的失业者，每周 65.45 英镑（2010 年）；18～24 岁的失业者每周为 47.95 英镑；18 岁以下的失业者每周为 29.60 英镑。最长支付时间为 1 年（2012 年）。领取上述待遇要有 3 天等待期。收入调查型失业保险待遇的确定取决于年龄、家庭收入水平和家庭结构。比如，对于单身失业者，根据其年龄失业保险待遇在每周 29.60～49.15 英镑之间。

4. 失业保险的管理机构。社会保障部的缴费机构负责缴费记录的管理，就业服务机构和待遇支付机构负责失业待遇的支付，一般通过地方就业中心或待遇支付办公室来具体实施。

（五）加拿大的失业保险制度

加拿大 1940 年开始建立失业保险制度，1995 年颁布了《就业保险法》。1995 年以后，失业保险被称为“就业保险”，旨在通过一些具体措施帮助那些失业而暂时还未找到工作的人。

1. 失业保险覆盖范围。加拿大失业保险覆盖范围很广，除个体劳动者和临时工不参加保险外，凡生病、受伤、怀孕，以及因老人和孩子拖累的失业者，甚至北部地区季节性歇业的农民、渔民，都可以申请失业金。

2. 失业保险基金来源。失业保险金的来源是雇主和雇员缴纳的保险费。

3. 享受待遇条件。其中包括：

（1）在失业前的最近一年里，从事受保职业 420～720 小时之间的，可领取最低数额的失业金，只有工作 20 周以上的才能领取全额失业金。

（2）失业者每一次离职，雇主应向保险机构上交一份雇佣记录，记载该失业者离职原因和离职前 20 周的工资收入。

（3）在 52 周内第二次申请失业金者、刚进入劳动力市场或中断两年重新就业者，需缴纳 20 周的失业保险费。

（4）领取失业金的等候期为两周。如果因为辞职或被解雇则须等待 2 周。在此期间没有资格领取失业保险金。

（5）除了正在接受职业训练者外，领取失业金者必须进行失业登记，并积极寻找或接受介绍工作。

（6）领取失业金期间如果从事部分有收入的工作，而收入不超过失业金的

25%，则仍可领取全额失业金，超过25%的数额要从失业金中相应扣减。不享受失业保险金的失业工人，如无其他收入和私人保险，生活处于贫困线下的，可申请领取社会福利救济金。

4. 领取标准。领取失业金的标准一般为失业前平均工资的55%，一周最高不超过435加元，连续支付最长不超过45周。

第三节 世界各国就业保障制度比较

一、各国政府保障就业的类型

（一）德国——保障型就业

德国政府很早就制定了《失业保险法》，除国家公务员、企业主和个体劳动者外，其他所有在就业年龄以内的人口均参加失业保险。由雇主和雇员共同缴纳保险费，根据失业保险费缴纳期限决定领取期限，超期未就业者，改为发放失业救济。

（二）日本——消化型就业

日本把中小企业作为消化劳动力的主渠道。为鼓励中小企业的发展，日本政府先后出台了税收、银行贷款、财政扶持、法律保障等优惠措施，达到了吸纳劳动力和促进经济发展的双赢目标。

（三）美国——储备型就业

美国政府十分重视培训，它制定了《就业训练合作法》，在各州设立就业训练协调机构，资金除各州政府、企业自筹外，联邦政府还提供大量拨款；提供培训的同时，还提供介绍工作、咨询等服务。

（四）英国——导向型就业

英国就业服务机构遍布全国，失业者可以从职业介绍所获得有关工作机会的信息、培训和就业的建议、失业救济金及收入保障补助方面的信息和建议，以适应新的工作岗位。

（五）新加坡——调控型就业

新加坡政府在制定就业政策时，注意调整宏观经济方案，从财政、技术、产业等多方面采取促进就业的措施，其中“滚动铁饭碗”的政策就是措施之一。该措施是转换工种，保证绝大多数下岗人员有重新就业的机会，不是砸“碗”，而是换个“碗”吃饭。这种政策的制定和实施，对下岗职工来说无疑是减轻了许多负担。

（六）瑞士——自主型就业

瑞士政府鼓励企业富余职工自愿组织经济实体。对自愿组织的经济实体，工商、税务、劳动等有关部门优先办理各种手续，在减免税金、低息贷款等方面实行优惠政策。这样，使大批劳动力和企业富余职工走上自主就业之路。

二、各国促进就业的措施

（一）通过产业结构调整促进就业

1. 发展劳动密集型产业。劳动密集型产业相对于资本、技术密集型产业可以吸纳更多的劳动力，对于劳动力资源丰富的国家来说，适当扶持劳动密集型产业的发展将有利于减少失业。

2. 发展新兴产业。随着高科技的日新月异和传统产业的萎缩淘汰，结构性失业已经是困扰许多国家的一个通病。因此，各国政府普遍通过增加投入、降低利率、运用新技术来改造和重组传统产业，大力培植新兴产业，以扩大就业机会。如过去 10 年里，美国对电脑维修人员的需求就以年均 8% 的速度增长，创造了大量的就业岗位。随着这些新兴工业的发展，相关的服务业也得到相应发展。

3. 发展第三产业。以服务业为主的第三产业无论是从其在总就业人口中所占的比重，还是从新提供的工作岗位的净增长等方面来看，在解决就业方面都发挥着重要作用。据欧盟统计，1973 ~ 1995 年期间，欧盟的工作岗位净增长 800 万人，而第三产业提供的净增工作岗位是 2 500 万个。这意味着所有净增的工作岗位都是第三产业提供的，而且还弥补了第一、二产业中失去的 1 700 万个工作岗位。同时，大力发展第三产业，还是解决困难群体就业的一个重要途径。为家庭和社会提供各种服务的职业，能够吸收大量的简单劳动者，使一些无特殊技能的就业困难群体得到相应的就业岗位。

(二)通过优惠政策鼓励企业多雇佣工人

1. 补贴或减免中小企业税费。德国政府对一些就业量比较大的特殊行业和地区,实行价格补贴和财政补贴政策,减轻城市和发达地区的就业压力。如对煤炭和钢铁等一些就业容量大的行业进行价格补贴,降低这些行业原材料的成本价格,以抵御国外煤炭和钢铁的进口。德国还实行"农业市场秩序政策",政府直接控制农产品的价格,保证农业生产者获得适当的收入,避免农村人口流向城市,给城市带来就业压力。对经济落后地区也进行投资补贴和贷款贴息,使各地区的经济生活水平大体一致,避免落后地区人口流向发达地区,给发达地区带来就业压力。

英国对雇用25岁以上的长期失业青年6个月以上(其间每周工作30小时以上)的雇主,给予每周750英镑的培训补贴费。对自主就业或找到稳定工作的50岁以上的长期失业者给予直接就业津贴,条件是每周工作30小时以上。有些国家为鼓励企业多雇用人员,采取了减免企业税费等方式。如芬兰为鼓励中小企业多雇用失业人员,对中小企业实行减税4%的优惠政策。

2. 减免社会保险费用,降低企业成本。法国政府对创造就业岗位的企业发放奖金,以鼓励企业提供更多的就业机会。后来,还把创造就业机会同减免企业缴纳社会保险费用联系起来。例如,对企业中工资相当于法国最低工资线1.1倍的职工,企业主可免交其家庭补贴保险费;相当于1.2倍的人,可免交50%。减免社会保险费用的措施降低了低收入劳动力的劳动成本(平均可下降4%左右),这一措施对企业颇有吸引力,使一些技能较低的劳动者得到了就业机会。

3. 通过低息贷款、减税等方法扶持中小企业的发展,扩大就业渠道。近20多年来,中小企业有了迅速发展。从中小企业在市场中所占份额来看,其吸收劳动力的能力远远大于大企业,在解决劳动就业方面作用突出。据统计,欧盟的中小企业已超过企业的90%,就业工人占劳动力的2/3左右。意大利和美国分别有81%和57%的职工在中小企业就业。美国小企业在历次经济危机中都吸收了大量失业人员。德国政府对符合政府补贴政策的中小企业给予财政补贴,最低的资助为总投资的5%。对在落后地区兴建的中小企业,政府提供贷款担保,同时减免税收,并设立中小企业开发促进资金,对中小企业科研开发给予补贴。

4. 对雇用就业困难群体的企业实行优惠政策。根据各国的不同情况,为解决残疾人、妇女及没有工作经验的青年人就业,许多国家都对招用一定比例的就业困难者的企业有不同程度的财政上的优惠。如日本政府对雇用45～64岁中老年人为正式职工的企业主,根据企业的不同条件分别支付不同份额的年薪,作为对企业的一种奖励。对于不按限额比例招用残疾人的企业处以罚款,用罚金补助那些雇用残疾人较高的企业。此外,还对那些雇用残疾人较高的企业,提供一系列的补助,包括建设福利设施、提供贷款、减免税收等。

(三)积极促进劳动者自谋职业和灵活就业

1. 对自谋职业者提供优惠政策。韩国政府为鼓励有知识、有魄力的年轻人和失业者创业,除安排长期低息贷款用于企业创业资金外,在税收方面也实行优惠政策,如财产税、土地税、所得税、法人税等,自创业或所得开始之日起5年内减免50%,登记税和所得税自创业之日起5年内减免75%。

2. 积极促进灵活就业。近年来,世界各国的就业方式日趋多样化,小时工、临时工、季节工、自由职业、自主就业等形式在就业中所占的比重越来越大。灵活就业的形式现在一方面已经广泛被雇主和雇员双方认可,另一方面为创造更多的就业岗位、提高妇女参与率、减少失业起到了积极的作用,有些政府甚至为此立法,从工资待遇、失业津贴、劳动条件、社会保障等方面给予支持。

(四)发展职业培训

培训对促进就业的作用是非常显著的,各国政府采取了不同措施发展职业培训,让失业者能够尽快适应社会的发展,找到适合自己的工作岗位。

1. 美国经验——通过立法加强培训。美国在职业培训方面取得了比较大的成功,许多做法值得参考和借鉴。一是制定各种法案,以法律形式动员全国力量加强职业培训。近20多年来,美国颁布的职业培训和职业教育方面的立法不下几十个,这些法案要求全社会重视并支持职业培训,规定职业培训和职业教育应达到预定的目标。二是改革培训管理体制,更好地调动私人企业和社团的积极性。美国政府不直接参与就业培训工作,而是把培训的权力下放给地方和私人企业,这不仅减轻了政府的工作负担,也使培训更加行之有效。三是实行多种形式的培训。不仅包括课堂的培训,还进行就业现场的培训,同时还提供介绍工作、咨询、基础技术训练等项服务。美国国会1997年通过一项法令,提出学校与企业结合实行半工半读办法,联邦政府每年拨款2.8亿美元,雇主为青年提供半日有收入的劳动。

2. 欧盟经验——对提供培训者的补贴。欧盟许多国家为解决青年人和长期失业者就业问题也采取了一些措施。其中一项主要政策即为雇用和培训青年工人的公司提供经济补贴。1997 年,欧洲委员会在卢森堡就业首脑会议上还通过了一套针对成员国的就业指导方针,其中包括要求各成员国承诺努力为“每个失业青年在其失业最初 6 个月内提供培训、再培训、工作机会或其他有提高就业能力的措施”。这项措施避免了青年人与劳动力市场长期脱钩,转化为长期失业者的可能。

3. 丹麦经验——失业者替补方案。丹麦雇主培训协会制定了欧洲颇具创造性的培训方案之一。该方案鼓励雇主送其工人参加培训课程,在其培训期间,用失业者来补腾出来的空岗;在接受这样暂时性的空岗前,这些失业者先接受准备性培训。通过这种方式,在职的雇员学到了宝贵的新技术,而失业者也获得了同样宝贵的工作经历,避免了其长期脱离工作岗位而沦为长期失业人员。

4. 瑞典经验——培训与学校教育相结合。把培训与学校教育结合起来,这也是许多国家提高劳动力技能的一种做法。瑞典有大量高素质的劳动力供给,就源于他们的教育制度为所有孩子提供了平均九年的义务教育和大量的其他教育机会。瑞典的各种学校教育,学费全免。在九年义务教育和高中期间,学校还给学习者提供许多补贴。完成义务教育学习的,大约有 90% 的会上高中。在义务教育的后期,学生们每年都要在校外参加 1 ~ 2 周的就业导向项目,以便得到劳动力市场的感性认识,了解社会,增强学生毕业后进入劳动力市场的能力。

5. 俄罗斯经验——按照市场需求培训①。全俄有各类职业培训学校 3 000 多所,其中一部分专门面向失业人员,承担这方面的任务要通过招标确定。圣彼得堡“前景”国际技能进修学院,就是从当地 70 所有意参与培训项目且经过筛选被选中的 36 所学校之一。学校要与居民就业局签订合同,就业局提供培训经费,学校则保证经过培训的人 80% 能够实现就业。该校设有 34 个专业,有 200 名教职员工,如果需要可随时聘用校外人员授课。学校不仅面向中等学校、各类职业技术学校和高校毕业生,同时面向曾经有过职业的失业人员和退伍军人,目的是使已经拥有理论知识的求职者在实践中掌握劳动技能,为寻找工作打下良好的基础。参加培训的学员由心理专家帮助选择专业,每个教学班不超过 12 人。除必要的理论课程外,未来的生产工人主要接受生产教学,未来的管理人员主要进行模拟教学,实习教学得到高度重视,对能力较强的学员还要送到小企业孵化器里进一步提高。2002 年该校共培训 995 人,99% 实现了就业。

① 俄罗斯职业培训状况. 劳动保障部赴俄罗斯就业考察报告. 中国劳动力市场网,2003 - 02 - 02.

毕业证书由居民就业局局长签发。

6. 韩国经验——对企业员工和失业者进行培训。其主要做法如下:

(1)企业内培训。企业内部培训集中在大企业进行。1999 年上半年,员工人数少于 150 人的企业,参加企业内培训的人数很少。但员工人数超过 1 000 人的企业中,参加企业内培训的人员比率几乎达到了 60%。如此之高的比率说明,这类企业在一定时期内为其员工提供了多次培训。企业内培训侧重于培养生产第一线的单一技术或半技术工人。雇员参加培训的途径通常有 3 种:由雇员所在企业的企业内培训机构提供的独立培训;与其他企业联合举办的培训;委托第三方实施的培训。

(2)失业者培训。在经济危机时期,失业者培训得到了一定的发展。失业者培训主要包括:①为失业者提供的再就业培训。该培训的对象是被企业解雇的但受失业保障体系保护的工人,无论其是否已享受失业救济。②就业促进培训。其培训对象主要包括被企业解雇且不受失业保障体系保护的临时工、零工等。③为初次进入劳动力市场的求职者提供的培训(主要是年轻学徒)。④开业培训。其主要针对年龄较大的失业者、残疾人和辍学者。⑤人力开发培训。主要是针对手工业者的初级培训。这种培训是建立在失业保障体系下并得到就业保障基金资助的培训。

小案例

韩国知识型服务业成为就业增长支柱

韩国银行(韩国中央银行)发表的题为《韩国知识型服务业的现状及发展方向》报告指出,信息通讯、金融保险、教育服务等知识型服务业的就业人数在韩国就业总人数中的比重已由 1993 年的 14.5% 大幅上升至 2005 年的 23.1%。统计显示,1993 ~2005 年的十几年间,韩国知识型服务业对就业增长的贡献率达到了 73.9%,平均每 100 个新增就业人口中就有 70 多人从事的是知识型服务业工作。与此形成鲜明对比的是,韩国制造业对就业增长的贡献率为 -14.7%。上述数据表明,20 世纪 90 年代后,知识型服务业已取代传统服务业和制造业,成为韩国增加就业的主要领域。

根据报告提供的数据,从 1993 ~2005 年,韩国所有行业的年平均就业增长率为 1.3%,其中制造业的就业增长率为 -0.9%,知识型服务业的就业增长率高达5.2%，后者的就业人数于2002年首次超过前者。2005年，韩国制造业的就业人数占全部就业人数的比重为18.5%，比知识型服务业低4.6个百分点。

韩国银行调查局次长郑钟仁表示，知识型服务业就业者的高学历比率及收入水平均高于其他行业，这使得韩国实现创造更多职位、吸引更多人才的目标成为可能。但与发达国家相比，韩国国内知识型服务业的竞争力还有很大差距，仍然有待进一步增强。

资料来源：经济日报，2006-09-18。

（五）通过立法促进就业

通过加强立法来解决就业问题，这是许多国家面对严峻的就业形势时所采取的一种强制办法。近40多年来，美国为解决就业问题制定了不少法律，其中颁布的职业培训和职业教育方面的立法就不下几十个，重要的有：《人力开发与培训法》（1962年）、《职业教育法》（1963年）、《就业机会法》（1973年）、《青年就业与示范教育计划法》（1974年）和《就业培训合作法》（1983年）等。这些法律的实施达到了全社会重视并支持职业培训的目的。

英国政府促进就业对策的特点是立法比较完备。工业革命后，英国议会通过了3项有关职业教育与培训的法案。1964年通过了《工业训练法》，以保证为工商业的所有部门提供充分的、有技能的工人。1973年又通过了《就业和培训法》，把劳工市场所有的主要服务机构合并在一起以保证按照雇主、工会和地方政府的共同利益进行管理。1988年、1992年又先后颁布了《教育改革法案》和《继续教育和高等教育改革法案》，这两项法案的实施有效地推动了英国失业人员的开发和利用。

（六）失业保险转向就业扶持

失业保险制度在当前西方市场经济国家中对保持社会稳定和公平起到了重要的作用。失业保险制度使失业者不仅可以继续得到生活来源，而且可以在失业期间较为从容地重新寻找适合自己的工作，或进行适当的再就业培训，对促进就业也起到了一定的作用。但近年来，一些国家要求改革失业保险制度的呼声与日俱增，因为其负面作用也越来越明显，一是它加重了就业者和雇主的负担，使劳动成本上升；二是这种高福利制度，使登记失业人数逐年增加，造就了许多假失业者，使政府财政不堪重负。

针对这些情况，许多国家采取措施，规定失业者享受的权利要与其承担的义务相对等，自愿失业者不能享受失业补助，非自愿失业者有义务接受职业培训,不接受者也不能享受失业补助。凡已进行个体经营或个人在社会上参加了各种经营性活动取得收入,就不再被认为是失业。一些国家还将职业介绍、职业培训、失业保险部门的工作有机地衔接起来,起到了互相促进、互相制约的作用。还有一些国家充分发挥失业保险金的作用,不再单纯地发放失业保险金,而是把一部分保险金转向促进再就业。例如,德国失业保险金的运用,大约60%用于失业金的发放,其余40%用于再就业服务。

(七)建立健全劳动力市场

1. 各国政府对劳动力市场的投入。建立完善、高效的劳动力市场体系,为失业者真正实现"市场就业"提供条件,这也是政府改变直接安置失业者的有效办法。西方国家政府每年都安排一定数额的预算资金用于劳动力市场建设。如瑞典用于就业系统的年费都来源于政府财政。

积极劳动力市场政策项目经费,重点用于补助职业培训和就业服务。据对经合组织美、英、法等11个成员国财政资金支持劳动力市场项目分析,资金主要用于五个方面:职业培训;提供免费公共就业服务或求职援助服务;直接创造就业岗位;对雇用失业人员的企业或自谋职业的个人给予工资或就业补贴;扶持失业者创办微小型企业。其中用于职业培训的比重最大,占了一半还多,其次为公共就业服务和公共工程项目。

2. 职业介绍和就业指导。就业服务的主要内容是职业介绍和就业指导。作为劳动力供给方和需求方相互联系的一种媒介,可以为求职者提供信息和便利,调节劳动力市场运行,使劳动力资源得到更有效的利用。一些发达市场经济国家在就业管理方面充分体现了就业市场化的特征。

美国早在1940年以前,就形成了一套全面而系统的就业服务体系,至今仍在调节劳动力市场方面发挥着强大的作用。美国的职介组织配备有完备的自动化电脑系统,并在全国形成网络,无论是雇主需要用人还是求职者要求就业,只要在职介机构将资料输入电脑,都能很快在全国范围内得到相应信息,职业介绍成功率很高。澳大利亚的就业服务体系也比较完善,就业服务的内容不仅包括进行失业登记、提供供求信息、开展职业指导、组织就业培训、帮助失业人员创业,还包括对就业困难群体如青年人、妇女、残疾人等提供特殊服务,对年龄在45岁以上难以找到工作的人、文化技术素质较低的人和残疾人提供专项服务,进行不同的培训,并进行就业指导,把他们积极推向劳动力市场。还有一些国家推动社会中介组织为就业服务,不仅分担了政府的工作,也创造了不少就业机会。如瑞士成立的一家"青年企业家就业中心",为青年人提供就业咨询服务，收取咨询费，几年来运转很好。

（八）财政直接投入①

财政对就业经费的投入有力地促进了就业。经合组织 26 个成员国 1996 年投入促进就业项目的资金占其当年 GDP 的平均比例为 0.9%，同期欧盟成员国平均比例为 1.5%。

西方国家还普遍采用财政直接投入以解决就业问题，如政府对失业保险基金不能满足支出需要提供补助，加大对劳动力市场的投入等。除中央财政正常年度拨款外，有的国家还针对失业高峰期，采取专项筹款用于促进就业的做法。如英国政府实施的 1998～2002 年的 5 年“新政”促进就业计划，共筹集了 35 亿英镑用于促进就业。

（九）吸引外资，扩大出口，但限制外籍劳工进入本国

对外资投资于本国给予优惠，以增加就业机会。韩国政府积极促进外国人投资，对外国人兼并国有企业实行全国开放，并通过减免工业用地租金、废除对取得土地的限制等举措，鼓励其投资设厂，增加就业机会。英国政府也实行各种优惠政策欢迎、吸引外资，建立独资式合资企业，增加就业。同时，积极面向国际市场，开发具有竞争力的产品，通过产品出口来带动国内企业的发展，增加国内就业机会。另外，许多国家都对外籍劳工的进入实行限制政策，而对于本国急需的专业技术及管理人才等不予限制，对于不需要很高技术和知识的一般职业，只允许本国公民从事。

第四节　各国失业保险制度对中国的启示

一、中国失业保险制度的建立和发展

中国失业保险制度的发展历程可分为三个阶段：

第一阶段，1986～1993 年，是我国失业保险制度的形成和初步运行时期。

---

① 人民日报，第 12 版，2002－06－03.

我国的失业保险制度是在1986年正式建立的。1986年国务院颁布了《国营企业职工待业保险暂行规定》，明确规定对国营企业职工实行职工待业保险制度。建立失业保险制度的主要目的之一是配合国有企业改革和劳动制度改革。

第二阶段，1993年4月~1999年1月，失业保险的作用日益突出。1993年4月，国务院发布了《国有企业职工待业保险规定》，这一规定的发布和实施标志着我国失业保险制度进入了正常运行时期。一些地方根据本地情况，扩大了失业保险的覆盖范围，将城镇集体企业、外商投资企业、私营企业及其职工，部分机关、社会团体和事业单位及其职工也纳入了失业保险的范围。为了增强失业保险基金承受能力，部分省市实行了个人缴费。到1998年底，参加失业保险的人数为7 928万人，全年享受失业保险待遇的人数为158万人。另有149万企业内职工享受了一次性救济。

第三阶段，1999年1月颁布《失业保险条例》至今，失业保险制度走向基本完善。劳动和社会保障部成立后，在原有工作的基础上，于1999年1月22日颁布了《失业保险条例》，使失业保险覆盖面进一步扩大，至2014年，失业保险参保人数达到17 042.6万人，领取失业保险金的人员达207.2万人。

二、现行失业保险制度的主要内容

《失业保险条例》分设总则、失业保险基金、失业保险待遇、管理和监督、罚则和附则，共6章33条，主要明确了以下几个方面的内容。

(一)覆盖范围

从单位来讲，城镇的国有企业、集体企业、外商投资企业、港澳台投资企业、私营企业等各类企业，以及事业单位都必须参加失业保险并按规定缴纳失业保险费。从个人来讲，上述单位的职工也要按规定缴纳失业保险费，失业后符合条件的可以享受失业保险待遇。社会团体及其专职人员、民办非企业单位及其职工、城镇中有雇工的个体工商户及其雇工是否适用《失业保险条例》，由各省级人民政府确定。

(二)资金来源

失业保险所需资金来源于四个部分：失业保险费，包括单位缴纳和个人缴纳两部分，这是基金的主要来源；财政补贴，这是政府负担的一部分；基金利息，这是基金存入银行和购买国债的收益部分；其他资金，主要是指对不按期缴纳失业保险费的单位征收的滞纳金等。失业保险费由城镇企业事业单位按照本单位工资总额的2%缴纳,城镇企业事业单位职工按照本人工资的1%缴纳失业保险费。城镇企业事业单位招用的农民合同制工人本人不缴纳失业保险费。

(三)待遇享受

失业保险待遇包括按月领取的失业保险金,领取失业保险金期间的医疗补助金,领取失业保险金期间死亡的失业人员的丧葬补助金及其供养的配偶、直系亲属的抚恤金。另外,还可以为失业人员在领取失业保险金期间开展职业培训、职业介绍的机构或接受职业培训、职业介绍的本人给予补贴,以帮助失业人员实现再就业,并减轻失业人员的经济负担。失业保险金的标准由省级人民政府确定,原则是低于当地最低工资标准,高于城市居民最低生活保障标准。医疗补助金的标准由省级人民政府规定。丧葬补助金和抚恤金的标准应参照对当地职工的规定办理,一次性发放。

失业保险金的领取时间是由失业人员失业前所在单位和本人按照规定累计缴费时间决定的,满1年不足5年的,最长不超过12个月;满5年不足10年的,最长不超过18个月;10年以上的,最长不超过24个月。

失业人员享受失业保险待遇的条件,除了原单位和本人按规定履行缴费义务外,还必须符合失业不是因自己意愿造成的、失业后办理了失业登记手续并有求职要求这两个条件。失业人员在领取失业保险金期间重新就业、应征服役、移居境外、享受基本养老保险待遇、被判刑收监执行或者被劳动教养、无正当理由拒不接受当地人民政府指定的部门或者机构介绍的工作的,以及有法律、行政法规规定的其他情形的,应停止领取失业保险金,并同时停止享受其他失业保险待遇。

三、我国目前的失业现状及问题

(一)我国的失业状况

我国劳动和社会保障部对就业与失业的概念所做的界定是:

“失业人员”指在法定劳动年龄内,有工作能力、无业且要求就业而未能就业的人员。虽然从事一定社会劳动,但劳动报酬低于当地城市居民最低生活保障标准的,视同失业。

“就业人员”指男在16~60岁、女在16~55岁的法定劳动年龄内,从事一定的社会经济活动，并取得合法劳动报酬或经营收入的人员。其中，劳动报酬达到和超过当地最低工资标准的，为充分就业；劳动时间少于法定工作时间，且劳动报酬低于当地最低工资标准、高于城市居民最低生活保障标准，本人愿意从事更多工作的，为不充分就业。

我国目前公布的失业率实际上是城镇登记失业率。这一失业率的定义很明确，只包括城镇地区并且经过登记的失业人员。要求失业人员具备三个条件：有劳动能力、愿意就业、按规定进行了失业登记。近年中国城镇登记失业率一直处于小幅攀升态势。1999～2000 年，失业率一直保持在 3.1% 左右，2001 年升至 3.6%，2004 年、2005 年为 4.2%。2014 年为 4.1%。失业人数为 952 万人。

根据中国社会科学院 2002 年度《人口与劳动绿皮书》中的数据，中国城镇的实际失业率已经达到了 7% 的警戒线。与上述数字形成巨大差距的原因在于，目前公布的城镇登记失业率不包括未登记者的失业状况，也没有包括农村劳动力和农村进城务工的劳动力。

（二）我国失业保险制度面临的问题

1. 失业保险制度覆盖的范围小。大量的城镇企业下岗职工和农村剩余劳动力没有被纳入失业保险的范围之内。事业单位未按照规定全部参加失业保险，"漏保"比较严重。我国实际失业人口主要由三部分构成：城镇登记失业人口、城镇企业下岗职工和农村剩余劳动力。另外，还有少部分失业了却因为各种情况而没有进行登记的失业者，而官方统计的失业人口只包括城镇登记失业人口。

2. 失业保险制度不能很好地促进再就业。目前我国失业保险基金支出多是用于经济补偿，其促进就业的功能还不够。如 2014 年失业保险基金总支出约为 614.7 亿元，但用于职业培训和促进就业方面的支出仅所占比例明显较低。我国失业人口中大部分是受教育程度不高的人群，他们所掌握的技术水平较低，从原来的工作中得到的收入也不高，在享受与原工资额相差不大的失业保险金期间，他们寻找新工作的积极性会大打折扣。失业保险制度在促进再就业方面所起的作用较小。

3. 行业统筹仍然存在。其主要表现有：一是大型垄断行业实行行业统筹，而未按规定实行失业保险属地化管理原则。二是违反失业保险征缴比例，实行部分行业统筹，部分社会统筹。如某铁路系统以职工流动性大为由，按 1% 实行社会统筹，缴纳给地方失业保险经办机构，按 2% 实行行业统筹。

4."非因本人意愿"难以界定。这主要有以下三种情况:第一,由于就业不充分、企业处于半停产状态、工资太低等原因,"自愿"解除劳动合同的失业人员按规定不能享受失业保险待遇,而这又与设立失业保险制度的初衷相悖。第二,一些垄断行业实行"自愿"解除合同、获得高额经济补偿的人员,不应享受失业保险待遇,但在具体执行中考虑到社会稳定、行业利益等种种原因,经办机构仍违规为他们发放了失业保险金。第三,一般企业买断工龄、给予很低的经济补偿的解除劳动关系的失业人员,由于和企业签订了自愿解除合同的协议而丧失享受失业保险待遇的权利。

5.信息化程度相对落后。失业保险政策是集职工参保缴费、失业保险待遇申领发放、失业人员转岗培训和再就业于一体的完整制度体系,但由于信息化程度落后,很难实现预定的管理目标,致使不应享受失业保险待遇和隐性就业人员领取了失业保险金,造成了基金的流失。

6.行政执法力度不到位。由于社会保障经办机构没有行政执法权力,因此工作缺乏坚强后盾,稽核工作也难以执行。已参保企业欠费、少报、瞒报参保人数及缴费基数等现象严重。有些地方政府为招商引资,不惜以牺牲社会保障为代价,更助长了企业抗拒参保的行为。虽然有的社会保障经办机构与劳动保障部门、地方税务机关、工商管理等部门合作,但其效果并不太明显。

四、国外经验对我国的启示

(一)通过立法促进就业

凡是选择强制性失业保险模式的国家,其失业保险立法层次一般都是国家最高层次的立法,如日本的《雇佣保险法》,德国的《就业促进法》。但在我国无论是1986年国务院颁布的《国营企业职工待业保险暂行规定》,还是1999年初国务院颁布的《失业保险条例》都是以国务院颁布的条例形式出台的、非国家最高形式的立法。由于缺乏最高形式的立法,形成对违法行为追究不力,使强制性保险制度变为实际上的自愿保险。

立法需要明确劳动者的失业保险。失业保险的功能应当从以失业者的生活救济为重点转向以帮助失业者重新就业为重点。通过法律规范失业保险金的筹集、发放等,并与参加再就业培训相联系。要严格界定发放过程中的"非因本人意愿"、多次失业享受失业保险待遇等问题,为实际发放工作提供基本的政策法规依据,防止人为因素导致的不公平,并且使失业保险的给付与失业者失业前的收入保持合理的、科学的替代比例，使劳动者享受的失业保险待遇与个人的社会贡献适当挂钩，以做到权利与义务相统一，充分调动劳动者的积极性，实现社会安定及个人保障水平的提高。

（二）扩大失业保险的覆盖范围

失业保险制度作为社会保障制度中的一项重要内容，同样要体现其互济性、公平性的特点，对于劳动力市场上的就业者应当提供一视同仁的保险待遇。要建立不分经济类型和用工形式，凡是有可能失业的劳动者共同参加的失业保险制度。要按照发展非公有制经济、多种就业形式和逐步统一城乡劳动力市场的要求，把工作重点转移到这些领域和行业上来，把更多的劳动者纳入失业保险的体系中。要妥善解决职工在不同经济类型单位之间转换时的关系接续问题，保证失业保险的及时接续，防止参保资源流失。

（三）加大失业保险促进就业的功能

加大失业保险基金中用于就业促进的部分，将失业保险金的发放与参加就业培训相结合，失业保险在政策取向上从以生活保障为主转为以就业保障为主，重点做好失业人员的职业培训和再就业工作；失业保险金应定位为求职或培训期间的生活补贴；失业保险机构应着重做好培训和再就业工作，而不仅仅只是发钱。

失业保险期限应适当缩短，增强失业人员再就业的紧迫感；待遇给付标准与本人缴费工资挂钩，按本人缴费工资的一定比例领取失业金，体现劳动贡献的差异，也能增强缴费积极性。另外，对于中国大量出现的灵活就业人员，应该将他们纳入失业保险范围，可以先将在正规部门就业的灵活就业人员覆盖进来。

（四）发展职业教育和培训

首先，职业教育的发展必须与劳动力市场的需求相结合，培养市场上需要的具备一定劳动技能的人才。职业技术教育应当从我国实际国情出发，从专业设置、师资力量、教学管理等方面严格把关，使职业技术教育充分发挥为市场提供合格的技能性人才的功能。

其次，职业教育与高等教育相结合。高等院校相关专业与职业技术院校采取一定形式的合作，发挥各自的特长，采取联合培养的形式，使毕业生既具有理论知识，又具备动手能力，增强其竞争力。

再次,职业教育与企业内培训相结合。通过与职业技术学校的结合,企业可以依靠学校的师资和设备进行培训,可以提出特定的培训课程要求,由学校实施有针对性的培训。同时,学校也可以通过为企业实施的培训,掌握目前企业的真实需求,改进教学的内容和方法,让毕业生充分适应市场。

同时,将职业培训由原来的政府部门管理,转变为推向市场,主要依靠民营力量进行职业技术培训,这样,可以更好地面对劳动力市场。对下岗职工的再就业培训,由失业保险基金中出一部分资金,对他们进行费用的减免。政府部门主要通过审查办学机构的资格、监督收费的合理性来保证职业培训的良性发展。

(五)完善管理服务和信息化建设

要围绕帮助失业人员解决困难加强管理服务,保证其基本生活有着落,准备就业有帮助。要结合街道社区平台建设,将失业保险经办业务向基层延伸,充分发挥街道劳动保障工作机构在扩面征缴、申领登记、待遇支付等方面的作用。要把失业保险信息系统建设纳入"金保工程"和劳动力市场"三化"建设的总体安排中,完善就业信息公开发布制度,建立就业信息和劳动力市场变化的动态跟踪系统,并提供失业保险及相关的政策指导、法律咨询等综合信息服务。全面实现计算机管理和信息传送网络化,实现管理的规范化、信息化,服务的全程化、个性化,为企业和失业人员提供切实有效的帮助。

(六)规范基金的征缴和使用管理

严格执行政策法规对失业保险的参保范围、缴费基数和比例、待遇支付的规定,不能打任何折扣,确保各项制度的贯彻落实。要在失业保险基金的筹集使用、管理、调剂上下工夫,保证失业保险基金的支付能力不出问题。要进一步规范缴费基数,加强稽核,做到应收尽收,同时加大欠费征缴力度。要确保基金的安全,实现基金有足够能力应对任何情况,为失业保险制度的有效运行提供有力支撑。

(七)积极发展劳动密集型产业

对于我国这样一个劳动力资源极为丰富的国家,解决就业问题主要还要依赖就业岗位的实际增加。只有建立更多的吸纳劳动力的劳动密集型产业,才能避免未来更大规模的失业。发展劳动密集型产业与发展高新技术产业并不矛盾,我国大量的为国外加工、组装电子产品的工厂同时也是劳动密集型的。我国正在成为“世界工厂”，世界各国机械、汽车等大型企业纷纷将其生产基地转移到中国，这对我们正是一个极好的机会。

同时，我们不能忽视中小企业的发展，中小企业多数也是劳动密集型的。日本的中小企业在吸纳劳动力方面发挥了极大的作用。我国政府要积极鼓励中小企业的发展，为其创办、发展提供政策支持和税收优惠。

（八）鼓励灵活就业

灵活就业是指在正规形式就业之外的其他就业形式，主要是指在劳动时间、收入报酬、工作场地、保险福利、劳动关系等方面不同于建立在工业化和现代工厂制度基础上的、传统的主流就业方式的各种就业形式的总称。我们在日常生活中见到的或者是我们亲身体验过的保姆、自由撰稿人、小时工等均为灵活就业人员。这种就业形式多样、方式灵活，具有很大的发展潜力，容易开发出适合下岗及失业人员特点的就业岗位，对完成政府提出的增加就业岗位的目标作用巨大。有些地方政府（如上海市等）为此制定和实施了减免税费、优惠社会保险缴费、免费培训、低息贷款、综合保险等项优惠政策，降低了下岗失业人员的就业成本，为企业雇用这些人员提供了一定的经济激励。

本章综合案例

欧洲工作新趋势：延长工作日

法国允许雇主增加工作时间及薪酬，废除每周35小时工作制的决定，标志着数十年的趋势出现了逆转。在20世纪80年代到90年代，大部分欧洲国家削减了工作时间：德国将每周工作时间从40小时降为38小时，英国从40小时降为37小时，丹麦从39小时减少到37小时，法国从40小时减少到35小时。然而今天，当欧洲人在高失业率和停滞不前的生活水平中苦苦挣扎时，他们不得不工作更长一些时间以适应全球化。

德国最新的工资协议导致更长的工作时间，法国的行动就在德国政策变化之后。两国的不同之处在于，德国的工作时间虽然增长了，但是补贴报酬却毫无增长迹象。

西门子公司首当其冲，它将每周工作时间从35小时提高至40小时。巴伐利亚市政府将老年雇员的工作时间从38.5小时提高至40小时，年轻雇员的工作时间则增至42小时。戴姆勒—克莱斯勒公司将其研发中心的工作时间从35小时提高至40小时。此例一开，其他公司关于工作时间的谈判纷至沓来。

目前，2004年5月加入欧盟的东欧十国平均工资大约是德国工资水平的1/7，中国工人的工资是德国同行的1/25。差距如此之大，以致某些人认为参与竞争的努力无济于事。但是，由于德国生产效率要高得多，增加工作时间以有效削减人力成本的做法仍值得一试。这对欧洲其他国家而言树立了一个榜样。法国的下一步可能也是无薪延长工作时间。

更长的工作时间将促进经济增长。因为，如果人们工作时间越长，资本也就积累越多。除了全天24小时轮班的地方，延长人们白天的工作时间能提高资本利用率。因而，工作时间加长10%就像经济生产资本储备增加了10%一样，社会财富将有跳跃式增长，生产力将会即刻提高。

事实上，用媒体的术语来说，延长白天的工时将造就更高的就业率，因为它能在保持劳动力成本不变的情况下提高生产效率。

资料来源：中国劳动力市场网－网易出国频道，2005－05－13。

▶讨论：你认为延长工作日会对就业率产生什么影响？

本章小结

1. 本章介绍了就业与失业的概念、失业的类型、失业保险制度的概念、失业保险制度的类型（强制性失业保险、非强制性失业保险和失业救济），以及失业保险制度的建立和发展。

2. 本章比较了不同国家间的失业保险制度在覆盖范围、资金来源、给付水平、管理体制以及失业保险制度促进就业的规定等方面的异同，通过比较分析，可以发现问题，借鉴长处。

3. 本章介绍了各国保障就业制度的类型及各国促进就业的措施，对我国就业保障工作有一定借鉴意义。

4. 本章概述了中国失业保险制度的主要内容。中国失业保险制度已取得很大进展，但也存在着一些问题。借鉴国际经验，发展我国的失业保险制度是当务之急。

关键概念

就业　失业　失业保险　强制性失业保险　非强制性失业保险　失业救济

思考练习题

1. 简述失业保险的基本含义和类型。
2. 比较德国和日本的失业保险制度。
3. 举例说明各国保障就业制度的类型。
4. 举例说明各国促进就业的措施。
5. 你认为我国当前应当采取哪些促进就业的措施？
6. 简述我国失业保险制度的主要内容。
7. 国际经验对我国建立和完善失业保险制度的启示有哪些？

第八章
职业伤害保险制度国际比较

CHAPTER
8

学习目的与要求

通过本章的学习，要求理解职业伤害保险的基本含义与类型；了解职业伤害保险制度的历史演变与发展趋势；能对职业伤害保险制度在保险立法、保险范围、筹集方式、给付标准、管理方式等方面进行国际间比较，并分析几个有代表性的国家职业伤害保险制度的内容及各国的特点；掌握我国职业伤害保险制度现状；领会国际经验对我国的启示。

第一节　世界职业伤害保险制度介绍

一、职业伤害保险制度概述

（一）职业伤害保险的基本含义与特点

职业伤害保险又称为工伤保险或工伤赔偿保险，是指劳动者在劳动过程中遭受事故和职业病伤害，造成暂时或永久丧失劳动能力时，为保障劳动者获得医疗救治、经济补偿和职业康复服务的权利，促进安全生产和社会安定与发展的一种社会保障制度。工伤保险是社会保障制度重要的组成项目，是世界上最早推出的社会保险项目之一。

职业伤害保险相对于其他保险项目有自己的特点：

1. 职业伤害保险的强制性最强。职业伤害保险由国家立法强制执行，在一定范围内用人单位、职工必须参加，雇主必须对雇员的工伤负责。100 多年来，雇主负责工伤赔偿，并从法律上强制变成了一种习惯。

2. 职业伤害保险的保障性最强，实施范围最广泛，保险项目最多、最全面。凡是实行社会保险的国家，95% 都有工伤保险，而且工伤保险不仅仅是一次性的经济补偿，更重要的是对伤残、死亡者全过程的保障。工伤保险项目众多，要解决医疗期的工资、工伤医疗费、伤残待遇、死亡职工的丧葬、抚恤及供养直系亲属的生活待遇等。

3. 职业伤害保险在社会保险体系中待遇最优。参加职业伤害保险，个人不需缴纳保险费，但享受的待遇要比医疗、失业和养老保险都高。养老保险保障基本生活、失业保险保障失业者的生活，均带有救济性质，而职业伤害保险除了保障伤残人员的生活外，还要根据其伤残情况补偿其因公受伤的经济损失。

（二）职业伤害保险遵循的原则

工伤保险是在世界上出现最早的一种社会保险，各国有关工伤保险的立法也是最为完善、最为普遍的。各国实行工伤保险主要遵循以下原则：

1. 无过失责任原则。所谓无过失责任是指在各种工伤事故中只要不是受害者本人故意行为所致，就应该按照规定标准对其进行伤害赔偿。只要事故发生，不论雇主或雇员是否存在过错，无论责任在谁，原则上，受害者都可以受到赔偿，即无过错赔偿。

2. 损失补偿原则。工伤保险以减免劳动者因执行工作任务而导致伤亡或疾病时遭受的经济上的损失为主要目的。劳动者付出的不仅是经济收入损失，而且是身体与生命的代价。因此，工伤保险在确定给付待遇时应坚持损害补偿原则。

3. 个人不缴费原则。工伤保险费由企业或雇主缴纳，劳动者个人不缴费，这是工伤保险与养老、医疗等其他社会保险项目的区别之处。工伤是劳动者在创造社会财富时鲜血和生命的额外付出，所以理应由企业或者雇主负担补偿费用。

4. 严格区别工伤和非工伤原则。意外事故实行无过失责任原则并不意味着取消因工和非因工的界限。劳动者受伤害，一般可以分因工和非因工两类。前者是因执行公务，或在工作生产过程中，为社会或为集体奉献而受到的职业伤害所致，与工作和职业有直接关系。后者则与职业无关，完全是个人行为所致。严格区分因工和非因工界限，明确因工伤事故发生的费用，应由工伤保险基金来承担，而且医疗康复待遇、伤残待遇和死亡抚恤待遇均比因疾病和非因工伤亡社会保险待遇优厚。这样做有利于对那些为国家或集体奉献者进行褒扬抚恤,也有利于生产发展和社会财富的积累。因病和非因工伤亡的保险待遇要区别情况按照国家有关政策执行。

5. 预防、补偿和康复相结合的原则。为保障工伤职工的合法权益,维护、增进和恢复劳动者的身体健康,必须把经济补偿和医疗康复以及工伤预防有机结合起来。工伤保险最直接的任务是经济补偿,保障伤残职工和遗属的基本生活,同时要做好事故预防和医疗康复,保障职工安全与健康,促进社会安定和生产发展。

二、职业伤害保险的历史演变与发展趋势

进入工业化时代后,工伤成为以机器生产为基础的现代经济中难以避免的职业风险。据国际劳工专家的统计,全世界每年发生的工伤事故达2.7亿起以上,其中死亡约200万人,占全世界总死亡人数的5%。在住院治疗的病人中,有10%~30%的人是工伤受害者。因而,在世界上大多数国家,职业伤害保险制度比其他保险制度建立得更早,适用范围更广,保险的对象是从事经济活动的劳动者本人,但获取保险待遇的,往往不限于劳动者本人,还包括他们的家属。

(一)职业伤害保险产生的历史背景

职业伤害是大机器工业社会的产物。在工业社会以前,劳动者几乎全靠手工作业,因工致残、中毒、死亡的可能性很小,没有建立工伤保险的必要。进入工业社会,大机器生产和化学工业必然带来比农业和手工业生产更多的危险。现代工业机械化、自动化时代,提高生产率的同时,也增加了职业伤害发生的可能性。职业伤害还是缓慢释放而又波及甚广的环境危害的产物。各类职业病的发生,每年会导致大批劳动者丧失劳动能力,甚至失去生命。虽然职业病的发生率低于工伤事故,但其危害有时比战争带来的后果都严重。这样,随着资本主义经济的发展,工伤事故和职业病逐渐增多,职业伤害保险制度就应运而生了。德国于1884年制定了《工伤伤害保险法》,标志着以社会化为特征的工伤保险发展进程的开始。19世纪后半叶,由于各国相继进入工业化,工伤事故明显增加,受到伤害的劳动者也成倍增长,而受伤后的生活又无保障,社会问题日益严重,所以许多国家都纷纷效仿德国的做法,出台了工伤保险制度。如今,工伤保险在众多的社会保险险种中,不仅发展得最快而且最为普及。

(二)职业伤害保险的发展演变

按照发生职业伤害以后,赔偿责任由谁来承担,可以将职业伤害保险历史演变分为劳动者自己负责、雇主过错责任和雇主责任三个过程。

1. 劳动者自己负责。18 世纪英国经济学家亚当·斯密关于工伤及其后果曾有过这样的论述:给劳动者规定的工资标准,包含了对工作岗位危险性的补偿,因此,既然劳动者具有自愿与雇主签订合同的自由,也就意味着他们不是被迫接受危险工作岗位。换句话说,他们接受了补偿这种风险的收入,也就接受了这种风险。鉴于此,亚当·斯密做出结论:劳动者理应负担他们在工作过程中因发生工伤事故而蒙受的一切损失。这种强调工伤带来的收入损失由工人个人负担的理论,盛行于资本主义竞争时代,成了雇主推卸工伤责任的依据。亚当·斯密的这个理论也被称之为"风险承担理论",即工人接受工资标准时,也就同时接受了风险可能造成的收入损失。

2. 雇主有过失才赔偿。资本主义国家的物质生产日益发展,随之带来的工伤事故也日益增多,工人不堪其苦,奋起斗争。因此,曾经盛行的劳动者自己负责的理论遭到质疑,开始改行另一种所谓的"雇主有过失才赔偿"原则。按照该原则,劳动者的工伤只有因雇主一方的原因而造成时才给予收入补偿,如果纯系劳动者自己造成,则责任在劳动者身上,也就不可能从雇主身上得到任何的收入补偿。1871 年问世的《德国赔偿法》和 1880 年问世的《英国雇主责任法》,开始要求雇主对工伤应负赔偿责任。但是同时又规定,受伤害者(劳动者)负有举证之义务,否则雇主不承担赔偿责任。在此种情况下,劳动者同样难以得到应有的赔偿。

3. "补偿不究过失"原则。对实行社会保险的国家来说,职业伤害社会保险的显著特点,就是劳动者在从事经济活动以及与之有紧密关联的其他生产、工作时,若负伤、中毒、致残乃至死亡,不管责任出自何方,伤残者均有权获得收入补偿,而且法律也对此给予保障。这叫作"补偿不究过失"或"无责任补偿"制度,最初叫作"工人损失赔偿制"。职业伤害社会保险制度及"补偿不究过失"原则最早出自德国。

德国在 19 世纪 80 年代颁布并实施的第一批社会保险法中,就有职业伤害社会保险法,当时叫作《工人灾害赔偿保险法》。依照此法案,工人因工业伤害而负伤、致残、死亡,不管原因出自何方,雇主均有义务赔偿工人的经济损失。因此,"补偿不究过失"原则便盛行开来,迄今为止已成为职业伤害社会保险制度中一项铁的原则。现行各国职业伤害保险制度中,关于职业伤害赔偿责任的规定,都通行雇主单方责任原则和“补偿不究过失”原则。

(三)职业伤害保险制度的发展趋势

经过工人运动的推动和洗礼,工伤保险至今已成为发展最快且最为普及的社会保险的险种。根据国际劳工组织统计,到20世纪末,世界上近180多个国家建立了工伤保险制度。经历了一个多世纪的发展,世界各国早已形成了符合本国国情的工伤保险制度,其工伤保险的范围、补偿方式和补偿水准以及管理体制等都正趋向成熟和完善。

从世界各国职业伤害保险制度的实践来看,其发展趋势可以概括为以下四个方面:

1. 职业伤害保险制度的适用对象和范围日趋扩大。20世纪60年代以来,各国工伤保险的适用对象和范围迅速扩大,这与国际劳工组织的积极推动是分不开的。国际劳工组织一直建议各国要以社会保险代替雇主个人责任保险制度,从而使实行社会保险方式的工伤保险国家大幅度增加,适用对象也随之增加。目前,不少国家以法定形式规定,凡从业人数超过5人的企业,必须被强制加入工伤保险。因此,这些国家工伤保险适用对象的覆盖面很大,多数企业职工都能受益于工伤保险所带来的权益的保障。工伤保险的适用对象逐步扩大到非直接工伤和受雇人员之外。另外,工伤保险制度的适用范围不再如从前一样囿于工业上的意外事故,而是把因工作原因造成的职业病和非直接工伤事故(如上下班的意外事故)等均视为工伤。还有许多国家把参与红十字会活动或救援、抢险、防火、治安等公益活动中的事故也列为工伤事故。随着工伤保险范围的扩大,职业病范围也有所扩展。1964年国际劳工局公布第121号公约中列出了15种职业病;1980年又增加了29种。2010年共列出97种。此外,有些国家把自营业人员、学生、海员、受训人员和公务员都列入了工伤保险受保的对象。即使在发展中国家,工伤保险的限制也在减少,有权享受工伤待遇的人不断增加。

2. 补偿、预防与康复相结合仍将是职业伤害保险制度中的重要原则之一。在过去一个多世纪的实践中,工伤保险的立足点,一直是对因工受到伤害的职工及家属进行经济补偿。也就是说,补偿一直被视为工伤保险的中心和唯一的任务。但是,一些国家的实践证明,职业伤害保险向预防职业伤害事故领域发展,可以减少事故发生率和降低基金支付率。因此,工伤保险的立足点从以经济补偿为核心转为以预防工作为首位,成为工伤保险发展的趋势。20世纪70

年代起，工伤保险的康复工作被提上了日程。向受害者提供医疗康复和职业康复服务，是对受害者的损失更积极、更深层的补偿，于劳动者个人、家庭、企业和社会都有利。大部分国家设立工伤保险机构，开展工伤保险补偿、事故预防和职业康复工作。英国1964年颁布了工业培训法，此法使雇主重视伤残职工的劳动能力和再就业培训工作。英国政府要求企业按一定比例吸纳残疾人就业。按1944年残疾人就业法规定，雇用员工超过20人的私营企业，必须按3%的就业人数接受残疾人就业，如电梯工和露天停车场管理员等工作要求由残疾人担任。

3. 雇主责任保险向职业伤害社会保险过渡已成为国际潮流。据国际劳工专家统计，世界上实行职业伤害保险的国家中有66%实行职业伤害社会保险，有30%的国家实行雇主责任保险，只有5%左右的发展中国家实行混合型保险。可见，社会保险成为职业伤害保险制度的主流方式。

4. 职业伤害保险制度对工伤争议的处理工作越来越重视。各国职业伤害保险的经办机构在管理方面出现差错可以通过内部督察程序解决，有争议的可以向特别法院起诉。工伤争议处理难度大，除了涉及技术问题外，致残程度的鉴定、医疗问题等都需专门技术人员负责。

第二节　世界职业伤害保险制度比较

一、职业伤害保险的立法比较

为了减少纠纷、降低制度成本，大部分国家和地区都颁布了工伤保险法及相关的法规。由于工伤保险操作较为复杂，法律法规规定涉及很多行业，具体规定都非常具体、详细。

工伤保险作为国家立法，始于19世纪后期的德国，是由于资本主义大工业生产带来了大量伤亡事故和职业病，在强大的社会压力下建立起来的。1884年7月德国颁布了《工伤保险法》，这是世界上第一部专门涉及工业事故和职业病及其预防与补偿问题的法规。其主要有三项内容：预防、康复和待遇给付。在德国做出对工伤事故给予补偿的规定后，影响遍及整个欧洲乃至世界，其他国家纷纷仿效，建立了本国的工伤保险制度，颁布了相关法规（参见表8－1）。

表8－1　部分国家工伤保险立法概况

国家	首次颁布时间	相关立法
美国	1837年	1908年联邦政府颁布《美国联邦雇员伤害赔偿法》，后进行过修订；1956年对因工致残条款修订；1984年通过《伤残津贴改革法案》；1996年对工伤保险作了修订
德国	1884年7月6日	1911年7月19日颁布《德意志帝国保险法典》第三部 1925年5月12日颁布《职业病法》 1963年4月30日修订《职业病法》 1968年6月20日修订《职业病法》；1992年又修订该法 1996年5月联邦会议通过了新的《工伤保险法》
奥地利	1887年12月28日	1928年2月16日颁布《职业病法》 1933年1月9日颁布《联邦健康补贴法》，后又进行过修订 1955年颁布《社会保险法》，后进行过修订 1956年12月18日颁布《联邦医院法》及《联邦州医院法》，后又进行过修订
芬兰	1895年12月5日	1939年5月12日颁布《职业病法》 1948年8月20日修订《工伤保险法》 1988年12月29日再次对《工伤保险法》进行修订
英国	1897年	1992年《社会保险缴费与待遇法》及《社会保险管理法》，都对工伤及职业病保险做出详细规定
意大利	1898年3月17日	1929年5月13日颁布《职业病防治法》 1965年6月30日颁布第1124号修订法（DPR）
法国	1898年4月9日	1919年1月25日颁布《职业病法》 1946年12月31日对《职业病法》进行修订
瑞典	1901年	1976年法律中规定，自1977年7月1日起，工伤保险中包括工伤事故及伤害
比利时	1903年12月	1927年7月24日颁布《职业病法》 1970年6月3日修订《职业病法》 1971年4月10日修订《工伤保险法》
日本	1911年	1947年、1980年、1986年多次修订原有的立法，现行法律由《劳动基准法》和《工人事故补偿保险法》组成，1990年10月，确定长期疗养职工补偿待遇，1996年建立家庭护理赔偿支付制度

资料来源：孙树菡．工伤保险[M]．北京：中国人民大学出版社，2000．笔者进行了整理．

二、职业伤害保险范围比较

职业伤害保险制度建立初期仅包括工业上的意外事故,后来才把由于工作原因所造成的职业病及上下班路程事故等内容也包括进来。职业伤害保险的待遇也仅支付给那些靠工资收入从事有危险工作的人(即受保人范围)。

事实上,职业伤害保险(工伤保险)立法的价值和效益首先可以从其所包括的范围(实施范围)来评估,所以其直接的目的将是把范围扩大到所有的雇员,因为遇到职业伤害的工人没有享受到补偿的权利是不公平的。但这项制度即使在率先实施工伤补偿的发达国家,也还没有实现,而在那些发展此项工作较晚的发展中国家,要实现这一制度,则还需相当长的一段时间。

与职业伤害补偿的其他方面一样,补偿范围的扩大并非是一个国家经济发展水平的一种反映,这也许还显示出不同国家之间的差别,其中包括历史原因、物质障碍和技术性困难等各方面因素。表 8-2 比较了一些国家和地区职业伤害补偿(工伤保险)的保险范围。

表 8-2 职业伤害补偿(工伤保险)覆盖范围国际比较

洲际	国家和地区	覆盖范围	除外
亚洲	阿富汗	私营企业、合作企业、社会组织、合资企业及政府雇员	
	中国香港	所有雇员、居民(公共救助)	
	日本	下列自愿保险或特别制度未包括的所有工商业雇员:雇用人数不到 5 人的农业、林业和渔业的雇员,可自愿保险;海员和公共雇员实行特别制度,部分自谋职业者如司机、手工艺匠经批准也可参加	
	韩国	有 5 名以上雇员的工业公司的雇员;公共雇员实行特别制度	
	新加坡	所有体力劳动者,警察实行特别制度	家务佣工、临时雇工、家庭劳动者、月收入低于 1 500 新元的薪金雇员
	中国台湾	工业、矿业雇员;有 5 名及以上工人的种植园的雇员;挣工资的公共雇员;公用事业雇员;渔民;某些服务行业的自我雇佣者;领薪公共雇员和私立学校雇员实行特别制度	

续表

洲际	国家和地区	覆盖范围	除外
欧洲	比利时	雇员(包含临时工和学徒);公共雇员和海员实行特别制度	
	丹麦	雇员以及从事渔业和航运的自我雇佣者;因母亲怀孕早期从事的工作造成先天性的伤害或疾病者	
	德国	雇员、大多数类别的自我雇佣者、学徒、学生、幼儿园儿童以及家庭佣工;公共雇员实行特别制度	
欧洲	法国	雇员(普通制度约覆盖72%的雇员);职业教育学校学生;社会服务组织的某些非领薪成员;农业、矿业、铁路、公用事业和公共雇员以及海员、农业和非农业自我雇佣者,实行特别制度	独立劳动的手工艺者和自由者(在疾病保险项目覆盖之下)
	荷兰	政府举办的保险是强制的,年龄在65岁以下的所有工薪劳动者和部分自谋职业者必须参加保险;妻子和儿童也在受保护之列;丧失劳动能力者,失业人员和享受遗属年金者也被强制性参加保险;低于一定收入水平的人员自愿参加保险,并有权根据其收入进行缴费	
	挪威	雇员、挪威船舶或渔船上的工作人员以及挪威大陆架上永久或移动性设施上的工作人员(包括外籍人);学生和军人;自我雇佣者可自愿保险	
	英国	雇员	自我雇佣者、一些公共部门就业人员如军人等
	瑞士	所有雇员;自我雇佣者可自行选择参加;如果每周工作时间未超过12小时,保险范围只限于与工作(包括上下班路途)有关的伤害	
	俄罗斯	受雇公民、自我雇佣者、个体农民和学生、律师、文艺工作者、作家、自愿抢险人员、救火队员或类似的紧急救援人员;执行管理人员交办的任务、例行工作,或从事对本单位有益的工作而造成人身伤害的全体居民均可享受医疗保健	临时工

续表

洲际	国家和地区	覆盖范围	除外
非洲	喀麦隆	雇员(不包括公共雇员)、学徒、海员、技校学生和受培训人员,自我雇佣者可自愿参加保险	
	尼日尔	雇员、技校学生、学徒、生产合作社社员、商业企业的经理与董事、劳改犯人	
	塞内加尔	雇员、学徒、接受培训人员和技校学生;不包括在上述类别中的人员,可自愿保险	
北美洲	古巴	雇员和某些生产合作社社员,自我雇佣者和自由职业者	
	加拿大	工商业雇员(各省之间有某些差别);商业性航海人员和联邦公务员实行特别制度	家务佣工,职业运动员和体育俱乐部人员
	墨西哥	雇员(生产、农业和信用合作社成员),将逐步扩大到农业工人,小农业主,小商贩,林业、工业或商业合作社,自我雇佣者和家务工人,余者可自愿参保;石油工人、公共雇员和军人有各自的特别制度	
	美国	一般工商业雇员;大多数公共雇员	农业雇员(1/5 的州);家务佣工(1/2 的州);临时雇员(3/5 的州);雇员人数在 3 ~ 5 名以下的公司的雇员(1/6 的州)
南美洲	阿根廷	私营和公共部门的雇员	家务佣工
	巴西	雇员;公共雇员和军人实行特别制度	
	智利	雇员;政府工作人员;学生以及一些自我雇佣者	
	哥伦比亚	工商业雇员	

资料来源:孙树菡. 工伤保险[M]. 北京:中国人民大学出版社,2000:54 - 60.

三、职业伤害保险基金的筹集方式比较

(一)职业伤害保险的筹资原则

科学、合理地建立职业伤害保险资金筹集方式,能够最有效地保证“分散风险负担,补偿灾害损失”这一重要社会保险原则的实现,使劳动者遭受意外伤害和职业病时,不致因补偿给付不足而陷入困境,能够及时获得社会的帮助。纵观世界各国职业伤害保险制度,职业伤害保险筹资大多遵循以下原则。

1. 雇主缴费原则。职业伤害保险基金全部由雇主缴纳,劳动者不担负缴费义务,即工伤保险费只向雇主征缴,不向也不允许向雇员征缴。这和无责任补偿原则一样是国际上通行的做法,这一点不同于其他社会保障险种。由于职业伤害是在生产劳动过程中造成的,劳动力是生产的重要要素,劳动者为生产单位创造财富而付出了代价,所以用人单位,也就是雇主负担全部保险费。有些国家(如德国、日本等)规定也可以由政府给予适当补助。

2. 根据风险程度征收保险费原则。不同的行业在作业和操作过程中具有不同的危险程度,有些属于风险大的,有些则风险程度很小,与此相应,有些行业的工伤事故发生频繁、职业病严重,有些则不那么频繁,甚至没有职业病。鉴于此,职业伤害保险管理机构将在其保险范围内,根据各行业职业伤害发生频率分别计算危险率,划分若干危险等级,对不同危险等级的行业实行不同的缴费标准;并且,定期按照各行业实际发生职业伤害的情况重新算定危险率和危险等级,据此调整缴费标准。由此看出,雇主缴纳工伤保险费的标准既有差别性又有浮动性,这样既能使工伤保险基金由各雇主公平负担,又能促使雇主不断改善劳动安全状况。

3. 需求与可能均衡原则。与其他社会保险相比,职业伤害保险在待遇水平及项目方面要优厚得多,这是由职业伤害的特点所决定的。也就是说,一方面必须考虑对工伤保险津贴、恤金、工伤医疗和康复及职业病的需要,另一方面也应充分考虑用人单位(雇主)负担保险费的承受能力,不致因缴纳工伤保险费而被迫提高产品成本,影响企业的利润和竞争能力。

4. “以支定收,留有储备”原则。工伤事故带有很大的偶然性、突发性,难以准确预测,因此,职业伤害保险基金的筹集和运用要留有余地,留足储备,以防

备突发性、恶性事故发生对资金的需要。

(二)职业伤害保险基金筹集方式

目前,世界各国职业伤害保险主要存在雇主责任制和社会保险制两大类型。相对应地,对基金筹集模式的选择也有两种不同的思路。

1.雇主责任制下的工伤保险基金筹集方式。具体来说,雇主责任制下的工伤保险基金筹集方式有三种:

(1)企业自保。它是由政府立法规定企业对职工负责工伤赔偿的责任,并对工伤保险待遇的给付做出原则规定,但对待遇的标准并无统一规定,而是由用人单位在政府原则指导下,根据自身的经济赔付能力,自行确定待遇给付标准。劳动行政部门予以监督,如发生争议,可由仲裁机构或法院做出调解或裁决,所需经费全部由企业负担。

(2)由企业向商业保险公司投保。它是由政府立法规定强制企业开办职业伤害保险,由雇主负担全部费用。对于一些工伤风险较大,事故发生频率较高的行业,规定其必须向商业保险公司投保,而且由政府指定某些有较高信誉的保险公司承担工伤保险业务。通过这种“再保险”的方式,扩大了企业工伤保险基金的筹集范围,增强抵御风险的能力。

(3)征收工伤赔偿准备基金。它是由政府立法规定企业必须开办工伤保险,费用由企业负担,并指定商业保险公司承担“再保险”业务。在此基础上,为进一步增强保障能力,政府还强制性地向企业和承保的商业保险公司,征缴“工伤赔偿责任准备金”,以备企业或商业保险公司破产时,能够确保向职工支付工伤保险待遇。

2.社会保险制度下工伤保险基金筹集方式。社会保险制度下工伤保险基金筹集主要有两种方式:

(1)社会统筹。它是由政府立法规定企业必须参加职工伤害保险,按时足额向社会保险管理机构缴纳工伤保险统筹费用,在发生工伤事故时,由工伤保险管理机构负责工伤待遇的给付。企业应缴的统筹费用,全部由企业或雇主负担,职工个人无须缴费。基金一般采取“现收现付”的方式,当年提取当年支付。其原理是根据大数法则,在一定的范围内,预测各行业或地区综合性的工伤保险费用需求,在参加保险的企业之间实行合理分担,费用横向平衡调剂。职业伤害保险费一律在企业纳税前提取,筹集的保险基金免收税款,还给以优惠存储利率。

(2)政府规定统一的待遇项目与标准,企业自行支付。这种方式与雇主责任制的区别是，工伤保险的给付项目和标准由政府统一规定，企业无权更改。工伤所需开支费用由企业负担，计入成本，这是一种较低层次上的社会保险方式。

（三）费率确定的比较

工伤社会保险基金的提缴，大多数国家都是以企业职工工资总额为基数，按规定的比例缴费。在费率的确定上，主要有三种方式：

1. 统一费率制。它是按照法定统筹范围内的预测开支需求，与相同范围内企业的工资总额相比较，得出一个总的工伤保险费率，所有企业都按该费率缴费。这种方式是在最大可能的范围内平均分散风险，不考虑行业之间实际工伤风险的差别。目前世界上约有30%的国家采用此制度。

2. 差别费率制。它是对单个企业或某一行业单独确定工伤保险的提缴比例。差别费率的确定，主要是根据对各行业或企业单位实际的伤亡事故和职业病统计，以及工伤费用需求的预测而定。此种方式在工伤费用的分担上，对不同工伤事故发生率的企业、行业实行差别性负担，高风险的行业征缴高费率，体现公平性，并能促进其改进劳动安全保护措施，降低工伤赔付支出。目前世界上约有41%的国家实行此种费率确定制。

3. 浮动费率制。浮动费率制是在差别费率的基础上，每年对各行业或企业的安全卫生状况和工伤保险费用支出状况进行分析评价，根据评价结果，由主管部门决定该行业或企业的工伤保险费率上浮或下浮。一般做法是在差别费率实施的3~5年后，在合理评价确定调控指标的基础上，开始实行费率浮动，浮动幅度为原费率的5%~40%。

四、职业伤害保险给付标准的比较

一般来说，职业伤害保险补偿待遇包括：使受伤害者康复的医疗待遇和现金补贴；日常生活补助；伤残抚恤金等。有些国家将死亡保险另行规定。大多数的国家和地区职业伤害保险补偿待遇除定期补偿外，还有一次性补偿（一次性支付部分补偿或一次性支付全部补偿）。当定期补偿支付数额不大或主管机构核定该补偿的用途之后，可以将定期支付转变为一次性支付。一般国家对给付期都没有限制（参见表8-3）。

表8-3 部分国家和地区职业伤害保险待遇水平比较

国家	医疗待遇	暂时伤残待遇	永久部分残疾待遇	永久完全残疾待遇	死亡待遇
英国	按正常社会保障遗属津贴办法和国民保健服务计划支付	前28周与疾病津贴相同,28周后按永久残疾津贴支付	按残疾程度不同,每月19.06~85.77英镑不等。因伤残致使收入减少,每周发给收入减少津贴至多38.12英镑	残疾程度100%的,每周至多支付95.30英镑,从发生事故第15周开始支付。日常补助每周至多38.20英镑	遗属抚恤金:参照年金补助
美国	各州均规定,在需要时提供医疗保健	大多数州为收入的2/3,1/5的州对供养亲属有补助,多数州规定2~7天的等待期	按工薪损失的比例发给,若属规定的残疾类别,支付较短时间的全额抚恤金	大多数州支付金额占原收入的66.7%,有3个以上需供养亲属,增补助,最高为抚恤金的100%,有的还加护理补贴	抚恤金为收入的35%~70%,有子女的为60%~80%,另有丧葬费,各州不一
日本	因工负伤可享受没有时间限制的免费医疗	日平均工资的60%,20%的特别补助,抚恤金随每年工资变动而调整	可享受56~503天的工资和8万~65万日元的一次性补助	每年发给131~313天的平均工资,159万~342万日元补助,根据奖金基数计发特别补助	每年153~245天平均工薪,300万日元特别补助;丧葬补助:28万日元加30天工薪或60天工薪,选多者
德国	全部医疗保健、医疗器械费用免费	与普通疾病相同,前6周由雇主支付,之后由事故保险基金支付	丧失谋生能力20%及以上者,领取全额抚恤金的一定比例,领取金额和失能程度成正比	最近一年收入的66.7%,失能50%以上而无其他抚恤金者,补助基本抚恤金的10%,日常照顾补助每月526~2 100马克	遗属抚恤金:收入的30%~40%,孤儿:20%~30%,最高限额80%;丧葬补助:一个月收入,最低400马克
加拿大	普通医疗、外科治疗、护理、住院、药品、医疗器械	6个省为收入的90%,最低每周0~317.77加元,伤残次日起支付	根据残疾程度付给全额抚恤金的相应比例	最高限额每月1 687.5~3 162.5加元,某些省还有一次性给付,多数省为收入的75%或90%	抚恤金:每月550~3 153.84加元,另外一次性支付500~139 500加元,丧葬费:900~6 000加元

续表

国家	医疗待遇	暂时伤残待遇	永久部分残疾待遇	永久完全残疾待遇	死亡待遇
挪威	综合治疗、器械费用免费享受	按疾病保险中的现金补助支付，最长50周	残疾程度超过15%的，按抚恤金的一定比例支付，补助同普通残疾抚恤金，日常补助765~4 284克朗	完全残疾：抚恤金的100%	遗属抚恤金：同普遍遗属津贴 孤儿：同普遍遗属抚恤金
瑞典	与一般疾病保险规定相同	支付标准与疾病保险规定相同，每年随基数变动调整	残疾程度在1/15及以上的，按比例发给抚恤金，自动调整	100%残疾者，收入的100%	遗属抚恤金：孤儿是20%~40%；不能自理的遗属领取特别遗属抚恤金 丧葬费：工薪基数的30%

资料来源：孙树菡. 工伤保险[M]. 北京：中国人民大学出版社，2000：73－93.

五、职业伤害保险管理方式比较

世界上职业伤害保险的管理方式依国家政治性质、经济条件和历史传统等不同而有所差异，主要有以下三种方式。

（一）政府直接管理

典型的是日本、英国等国家。日本是由劳动省集中监督管理，通过都、道、府劳动基准和都、道、府、县劳动标准监察实施。英国是由卫生与社会保障部负责，通过地区和地方办事机构管理工伤保险费和补助金，国民卫生系统提供医疗补助。

（二）自治性协会管理

典型的是法国、意大利、德国等。法国是由社会和全国团结部颁布法规，进行一般监督，由全国疾病基金会在全国水平上管理工伤补助方案，疾病基金会支付补助金，由联合征收机构征集保险费。意大利则是由劳工社会福利部进行一般监督，全国事故保险协会通过省办事处管理工伤保险，由受保人、雇主、雇员和政府三方组成理事会管理，国民健康服务部门对医疗补助进行一般管理，另有基金会单独管理特殊工程的保险方案。德国则是由联邦劳动和社会部一般监督，事故保险基金会处理职业伤害保险业务。

（三）工会管理

典型的是匈牙利、苏联、保加利亚等少数几个国家。匈牙利是委托中央工会理事会社会保险总署部理事长，通过其他地方分支机构管理工伤抚恤金和其他补助金，并征收保险费；而医疗服务则会同公共卫生部门共同管理。新中国建立初期也是这种模式。

第三节　国外职业伤害保险实证比较

各国劳动者职业伤害的性质和后果相似，因此，每个国家的职业伤害保险制度的发展趋势在大原则基本一致的情况下，结合本国实际情况各具有特色。本节将介绍几个建立时间较长、制度较成熟国家的职业伤害保险制度。通过对这些制度设计的实证研究、借鉴，有利于完善我国职业伤害保险制度。

一、德国职业伤害保险制度

德国是第一个建立现代社会保障制度的国家，其工伤保险制度比较完善。工业革命后，为了社会稳定，俾斯麦政府根据1881年的《皇帝诏书》建立了社会保障制度的框架，其中就包含工伤保险。德国于1884年颁布了《工伤补偿法》，1885年成立了工伤保险经办机构——工伤保险同业公会。自建立工伤保险制度起，德国就把工伤保险管理的职能授予了独立于政府之外的同业公会负责。政府只负责制定法律，并在联邦、州政府劳动与社会福利部门设立工伤保险监督局，负责监督安全法规的实施并追究工伤事故的责任人。1992年修订《职业病法》，1996年联邦会议，通过新的《工伤保障法》。

德国的社会工伤保险实行全覆盖政策，所有的雇员和农民，甚至学徒、学生及儿童都被纳入法定工伤保险覆盖范围。不只在工作时间，连上班途中也属保险范围。目前，法定工伤保险已覆盖了德国总人口的近一半。

工伤事故保险费由雇主全额承担，实行差别费率。保险费率为雇员平均月收入的1.33%。费率由三个层次的差别费率共同确定：第一层次按行业划分，不同行业可能有不同的行业费率；第二层次是在行业内部确定的企业风险等级表；第三层次是补充风险等级，即对处于同一风险等级的企业，按照其事故发生率和安全生产情况建立起“奖”或“罚”的制度，这一制度使得处于同一风险等级的企业彼此之间缴费相差幅度可达25%。

在发生伤亡事故以及因职业病引起疾病或死亡时，投保者可要求支付保险赔偿金。赔偿项目主要包括医疗费、伤残补贴、养老金、丧葬费及亲属抚恤金。赔偿金由承办保险的合作社向个人支付，主要承担事故和职业病伤害的投保人的医疗费，给予致残者约为标准工资80%的伤残津贴。另外，还支付约为标准工资75%的伤残津贴等过渡补助，以支持事故受害者的转岗培训。当投保者丧失至少1/5的工作能力或身亡，本人或配偶、子女还可得到相应的养老金及抚恤金、丧葬费等。

德国的工伤保险制度将事故预防、工伤康复和工伤补偿结合起来，采取"三位一体"的工作方式。

一是事故预防。同业公会每年从工伤保险基金中提取大约15%的资金，用于事故预防。主要预防工作是：依法制定法规，规范安全要求，增加对企业的约束力；为企业提供技术咨询服务；深入企业进行监测检验，督促不符合要求的企业进行整改；进行预防性安全教育和培训工作。

二是工伤康复。其中包括医疗康复、疗养、安装假肢、护理和专业培训等。全国共有工伤医院13家，疗养院15家，职业病医院2家。

三是工伤补偿。投保者发生工伤事故后，同业公会支付受伤者或患病者伤病补助（相当于伤前工资水平）、医疗费用、康复费用等。除了为工伤职工和遗属提供现金补偿外，同业公会还以实物形式为他们提供服务，所需费用从基金中开支。这些服务有：为伤残者提供社会帮助，如护理服务；对他们的住所进行免费改造，以方便残障者使用；残障者免费取得残疾器具等。

二、英国职业伤害保险制度

英国是较早建立工伤保险制度的国家，1897年颁布了《工伤保险法》，1946年颁布了《国民工业伤害保险法》，该法与国民健康服务、家庭津贴计划和社会救济等项目一起构成了英国社会保障保护体系。1992年，《社会保险缴费与待遇法》、《社会管理法》都对工作和职业病做出详细规定。

英国工伤保险覆盖了所有在英国就业的有劳动合同的职工和学徒。一些难以订立劳动合同的自谋职业者如出租车司机，汽车、轮船驾驶员等，也被工伤保险所覆盖。临时性的工作人员，如家佣，以及一些公共部门的就业人员，如军人等，不在覆盖范围之中。

英国规定只有"由于就业引起的和在就业过程中发生的事故而造成伤亡

的"人员才有资格享受工伤保险待遇。由于提供证据困难,在实际运作上将"就业过程中的事故"也用"由于就业引起的事故"来代替。英国对上下班交通事故的规定较为严格。例如:只有在雇主提供的或经雇主认可的公共交通工具上发生的交通事故才被认定为工伤。

英国工伤保险津贴分为暂时伤残补助、永久残疾抚恤金、医疗补助以及遗嘱补助,以暂时伤残补助和永久残疾抚恤金为主。在工伤或职业病刚发生而且不严重的情况下,还不能确定受保人是否会永久丧失劳动能力的,因此首先提供短期待遇,其水平和管理都与疾病保险相同,即按照固定数额发放;受保人享受暂时伤残待遇 28 周后,如果仍未恢复劳动能力,将转入永久残疾待遇。有的工伤可以在较早或是发生事故时就确定为永久性劳动能力丧失,在这种情况下,受保人可以提前享受永久残疾待遇。对全部永久残疾者,每周津贴标准一般在 136.8 镑;对部分残疾者,根据伤残程度的不同实行不同比例的给付,其津贴标准为 19.05 ~85.77 英镑不等。因伤残转业而造成收入减少者,每周可以领取不超过 38.12 英镑的津贴。

工伤受害人从国民保险中得到的权益与因病、生育而暂时不能工作者相同,但他们可以通过其他的途径得到补偿,以体现作为工业伤害受害人的更大的权益。英国劳动法规定,发生工业伤害时,受害人有权从雇主那里得到民事赔偿。

英国没有单独的工伤保险基金,工伤保险待遇由社会保险基金支付。社会保险基金来源于雇主、雇员和政府三方。涉及工伤保险的管理机构包括工伤保险机构、工伤仲裁机构和司法裁决机构等。在医疗和伤残鉴定方面,还有由医疗人员组成的专门机构处理争议案件。

三、意大利职业伤害保险制度

意大利最初制定工伤保险法是 1898 年,现行工伤保险制度是依照 1965 年立法确立的。根据该法,工伤保险的现金补贴由全国工伤保险机构负责,医疗补贴由地方卫生机构负责。

意大利工伤保险并非适用全体劳动者。第一,适用行业只限于工业和农业,从事事务性工作的劳动者原则上不作为适用对象。第二,适用对象限定在危险作业(使用动力机械的作业、其工作本身是危险操作的,以及与以上工作相关的作业)和被保险劳动者(体力劳动者,危险作业监督人员虽不视为体力劳动者,但包含在被保险中)。

意大利工伤保险资金来源于受保人和雇主的缴纳,国家不负担。费率根据其行业的危险性和企业工伤事故发生率由全国工伤保险机构核定，劳动与社会福利部部长发布命令实施。

意大利工伤保险分为医疗补贴和现金补贴两部分。医疗补贴由地区卫生机构提供，支付的主要内容包括综合医疗、内科、外科、住院治疗费和填充器具的提供。现金补贴的发放对象是被保险者及其遗属，其种类有：①对暂时性完全丧失劳动能力的，从工伤第四天起，对整个连续不能从事劳动的时间段支付歇业补偿津贴。其数额，前 90 天为平均报酬的 60%，从 91 天起为平均报酬的 75%。平均报酬以工伤前 15 天的本人平均收入为基数。②对永久丧失劳动能力的，以年金形式支付补贴。丧失劳动能力程度 11% ~64% 的，年金替代率为原工资的 5.5% ~62.7%；丧失劳动能力程度为65% ~100% 的；年金替代率为原工资的 65% ~100%；完全丧失劳动能力的，在全额支付年金的基础上，每月还可以领取 25 万里拉的护理费，但此费用只限需要护理的重度残疾者。③工伤死亡者的配偶及遗孤，可以享受遗属年金。死者的配偶直至去世或再婚时可领取相当于死者死亡前年收入 50% 的年金，再婚后仍可一次性领取 3 年的遗属年金；死者未满 18 岁的遗孤，可领取 20% 的年金（双亲不在世的，可领取 40%）；死者既无配偶也无子女的，受其抚养的双亲可分别领取 20% 的年金，直至去世；死者抚养的兄弟姐妹也可以分别领取 20% 的年金以及安葬费 1 163.4 欧元。同时，法律还规定遗属年金支付总额不得突破被保险人生前工资水平。遗属年金的核定基数是工伤保险受保人受害前 12 个月的实际工资总额。

意大利的劳工与社会保障部负责一般监督管理；全国事故保险协会通过省办事处负责管理工伤保险；由以上三方组成的理事会负责管理有关工伤事宜；国民健康服务部门对医疗补助进行一般管理。特殊工种保险方案，另有基金会单独管理。

四、新加坡职业伤害保险制度

新加坡制定工伤补偿法的目的是为遭遇工作事故灾害的人员（不管其有无过错）提供准确、及时合理的收入补偿、医疗待遇或为其受供养的遗属提供收入待遇。如果由于工作原因以及在工作过程中发生的事故，造成工人死亡，其遗属可以要求补偿。受伤职工本人可以享受伤残待遇，重伤死亡的补偿金支付给遗属。如果死亡者没有继承人，补偿金归“工人基金”所有。

新加坡的工伤补偿法覆盖范围是任何与雇主签订了劳务合同或存在学徒关系的工人，主要指体力劳动者和月收入不超过 1 600 新元的非体力劳动者。

新加坡工伤补偿法规定的工伤情况有以下几种：①工人在上下班途中乘坐雇主驾驶的或代表雇主驾驶的机动车所遭受的交通事故伤害，且该交通车不属于公共交通用的。②从事雇主同意的工作时，为了避免人身、财产伤害而受伤。③为了雇主的利益，工人违反规章或没有得到雇主同意时遭遇事故。④居住在新加坡，被本地雇主雇佣在新加坡以外工作时发生的事故。

新加坡职业伤害保险为雇主责任补偿，即由于工作原因造成工伤事故的，雇主应承担补偿责任。受雇主指派临时性为另一雇主工作，发生工伤时由原雇主负责工伤补偿责任。如果公司向保险公司投保，其投保条款明确保险公司承担雇主所有的工伤补偿责任，保险公司就应像雇主一样承担工伤补偿责任。每一雇主必须按照保险法为工伤职工支付补偿，不参加工伤保险的雇主必须经劳动部同意。如果雇主在保险期间破产，工人可以直接向承保的保险公司申请补偿。

企业发生工伤事故后，雇主要提交事故报告，劳工部工伤补偿局接到事故报告后，要进行检查并对工伤类型进行分类。事故报告的要求是：死亡事故，在死亡 10 天以内报告；住院 14 天以上的，在事故发生的 18 天以内报告；住院 14 天以内的，在事故发生日至次月 15 日前报告。发生事故后，工人必须尽快向雇主报告，并进行治疗，根据工伤补偿法要求的表格填表，交到劳工部工伤补偿局。没有按要求填写表格的，可能会失掉工伤补偿的权利。

工伤职工既可以根据工伤补偿法申请工伤待遇，也可以通过民法获得民事损害补偿，只能两者选择其一享受待遇。如果工人发生工伤事故的原因是由于同事行为造成的，受伤害职工可以根据民法起诉这位同事，也可以根据工伤补偿法要求雇主补偿，二者只能择其一。

小案例

新加坡劳工部：工作时病发身亡应获工伤赔偿

健康不佳的 58 岁司机纳拉亚萨米工作时心脏病暴发去世。这究竟该归为年老体衰，还是工伤意外？纳拉亚萨米的亲属是否可以获得工伤赔偿？

高庭司法委员日前在审理这起案件时裁决，只要是因工作致伤，无论员工是否有病历，又或者在离开工作岗位后才出事，都可获得工伤赔偿。

高庭是针对职总英康保险合作社的一起上诉做出上述判决的。

英康保险合作社上诉失败

司机的亲属原本获赔87 360元,但职总英康保险合作社和司机雇主认为这不是工伤意外,到高庭提出上诉。

本案死者是纳拉亚萨米,其生前是亚洲培训服务私人有限公司的旅游巴士司机,工作职责包括载送指定航空公司的机舱服务员往返酒店和樟宜机场,并且帮忙把行李搬上或卸下巴士。

2004年3月4日凌晨,纳拉亚萨米照常开工,驾驶巴士往返酒店和机场几次。出庭供证的证人说,在机场,纳拉亚萨米在搬动行李时说身体不适,于是他帮助纳拉亚萨米将一些行李搬上巴士。

证人说,几个小时后,他再次见到纳拉亚萨米。纳拉亚萨米从巴士卸下一件行李时,突感呼吸困难。救护车到场将他送入医院,但他在当天凌晨4时30分去世,死因是心脏病暴发。

根据工伤赔偿法令,员工如果因工作受伤,可向雇主索赔,雇主也有赔偿责任。

死者亲属向人力部索赔,但后者认为死者不是因工作身亡,不能获赔。死者亲属向劳工副总监上诉,结果得知,获赔8万余元。

不过,职总英康保险合作社认为,死者的死跟工作无关,在工作时心脏病暴发"纯属巧合"。于是死者的公司和职总英康保险合作社,向高庭提出上诉。

主审高庭司法委员梅达顺听审后,维持劳工副总监的决定。

根据判词内容,证据显示死者事发前正进行粗重的工作。多数时候,他都是一个人搬动行李,每一趟通常载送15~20名机舱服务员,每一人至少有两件行李,每件重10~30公斤,甚至更重。

医药报告也显示,死者生前心血管严重阻塞,也曾经心脏病暴发,身体状况欠佳。

法医供说,以死者生前的身体状况来看,就算是睡觉时也可能病发。上诉公司的代表律师指出,既然如此,做出粗重的工作是导致死者病发的结论是没有根据的。

究竟死者是因为年老体衰而病发,还是因工作身亡?

司法委员指出,事发时,死者正在进行粗重的工作,这是毋庸置疑的。法医也供说,如果死者事发前搬动多件行李,这种体力的劳动可能触发心脏病。

司法委员认为,基于此,这并非一起因年老体衰而身亡的案件。

工作劳累导致病重或加速死亡

司法委员:可列为工伤意外。

司法委员引用死者亲属代表律师提出的判例说，如果证明员工是因为工作上的劳累导致病况加重或加速死亡，这可列为工伤意外。

司法委员说："何时致伤并非关键，就算员工的伤势是在他离开工作地点后才显现。证据清楚显示死者因为工作时的体力劳动触发心脏病，不管他当时的病况如何，他肯定预料不到自己这么做会丧命。"

摘自：邹美琳．联合早报，2006－12－18。

五、美国职业伤害保险制度

美国工伤保险制度在发达国家中起步较晚，是在1906通过立法确立的，以后又经过多次修改，得以不断发展和完善。工伤保险是美国社会保障制度中一个重要险种，又称工人补偿。该保险是强制保险，国家以立法形式强制雇主必须对雇员的工伤事故负责。

工伤保险对象主要是工薪人员，覆盖了大约工薪阶层的87%。工伤保险主要内容是：为因工受伤或患有职业病暂时不能工作的职工提供医疗和收入损失补偿；为因工受伤造成残疾、死亡的职工及其遗属按月发放津贴；费用完全由雇主承担。

赔付工伤待遇所需费用全部由雇主一方负担，工人和国家不承担费用。雇主逐年投保，保费按工资总数及规定的不同工种的费率计算，并计入企业生产成本。美国工伤保险费率是按行业划分的，与企业所属行业的伤害频率和安全考绩有关。工伤保险费的收取根据支出确定，通常，各企业的工伤保险费率参考企业工伤事故率和事故程度确定。

工伤赔偿实行"无责任赔偿"原则，即雇工在生产过程发生伤、残、死亡事故，无论责任在雇主或雇员，都应依法由雇主给予受伤害者经济赔偿。

美国联邦政府和各州的工伤保险制度相对独立。联邦政府主要针对特殊群体制定了工伤保险制度。美国各州工伤保险制度除了新泽西州和得克萨斯州是选择性参保以外，其余48个州均要求强制性参保。各州工伤保险法均规定了3~7天的等待期。工伤保险补偿包括医疗护理和现金补偿两种。现金补偿根据伤残持续时间和伤残严重程度的情况确定，工伤保险待遇标准大致占本人工资的66.6%。

工伤赔偿包括医疗费用、薪金赔偿、肢体伤残赔偿及抚恤金。其中医疗费用包括治疗、药品、住院、康复和假肢等费用。薪金赔偿约为雇员工伤前工资的2/3，这部分待遇不用缴税。薪金赔偿从工伤后第二周开始支付。加利福尼亚州规定,暂时伤残赔偿待遇最高,每周最高可达336美元;康复期赔偿待遇水平较低,每周最高可达288美元;长期残疾者赔偿待遇水平最低,每周至多为148美元。因伤残一年后还不能上班,可同时申请联邦政府的伤残保障金,但各项相加不得超过本人原工资的80%。肢体伤残赔偿根据肢体永久性伤残部位给予赔偿。抚恤金可由工伤死亡者供养的家属(遗属年薪在3万美元以下和年龄在18岁以下者)得到。抚恤金各州规定不一,有的州规定一次性支付,有的州规定长期支付。根据美国一般工伤补偿法规定,一般情况下伤残抚恤金支付数额为:对于遭受终生全身伤残的雇员应付给其现在每月报酬的2/3。

工伤赔偿的支付期限因工人伤残程度不同而不同。比如,失去胳膊抚恤金支付期为280周,失去腿抚恤金支付期为248周等。

为了减少工伤事故,确保安全生产,美国非常重视工伤预防工作,通过加强职业安全卫生立法,颁布并严格执行职业安全卫生标准等措施,来实现工伤预防的效果。

第四节　国外职业伤害保险经验对中国的启示

一、中国职业伤害保险的概况

我国的职业伤害保险制度在新中国建立初期就开始设立,1951年国务院颁布实施《劳动保险条例》,这是一部包括工伤、死亡、遗属等社会保险问题的全国性统一法规,是我国职业伤害保险制度开始实施的起点。1957年2月,卫生部制定和颁布了《职业病范围和职业病患者处理办法的规定》,确定了14种法定职业病,其后多次增添病种。1986年卫生部开始对职业病范围进行修订,1987年由卫生部、劳动人事部、财政部和中华全国总工会联合公布,确定了9类共99种法定职业病。针对我国原有工伤保险制度存在的问题,政府有关部门和理论界经过多方论证和试点,于1996年发布了《企业职工工伤保险试行办法》(以下简称《试行办法》)。《试行办法》首次将工伤预防、工伤康复和工伤补偿三项任务结合起来,对沿用了40多年的企业自我保障的工伤福利制度进行了全面改革。工伤保险作为一种相对独立的制度,加以体系化、规范化,表明我国的工伤保险制度建设已进入一个崭新的阶段。1996年3月,原国家技术监督局颁布了《职工工伤与职业病致残程度鉴定》。这两个文件的实施,表明我国工伤保险制度改革已取得初步效果。

我国在接触职业危害人数、职业病患者累积人数、死亡人数和新发病人数几方面均居世界首位，每年因各种事故导致非正常死亡人数达10万多人，工伤致残有几十万人，工伤事故和职业病严重威胁着广大劳动者的健康和生命，进而影响到工伤职工就业、经济收入和家庭生活，因此，迫切需要建立健全适应市场经济体制，实现社会互济的工伤保险制度。2003年4月27日，国务院总理签署通过了《工伤保险条例》（以下简称《条例》）。该《条例》自2004年1月1日开始施行，取代1996年的《企业职工工伤保险试行办法》。自此，工伤保险成为我国社会保险体系中适用范围最为广泛的险种，劳动者的职业安全由此得到更为广泛有力的保护。这是我国社会保障法制建设过程中具有里程碑意义的大事，对于保障我国职业伤害职工的合法权益、促进经济发展、保障社会稳定具有十分重要的意义。

《工伤保险条例》与以前的工伤保险试行办法相比，具有如下几个重要变化。

（一）扩大了覆盖范围

《条例》第二条规定：中华人民共和国境内的各类企业、有雇工的个体工商户（以下称用人单位）应当依照本条例规定参加工伤保险，为本单位全部职工或者雇工（以下称职工）缴纳工伤保险费。中华人民共和国境内的各类企业的职工和个体工商户的雇工，均有依照本条例的规定享受工伤保险待遇的权利。有雇工的个体工商户参加工伤保险的具体步骤和实施办法，由省、自治区、直辖市人民政府规定。

（二）扩大了工伤保险所覆盖的事故范围

在《条例》的第三章，规定了认定工伤和视同工伤的10种情况，比以前规定更加明确、精细，范围扩大。比如：上下班途中遭遇车祸，原来不但要考虑职工是不是在上下班必经之路上出了车祸，同时还要考虑谁的责任。《条例》取消了这一很难界定的环节，即职工只要是“上下班途中遭遇机动车事故伤害的”均可认定为工伤。

（三）有关工伤认定和补偿的问题更加明确

比如，设立劳动能力两级鉴定机构，即区（县）劳动能力鉴定委员会和市劳动能力鉴定委员会；明确伤残复查鉴定的时间，即距上次鉴定1年后，工伤职工在伤情发生变化时，可申请复查鉴定。再比如，工伤津贴不低于最低工资，一次性伤残补助金、伤残津贴、护理费自劳动能力鉴定委员会做出结论的次月起开始支付。1~4级工伤职工伤残津贴扣除个人缴纳的社会保险费后，实际领取金额低于本市最低工资标准的，用人单位参加工伤保险的，由工伤保险基金补足差额；用人单位未参加工伤保险的，由用人单位支付。

(四)规范了工伤保险的操作程序

对工伤保险操作程序的规定，使得工伤保险制度实施特别是管理更加科学合理。

这些新的变化，增强了工伤保险制度的强制性，有力地保障了职工利益，实现了稳定社会的功能。

自2004年《工伤保险条例》正式实施以来，我国的工伤保险新增参保人数连续3年每年超过1 500万人。2006年全国工伤保险参保人数首次突破1亿人，成为继养老保险、医疗保险、失业保险后又一个参保人数过亿人的社会保险险种。2011参保人数为14 317万人，工伤保险基金收入规模也达到1 923亿元。享受待遇人数超过197万人。此外，农民工"平安计划"取得明显成效，农民工参加工伤保险工作取得显著进展，截至2006年11月底，参保人数达到2 473万人。2006年劳动和社会保障部将安全生产形势严峻、工伤事故高发的煤矿企业参加工伤保险作为实施"平安计划"的重点，明确了大中型煤矿农民工全部参加工伤保险的工作目标。①

二、中国职业伤害保险的最新发展

2015年7月22日，人社部和财政部联合下发《关于调整工伤保险费率政策的通知》，明确从2015年10月1日起，根据不同行业的工伤风险程度，将行业工伤风险类别划分为一类至八类，同时确定行业差别费率及其档次。

2016年1月30日，北京市人社局、市财政局联合发布通知，调整北京工伤保险费率，基准费率由原来的0.5%至2%调整为0.2%至1.9%。同时，工伤保险行业类别，也按工作风险程度，由原来的划分为3类细化到8类，使工伤保险费收缴工作更加科学合理。新的费率于2016年7月1日起实施。

---

① 来源：北京商报，2006－12－29.

小案例

“特殊职工”工伤后如何维权

退休返聘期间因工受伤应当享有工伤待遇

[案例] 张某是一名退休工程师。2005 年 5 月,他收到单位寄来的返聘书,便返回单位工作。同年 7 月,张某在外出开会途中不幸遭遇车祸,身受重伤,治疗费用高达 10 余万元。肇事司机逃逸,至今下落不明。张某认为,他在履行工作职责过程中所受伤害应为工伤,要求单位报销医药费。而张某所在单位认为,张某为退休人员,不享有工伤待遇。张某不服,向法院提起诉讼,要求单位报销医疗费用。

[法官说法] 退休人员不属于在职职工的范畴,但被用人单位聘用期间,形成一种“特殊劳动关系”,是事实劳动关系。张某与单位虽未签订书面劳动合同,但只要具备其他方面条件,如劳动者已成为用人单位成员、已形成较为稳定的工作关系、用人单位为劳动者定期支付报酬和社会保险金、劳动者享受用人单位的福利待遇等,就应该认定劳动者与用人单位形成了事实劳动关系。

根据《关于贯彻执行〈中华人民共和国劳动法〉若干问题的意见》第二条规定,中国境内的企业、个体经济组织与劳动者之间,只要形成劳动关系,即劳动者事实上已成为企业、个体经济组织的成员,并为其提供有偿劳动,适用《劳动法》。

实习生操作机器被轧伤　用人单位要担责

[案例] 小李是某院校在校学生,暑假期间在一公司实习。工作期间,他操作机器时不幸被轧伤。小张出院后,认为自己应享受工伤待遇,便要求公司承担自己的医疗费用。公司则称,实习生不属于工伤赔付对象,实习是公司提供给学生学习、积累经验的机会,再说双方之间未签订劳动合同,故不应承担责任。

[法官说法] 实习大学生不属于《劳动法》上所指的劳动者范围,因为相关法律法规对劳动者的年龄、学历、是否纳入就业保障范围都做了明确的规定,而在校学生并不具备这些劳动者的条件。因此,实习大学生在工作中受伤,劳动保障部门一般不予认定为工伤。但学生与使用单位之间已形成劳务关系,实

习单位有义务给实习生提供安全的实习场地，尽到安全警示及防范义务。

因此，若大学生在实习期间因工受伤，可起诉到法院，要求适用《合同法》等民事法律来判决实习单位承担相应的民事赔偿责任。

借调人员借用期间手骨折　借出单位要负责

［案例］　王某是一家电子公司的司机，今年5月被借调到另一家刚刚成立的合资企业工作。为此，王某原单位与这家合资企业签订了借调协议，约定：电子公司将王某借用给合资企业，借用期为半年，工资由合资企业支付。

2005年8月，王某在修理汽车时发生工伤事故，被汽车挤伤右手，造成右手粉碎性骨折，经医院检查治疗，右手感染坏死，腕关节截肢。出院后，王某要求合资企业支付治疗的费用和享受其他伤残待遇。合资企业答复称，原借用协议中只规定借用期间支付工资，没有约定工伤保险事项，伤残费用应由原单位支付。王某又找到原单位，原单位又称，王某是因从事合资企业工作受伤，应由合资企业承担工伤保险责任，支付其工伤待遇。

［法官说法］　一般说来，职工借用期间，借用和借出单位双方应签订借用协议，对借用职工的工资、社会保险及其他福利待遇等事项进行明确约定。

如果双方对工伤保险待遇未作约定，根据《工伤保险条例》规定，职工被借调期间受到工伤事故伤害的，由原用人单位承担工伤保险责任，但原用人单位与借调单位可以约定补偿办法。这主要是因为被借调职工的劳动关系在原用人单位，原用人单位承担缴纳工伤保险费的责任，且被借调职工的工资、履历等与工伤保险有关的档案资料，一般也都由原用人单位保管。

维权提醒

1. 注意搜集证据。从维护自身利益出发，劳动者在找工作时，应尽量与单位签订书面劳动合同。如果迫于生存压力，只能到不愿签订劳动合同的单位工作，平时就要有目的地收集与用人单位存在劳动关系的证据，如盖有单位公章的工卡或工作证、考勤表或考勤卡、有单位名称的工资表或工资条等。多一份证据就多一份把握，维权也就多一份胜算。

在某些特殊的伤害，如交通事故或暴力中受伤，不要盲目私了，要及时报案，注意收集事实证据。

职工或者其直系亲属认为是工伤，用人单位不认为是工伤的，由用人单位承担举证责任。

2. 把握工伤认定时效。根据《工伤保险条例》规定，若用人单位未按规定提出工伤认定申请的，工伤职工或者其直系亲属、工会组织在事故伤害发生之日或者被诊断、鉴定为职业病之日起1年内，可以直接向用人单位所在统筹地区劳动保障行政部门提出工伤认定申请。职工逾期未提出工伤认定申请的，则无权申请工伤认定。但这并不排除受伤职工依据其他法律规定，请求赔偿。

3. 备齐工伤认定材料。根据《工伤保险条例》规定，职工在提出工伤认定申请时，应该提交的材料包括：①工伤认定申请表，包括事故发生的时间、地点、原因以及职工伤害程度等基本情况；②与用人单位存在劳动关系（包括事实劳动关系）的证明材料；③医疗诊断证明或者职业病诊断证明书（或者职业病诊断鉴定书）。

4. 通过诉讼获得赔偿。若由于种种原因，劳动者无法通过工伤认定来维护自己的权益，还可以通过诉讼要求用人单位承担相应的赔偿责任。

资料来源：中国劳动保障，2006(1).

三、国外经验对中国职业伤害保险制度的启示

《工伤保险条例》的颁布，标志着我国职业伤害保险制度趋于成熟，但并不是完美无缺的，还需要继续发展。职业伤害制度建立已经有 100 多年，学习世界各国职业伤害保险制度，总结它们的经验，结合我国国情，以尽可能小的成本完善制度。国外经验对我们的启示有：

（一）充分发挥中介组织和社会团体在行业安全管理中的作用

要充分发挥中介组织和社会团体在行业安全管理中的作用。德国同业公会并不是政府机构，它实质上是个社团法人，但它又不同于一般的社会团体而具有公共管理部门的性质。它的权利职责与义务由国家法律规定，其管理运作受联邦劳动和社会秩序部监督。同业公会依法向企业征收保险费用并实行职业安全卫生的监督检查，它与企业之间具有管理性质。但在资金运作上，它建立了独立保险基金，不受政府领导。因而，对政府而言，它又是一个自治组织。同业公会在行业管理中，忠实于代表会员（即雇主）和受保者（即雇员）双方利益的原则。自主管理的民主原则是防止官僚主义和提供有效服务的预防剂。我国实行的工伤保险制度管理以往由各产业部负责，随着各产业部的撤销，职业安全卫生的行业管理需要采取新模式。事实证明，强有力的职业安全卫生行业管理是必须的。充分发挥中介组织和社会团体的作用，授它们以权限，给予政策扶持，使它们融合企业和职工的利益，将双方共同关心的职业安全工作

搞好。

(二)重视职业伤害保险的经济杠杆作用

要重视职业伤害保险的经济杠杆作用。差别费率制有利于督促企业(雇主)重视安全预防,通过向企业收缴不同费率的保险费用来刺激企业搞活职业安全卫生预防和控制工作。差别费率的计算依据一般是企业或作业区职业病或事故的风险水平、企业支付给员工的工资和奖金的额度、事故的严重性和费用,由此决定增加或减少缴费。风险等级制度对每个企业的缴费作了公平的计算,高风险行业的雇主必须支付较高的费用。增加或减少缴费则根据实际发生的事故来计算,对企业职业安全卫生工作的这种奖励是直接的财政利益。我国的职业安全卫生监督管理着重于行政处罚和教育,这种方式进入市场经济之后,由于多种经济成分的企业出现,对企业主的行政处罚和教育已经失去了效力。由于工业生产事故风险的必然性、偶然性,我们还不能完全采取法律手段。根据企业生产追求最大利润的原则,将工伤保险费用列入企业的生产成本,迫使企业主注重职业安全卫生,以降低费率,节省费用支出,这种符合市场经济规律的做法,值得我们学习借鉴。

(三)重视工伤预防和康复工作

要重视工伤预防和康复工作。要将工伤预防、工伤康复和工伤补偿结合起来,在事故发生前重视预防,在发生工伤或职业病后,提供最好的治疗,并选择最有利于雇员职业康复和社会康复的医疗方案。从经济上说,及时、恰当的治疗和康复,所花的费用比今后的补偿要少得多。虽然我国企业早就建立了工伤预防制度,但各个单位对此的重视程度不够,有些规定形同虚设。今后应该加强对预防措施的监督检查。完备的预防措施不仅可以减少工伤保险费用支出,产生经济效益,同时也能带来巨大的社会效益。

职业伤害保险制度是社会保障体系重要的、不可或缺的组成部分,是我国建立社会主义市场经济条件下保障工伤职工基本权益的重要措施,是维护社会稳定,促进企业公平竞争和安全生产的重要条件,同时也是一个国家整体文明程度的重要标志。作为社会主义国家,我国更应该完善职业伤害保险制度。通过学习了解国外职业伤害保险制度,借鉴它们的经验教训,以求尽快建立适合我国实际情况的职业伤害保险制度。

本章综合案例

英国煤矿严格管理　换来矿工多年零死亡纪录

英国国家煤炭博物馆大厅的墙上写着这样一句话：矿工曾是这个国家最危险的职业之一，火灾、水灾、爆炸和塌方随时都在威胁着他们的安全。

博物馆的资料室给出了这样一组数字：19 世纪 60 年代，英国每年每 200 名煤矿矿工中就有 1 人死亡；20 世纪初，每 600 人中有 1 人死亡；20 世纪 50 年代，每 1 000 人中有 1 人死亡。

问及英国煤矿现在的安全情况，恰好前来博物馆参观的一位老矿工说：“现在，英国煤矿每年死亡的矿工人数为零。2005 年为零，2004 年为零，2003 年为零，2002 年为零……”这位叫艾沃 · 布朗的“老煤矿”年逾七旬，在谈到连续多年死亡事故为零的纪录时，他认为，关键是管理。

曾经下过井、后来又多年从事煤矿安全监管的布朗说，1947 年后，英国的煤矿基本上是国有的，管理人员特别是煤矿总经理（矿长）必须通过严格的考试和资历审查后才能上岗。老人说着递给笔者一张名片，说他本人就持有担任矿长的资格证书。但有资格证书并不等于就可以担任矿长，当矿长还必须得到政府颁发的其他证书。

在十六七世纪，采煤业曾经是英国工业革命的强大推动力。直到 20 世纪初，英国还有大约 2 500 个采煤矿井，每年有上千名矿工死于矿难。1923 年，英国有 1 297 名矿工死亡。

随着英国能源结构的调整，煤不再是英国的主要能源。从 20 世纪 80 年代开始，英国关闭了多数煤矿。现在，英国有 137 个煤矿在运营，5 598 人从事煤矿业。更为重要的是，煤矿安全得到了空前改善。

根据英国的煤矿安全规定，煤矿经理必须有煤矿井下工作经历，必须通过安全和相关知识考试。如果因忽略安全法规而造成人员伤亡，矿长可能被逮捕入狱。

按照规定，煤矿总经理可以在井上负责煤矿的管理，但必须每天 24 小时将安全作为自己的第一要务。此外，每个作业时段井下都必须有一个副经理负责现场管理。

在记者与布朗交谈时，博物馆的资料员露西小姐抱来了20多本书，都是有关煤矿安全的法规和相关资料。

英国煤矿的“零死亡”除了得益于对矿长的严格要求之外，还得益于细致得近乎烦琐的法规：从井下钢丝绳的质量要求到各种电器的操作规程，从掘进机操作人员的上岗培训到电器和工程管理人员的上岗证书的颁发，从经理人员上岗的资格考试到紧急情况下总经理不在现场时由副经理履行其职责等等，都有严格的管理规定。

此外，英国的全国煤矿委员会还制定了完整的“巡视员”制度。每个煤矿都有一名政府安全巡视员对安全法规的落实等进行监管。政府还向矿区派遣环境巡视员，后者对所在矿区煤矿的粉尘、排水、噪音、矸石以及交通进行管理。一旦巡视员认为某一煤矿有潜在的安全问题，或对矿区的环境造成危害，他们有权勒令煤矿停业整顿。

资料来源：新华网，2006－12－15。

▶**讨论：通过以上案例你得到了什么启示？**

本章小结

1. 本章介绍了职业伤害保险基本含义及两种类型：雇主责任保险型和社会保险型，以及职业伤害保险制度的历史演变和发展趋势。

2. 通过对各国职业伤害保险的立法时间和有关立法、职业伤害保险范围、筹资方式、给付标准、管理机构等方面进行比较分析，总结各自的优势和不足。

3. 运用实证研究方法，介绍世界上几个有代表性的国家职业伤害保险制度。

4. 回顾我国职业伤害保险制度建立、发展和现状，总结国外经验对我国的启示。

关键概念

职业伤害保险　雇主保险责任制　补偿不究过失　统一费率　差别费率　浮动费率

思考练习题

1. 职业伤害保险制度的类型及其特点是什么？

2. 试对职业伤害保险待遇给付进行国际比较。

3. 简述职业伤害保险的筹资方式、管理方式和费率确定的国际比较。

4. 简述职业伤害保险制度的历史演变与发展趋势。

5. 了解德国、英国、意大利、新加坡和日本的职业伤害保险制度。

6. 简述中国当前职业伤害保险制度的筹资方式、管理方式、费率的确定等内容以及国外经验对我们的启示。

第九章
护理保险制度国际比较

CHAPTER 9

学习目的与要求

通过本章的学习，主要了解世界上关于护理保险的现有模式，以及这些国家的具体实施情况和面对的相关问题；掌握护理保险的特点，清楚每种不同的模式的优缺点；能够根据本章所介绍的情况跟踪了解护理保险的最新情况，并对我国实施该种保险的可行性有初步的认识，能够就我国的情况提出有关护理保险的建议。

第一节　世界护理保险制度介绍

社会保障对于社会成员来讲是在其受到各种困难、灾害时，给予一定的物质或是服务帮助，以使其生活状况不致受到更大的影响的社会制度。

家庭中的成员因受伤、疾病、年老等原因需要护理帮助时，会给家庭其他成员带来经济以及精力上的负担，这同样也是人们在社会生活中可能遇到的风险之一。相对于年轻人，老年人的身体正处于衰老阶段，患慢性病的较多、康复难度大、康复期长，特别是随着人口老龄化的发展，老年人口的增多，针对老年人的护理服务需求就会增大。当家庭无力完全承担这一责任时，就需要社会来承担一部分的责任，很多发达国家已经开始尝试发展社会护理保险。

护理保险，是国家和社会根据一定的法律和法规，在被保险人因疾病或衰老以致生活无法自理，需要入住康复中心或需要在家中接受他人护理时，提供相关费用或服务而建立的一种社会保险制度。现在有关护理保险的实施方式有国家护理保险和商业护理保险两种。

一、国家护理保险

德国和日本都是以国家社会保险的形式来提供社会护理保险的,新加坡也建立了针对老年人护理的护理保险基金。1993 年,德国《护理保险法》生效。德国的老年护理保险实行单独的法定保险制度,从 1995 年起,所有参加法定医疗保险的人员都有义务参加社会护理保险,即实行“护理保险跟随医疗保险”的原则。根据规定,所有公民被纳入法定护理保险体系。2014 年,长期护理保险被保险人数约 7 000 万,占总人口比例为 90%①,已经成为福利国家社会化服务的样本,受到其他面临人口老龄化问题的国家的广泛重视。日本的护理保险法是在 1997 年 12 月由议会通过,2000 年 4 月 1 日开始实施的,是日本继医疗保险、年金保险、劳灾保险、雇佣保险(失业保险)后通过的第五项社会保险制度。

(一)德国护理保险制度

1. 实施对象。德国护理保险的覆盖范围与法定医疗保险的覆盖范围相同,因为德国法律规定了“护理保险跟从医疗保险的原则”,即医疗保险的投保人都要同时参加护理保险。

2. 缴费标准及费用负担。护理保险的缴费率为月毛工资的 1.95%。计算护理保险费的最高月毛工资限额与法定医疗保险相同,2007 年的最高月毛工资限额为 3 562.5 欧元。

护理保险的保险费一般由政府、企业、个人和医疗保险机构四方共同负担。政府承担比例在 1/3 以上,其余由企业和个人各负担 50%。根据有关规定,原联邦州居民最高月缴费不超过 104.55 马克,新联邦州居民不超过 90.50 马克。但对于低收入者可以不缴纳保险费。

3. 服务类型。德国的护理保险服务分为居家护理和住院护理两大类,并先后于 1995 年 4 月 1 日和 1996 年 7 月 1 日实行。根据护理所需要的强度不同,又分为三个级别:一般护理、重病护理、长期患者的护理,并对高龄者实行附加金制度(供给冬天暖气和部分生活费)、房租补贴制度(补贴房租 80%)。护理不

① 德国联邦健康局. http://www.bmg.bund.de.

局限于日常生活护理,还扩大到医疗护理和精神护理,近年来还增加了心理咨询和治疗等内容,以满足老年人的心理需要。此外,该保险还承担一些其他相关的费用,如因护理而对住房进行必要改建的费用、家属学习护理的费用等。护理的待遇由实物和货币待遇组成,均同护理的地点和护理所需要的强度有关。

居家护理的实物待遇每月因病情由轻到重从750~3 750马克不等,货币补贴从400~1 300马克;住院护理金从2 500~3 300马克不等,而护理员的住宿费用等需投保者自理,平均约1 500马克/月。同医疗保险一样,当家庭中参加工作的人员投保以后,取得受保权益的子女和无收入或微收入的配偶也享受护理保险待遇。

(二)日本护理保险制度

1.实施对象①。日本护理保险制度的对象是40岁以上的人,其中又分为两种被保险人:一种是65岁以上的老人,称为第一种保险人;另一种是40~64岁的参加了医疗保险的人,称为第二种被保险人。这两种被保险人在他们因卧床不起、痴呆等原因需要起居护理或需要有人帮助料理家务和日常生活时,可以得到护理保险服务。在护理保险制度开始实施的第一年,有270万65岁以上老人和10万名40~64岁的人成为护理保险制度的服务对象。

2.服务种类。护理保险制度提供包括保健、医疗、福利在内的多种服务,主要有居家服务和设施服务两种。

(1)居家服务,是指被保险人可以住在家里接受各种服务。这些服务包括上门护理(家庭服务员上门对被保险人进行护理服务)、上门帮助洗浴、上门帮助康复、日托康复、居家疗养指导(医师、牙医等上门诊断、治疗)、日托护理、短期入住设施、痴呆性老人共同生活护理、自费老人福利院护理、支付租赁及购买福利用具费用、支付住房改修费(安装扶手、拆除台阶等)等。

(2)设施服务,是指被保险人入住到各种福利设施的服务。这些设施有:护理老人福利设施(特别养护老人之家)、护理老人保健设施(老人保健设施)、护理疗养性医疗设施(疗养性病床、老年人痴呆病疗养病房)等。

3.费用负担。在费用方面,如果被保险人接受了护理保险服务,那么,他要负担全部费用的10%,其余90%由护理保险负担。护理保险负担这部分费用的来源,一半是被保险人缴纳的保险费,另一半是公费。在公费负担的这部分

① 吕学静.现代各国社会保障制度[M].北京:中国劳动社会保障出版社,2006:220.

中,国家出50%,都道府县和市町村各出12.5%。被保险人缴纳的保险费因被保险人不同而不同。第一种被保险人根据收入缴纳保险费,年金在一定金额以上的人,保险费直接从年金中扣除;另一部分人将保险费交到市町村,被保险人根据现已加入的医疗保险计算保险费,与医疗保险费一并缴纳。各医疗保险机构提供64岁以下第2号被保险者一定比例的医疗护理费用(占总费用的33%),所需费用的50%由被保险者缴纳的保险金负担,如果保险金不足50%,不足部分由国家从国民健康保险及其他保险费(社会保险诊疗支付基金)中进行调节;另外50%由国家、都道府县、市町村按2∶1∶1分担。另外,根据老年人口比重不同,不同区域的被保险者缴纳保险费为基准额乘以0.5至1.5的系数。

4. 制度运营。护理保险制度的运营主体,即保险人是市町村,国家和都道府县在财政上和事务上给予支持。

5. 申请程序。护理保险是需要护理的被保险人根据自己的意愿选择和决定利用哪种服务。具体程序是:被保险人要向保险人(市町村)提出认定申请,由市町村的认定审查会对被保险人的身体状态进行认定,看其是否符合护理标准和需要何种程度的护理。认定结果分为四类:重新调查;有自理能力,不能接受护理服务;要支援,但只能接受居家护理服务,不能利用老人护理设施;要护理,并根据轻重程度分为护理一档、护理二档、护理三档、护理四档和护理五档。每隔半年必须重新接受一次专家认定。如果被保险人被认定需要护理,那么被保险人本人或其家属便可以直接向提供服务的机构提出护理服务的申请,也可以通过专业机构挑选适合自己的护理服务内容及护理机构。如果被保险人对认定结果有异议,可以向都道府县的审查机构提出申述。

(三)新加坡护理保险制度

新加坡总理公署国家人口及人才署发布的《2014年人口简报》显示,截至2014年6月,新加坡的总人口547万人,人口增长速度显著放缓。新加坡公民人口继续老龄化,年满65岁的公民比率达到12.4%,比2013年的11.7%更高。公民人口的年龄中位数继续从40岁提高到40.4岁,而人口赡养比率也从每一名年长公民有5.5名适龄工作公民赡养,减少至5.2名。新加坡政府为了减轻人口老龄化给社会带来的不良影响,于2000年建立了老年护理基金。该基金主要是针对中低收入家庭的老人。2001年又推出了老年护理保险计划,为严重丧失行动能力的老人支付长期护理,包括家庭护理的费用。老年护理保险是以精算为基础的终身保险，保费很低，可以用保健储蓄支付，投保人从40岁开始缴费，一直缴到65岁。

二、商业护理保险

(一)美国商业护理保险

美国商业性的老年护理保险承保被保险人在任何场所(除医院急病治疗外)因接受各种个人护理服务而发生的护理费用。

美国的老年护理保险一般按被保险人投保时的年龄、性别、健康条件和病史以及被保险人选择的给付期、等待期和保险责任范围等因素采用年均费率收取保险费。承保期限有40～79岁、50～84岁和55～79岁等多种期限可供选择。健康状况差的人一般不能投保。保险人的给付与投保人的缴费相关性很强，这是商业保险的特征。最高给付额越高，给付期越长，等待期越短，则保费就越高。在美国，穷人老年护理保险的保险费可从各州建立的医疗补助计划得到补贴。美国的老年护理保单一般可以续保到某一特定年龄，有的保单甚至可以终身续保，即使被保险人在保险期间身体状况恶化，保险人也不得以此为由拒绝续保，但可以在保单更新时提高费率。

美国老年护理保险一般采取现金直接给付护理费用。这些护理服务包括：具有治疗性质的护理服务，如诊断、预防、康复，以及其他不具有治疗性质的家庭护理、成人日常护理等。对这些护理服务要求至少持续12个月。就服务性质而言，全天候24小时的特别护理和非全天的一般护理均可。老年护理保单可以独立签发，也可以终身寿险保单的批单形式签发，对个人投保的要求高于团体投保。

目前，美国老年护理保险与医疗保险一样，有向“管理式看护”方向发展的趋势，许多保险公司介入护理服务市场，将保险服务与护理服务结合起来，因此引起实物护理服务给付的增加。老年护理保险可以享受到税收优惠待遇，即被保险人所获得的赔偿金额不需要纳税，死亡给付金不作为遗产，不需要缴纳遗产税。

美国的长期护理保险采取的是费用偿还的模式。长期护理保险的第一代产品于1975年问世，但直到1985年，市场才开始逐渐发展起来。这一险种一般根据保险责任的差别以及日限额或月限额所给付赔偿金，用来偿还在家庭或在养老机构的护理和服务费用，销售最好的产品还可以提供偿还在养老机构、家庭或流动点的护理费用。长期护理保险大多数是健康险产品,这些产品给人们提供了非常广泛的选择空间,如赔偿期限、护理形式、免赔期限等等。在美国,共有120多家保险公司提供长期护理保险合同,但其中6家保险公司便占据了80%的总保费收入,其中非强制性的团体保险合同最具发展潜力。在美国,共有650万人已经签署了老年护理保险合同,且最近几年的销售量明显增加,年增长率已达到15%~20%。另外,目前老年护理保险的保险深度估计不低于相关人口的7%。如果一些顾客认为的比较复杂的产品能够被简化,相信销售额还会大幅上升。①

(二)法国商业护理保险

法国的护理保险同样是作为商业保险出现的,国家没有统一的社会保险。法国的护理保险一般是以每月支付年金的形式,提供固定的补助金保障。一旦被确认需要护理,被保险人在签署保单后,将得到金额固定的养老金。在超过15年的时间里,法国共有三代固定补助金长期护理保险产品相继问世。最后一代产品所提供的保险责任,随着需要护理程度的增加而增加,既包括全面护理,又包括部分护理,还可以向需要护理的个人及其家庭提供更广泛的服务和救助。到2001年年底,法国共有30多家保险公司可以提供长期护理保险。法国的长期护理保险市场非常集中,仅三家保险公司就实现了80%以上的保费收入。长期护理是大部分所签署的合同中主要的保险责任。这些合同基本上是健康和纯风险保险合同。到2001年年末,法国有大约67万人通过团体保险合同购买了此项保险。最近几年,长期护理保险以20%~25%的速度增长。2002年年末,被保险人数已超过200万人。

第二节　世界护理保险制度比较

一、护理保险覆盖范围比较

(一)全体公民

在德国,所有参加医疗保险的投保人都要参加护理保险。全德国近90%的

① 徐万民.长期护理保险之国际比较[N].中国保险报,2003-9-4.

人口、约7 362万公民参加了法定医疗保险,因此,参加护理保险的人数应该也达到了这个数目。其中,属于义务投保者的主要是工人、职员和学徒。此外,还有海员、养老保险金及失业金领取者、自由职业者(如艺术家、传媒工作者和大学生)等。而收入高于养老保险计费界限75%的投保者没有投保义务,为自愿投保者。

(二)按需覆盖

相对于德国强制性的几乎将所有的公民纳入护理保险不同,日本是根据对于护理保险更有需要的高风险人群来进行覆盖的。相对于40岁的人群来讲,40岁以后,人的身体机能开始下降,患病以及患病后需要护理的可能性更大。所以,日本的护理保险仅对于这部分人群开始实施护理保险制度,且还将这个人群进行了区别对待,对于40~64岁和65岁以上的公民按照不同的缴费率以及待遇给付标准来实施,体现了“按需分配”。

(三)自愿投保

对于实施商业护理保险的美国、法国等国,和其他的商业保险一样,是个人按照自己的意愿来投保。随着美国人口老龄化的增长,越来越多老人的日常生活需要家庭护理或其他形式的帮助,因此,美国长期护理保险市场增长很快,现已成为美国健康保险市场上最为重要的产品之一。有些地区甚至已占领了约30%的人身保险市场份额。

二、护理保险基金来源比较

(一)国家、企业、个人、医疗机构共同分担

德国的护理保险采取国家、企业、个人和医疗机构四方共担的方式。政府仍然在其中起到主导的作用,承担比例在1/3以上。

(二)国家、个人共同分担

日本的护理保险是由国家和个人两方负担的,国家和政府负担50%,65岁以上老人个人负担17%,从养老金中扣除,特别困难者由地方政府缴纳;40~64岁的人个人负担33%,与医疗保险同时缴纳。

(三)个人负担

商业护理保险的保险费用由投保的个人负担。

三、护理保险服务方式比较

(一)家庭服务

家庭服务是护理保险不同于医疗保险的显著特点。它是通过投保人居住在家里,而护理人员上门服务,或者由其他的家庭成员担任服务,并且有时还要对家庭设施进行改造。而保险人对其中发生的费用进行部分支付。如在日本,这些服务包括上门护理(家庭服务员上门对被保险人进行护理服务)、上门帮助洗浴、上门帮助康复、日托康复、居家疗养指导(医师、牙医等上门诊断、治疗)、日托护理、短期入住设施、痴呆性老人共同生活护理、自费老人福利院护理、支付租赁及购买福利用具费用、支付住房改修费(安装扶手、拆除台阶等)等。在德国甚至将心理咨询等心理方面的服务也包括其中,以缓解部分子女不在身边的老人的心理问题。

(二)住院服务

这里所说的住院,不但包括投保人住进医疗机构,而且还包括各种福利设施,如护理老人福利设施(特别养护老人之家)、护理老人保健设施(老人保健设施)、护理疗养性医疗设施(疗养性病床、老年人痴呆病疗养病房)等。

四、护理保险待遇给付比较

(一)现金支付

在护理保险中,政府机构提供一定的现金支付的项目。如日本在家庭服务中购买福利用具的费用就由现金报销的方式来进行支付。家庭成员作为护理人员留在家里提供服务的,政府还支付一定的补助。

(二)服务支付

护理保险就德国和日本的情况来看,都有一定的服务支付项目。一种是保险机构派驻服务人员到被保险人的家里进行服务，如医师、牙医等上门诊断、治疗。另一种是在福利设施中对被保险人进行服务，如在特别养护老人之家里的工作人员的服务。

（三）特殊的时间储备

除了投保护理保险外，在德国还实施一项特殊的“储存时间”政策，即每个年满18岁的公民，可利用公休日或节假日义务为老年公寓或老年病康复中心服务，不拿报酬，这些服务时间可储存在服务者个人档案中，将来年老或需要帮助护理时，可把这些“储存”起来的时间提取出来，免费受到无微不至的照顾。这一政策深受德国公众的欢迎，特别是一些中年妇女纷纷踊跃报名参加。这一特殊政策的实施既解决老年护理人员短缺问题，也为人们日后年老需要护理提供了保障。

第三节 各国护理保险制度对中国的启示

一、中国家庭护理情况

（一）中国已进入人口老龄化阶段

人口老龄化，就是一个国家或一个地区的人口年龄结构中，老年人口所占的比重升高。国际惯例是60岁及以上老年人口占总人口的10%，或者65岁及以上老年人口占7%以上，则标志着进入了人口老龄化阶段。据2000年我国的第五次全国人口普查数据显示，我国的总人口12.67亿，其中65岁及以上的老人占6.96%。第六次人口普查数据显示，60岁及以上人口占总人口的13.26%，65岁以上人口占总人口的8.87%。可以看到，我国已经进入人口老龄化的阶段是毋庸置疑的。

（二）有护理需要的人口数量多

据调查，目前我国有1/4的老年人身边无子女照料，加上我国人口老龄化形势日益严峻，老年痴呆等疾病的发病率不断上升，我国老龄人口长期护理保险需求必将日益膨胀。借鉴发达国家护理保险制度的经验，尽快建立适合我国国情的护理保险制度具有十分重要的现实意义。

（三）家庭结构变化

随着我国的经济发展，以及一系列限制人口流动的政策法规的放开，越来越多的青壮年离开了原居住地以及家庭里的老年人而到外地发展定居。我国正处于一个人口流动的高峰期，这就使得原有的“大家庭”的家庭模式受到了挑战，越来越凸现出“空巢家庭”老人的养老和护理问题。我国的家庭规模呈缩小的趋势（参见表9－1）。

表9－1　我国家庭规模呈缩小的趋势

年份	1964	1982	1990	2000	2010
平均家庭户规模（人/户）	4.43	4.41	3.96	3.44	3.10

资料来源：作者根据有关资料整理而成。

从表9－1可以看出，我国的家庭户规模逐年缩小的趋势是十分明显的。这一方面是受到流动人口的影响，另一方面也由于我国长期实行的计划生育政策，使得家庭人数逐年减少。

二、我国可以借鉴的国际经验

（一）护理保险的建立对我国具有重要意义

护理保险的主要对象是那些由于疾病而导致生活完全或者部分无法自理的老年人。2008年国家卫生服务总调查结果显示：我国60岁以上的老年人口的两综患病率为43.2%，城市为53.4%，农村为34.8%，慢性病患病率为43.8%，城市为53.2%，农村为38.9%。而且老年人患的多是需要照料的身体机能下降的疾病。对于这么庞大的老年人的队伍，他们的老年生活质量如何，将是影响我国社会保障制度形象的关键点。

（二）全面认识护理保险的特点

护理保险作为一种保险制度有其自身的特点。首先，它与医疗保险有一定的联系，但也有十分明显的差别，是医疗保险有力的补充。护理保险同样是对被保险者有现金上的支付，即对服务发生的费用有一定比例可由保险人支付；另外，护理保险也有以提供服务为方式的支付，提供护理服务，或者提供护理场所甚至是护理器械。其次,护理保险的推行需要多方面的协调进行。护理服务的提供不像医疗服务,医疗服务对于病患的识别率是很高的,但护理服务却需要较为复杂和专业的护理需求调查,这就增加了政府执行的难度。再次,护理保险的服务提供者可以大量地依靠社会力量。我国的上海和大连等城市已经在对老年人护理社会化方面有了一定的尝试。上海市对老人护理有一种居家养老护理,就是政府出钱购买服务的一种新尝试。它以家庭为核心,以社区为依托,以老年人日常照料、生活护理、家政服务和精神慰藉为主要内容,以上门服务和社区日托为主要形式,采用"政府主导、中介组织实体服务"的运作体制。根据上海市民政局调查数据,截至2010年年底,上海市18个区县共有233家社区助老中心,3.3万名社区居家养老工作人员,为25.2万居家服务社区老人提供居家养老服务,约占上海市户籍人口的7.6%,服务补贴总金额为3.0亿元。居家养老护理服务对象主要是以下7类人员中生活不能自理或部分不能自理的老人:享受低保老人、老劳模、老归侨、老年优抚对象、独居老人、特困老人、80岁以上高龄老人。补贴标准每月在50~250元之间。

(三)建立完整的护理保险系统

我国的社会保险制度很多都是先建立一个大的框架,然后再修修补补。但是护理保险的实行过程是一个庞大的系统工程,需要协调各方面的力量。第一是对于建立护理人员的培训制度以及护理机构的准入制度,应该经过多方面的参考论证。第二是对于护理对象的认定。在日本,被保险者及其家属要想享受护理,必须接受保险者的认定,即先由被保险者提出申请,保险者根据申请派专门人员进行访问调查。调查分73项的基本调查和12项的特别医疗调查。[①] 护理对象的认定是护理保险提高效率的集中体现。护理服务是否能提供给那些真正需要服务的人,护理保险的费用利用效率都可以通过护理对象的认定这一环节来控制。所以,对调查人员的培训也是护理保险建立应该考虑的因素。第三是护理保险的费用来源。日本护理保险的费用不但有40~64岁在职人员缴纳,65岁之后退休的老年人同样要缴纳,这样可以体现一定的给付与缴费的相关性。而且,在享受护理保险的同时也要缴纳一定比例的费用,以控制护理费用的增长。

总之,我国的人口现状已经显现出有必要建立起社会护理保险制度,而

---

① 赵立新,周秀芹.日本护理保险法析议[J].思想战线,2002(2).

且我国如果要建立护理保险就必须通过较为完备的论证，以期达到更为理想的效果。

本章综合案例

24家民办养老院多数“营养不良”

合肥市民办养老机构近年来发展很快，从2000年以前仅有的两家公办养老机构迅速发展到现在的24家民办养老机构，从几十张床位发展到现在的1 000多张床位。但这些民办养老机构在后续发展中明显存在资金投入不足、服务层次不高、管理不够规范、政策支持不够等现实问题。

多数民办养老机构“营养不良”

2006年年底，合肥市肥东康寿老年公寓的成立，使该市的民办养老服务机构发展到24家。该老年公寓位于肥东龙岗镇，总面积2 000多平方米，拥有床位100张。

但据民政部门有关人士介绍，目前该市拥有100张以上床位的民办老年公寓只有3家，大部分民办老年公寓只有数十张床位，而且条件较差。资金除政府扶持外，其余均为各养老机构自筹，总投入1606万多元。但由于各方面条件所限，该市民办养老机构发展举步维艰，如逍遥津松鹤院老年公寓，40张床位已经满员，后面仍有排队等待入院的，但院长一谈到此事，就说缺钱。

公办要预约　民办空一半

合肥市目前拥有的24家民办养老机构，除夕阳红等少数几家入住率较高之外，多数床位利用率只有一半左右。而公办养老机构的入住率达到95%以上，要入住还要排队。尽管现在合肥市的养老机构中民办养老院的床位居多，但由于政府兴办的养老机构投入较大，设施条件和服务比较好，有较高的公信度，所以受到更多老年人的青睐。2007年春节前，合肥市公办老年公寓已入住满额，再入住需预约登记。

由于入住率不高，大多数民办养老机构经营状况处于维持状态。据有关部门对合肥市24家民办养老机构统计，经营状况良好的有3家，持平的有2家，其余的多为亏损。

民办养老院患有“先天穷病”

同是养老院，只因“出身”不同，差距却如此之大，究竟是什么原因？

一是规模小设施差。目前合肥市部分民办养老机构由于缺少资金投入，条件设施较差。有的居住空间狭窄，三四个人挤在十几平方米的房间里；有的只能提供住宿，没有娱乐设施和医疗护理配备。其硬件服务设施都难以适应和符合老年人生活的特殊需求。

二是服务水平较低。据统计，政府兴办的养老机构工作人员基本上都接受过岗位培训，但个人办的养老机构中接受培训的人员却寥寥无几。一项调查表明：在13家民办养老机构中，从业人员315人，经过专业培训持证上岗的服务人员只有2个，小学文化和文盲有100人，来自农村的农民工有162人。

老龄化凸显“民办”市场前景

目前，合肥市60岁以上的老年人口已达53万，有2万人是急需入住的，4万人有入住的意愿，合肥市的实际状况远远低于国家规定的“十一五”规划每千名老人拥有15张床位的目标，这同时也凸显民办养老市场的前景非常大。

老年产业是朝阳产业，是解决老有所养的重要手段。业内人士建议：一是加大对民办养老机构的扶持力度，取消公办和民办养老机构的相关不平等规定，落实优惠政策，给予一定的资金扶持；二是加强对民办养老机构的管理、监督和指导；三是加快对民办养老机构从业人员的专业培训；四是建议拓宽民办养老机构生存发展空间，以低价划拨土地，鼓励社会力量参与兴办养老机构，将建好的养老机构转给社会承包，同时将一些倒闭的厂房和单位的闲置房集中起来，以低廉或无偿方式在一定时间内优惠承租给社会。

资料来源：陈治. 合肥晚报，http://www.hf365.com，2007－2－8。

▶讨论：你认为我国的老年养老护理问题有哪些需要改进的地方？

本章小结

1. 国际上现有的护理保险有两种类型：一是德国、日本实行的国家护理保险，二是美、法等国实行的商业护理保险——老年护理保险，并附带介绍了新加坡的老年护理保险基金。

2. 对几种护理保险的覆盖范围、资金来源、服务方式、待遇给付方式等进行了比较。

3. 最后分析了我国现有的家庭护理情况以及可以借鉴的国际经验。

关键概念

护理保险　国家护理保险　商业护理保险

思考练习题

1. 现有的实行国家护理保险的国家有哪些？它们的实行情况如何？
2. 商业护理保险有什么有利之处？
3. 护理保险是否应该以国家保险的形式出现？
4. 我国的护理保险是否有实施的可行性？
5. 我国的人口状况有什么特点？
6. 简述我国家庭护理的特点以及国际经验可以借鉴之处。

第十章 农村社会保障制度国际比较

CHAPTER 10

学习目的与要求

通过本章的学习，应当掌握国外农村健康保障制度和养老保障制度的模式和特点；了解典型发达国家和发展中国家的农村主要社会保障制度；在把握我国国情与社会背景的基础上，结合各国农村健康、养老保障制度的发展与改革给我们的启示，把握我国农村社会保障制度的发展与改革进程。

第一节　农村健康保障制度国际比较

建立农村医疗保险制度，对保障农民的基本生活权益，促进农村经济与社会的全面发展具有重要的意义。我国随着农村改革的推进，自2003年起试行的新型农村合作医疗制度取得了显著成效，到2008年实现了全面覆盖，参合人数从试点时期的0.8亿逐年稳步增长，截至2012年6月底，参合人数达到8.12亿人，参合率达95%以上。确保该制度深入持续发展。但是在取得较大成功的同时，也要看到该制度中存在的不足。目前我国新型农村合作医疗存在起付线较高、医药费报销制度不合理、制度受益面较窄、医药费控制较差等一系列问题。

从整个世界范围来看，农村人口的健康状况都比城镇居民差，即使在发达国家也如此，其中的原因很多，但主要还是农村地区健康保障机制缺乏和卫生服务不足两方面的原因。因此，当全社会都在努力寻找我国农村健康保障问题的解决方案时，认真而系统地研究国外农村健康保障体系建设中的经验和教训，对我国农村健康保障制度框架和政策思路的建立，有充分的启示和借鉴作用。

本节对国外农村医疗保障模式的分析，以及部分国家农村医疗保障制度的介绍尤其是成功的做法和特殊的经验，对我国农村医疗保险制度的完善具有重要的借鉴意义，旨在更加促进我国农村医疗保障制度的持续、健康发展。

一、国外农村健康保险制度的发展概况

（一）建立时间的国际比较

各国农村健康保障制度的建立都经过了由工业延伸到农业，由城市延展到农村的历史过程。

表 10－1　部分国家建立农民健康保险的时间与经济发展水平

国家	城镇健康保险建立时间（年）	农民健康保险建立时间（年）	农民健康保险建立时农业产值占 GDP 比重（％）
德国	1883	1887	5.7
日本	1927	1961	6.0
丹麦	1892	1969	6.9
芬兰	1937	1977	10.8
美国	1965	—	2.0
加拿大	1958	1968	3.4
韩国	1977	1988	8.0

资料来源：王国军．中国城乡社会保障制度衔接初探［J］．战略与管理，2000（2）．
杨翠迎．中国农村社会保障制度研究［M］．北京：中国农业出版社，2003．

由表 10－1 可以清楚地看到：德国建立农村健康保险的时间比城镇仅仅推迟了 4 年；日本城镇健康保险建立于 1927 年，而农民医疗保险制度到 1961 年才建立，期间时隔 34 年；韩国的城乡健康保险制度时差为 10 年左右；而丹麦的城乡建立健康保险制度的时间间隔长达 77 年。从整体上看，世界各国的健康保险制度，在城镇和农村的建立时间几乎都不是同步进行的，或多或少存在着时间差距。

(二)制度模式的国际比较[①]

世界各国的农村健康保障制度模式与城市健康保障制度模式基本一致。其按照医疗保障基金筹集方式来划分,大致可以划分为免费医疗保障、社会医疗保险、社区合作医疗和市场主导的商业医疗保险四种不同的模式。

1. 免费医疗保障模式。免费医疗保障模式,也称国家医疗、全民医疗保障模式,是指医疗保障资金主要来自税收,政府通过预算分配方式,将由税收形成的医疗保障基金有计划地拨给有关部门或直接拨给公立医院,医疗保障享受对象看病时基本上不需要支付费用的制度。实行免费医疗保障模式的国家,基本上由国家开办医院,提供医疗服务。在公立医院工作的医务人员的工资直接由国家分配。中国曾经实行的公费医疗,以及英国、加拿大、瑞典、丹麦等发达国家和印度、马来西亚、越南等发展中国家所实行的福利性全民医疗保障制度都属于此类。除中国曾经实施的公费医疗制度只限于城镇职工外,实行免费医疗保障制度国家的保障对象通常包括全体公民,即覆盖了全部农村居民。

2. 社会医疗保险模式。社会医疗保险,是指由国家出面以社会保险的形式组织的、向农民提供因生病、受伤或生育所必需的医疗服务及经济补偿的制度。它具有社会保险的强制性、互济性、福利性和社会性等特征。社会医疗保险的基金来源于国家、集体与个人三方面,通常个人只需要承担小部分的费用。实行这种模式的典型国家有日本、德国等经济发达国家。

3. 社区合作医疗保障模式。社区合作医疗保障模式,是指依靠社区的力量,按照"风险共担,互助共济"的原则,在社区范围内通过群众集资建立集中的医疗基金(政府通常也给予一定补贴),采取预付方式用来支付参保人及其家庭的医疗、预防、保健等服务费用的一项综合性基本医疗保健措施。中国的农村合作医疗制度和泰国的医疗保险卡制度,是社区合作医疗保障模式的代表。

这种社区(集体)筹资机制的优点在于:一是促进没有组织和低收入的人群参与;二是增加农村低收入人群的卫生保健可及性。但是存在不可避免的缺点:一是筹资水平较低;二是除非有某种补助,否则一般贫困者会被排除在外;三是农村管理能力有限。社区筹资只是一种补充,不能替代政府参与。政府可利用公共政策加强和改进社区筹资的效果,其措施有:一是增加低收入人群的补助;二是利用保险防止医疗费用的波动;三是应用有效的预防和病案管理的

① 丁少群,林义. 国外农村医疗保障模式及其对中国的启示[J]. 世界农业,2006(5).

技术控制医疗费用的增长;四是加大地方管理能力;五是建立筹资与医疗服务提供者网络的联系。

4. 商业医疗保险。商业医疗保险是把医疗保险作为一种特殊商品,按市场法则自由经营的医疗保险模式。在医疗保险市场上,卖方是指营利或非营利的私人医疗保险公司或民间医疗保险公司;买方既可以是企业、社会团体,也可以是政府或个人。商业医疗保险的资金主要来源于参保者个人及其雇主所缴纳的保险费,一般而言,政府财政不出资或不补贴。美国是实行这种医疗保障模式的代表。

尽管美国政府制定有医疗照顾制度、医疗救助制度和少数民族免费医疗等社会医疗保险计划,但在整个医疗保险体系中,它们并不占有主要地位,其覆盖的人群范围十分有限。在美国,80% 以上的国家公务员、私营企业雇员和农民都没有受到社会保险的保护,而是参加了商业保险制度。全国的商业医疗保险组织有 1 800 多家。

美国商业医疗保险模式的特点是,医疗保险主要由市场经营和管理,政府只负责老年人和贫困者的医疗保险。保险经费主要由个人和企业负担,政府基本不负担。该模式的突出问题是社会公平性较差,还有相当多低收入的小企业雇员、个体劳动者和农民家庭享受不到医疗保险。

二、国外农村健康保障制度概况

(一) 发达国家农村健康保障制度

1. 德国。德国是世界社会保险制度的发源地,在欧洲一体化的过程中,德国的社会保险制度逐渐关注到农村居民并建立了相应的制度。

(1)农村医疗保险。1972 年,德国农民疾病保险制度建立,保障对象是农民、共同劳动超过 15 年的家庭成员。妻子、子女和其他被赡养者参加农业疾病保险,在一定条件下免交保险费。

与一般疾病保险不同,为了减轻农民负担,政府对农民疾病保险提供财政援助。农民基金组织可以享受税收补贴。但是与其他疾病保险不同,受保险人只能选择农业保险金库,而不可以自由选择保险机构。2011 年,法定医疗保险体系共有 1 300 多个法定疾病基金组织。《卫生保健结构法》规定:从 1996 年起,每个参保者都可以自由选择疾病基金组织,所有综合性地区基金组织和替代性基金组织都可合法地向所有人开放,但必须与申请者签订合同。但农民基金组织、矿工基金组织和海员基金组织的参保者仍是指定的。

《社会法典全书》规定,所有获得收入的人群和其他特定的群体(如失业者、农民、学生、残疾人、艺术家、退休金领取者)必须参加法定医疗保险以抵御疾病风险。法定医疗保险参与者的家庭成员(无工作的配偶及其子女)不需缴纳额外费用可一起享用医疗保险的各种待遇。

在德国,法定医疗保险税是卫生保健筹资的主要来源。保险税根据收入按比例征收,且不是风险税率。保险税率只与收入有关(不是储蓄额和财富),收入超过封顶线 4 125 欧元(2011 年)的部分不需再缴纳保险税。各保险基金组织可自由设定其费率,但其标准要经政府批准(如在各州运营的基金组织,由其所在州政府批准;如全国性基金组织,由联邦保险办公室批准)。2011 年,平均缴费率为工资收入的 15. 5%,雇主和雇员各缴纳 7. 3% 和 8. 2%[①]。若雇员月收入低于 325 欧元,只由雇主支付保险费(费率为工资总额的 10%)。

(2)农业工伤事故保险。德国农业工伤事故保险是随着 1886 年 5 月《关于农业企业中被雇佣人员工伤事故保险帝国法》公布和生效而建立起来的。农业事故保险对投保企业的每一位雇主承保,并由农业事故保险基金提供经费。

农业事故保险的受保人是:农场主及其在农场工作的配偶;非临时在这类企业工作的家庭成员;为了保护和提高农业而在该企业中工作的人员;在独资或合伙农业企业中定期工作的人,如自雇者;所有工人、领薪雇员和学徒工;虽无雇佣关系但像其他受保人一样在农业企业工作的其他人员等。资金来源:向农场主征收的保险税、政府补贴。农场主雇员和他们的家庭成员可以不缴纳农业事故保险金。

2. 日本。日本全国人口约为 1. 27 亿人(2015 年),农村人口占比 7%(2014 年),约 887. 3 万人(2014 年)。人均 GDP 为 36 194 美元(2014 年)。

(1)发展历程[②]。日本的农村社会保障制度萌芽于 20 世纪 30 年代初,起源于医疗保险。当时,为解决农村医疗设施不足及农民医疗费用负担沉重等问题,日本政府建立了由农民参加的"普通国民健康保险互助会"。1938 年 7 月首次制定了以面向农村居民为主的《国民健康保险法》,标志着农村居民的公共医疗保险正式起步。20 世纪 40 年代初,农村医疗保险得到较快普及与推进。1944 年,全国绝大多数的市町村都实施了国民健康保险。

1959 年颁布了新的《国民健康保险法》,从 1961 年 4 月全国所有的市町村

① 翁玉虎. 德国医疗保险制度对我国的启示[J]. 财政监督,2012(13):64.

② 王越. 中国农村社会保障制度建设研究[M]. 北京:中国农业出版社,2005:97 – 99.

实施,要求全国农民和个体经营者等无固定职业和收入者均必须强制加入这一医疗保险,这标志着面向农村居民的公共医疗保险制度正式全面实施。

1971 年,日本制定了《儿童津贴法》,将农村困难家庭的儿童津贴纳入其中。

(2)国民健康保险。国民健康保险的对象主要包括农民个体经营者、无业者、不能享受雇员健康保险的退休人员及上述人中直系亲属以内的抚养家属等。对于农民和个体经营者等无固定收入的参保者,须每月定期到当地社会保障事务所缴纳健康保险国民健康费。

健康保险的资金来源:一是参保者缴纳的保险费;二是国库补助保险费的 50%;三是被保险者个人及其被抚养的家属负担实际医疗费的 30%。

国民健康保险的保险运营主体为各市町村地方自治体。

国民健康保险的特点:其一,健全的法制体系。日本的国民健康保险在整个经营与监管过程中的每个环节都受相应的法律制约,从而保证了国民健康保险机构的平稳运行。其二,完备的业务运营体系。日本国民健康保险的管理机构权责划分明确,由指挥中心、行政执行机构、业务执行机构、直辖机构等相关部门分别负责监督和执行,使复杂的医疗保险体系运转有序。其三,完善的监督体系。审查机关是一种自上而下、具有正反馈机制的审查机构,能及时纠正国民健康保险业务运行过程中的偏差。审查委员会由被保险人代表、雇主代表及有相当资历的委员组成,各自代表一方,尽可能避免出现监督过程中的利益偏向。其四,相当数量的政府财政补贴。由于国民健康保险的参保者多数为收入相对较低的农民,因此政府对该项保险基金的财政投入较大。①

(二)发展中国家农村健康保障制度

大多数发展中国家农村健康保障制度和体系都是不健全的,各国也在探索由仅凭农民个人力量对抗伤病风险的自费医疗模式转变为带有风险分担机制的新模式。

1. 韩国。韩国总人口 5 042 万人(2014 年),农村人口占 17.6%,约 889.48 万人。人均 GDP 为 27 965 美元(2014)。韩国于 1989 年完成实现全民医疗保险制度,医疗保险的覆盖率达全体居民的 90%,其余 10% 的居民为生活贫困线以下者,由政府提供其他形式的医疗费用救济。②

① 代志明,何洋. 国外农村医疗保障制度的解读与借鉴[J]. 经济纵横,2005(2).

② 赵晓强,张雪梅. 国外农村医疗保险制度概况[J]. 甘肃农业,2006(5).

(1)农业者医疗保险制度的产生和发展。1963年,韩国颁布了第一部《医疗保险法》,但由于当时国家经济状况较困难,只能实行自愿性保险,参保人数不多。从20世纪70年代后期起,由于经济的快速发展,韩国开始实行强制性保险。以农民为主要对象的医疗保险于1981年首先在三个地区试点,次年又增加了三个试点地区,均是强制性的。1988年扩大到全体农业者,1998年开始在全国农村强制实施。

(2)农村医疗保险制度的经费筹集与支付①。韩国农村居民医疗保险经费来自三个方面,即政府补贴、个人缴纳保险和就医时个人自付一部分。其具体办法是:居民按户每月向保险组织缴纳保险金,保险金额由他们所属的不同等级而定,家庭和政府各负担50%,作为医疗保险基金。就医时的居民自付形式有三种:一是门诊自付,即居民在诊所门诊自付医药费的30%,如到一般医院门诊则自付50 %,到综合性医院需自付55%。第二种形式是"起付款",居民每看一次病必须自己支付4美元的挂号费。第三种是住院费用限制,即不管任何住院病人,一年内住院不得超过180天,超过部分必须自己承担医疗费用。

(3)医疗保险机构管理。韩国农村医疗保险的管理与城市一样,采用社会团体管理形式,叫作保险社团,全国共有农村保险社团156个。在行政管理和资金上都是独立的,每个社团都有自己的管理机构,自主经营。韩国政府于1989年制定了初级医疗服务制度,规定居民就医时必须首先到初级医疗服务机构(如公共卫生中心或私人诊所),经初级医疗机构医生的介绍才能到医院就诊。

(4)特点②。一是政府作用显著,即该制度在政府主导下的全民享受保障,医疗补助全部依靠政府资助,并建立了医疗保险共同基金,资助老年人和无力支付昂贵医疗费者;二是努力提高卫生设施服务的质量,增加卫生专业技术人员的数量。

(5)农村医疗制度存在的问题。韩国农村医疗保险的实施是按区具体实施的,由于区域划分较小,医疗费用的统筹范围有限,风险性较大。在医疗服务提供和利用方面,政府试图使更多的居民充分利用初级医疗机构(诊所),但是由于现有的初级医疗机构和上级医疗机构医院之间的医疗服务水平和技术等方面的差距较大,居民宁可多花钱去医院,也不愿意在诊所诊治,造成初级医疗机

① 杨艺,庞雅莉,吕玉莲.韩国等亚洲国家农村医保制度改革对我国的启示[J].中国卫生经济,2003(12).

② 林义.农村社会保障的国际比较及启示研究[M].北京:中国劳动社会保障出版社,2006:156－157.

构的使用率不足。

2. 印度尼西亚。从20世纪70年代以来,印度尼西亚在农村推行了名为预付制自愿卫生保健规划的以社区为基础的卫生筹资。预付制自愿卫生保健规划是社区根据本地区农民经济发展水平,按照自愿、互助、自治、协调一致、公开管理、社区支持的原则,以村或小区或区为统筹单位,由参加的农户协商决定每户每月缴纳多少保健费,享受相应的保健水平。

筹资主要依靠成员的预付,通常由政府的资助和公社农业合作社提供资金来补足。这些钱可以确保公社成员得到基本的医疗保健服务。预付制自愿卫生保健规划机制是在印度尼西亚关于促进公社行动以确保社会公平、质量和预防措施的政策的前提下制定的。通过政府系统的强调和发动公社参与,预付制自愿卫生保健规划覆盖的人口从1988年的600万人增加到了1994年的1 200万人,翻了一番,包括13%的印度尼西亚村民。预付制自愿卫生保健规划的主要特征是公社参与,地方政府监督与管理。预付制自愿卫生保健规划是由公社自身通过"家庭福利运动"、村民合作委员会及宗教组织这样的机构来运营的。政府在建立预付制自愿卫生保健规划的过程中充当授权的角色。通常情况下,政府官员发动组织会议,与会者包括医疗服务提供者、当地政府官员、宗教机构、公社的重要人物等。

20世纪80年代,印尼政府针对农村婴儿死亡率较高的问题,开始推行POSYANDU计划。该计划要求村社自行建立妇幼卫生室,由志愿者在社区卫生中心指导下开展计划生育、妇幼保健、免疫接种、控制儿童腹泻等几方面的工作。社区卫生中心每周都要派妇幼卫生工作人员到村社进行业务指导和咨询,并且每月在村里开展一次妇幼卫生日活动,从而有效地降低了农村婴儿的死亡率。农村小区的社区卫生中心设有20多名工作人员,其中有医师,其职责是负责中心的全面工作,另设有护士、助产士、初级卫生保健人员、牙医、化验员等岗位。医师是大学毕业生。按照印尼政府的规定,医学专业的大学生毕业后必须到农村工作3~5年(农村3年,近郊农村5年)才可以回城市找工作。社区卫生中心主要提供门诊服务,开展初级卫生保健工作,同时负责培训和指导各村的志愿者开展健康教育、环境卫生等工作。①

3. 印度。印度与中国同处亚洲,同样是人口众多,同样是以农业为基础,还同样都是发展中国家,因此,应该说具有很多相似或相近之处。了解、研究印度

① 中国农村贫困地区卫生保健筹资与组织课题组. 东南亚三国考察报告[M]. 北京:人民卫生出版社,1998.

的社会保障体系及制度,吸取、借鉴其经验与教训,对构建我国的农村社会保障体系和制度具有极大启发性。

印度的农村保险项目由印度人寿保险公司运作,对于18~60岁间的人有一个群体人寿保险项目,所有的保险费用由中央支付。印度人寿保险公司于1956年9月1日成立,把居民存款引入国家建设。为了弱势群体的保险需求,印度人寿保险公司成立SSF社会安定基金,有24个职业群体受益于此基金,属于弱势群体的人群18~60岁之间的自然或是非自然死亡都会获得理赔。

印度的农村医疗健康保障制度具有以下特点:①

(1)全民享受免费医疗。在印度这个人口众多的发展中国家,实行的是全民免费医疗政策。1949年印度通过的第一部宪法中明确规定:所有国民都享受免费医疗。不论是政府公务员还是无业人员,不论是城市居民,还是农村人口,都可以在政府医院享受免费医疗。

(2)医疗体系较完善。虽然印度不太富裕,人口也很多,但为了保证全民免费医疗健康保障的实施,印度政府建立起一套比较完善的医疗服务体系,包括国家级医院、邦(省)级医院、地区级医院、县级医院和乡级医院,除此之外还有各级医疗中心。这些遍布全国的医疗机构满足了大多数国民的基本医疗需求。

(3)农民看病不花钱。印度的农村医疗网络很健全。在印度,目前大约有4亿贫困人口,其中绝大部分生活在农村,农村人口占了印度人口的72%左右。自1947年独立以来,印度政府一直致力于建设农村医疗体系,提供免费医疗服务。1996年以后,政府推出了社区医疗中心规划,每10万名农村居民配备1个社区卫生中心,1个中心约设30张病床和4名医生,并配有化验室和基本检查设备等。农民的头疼脑热等小病,只要从村里的小诊所或者卫生中心就可以拿到常用药或进行治疗,社区卫生中心无法处置的病人一般都送往设施较好的、医护人员齐备的地区医院。一个地区通常有2~3所这样的地区医院。印度农村的医疗体系既减轻了农民家庭的经济负担,也在一定程度上保障了社会公平。印度政府2005~2006年度用于农村公共健康事业的总资金投入为1 028亿卢布(约合24亿美元),虽然与许多其他国家无法相比,但是印度政府将有限的资金投入到最需要医疗服务的地方,即在配置有限的医疗资源上尽量做到公平公正。据世界卫生组织成员国卫生筹资与分配公平性评估排行榜显示,印度在全世界居第43位,远远高于许多发展中国家。

---

① 任彦.印度百姓看病不难[N].人民日报,2006-02-27.

4. 泰国。2002 年之前,泰国的健康保险计划,包括国家公务员医疗保障制度、社会保障计划、工人保险计划、自愿性健康卡计划等。在泰国,农民主要是通过自愿性健康卡计划购买健康卡的形式参加社区合作医疗保障。泰国的健康卡制度于 1983 年 6 月开始在农村推行。以家庭(户)为单位参加,1 户 1 卡,超过 5 人者再购 1 卡,每年缴纳约占家庭年收入 3% ~5% 的泰铢(1997 年为 1 000铢),政府补贴 1 000 泰铢(1997 年),各户的费用由村级的志愿工作者进行宣传并负责收缴,每半年收缴一次,并负责缴纳到社区卫生中心。50 岁以上和 12 岁以下儿童享受免费医疗。每张卡由家庭自费 1 000 泰铢(1 泰铢约合 0. 026 4美元),政府补助 1 000 泰铢。健康卡所筹的资金,在制度试验初期由村长加上被选出来的村民组成委员会进行管理,20 世纪 90 年代以后由区级管理委员会统筹管理。区委员会将部分资金存入农业银行保值升值。健康卡的基金支付按各级医疗卫生机构负担的服务量进行结算,一般来说区级以上医院占 60% ,区医院和社区卫生中心占 30% ,10% 用于管理费用。健康卡可用于医疗、母婴保健和计划免疫。

健康卡使用期为一年,第二年要重新购卡。村干部和村志愿者可以免交健康卡的基金以作为工作激励。月收入在某一水平以下的贫困户(1994 年为 2 800泰铢),免费享受健康卡待遇。持有健康卡的农户,持卡和本人身份证到社区卫生中心、区级医院就诊,可以享受免费的医疗服务。如果病情需要,可以按规定转诊到上级医院进行治疗。根据 1994 年的数据,一个家庭每年可以使用 8 次健康卡,每次不得超过 2 000 泰铢,每年不得超过 16 000 铢,超过的部分自付。

有关健康卡的工作由各府(省)成立健康卡管理委员会进行组织管理,统一定制健康卡的凭证。按照规定,只有每村至少 35% 的农户自愿参加健康卡制度时,该制度才能实施。管理委员会负责制定持卡者在公立医院就诊的免费范围和转诊制度,在村一级培养志愿工作者。志愿者主要是在社区卫生中心的领导下进行健康教育、预防保健、推行健康卡制度等工作。

泰国于 2002 年 4 月开始实施“30 铢计划”全民健康保险,目标是覆盖当时任何健康保险或者福利计划的人群,实现全民覆盖并取代健康卡计划。因此,从 2002 年起,泰国成为中低收入国家中为数不多的为全体居民提供基本卫生服务保障的国家之一。全民健康保险性质为社会福利性,覆盖人群为国家公务员医疗保障制度和社会保障计划没有覆盖的人群,这些人占总人口的 74%(2002 年),由注册的公立或私立医疗机构提供门诊和住院服务,提供包括综合服务所涵盖的疾病的服务、产科服务、体检服务、健康与预防服务,还可以提供私人病床和特殊护理,资金来源于税收,支付机制为门诊服务按人头付费,共付部分为每次就诊30泰铢,2002年人均补助为1 275泰铢。

全民健康保险计划一经实施便得到了泰国民主党的反对,他们认为全民健康保险削弱了政府公立医院的经济状况,许多医院会因为经费不足而动用储备基金。

5. 巴西。巴西农村实行医疗保健计划。该计划由联邦政府于1994年建立,是一种关注家庭和社区的农村初级卫生保健制度。具体执行计划的是一个个家庭健康小组,小组至少由1名全科医生、1名护士、1名助理护士和4~6名社区健康代理组成家庭健康小组,一般要为2 000个家庭1 0000多人服务。目前,在巴西有27 000个这样的小组在全国近5 560个城市工作。截止到2002年底,该项计划已成为覆盖巴西50%以上的农村人口的家庭健康计划。[①] 1994~2007年,各级政府投入到初级保健的资金,已增至35亿美元,其中20亿美元用于家庭健康计划,这使得家庭健康计划迅速发展。

巴西联邦政府非常重视农村医疗保障问题,除实行全民统一的医疗健康制度外,还针对农村专门设立家庭健康计划,并由联邦和州政府统一实施与监管,保证了该计划的平稳推进。

在制度设计上,注重对医疗服务者的激励。巴西联邦政府为确保上述计划的顺利实施,设立专项经费对其进行支持。在为从事农村卫生保健服务者提供启动资金及生活补助的同时,还按服务量进行奖励。联邦政府确保农村医务工作者可获得不低于城市同类人员2倍的工资,大概4 000~5 000个雷亚尔,这在相当程度上激发了他们在农村开展医疗服务的积极性。

三、国际经验及对我国的启示

(一)农村医疗保险制度的建立离不开政府的支持

目前,无论是发达国家,还是发展中国家,医疗保险的发展水平和市场化程度尽管各不相同,但在对农民的医疗保障方面有一个共同的特点,那就是政府的积极参与,既参与管理,又给予适当的财政补贴。

首先,各国的医疗保险制度都是通过立法后,由政府强制推行的,政府是医疗保险制度立法的积极推动者和具体实施者。如19世纪德国的以《疾病保险法》、《灾害保险法》为代表的一系列社会保障制度就是在当时的俾斯麦政府的

① 代志明,何洋. 国外农村医疗保障制度的解读与借鉴[J]. 经济纵横,2005(2).

推动下建立的。其次，各国政府都对农村医疗保险提供财政援助。其中，日本国库补助保险费的50%，墨西哥政府的补贴相当于雇员工资的0.45%。因此，目前我国正在试点的新型农村合作医疗制度，作为一种保障能力相对较低的社会医疗保险制度，离不开政府的支持和参与。一是要增加财政投入，各级政府要把农村合作医疗补贴作为一项新增的支出项目纳入各级政府的财政预算，使合作医疗基金具有稳定的资金来源；二是要制定和完善各项政策措施，各级政府要在不断扩大试点的基础上，进一步建立和完善新型合作医疗制度，积极组织和引导广大农民参加合作医疗，不断扩大合作医疗范围；三是加强监督管理，特别是加强对基金的筹集和支付情况的监督管理，规范基金运作，保证合作医疗制度的健康发展。

（二）医疗保障水平必须与经济发展水平相适应，做到循序渐进，逐步提高

医疗保障作为社会保障体系的组成部分，是国家社会福利的一部分。医疗保障水平必须与经济发展水平相适应。从医疗保障制度发展进程看，几乎所有国家都经过从城市到农村，先医疗保险后养老保险的发展过程；并且各个国家由于经济发展水平不同，医疗保险制度建立的时间相差很大。因此，我国农村医疗保障制度建设必须根据区域经济发展水平，采取循序渐进、逐步提高的发展模式，不能搞“一刀切”。在东部沿海农村及城市市郊等社会经济发展水平较高的地区，医疗保障制度建设可以考虑纳入城乡一体化发展，使农民的医疗保障体制向城乡一体化过渡；在广大中西部农村地区，应结合区域经济发展水平，实行不同层次新型农村合作医疗制度，扩大合作医疗的覆盖面，并随着经济社会发展不断扩大保险范围、提高保障水平。同时，政府要明确责任，扶助困难的地区和群众，通过建立、完善医疗救助制度，对贫困农民提供免费的医疗服务。

（三）适时的制度变迁与制度创新是农村医疗保障制度成功的保证

综观上述许多国家的农村医保制度之所以顺利运行，无不得益于适时的制度变迁与升级。例如，德国和日本在经过一段时期摸索后，在农村医疗保障制度上审慎地选择了与农民收入关联的强制性社会保险制度，并辅以政府财政的相当补助，这样做不仅规避了逆向选择，而且降低了制度运行成本。同样，泰国和巴西在农村医疗制度的选择上也经历了痛苦的变迁过程。泰国20世纪80年代在农村推行类似中国农村合作医疗制度的健康卡制度，但直到2002年该

国实施“30铢计划”前，健康卡的农村人口覆盖率仍不足10%。① 巴西也是在实行全民统一医疗保健制度近40年后而设立旨在解决农村医疗问题的健康计划的。可见，无论是发达国家还是发展中国家，鉴于农村医疗保健问题的特殊性及易变性，适时的制度变迁与制度创新都有其内在必然性。

小案例

印度农村的医疗健康保障

印度的医疗领域面临着农村人口众多、资源少、财政投入有限等一系列难题，也存在农村老百姓看病难的问题。随着经济的快速发展，印度政府将打算如何对其原有医疗体系进行改革？要实现什么样的目标？

问题一：印度目前实行何种医疗体系？医疗体系当前所面临的形势？

自1947年独立后，印度政府建立了近乎免费的公共医疗卫生体系，国民健康花费的绝大部分都是来自政府支出。近10年来，私人医疗行业也得到了快速发展。在这届政府中，目前整个医疗行业支出为国内生产总值的5.4%，其中有将近20%出自政府投入的公共卫生部门，另外的则都出自私营的健康及医疗行业。

过去50多年中，印度的医疗体系在提高人口预期寿命、降低死亡率以及控制疾病传播等领域都取得了明显成绩，同时也成功地将医疗及医药花费限制在较低的水平。但是，印度有10亿人口，经济发展水平决定了印度有限的财政投入，在一些贫困地区特别是农村，医院等基础设施还显得比较落后，所面对的形势显然不容乐观。

问题二：印度政府目前打算采取什么措施解决农村百姓“看病难、看病贵”的问题？

从2005年开始，印度政府着手进行了一项大规模的“全国农村健康计划”，以加强印度农村地区，特别是那些落后地区的医疗体系。目前政府正在将主要精力放在对原有医院进行现代化改造、对医生和护士进行培训等方面。在这项计划中，届时将会有14.5万个乡镇健康中心、2.3万个地区健康中心以及3 222个大型健康中心来为广大农村人口提供医疗服务。在这些政府医疗体系中，病

① 代志明，何洋. 国外农村医疗保障制度的解读与借鉴[J]. 经济纵横，2005(2).

人都可以免费得到医生的诊疗以及基本的常用药，即便遇到重大疾病需要输血或手术，患者也只需要负担其中的5%左右。如果病人生活在政府规定的贫困线以下，还可以动用“全国健康优惠基金”来得到全免费治疗。

问题三：印度政府负担全民医疗问题需要多少投入？政府有足够的财力来实现目标吗？

政府投入是一个大问题。在过去的许多年，由于财力限制，印度的医疗体系状况一直不是很令人满意，特别是公共卫生部门支出在国内生产总值中所占的比例由原来的1.3%降到了现在的0.9%。目前，印度联邦健康和家庭福利部长安布马尼·拉莫多斯也正在积极要求辛格总理加大对医疗体系的投入。辛格总理同意在未来的3～4年里将这一比例提高到2%以上。像去年仅在“全国农村健康计划”上，印度政府便投入了670亿卢比(1美元约合43卢比)，在今年的财政预算中，政府还会进一步加大对该领域的投入。

这些投入要想让国民得到满意的医疗服务当然还不够。印度社会保障的相关部门也想出一些别的办法，如在部分地区，要求一些医学院及医学研究机构与当地村民合作。这些村民每年缴纳365卢比，政府再给予200卢比的补贴，让他们组成医疗互助保险体系，这可以让村民们能够负担起3万～4万卢比的治疗花费，承受像一般性手术治疗等规模的疾病风险。

问题四：印度政府是否鼓励医疗行业市场化？以后对农村医疗有无特殊优惠政策？

目前，印度政府正在想方设法进一步完善国内的公共医疗体系，而不是要取消它。安布马尼·拉莫多斯认为，对于健康及医疗行业而言，完全市场化和商业化可能会是一个灾难，这会极大地抬高医疗价格、增加社会支出，而这一切都最终要转嫁到病人的头上。基于这种理念，印度政府目前正在试图增加政府医疗部门在整个医疗行业中所占的比例，为此制定的理想目标是：在将来，私营部门在整个健康医疗体系中所占的比例为60%，由政府投入的公共医疗机构从现在所占的近20%提高到40%。

私营医院在印度健康医疗体系中发挥了重要的作用。但印度政府也正在加强对这些私营医院的监管，如新兴项目的审批、诊疗费管理和医药费管理等等，以便让全国医疗的整体费用能够维持在一个较低的水平。事实上，这种低价体系能够吸引许多西方国家的患者前来治疗休养，这也可以让私营医院从其他渠道得到可靠的利润保证。

就印度而言，政府医院和私营医院的主要区别体现在就诊环境等硬件领域，医生从业水平相差并不悬殊。按照规定，政府医院的医生不允许到私营医院去工作,因此就医疗资源而言,政府医疗体系在社会中同样也发挥着重要作用。

今后,印度政府仍将致力于改进农村地区的医疗卫生条件,目前也正在增加公共投入,并且尽可能地让医疗保险政策成为一项强制措施。除此之外,政府还对一部分医疗行业进行补贴,尽可能避免出现百姓因为贫富差距而无法看病的情况。即使你没钱,只要你去任何一家政府医院,医生就必须给你诊治,这是政府的政策。

资料来源:根据《环球时报》记者陈继辉采访稿《印度部长谈怎样解决看病难》①。

▶讨论:印度农村医疗健康制度的改革与发展对我国的启示?

第二节 农村养老保障制度国际比较

当前,我国农村养老问题日益尖锐和突出,在充分认识我国国情的前提下,探索与农村经济发展水平相适应的社会保障发展道路,在广大农村地区建立起较完善的农村社会养老保障体系,已是亟待解决的重大战略问题。

在我国,从养老资源供给的来源看,农村养老主要存在三种基本方式,即家庭养老、社会养老和自我养老。其中家庭养老、社会养老是主要方式。随着我国经济体制的转型、农村工业化和城镇化的发展,土地难以发挥养老保障作用,农村家庭养老功能逐步弱化,农民日益要求农村传统的家庭养老向社会养老转型。随着我国农村社会养老需求的不断增加,建立什么样的农村养老保险制度能够满足农民的社会养老需求,在我国理论界仍在研究探讨。本节通过对国外农村社会养老保障制度模式及部分国家农村养老保障制度的介绍与分析,寻求其制度建设及模式变迁特性,对于我国这一制度的建设将有重要的启示意义。

一、农村社会养老保障模式比较

从养老保险资金的筹集、管理、发放方式以及各种保障的性质划分,国外农村社会养老保障制度基本上可归纳为以下三种模式。

① http://www.people.com.cn/BIG5/paper68/17127/1501750.html

(一)社会保险型

社会保险型养老制度是当前世界上农村社会化养老的主要模式,在欧洲国家和一些发达国家盛行,以德国、日本、韩国等为典型代表。其实现形式主要有两种:一种是针对农村人口开设独立的养老制度;另一种是直接将其城市制度向农村延伸,即属于国民年金型。该模式坚持"援助自助者"的原则,强调养老的"个人责任",普遍实行现收现付与积累制相结合的资金筹集与计发模式。养老保险待遇与个人收入、缴费年限相联系,即农民养老首先是个人的义务,然后才是国家和社会的义务。不过政府都给予了较大程度的补贴,如德国政府补贴占到总保险费的70%,日本政府补贴占到总保险费的1/3。韩国在吸收和借鉴他国经验的基础上,政府实行有限补贴,旨在引导农民参加保险,不过其补贴额度也占到了总保险费的2/3。在这些国家,农村劳动力通常被区分为农业工人和农业主。农业工人是指在农业企业中被雇佣的人员,政府常常强制他们参加工人养老保险或职员养老保险。农业主是指拥有土地所有权的地主及其家庭成员,是真正意义上的农民,可以自愿参加农村社会养老保障或国民年金。

(二)福利保险型

福利保险型模式按实施范围的大小一般分全民型和特殊群体型两种。实行全民福利保险型模式的国家有英国、瑞典、加拿大等。该模式是福利国家借助于财经政策的调节作用,来保障老年人晚年生活,缓解社会矛盾的一项重要措施。这种养老保险模式贯彻普遍性的原则,保障水平也较高。在养老金来源上,主要来自国家税收,保险基金实行现收现付的办法,没有积累,国家担负着重要的责任。特殊群体福利保险型模式主要盛行于发展中国家和不发达国家,如斯里兰卡和南非等。由于其经济条件有限,难以实施全民型的社会养老制度,因此通过实行特殊群体养老金救助制度,确保生活特别困难的农村老年人享有基本养老保障,但由于受到救助主体即政府财力的限制,仅能提供最低程度的保障。

(三)储蓄保险型

储蓄保险型也叫强制储蓄型模式。目前世界上只有少数亚非国家的农民实行这一模式的社会养老保障制度,实行结果比较成功的国家是新加坡与智利。这种养老保险模式强调以家庭为中心维持社会稳定和经济发展,其保险基金来源于雇主和雇员按照工资收入的一定比例所缴的保险费,独立劳动者或自雇者按照个人收入的一定比例所缴的保险费。国家不进行投保资助,不负担保险费,仅给予一定的政策性优惠。政府虽然不负担保险费,但政府承担了最低养老金和养老金投资最低回报率补贴。

从实施的结果看,社会保险型养老制度模式的优点在于其保险资金来源广泛,实现了农村养老保障的社会化目标。同时实行现收现付,增强了社会保险基金的互济性,其保障水平和保障程度普遍较高。通过政府补贴,真正使农民分享到了工业化和城市化的成果。该模式的正常运转是以个人和雇主有较强的缴费能力、政府坚实的财政后盾为担保,因而要求有一定的社会经济发展水平和 经济实力作后盾。

福利保险型模式重视公平,体现了福利国家给全体国民的福利待遇,能最大限度地扩大社会保障覆盖面,防止了老年贫困,其缺陷是轻视财政资金的使用效率,易于诱发个人责任感缺失等,保险开支在国民生产总值中所占比重随着人口老龄化的加剧会逐年上升,从而导致用于生产的财力减少,政府负担加重,影响国民经济的发展,是一种较为缺乏效率的养老保障方式。

储蓄保险型模式实行个人完全积累的筹资模式,受人口老龄化的影响比较小,对国家财政的压力小,支持并帮助了国家的经济发展。其缺陷在于受保人之间,不存在收入再分配,这种家庭内部互济在其互济范围和数量上都十分有限,与社会保险型的共济互助差距很大,不能共担风险,而且储蓄基金额易受通货膨胀的影响,难以保值与增值。

二、国外农村养老保险概况

由表 10 - 2 可以得出以下结论:世界各国或同一国家城乡之间在社会养老保障模式方面的差异,虽然具体原因有所不同,但归根结底是由各国或同一国家城乡之间经济发展水平的不同所决定的。从国外经验看,各国建立农村社会养老保障制度的目的是把它作为在农村面临着严峻的经济、社会问题的情况下的一种社会保障措施。从城市化、工业化发展阶段看,各国这一制度的建立基本上是在工业化发展水平相对较高的阶段完成的。以日本为例,1941 年,日本建立了城市工人的社会养老保障制度,1958 年则建立了农业工人的社会养老保障制度,1971 年,日本政府才将农业主纳入社会养老保障制度的范围。

表 10－2　部分国家建立农民养老保险的时间与经济发展水平

国家	城镇养老保险建立时间（年）	农民养老保险建立时间（年）	农民养老保险建立时的人均 GDP（美元）
德国	1889	1957	1 345（1960 年数据）
日本	1941	1971	3 802
丹麦	1891	1977	10 958（1978 年数据）
芬兰	1937	1977	7 132（1978 年数据）
美国	1935	1990	21 696
加拿大	1927	1990	21 842
韩国	1973	1994	6 740
波兰	1927	1977	1 822
斯里兰卡	1958	1987	369

资料来源：根据《世界经济年鉴》有关数据整理。

（一）发达国家农村养老保障制度概况①

总的来说，在发达国家农村社会养老保障制度中，几乎都有三个支柱、多元化发展的制度保护。

1. 第一支柱：公共年金或国民年金制度。

（1）收入关联养老保险模式，代表国家有德国、日本、法国、美国等。

养老保险基金由三方缴费形成：如果农业雇佣劳动者属于领薪人员，其缴费方式与城镇职工相似，个人和雇主按工资额的一定比例共同承担缴费；非薪农业劳动者则按其实际净收入（包括现金和农产品两部分）的一定比例由自己承担缴费，国家通过税收、利息、财政政策等给予资金支持。养老金待遇取决于工资收入水平。

在缴费与给付方式上，运用特定的技术机制，使国民收入在代与代之间、不同收入水平群体间进行再次分配，使高收入阶层向低收入阶层进行某种程度的转移，实现了城市与农村的收入再分配，从而缩小城乡社会保障间的差异。

这种模式的优点是：将养老保险的储蓄机制、保险机制和再分配功能有机结合在一起，由劳、资和政府三方共同负担费用，由城市高收入劳动者分担一部

① 林义. 农村社会保障的国际比较及启示研究［M］. 北京：中国劳动社会保障出版社，2006：23－29.

分农村养老费用，减轻政府财政的压力。

缺点是：随着老龄人口的不断上升所导致的高缴费率可能造成工人逃税、雇主裁减工人、很多人退出劳动力市场；模式以就业经历为合算基础，所以对工作经历较短、收入较低的人帮助不大，老年贫困率可能较高。

（2）均一给付的普遍养老金模式，代表国家有英国、加拿大、北欧等国。

实施范围：覆盖城市和农村的所有国民。

领取金额：与个人收入状况无关，国家为每个国民提供等额的养老金。

资金来源：主要靠国家的一般税收，一般不要求公民缴纳社会保险费。

优点是：充分体现社会保障制度追求公平的原则，具有很强的收入再分配能力，特别有利于低收入的贫困阶层。

缺点是：资金来源单一，政府负担越来越重，均一给付对富人意义不大，还可能会造成高收入阶层避税。

2. 第二支柱：专门性农民养老保险制度。大多数工业化国家都为农村居民建立了专门性的农民年金制度，作为农村居民老年收入的补充来源。

由于自营劳动者通常没有雇主，收入也远低于城市居民，而且农民相互之间联系很少，所以农民年金制度都是由政府组织主办，并提供高额的财政补贴。

3. 第三支柱：个人储蓄性计划。它是指农民个人或家庭通过自愿安排，储蓄一部分当期收入或购买人寿保险为老年生活做准备。政府对此采取鼓励政策，给予免征所得税等政策予以支持。大多数发达国家的农民有这样的个人储蓄准备。

4. 最低安全网：老年社会救助制度。这一制度是针对农村没有收入来源或收入较低者给予较高标准年金补贴的带有社会救济色彩的年金计划。通常先确定一个生活贫困标准，再通过对申请者的生活状况调查，根据其实际收入与最低生活保障水平之间的差异，确定具体的给付水平。该制度具有缓解贫困能力较强的优点，但调查的管理费用较高。

（二）发展中国家农村养老保障制度概况

发展中国家的农村养老保障制度，主要存在农村缴费型和非缴费型两种模式。

1. 农村缴费型养老保险制度。代表国家有朝鲜、突尼斯、阿尔巴尼亚、菲律宾、中国等。这一制度的特点是养老金受益人必须缴纳养老保险费才能享受养老金。

朝鲜于 1988 年建立了覆盖全民的养老保险制度，农民、渔民以及农村自雇工人缴纳其收入的9%作为养老保险缴费(2005年),政府支付社会保险营运的管理费,对低收入者进行缴费补贴。

菲律宾统一的社会保险计划覆盖所有的农业自雇者。

阿尔巴尼亚的农村社会保险于1972年建立,农业自雇者必须强制加入社会保险。

在越南,按照规定,参加社会保险自愿,退保自由,但退保要有理由,而且不退息,要扣除管理费。如果一个农民每年缴纳2万越南盾的社会保险费,连续交满20年,那么农民退休(男60、女55岁)以后,每月可得到10万越南盾的保险费。

2. 农村非缴费型养老保险。代表国家为巴西、印度、毛里求斯等。

巴西是非缴费型养老保险的代表国家,其农村养老保险分为农村年金计划和社会救助年金计划。

(1)农村年金计划。1971年的法令规定,由农村劳动者社会保障基金为农村人口及其家庭提供养老金。1972年该计划的覆盖面扩大到无雇主的家庭作业的渔夫和淘金者。1988年新宪法规定"社会保障制度必须为农村家庭提供经济保障"。

给付标准:实行统一给付,与领取者收入状况无关。

资金来源:按农产品初次买卖价格的2.1%缴费,城镇雇主缴纳3%的工薪附加税,资金主要来源是政府的税收补贴和国债收入。

领取人及年龄:户主及配偶,男性、女性领取年龄分别为60岁和55岁。

优点:可拓宽农村养老保险的覆盖面,促进农民养老保障水平的提高,在很大程度上可改善农村的贫困状况;支持当地经济,促进农业发展,缩小城乡差距。

缺点:筹资问题突出。由于贫困群体没有多大的缴费能力,国家社会保障协会无法在农村筹到足够的资金,若用城镇附加税用于农村年金计划,基金运作再不够透明,易导致城市居民与农民两群体间的利益冲突,激发城镇、农村工会在社会保障政策上出现更大分歧。

(2)社会救助年金计划。其内容有:

领取资格:联邦政府支付给67岁及以上的农村老年人以及无法独立生活或工作的残疾人,并且家庭人均收入低于最低工资的25%。要进行收入调查,每两年审查一次。

待遇水平:相当于每月最低工资水平。

资金来源:全部来源于中央政府,其运作完全由国家社会保障协会负责。

优点：可扩大养老保障的覆盖面，提高养老保障水平，降低赤贫率；对老年人，尤其是社会中收入最低的赤贫人群有较好的针对性；具有较低的制度成本；从资金来源上说，以一般税收或专项税来筹资，可较好地实现对老年人、农村人口等低收入群体的收入再分配政策目标。

家庭补助金计划：从2003年起开始实行，内容有：

领取资格：每月人均收入不足120雷亚尔的家庭。

待遇水平：人均收入低于60雷亚尔的家庭（极端贫困），每月可得到95雷亚尔的资助；人均收入在61～120雷亚尔之间的家庭（贫困），每月可得45雷亚尔的资助。如果州和市政府同联邦政府签署了零饥饿计划伙伴协议，则纳入该计划的家庭还可从州、市政府再得到一定数量的财政补贴。

效果：家庭补助金计划迄今已投入约180亿美元，使1 110万家庭受益，使巴西贫富悬殊问题得到一定程度的缓解。

三、典型国家的农村养老保险制度

（一）德国的农村社会养老保险制度

德国将支持经济上的弱者、保障较大的社会风险和致力于社会机会平等看作国家持续发展的基石。在欧洲一体化的过程中，德国农村的养老保障制度得到了普遍发展。

1. 发展历程：

1951年，颁布了《老年养老保障法》，迈出了建立一个独立的农村社会养老制度的第一步。

1954年，德国政府通过举办个人意愿保险，试图扩大农村养老保险的覆盖面，但实施效果并不理想，事实上只有大农场主才会参加这样的保险计划。

1957年10月1日，德国的《农民老年援助法》生效，这是对独立经营的农业企业主和与他们共事的农业生产的家庭成员实行的一种特殊的老年保障制度。该项法规的初衷是满足老年农民对现金的需要，以便促进农庄及时向年轻农民转交，促进农村生产力的发展。

1995年1月1日生效的《农业社会改革法》对农民老年保障制度进行了大幅度的改革，将老年援助发展为有收入补充功能的部分老年保险，即将农民的老年保障纳入社会保险领域，而不再是社会救助领域；1996年7月1日起已婚者获得的老年年金最高额达到每月 1 226 马克。[①]

2. 主要内容：

（1）德国的农村养老保障制度的保险义务人是：农业企业主，指所有的农业和林业企业主。其经营的农业企业超过了老年保障金库当年确定的最低规模。农民的配偶，指有同等经营企业权的丈夫或妻子。《农业社会改革法》规定，夫妻双方要向农业老年金库说明，夫妻中谁作为农业企业主参加保险，谁作为配偶参加保险，也可以双方都作为农业企业主参加保险。农业企业主和他们的配偶缴纳相同金额的保险费。农民共同劳动的家庭成员或者配偶，必须主要是在农业企业从事共同劳动。共同劳动的家庭人员包括三代以内的血亲、两代以内的嫡亲以及与企业主或者他们的配偶长期保持类似家庭关系，并且被企业主或者他们的配偶视为家庭成员的保姆。

（2）等待期：老年年金为 15 年，丧失劳动能力和遗属年金为 5 年。

（3）资金筹措原则：农民老年保障待遇所需费用通过保险费和联邦资金来筹措，实行统一保险费的原则，所有缴纳保险费者的保险费标准是一样的。共同劳动的家庭成员的保险费是统一保险费的一半，并且由农业企业主承担。

（4）管理机构：农民每 7 年选出一批地方代表并由他们组成养老保险制度管理的常务大会，管理所有农村地方团体的委员会主席由所有代表共同选出。尽管地方管理机构拥有较大的自治权，中央管理机构的作用依然不可或缺。中央管理机构承担着全国范围内的保费征收、协调管理等职责，并适时推广成功经验，提出合理化政策建议。

3. 评价。德国农村养老保险的主要不足在于：经营效益好的大农场的所有者和经营效益一般的小农场的所有者缺乏互济性。表现在：农村养老保险一方面只提供较低的均一制基本养老金；另一方面，补充养老保障是通过农场转让计划以及个人寿险来实现的。[②]

（二）日本农村的养老保障制度

在日本农村，以社会保险为核心的各种共济事业，实行多层次的农民养老制度，农民除加入全民保险的“国民养老金”以外，还可以选择参加“国民养老金基金制度”、“农民养老金基金制度”等。

---

① 庹国柱，朱俊生. 国外农民社会养老保险制度的发展及其启示[J]. 人口与经济：2004(4).

② Luis Frota, Social Insurance for Aging Rural Households : A Comparative Perspective, World Bank Research Paper, 2001 : 9 - 10.

1. 国民养老金制度介绍：

(1)保障对象：第一号被保险者为自行从事工商业、农林渔业的个体经营者及其妻子、学生等；第二号被保险者为已加入厚生年金及共济年金等受雇佣者年金制度的保险者；第三号被保险者为第二号被保险人的妻子。

(2)资金来源；被保险者所缴纳的保险费约占2/3，国库负担1/3。

(3)运营主体：中央政府（厚生劳动省社会保障厅）。

(4)待遇水平：由老年基础年金、残疾基础年金、遗属基础年金构成，对农民还有附加年金及基金给付，加入该制度40年的保险者，退休后每月可以领取6.7万日元的老年基础年金。

2. 农民养老金基金制度介绍。日本的养老金制度是1971年建立的。该制度实行确定给付模式（按预先确定的为保障一定生活水平所需要的替代率确定支付养老金标准，进而根据这一养老金的给付水平决定基金的缴费率，也就是以支定收）。其目的在于保障农民老年生活，促进农地经营权转让，使农地经营主年轻化和防止财产及城市的农地无限细分。

(1)保障对象：分为强制加入者和自愿加入者。国民年金制度的第一号被保险者（包括农民）属于强制加入者。

(2)资金来源：主要来自保险费、财政补助。补助比例依据参保者的年龄及参保年限而规定不同的补助标准。

(3)待遇水平：年满65岁的，每月除领取基础年金外，可再领取一定数额的农民老龄养老金。

(4)运营主体：农民年金业务由设在农林水产省下的农民养老金基金会管理。都道府县一级的业务委托由该级的农业委员会办理，市町村一级的业务委托市町村农委或农协办理。

(5)参加年金的条件：拥有5 000平方米以上农田的经营主必须加入；拥有3 000平方米以上、5 000平方米农田以下的农业经营主自愿加入；农田经营主可指定一个人为农地继承者，亦有自愿加入的权利。

(6)农民养老金基金制度主要业务包括三部分：一是开展农民养老金事业；二是从事被保险者农地的购买和出售以及取得农地必要资金的贷款；三是向农民养老金被保险者以外的人离农时提供离农给付金补贴。

(7)农民养老金被保险者对象包括两部分：20～55岁之间参加了国民养老金的一定土地规模以上的农业经营主自然（强制）加入，其他适合一定条件的人可以任意加入。

(8)农民养老金给付包括：经营转移养老金、农民老龄养老金、退保一次性补贴（离农养老金）和死亡补贴4种。

经营转移养老金是指缴纳保险费满20年，在60～65岁之间向继承者或农民养老金的被保险者进行了土地所有权转移者，60岁以后开始给予支付的年金。缴纳保险费满25年者的给付额为每月2万日元。65岁以后在基本金的基础上再发给农业者老龄年金。农民老龄年金是对65岁以前没有实现经营转移、60岁以前加入农民养老金，并且缴费期间满25年者支付，支付额度为每月4 500日元。离农年金是没有达到加入农民者年金条件，即年龄超过55岁以上或经营面积在0.5公顷以下者的农户离农时给予一次性补贴，所需资金实行全额国库负担。

农民养老金被定性为政策性公共年金，即属于采取社会保险（缴纳保险费）的形式，达到国家农政目标的年金。作为政策性年金，国库负担每年经营转移年金给付所需费用的1/3。年金给付采取固定给付制，按当时设计标准，每月平均保险费应为1 298日元，实际征收750日元，不足部分暂由国库补贴。考虑到农户全都加入了农协，而且在农协都有银行账户，缴纳保险费和支付年金比较方便。

（9）日常管理：年金的缴费业务，包括收据的制作都委托给农协，由农协跟农户签订合同，年金被保险者的资格认定由农业委员会认定。

小案例

日本农协的组织结构

日本农业以家庭经营为基本单位，但农协基本上将所有的农家都组织起来了。日本农协已经形成了一个包括地方性组织和全国性组织在内的完整体系，自下而上按地域范围可分为3个层次，即市、町、村层次，都、道、府、县层次和全国层次。日本的市、町、村和都、道、府、县分别相当于我国的县、省两级。基层以市、町、村等行政区域为单位组成农协。以基层农协为团体会员组成都、道、府、县级组织，以都、道、府、县级农协为团体会员组成全国一级的组织。这两级组织按其所经营的业务不同分为两大系统：一是主要从事指导业务的“全国农业协同组合中央会”（中央农协）；二是主要从事经济事业的“农协联合会”。

中央农协的任务是对下一级农协的组织、业务及经营进行指导，协调各联合会之间的联系和调解纠纷，就农协和农业政策问题向政府有关部门提出建议。与综合农协对口并以综合农协为团体会员的联合会主要有:①农协观光。组织指导观光农业,为城市居民和中小学生提供"体验农业"的机会,组织农协会员旅游等。②全国信联协会,即全国信用农业协同联合会。负责农村金融活动。③农林中央金库。负责信用事业、贷款、债券、存款、融资等。④全国共济农业协同组合联合会。负责农村保险活动和互助事业,包括养老互助、建筑物更新互助、火灾互助、汽车互助以及突发事件的互助等。⑤全国农业协同组合联合会。负责农产品的收购与销售以及农业生产资料、设施、燃料、生活资料的加工、采购与销售供应。⑥全国农业协同组合卫生联合会。负责医疗、健康管理、检查诊断、食品生活的改善、老年人保障与安抚、医院建设等。⑦家的光协会。负责农业出版和文化活动。⑧全国新闻报纸农业协同组合联合会。负责信息、文化活动,出版《日本农业报》、《绿》等报纸和刊物。基层农协分综合农协和专门农协两种。综合农协是按照《农协法》规定,以本地区的农户为对象,开展营农指导、农产品销售、工业品销售、金融和保险事业。专门农协是以特定的农畜产品销售为目的,由从事同一专业生产的农家组成,主要存在于养蚕、畜产、园艺等专业领域,数量多、规模小。专门农协和综合农协不同,它是根据各地实际情况设立的,什么品种生产集中,就设立什么样的专门农协。从事特种产品生产的农户,为了调剂资金、发展生产,农民既要加入专门农协,又要加入综合农协。

资料来源:尹丽辉. 日本农协的组织结构[J]. 湖南农业,2005,7.

(三)法国农场主社会养老保险制度①

法国现行农场主社会养老保险计划,纳入了所有农场主及其配偶和其他共同劳作的家庭成员。法国将保险费分为两部分,一部分是人均保险费,另一部分是比例保险费。人均保险费按人头确定和缴纳,比例保险费根据农场主纳税登记收入计算和缴纳。农场主本人须缴纳这两部分保险费,但其配偶和其他共同劳作的家庭成员只缴纳人均保险费。保险金给付也分为两部分,一部分是农场主及其配偶和共同劳作的其他家庭成员都享有的基本养老金,另一部分是只能由农场主享受的比例养老金。农场主的两部分养老金加起来,最高数额与城镇和农场的雇员从社会养老保险所获得的最高养老金额等同。为了奖励生育贡献,对于生孩子多的农场主,养老金要多一点,具体办法是对于养育3个以上孩子的农场主,从第4个孩子算起,多一个孩子养老金将增加10%老年需要护

① 庹国柱,朱俊生. 国外农民社会养老保险制度的发展及其启示[J]. 人口与经济:2004(4).

理时的护理补助金,由母亲养育孩子者,折算成2年投保时间。参加该农场主社会养老保险的农场主及其配偶和其他家属,有连续投保时间的规定,投保年份少于37.5年时养老金要减少,投保时间每少4个月,养老金减少2.5%。法国也鼓励农场主自愿购买补充养老保险。

(四)加拿大的农场主社会养老保险计划①

加拿大的农场主社会养老计划也叫收入稳定账户,是专门为农场主及其家属设立的老年保障计划,也是农场主及其家属的收入安全计划的主要部分,它是加拿大联邦政府1990年根据农民收入保护法(FIPA)的授权建立的。其目标有两个:其一,保证最低水平的农民收入稳定;其二,建立农民年金基金。这是一个不同于一般社会养老保险操作方法的农民养老保险制度。显然,加拿大的这个计划不仅要解决农场主退休后的养老保障问题,而且也要解决退休前经营农场期间的收入稳定问题。

1. 参加资格。参加农场主社会养老计划要具备以下条件:①填报个人所得税申报书,报告农场经营盈亏;②参加农场主社会养老计划的人必须拥有或参与一个农业经营实体,并参加该实体日常农事经营,拥有至少10%的选举权或成员股本。如果一个地主,以农作物份额收取地租,则也可以作为个体参加该计划。

2. 个人年金账户及其存款。每一个参加农场主年金计划的人都有一个个人农场主社会养老计划账户。该账户包括两个部分,即基金一和基金二。基金一是投保人自己存进去的款项及保险费;基金二是联邦政府和省政府匹配的款项,即保费补贴和两个基金存款的利息。投保人允许在基金一里存款的上限是每年农产品(鸡蛋、奶制品和其他畜产品除外)销售收入的2%,但不得超过25万加元。政府(联邦和省)每年向其基金二中存入相同数额的配套款项作为保费补贴。

该计划当初规定,每一个投保人的账户中的政府贡献以及利息收入以农场最近5年年平均农产品净销售收入的115倍或25万加元为限。就是说,达到115倍或达到25万加元之后政府就不再往其基金二账户注入资金,即两个基金账户的存款和利息大约累积到50万加元时,政府不再补助保费。

3. 账户资金的支取。农场主社会养老计划参加者可以在退休之前不支取

---

① 庹国柱,李军. 国外农业保险:实践、经验和法规[M]. 西安:陕西人民出版社,1997.

账户中的款项，将账户余额作养老用。但也可以在规定的最大额度内计算并从账户上支取一定的款项。投保农民某一年如果需要从账户中按规定提款，需要履行一定手续，就是先向农场主社会养老计划管理委员会提交申请，经审查批准并通知其存款的金融机构才可以提出款项。

4. 账户的转移。参加该计划的农民可以任意转移其账户到新的开户银行或其他金融机构。只要是与农场主社会养老计划管理委员会签约的金融机构都可以，基金一账户转移后，基金二账户也自动随之转移。参加者死亡或破产后，其账户将被取消或按照担保人的遗嘱执行者或管理部门的授权，转移到有权接受这笔财产的人的账户上去，幸存的配偶可以把死者的全部或部分账户资产转移到他（她）的名下，由其支配。如果幸存的配偶自己已经有一个农场主社会养老计划账户，两个账户可以合并，若合并后的存款额高于存款上限，超过部分可以由幸存配偶提取出来。

5. 自愿参加与退出该计划的规定。加拿大的农场主养老金计划是自愿参加自愿退出的，只要符合条件的农场主及其配偶都可以参加，对参加者政府都同样给予匹配资金。但如果中途要退出，可以向农场主社会养老计划管理委员会申请，批准后可以在 6 个月内一次提取其账户余款，也可以在几年内逐年提取其账户上的余款。逐年提取时每年最少可提取 20% 的账户余额，开户银行在最后一次提款时支付全部利息。当然，如果退出，所提款项要纳所得税。

6. 计划的管理。加拿大农场主社会养老计划由联邦和各省分别签署协议后由省政府具体实施，给基金二账户存入的政府补贴款项也由联邦和省共同负担，协议中规定联邦和省各自负担的比例。为便于农场主社会养老计划的实施，依法成立了全国农场主社会养老计划管理委员会。该管理委员会负责计划的管理和监督，并对联邦和省之间的协议进行修改和补充。农场主社会养老计划管理委员会由 10 ~ 14 位委员组成，其中 6 ~ 10 名是不同的作物生产者和不同地区的农业生产者，另 4 名（包括主席）由联邦政府提名，委员会所有成员都由部长任命，每位委员都有平等的投票权。

四、国外经验对我国农村养老的启示

（一）必须坚持公平的理念

社会保障制度本质就是讲究公平与互助，在农村社会保障的建立上必须坚持公平的思想，政策的设立和实施必须建立在减小城乡保障水平的相对差异及各区县保障水平的相对差异的基础上。而我国 2012 年城镇职工年人均养老金水平已达 2.09 万元，新农保为 859.15 元，两者相差 24 倍多。

（二）坚持先易后难，逐渐发展城乡统筹

许多农村社会保障做得比较成功的国家，并不是一开始在建立制度时就把农民列入制度当中，而是在先城镇的情况下渐进地扩大到农村地区，直至覆盖整个国民。

像我国这样二元经济结构特征较深厚的发展中国家，城镇社会保险制度与农村社会保险制度在较长时间内仍可能按照分离式路径发展，尤其是城镇化发展过程中，出现了“农转居”人口、失地农民等特殊群体，因此即刻建立与城市一样的保障制度还是不现实的，两种计划必须在稳健与创新中实现整合。但无论采取什么样的模式过渡，城乡统一的保障制度是最终的发展方向，无论是城市居民还是农村居民在基本养老保险和医疗保险上，都应当享受统一的政策和待遇。2014 年 2 月 7 日，李克强总理召开国务院常务会议，会议决定，合并新型农村社会养老保险和城镇居民社会养老保险，建立全国统一的城乡居民基本养老保险制度。基金筹集采取个人缴、集体助、国家补的方式，中央财政按照基础养老金的标准，对中西部地区给予全额补助，对东部地区给予 50% 的补助。人社部指出，截止 2014 年年初，中国已有 15 个省份建立了城乡居民基本养老保险制度。养老保险制度逐渐由分离式发展向统一式发展过渡，最终实现城乡统筹。

（三）政府必须重视财政支持

无论是发展中国家还是发达国家，政府在农村社会保障上所担当的责任都是最重要的，农村社会保障的建立和运行依靠政府的政策支持和财政补贴。

我国现在处于改革后的农村养老保险制度的初步推行阶段，政府的财政支持是广大农民由土地养老思想转变为社会养老思想的推动器，政府必须明确自身的责任，做好筹资工作，尤其是贫困区县的补贴工作，这样，才能够尽快推动该制度被广大农民所接受、所信任。

农村人口萎缩以及老龄化的发展态势，决定了政府对农村社会养老保障必须承担更大的责任，这也是发达国家为我们建立农村社会养老保障制度提供的经验。正如温克勒（Winkler）在研究欧盟国家农民养老金的财政状况时说的：没有一个社会保障机构能仅依靠所缴费用来承担农民养老金的支出，它们都需

要依赖政府补助和其他方式来补贴①。从公共财政的角度来看,在农村社会保障范围中,属于纯公共品的包括社会救济、社会福利、优抚安置、农村最低生活保障等。同其他纯公共品的提供一样,应由政府免费供应。属于准公共品范围的主要是指农民养老保险等。但是由于农业本身具有基础性和效益的外溢性特征,以及农民对社会的贡献和现实收入水平制约等,政府也应该在这些公共产品的提供中承担责任。但长期以来,我国的公共财政对农村社会养老保障缺乏足够的重视与资金投入,国家财政对农村社会保障的投入,仅仅局限于每年200多亿元的扶贫开发基金和用于五保户最低生活补助和救灾救济的资金。为此,必须强调国家公共财政在解决农民养老保障问题上的支出比重,政府必须在农民社会养老保障的制度设计和财政投入方面,采取更加积极的态度和措施。首先,政府应稳定对农村养老保障的政策,减少相关政策之间的摩擦成本。其次,政府必须加大对农村养老保障的投入。最后,加强管理,提高农村养老保障机构的组织和制度效率。

(四)加强对农村困难人口的救助

生活困难的农村居民在缴费型的社会保险中本身就处于劣势,经济来源极少,使他们根本无法参与到普遍的保障制度中,对于此类特殊群体,政府必须采取积极的救助措施,维持其基本的生存水平。

(五)农村社会保障政策与其他政策相统一

农村社会保障政策必须与农村的金融支持、政府对农村生产技术与基础建设的财政投入、政府对农村的税收支持以及农村土地制度改革完善的政策相统一。

在国外大多数国家,由于土地私有化,土地是农民获得经济来源的主要途径,而我国的土地集体所有使农民没有经营土地的权利,并且土地的保障功能逐渐弱化,所以各级政府要创新土地经营管理制度,提升土地保障功能,按照依法、自愿、有偿的原则,重新调整农村土地征占政策,探索建立征地、建设用地、绿化隔离带和农村集体经济产权制度改革过程中农村集体土地管理新制度。

---

① 庹国柱,朱俊生.国外农民社会养老保险制度的发展及其启示[J],人口与经济,2004(4).

本章综合案例

创新与突破——北京市新型农村社会养老保险制度之探索

北京的农民处于城市化的最前沿，北京市已经建立了农村新型合作医疗制度和农村最低生活保障制度。《农村社会养老保险制度建设的指导意见》（以下简称《意见》）的实施，意味着最核心的农村社会养老保险制度即将在北京市全面建立。这对在全国推广新型农村社会养老保险制度，让 8 亿农民享有社会保障具有重要的示范意义。

北京市农村的社会养老保险（以下简称农保）工作，从 1991 年试点到 2005 年，经过了 14 年的发展，经历了试点、推广、规范和创新四个发展阶段。特别是 2002 年以来，北京市农保工作围绕探索建立新型农村社会养老保险制度进行了一系列创新，不断取得新的突破。

以多种方式建立农民参保补贴制度

新型农村社会养老保险制度首先在市、区、乡镇各级政府和村集体逐步加大了对农村社会养老保险工作的支持和投入力度，每年安排专项资金对参保农民进行补贴，建立了农民参保补贴制度，公共财政承担起建立农村社会养老保险的责任。

《意见》明确了建立农村社会养老保险制度的指导思想和基本原则、制度模式、适用范围、资金的筹集、缴费机制、保险待遇、农村养老保险与城镇保险的衔接、基金的管理和监督、管理服务机构、具体措施等 10 个方面的内容。

《意见》将政府扶持明确为政府补贴。市、区县两级财政对参保农民进行补贴，有条件的乡镇也可对参保农民进行补贴，达到鼓励、引导和扶持农民参保的政策目标。市财政从 2006 年起，安排专项资金对参加农村社会养老保险的农民实行补贴，按照平原地区农业户籍劳动力人口每人 25 元、山区县农业户籍劳动力人口每人 35 元，通过分税制财政管理体制落实专项资金。这是全国第一个省级政府率先对参保农民进行直接补贴的地区，也是第一个省级政府率先建立农民参保补贴制度的地区。

在实践中，各区县财政均按照年龄大的多补、年龄小的少补的原则，以多种方式对参保农民进行补贴。补贴主要有三种形式：一是大兴区、平谷区、海淀区，对达到缴费标准的参保农民按年龄实行分档定额补贴，定额补贴直接补贴到参保农民的个人账户；另外，财政再拿出一定的资金作为待遇调整储备金。二是通州区对达到缴费标准的参保农民按照缴费额的一定比例进行补贴，财政补贴的80%进入个人账户，20%作为待遇调整储备调剂金。三是朝阳区对参保农民按照缴费总额的30%进行补贴，财政补贴不进入个人账户，而是建立专门的财政补贴账户，目的是为了城乡保险衔接。

率先改革了计发办法，实现了制度的可持续

厦门大学农村社会保险研究中心通过对北京郊区农村2000年人口普查数据分析，建立了北京市农村国民生命表。在农村国民生命表的基础上，参考抚养比、城市化率、资金回报率等因素，在科学测算的基础上，将计发利息由8.8%调整为5%，实现了制度本身的平衡。

建立了统筹城乡养老保险制度的衔接机制

参加农村社会养老保险的人员农转居时需要补缴社会保险费的，可将其农村社会养老保险个人账户资金，分别划入基本养老保险统筹基金和个人账户；转居后从事个体、自由职业的人员，其农村社会养老保险个人账户资金可用于缴纳城镇社会保险费。已参加本市城镇企业职工基本养老保险的本市农民工，达到退休年龄时，可将其参加城镇企业职工基本养老保险的缴费全部划转到其户口所在区县农村社会养老保险管理机构，建立个人账户，享受按月领取农村社会养老保险养老金待遇。通过以上政策机制，可实现城乡保险的相互衔接。

公共财政全过程支持农村社会养老保险制度建设

公共财政除在缴费环节以多种方式建立农参保补贴制度外，还在经办环节和基金保值增值环节承担起了支持农村社会养老保险制度建设的责任。

从经办环节看，农村社会养老保险管理机构不再提取管理服务费。人员和工作经费列入同级财政预算。北京市从2006年1月1日起，不再从保险费中提取管理服务费。目前，13个郊区县中已有12个区县的农保经办机构改为全额拨款的事业单位，解决了原制度从保险费中提取管理费用于人员和工作经费的问题。

从基金保值增值环节看，农村社会养老保险基金纳入区县财政专户，以区县为单位进行核算和管理。区县财政部门设立专门账户，按照财政专户管理的相关规定，负责本区县农村社会养老保险基金的管理。区县劳动保障部门的农保机构设立专门账户，负责本区县农村社会养老保险基金的收缴和支付。

资料来源：卢海元. 北京市新型农村社会养老保险制度之探索[J]. 中国劳动保障，2006，3.

▶讨论：请你根据案例，探讨北京市农村养老保险改革的优点，并结合本章所介绍的国外农村养老保险制度，谈一谈对我国农村养老保险制度改革的建议。

本章小结

1. 农村社会保障制度的国际比较是近年来引起国际社会广泛关注的热点问题之一。由于各国不同的经济、社会发展状况，现代化发展进程，历史及文化传统等多种因素的制约，形成了各国各具特色的农村社会保障体系。

2. 发达国家农村社会保障在覆盖面、政府补助、运行机制等方面比较成熟，对发展中国家具有积极的借鉴意义。另一方面，众多发展中国家立足自身制度环境探索出多种形式的社会保障制度，更加值得总结提炼。

3. 从不同类型的国际经验的比较分析中，寻求对构建我国农村社会保障制度富有借鉴意义的决策思路和制度框架，对于解决我国目前农村社会保障体系中的模式选择问题及若干政策实施难点，具有重要决策意义。

关键概念

免费医疗保障模式　社会医疗保障模式　社区合作医疗保障模式

思考练习题

1. 国外农村医疗保险制度的主要模式有哪些？并列举 1 ~2 个国家说明。

2. 国外农村养老保险制度的主要模式有哪些？并列举 1 ~2 个国家说明。

3. 比较分析典型的发达、发展中国家的农村主要社会保障制度。

4. 国外农村社会保障制度的发展与改革对我国农村社会保障制度的建设有什么启示？

第十一章 社会福利制度国际比较

CHAPTER 11

学习目的与要求

通过本章的学习，应当了解社会福利的基本概念以及社会福利的发展线索；系统掌握英国、瑞典、德国和美国等西方发达国家社会福利制度的结构、基本内容及差异；了解日本、新加坡和马来西亚等亚洲国家的社会福利制度安排；在把握我国国情与社会背景的基础上，结合各国社会福利制度改革的启示，把握我国社会福利制度的发展与改革进程。

第一节 西方福利国家社会福利制度分析

一、社会福利的含义与基本内容

“福利”是一个广泛的概念。在历史上，福利通常被理解为一种价值判断，并等同于慈善、救济、施舍等观念。然而在现代，“福利”一词的含义越来越广，不仅涉及物质因素，而且也涉及心理和精神因素。从福利的实践来看，福利渗透在经济、社会和行政各个领域，福利的实施大多是和政府行为联系在一起的。

福利可以分为“社会福利”和“机构福利”（或者叫“职业福利”）。两者是有所区别的，前者以提高社会公平为目标，适用于宏观社会管理；后者以提高企业或部门经济效率为目标，适用于微观领域里的企业或组织的人力资源管理。在本章中，我们主要研究的是社会福利。

社会福利的覆盖面非常广，我们有必要分清社会福利的内涵和外延。广义上的社会福利，是指国家和社会为提高居民或地区居民的生活质量而实行的一种经济和社会保障制度，主要通过资源再分配得以实现。广义的社会福利和我们国家通常意义上说的社会保障大致处于同一层次，包括社会保险、社会救助子系统，也包括狭义的社会福利及服务体系。狭义的社会福利，是和社会保险、社会救助等子系统同一层次的，作为社会保障体系的一个重要组成部分，我们把它定位为除社会保险和社会救助制度以外的其他一切满足社会成员需要的福利措施和制度。它与社会保险、社会救助的不同之处在于：保障对象更加广泛，面向全体公民；免费、减费提供劳务、用品，为群众提供方便，减轻其负担，改善其生活条件；资金来源是各级政府财政预算拨款、社会组织的专项基金，以及群众集资等。本章中主要研究的是狭义的社会福利制度。狭义的社会福利具体又包括以下几层含义。

（一）公共福利事业

这类事业可称为社会福利的普遍项目。它是指国家或社会团体兴办的以全体人民为对象的公益性事业，如教育、文化、卫生、体育、环境保护等各个方面。群众在享受这些福利事业的服务时，是免费的或享受价格优惠。这些设施的维持和发展费用全部或大部分由国家负担。在这类福利事业中，哪些完全免费，哪些实行优惠价格，费用减免多少，主要由社会生产发展水平和居民对该种事业需要的普遍程度决定。

（二）特别的、专门性的福利事业

这类事业可称为社会福利的特殊项目。它主要涉及特殊群体如老年人、儿童和青少年、妇女、残疾人或低收入家庭的福利。这类事业具有保障性，即对无经济来源或暂时失去经济收入的人给予救助，以保证他们的正常生活。它一般都是免费的。

1. 儿童和青少年福利。这项福利一般都包括实物给付和现金给付两个方面，前者如立法规定的日间照顾、由政府组织开办家庭托儿所、儿童谈心服务、对寄养的孩子或养子加入保育所的特殊照顾，儿童的保护和监护、双亲权的行使等；后者如实行各种形式的儿童津贴、对生育妇女的一次性补助，以及单亲父母各种待遇等。

2. 老年人福利。随着世界人口老龄化趋势的加剧，老年福利问题对经济和社会发展提出极为严峻的挑战，因此，各国都把老年福利作为福利制度实施的重要内容之一。它主要包括两大部分:一是现金资助,二是福利服务。各种福利服务包括:建立特别老人院、生活商谈、开展老人保健咨询和康复指导、提供信息等普遍性的生活服务,还有饮食的配送及促进闲暇生活的服务、医疗服务、住宅服务、设施服务等。

3.残疾人福利。这一项目的实施是为了帮助残疾人能最大限度地康复,援助其生活以使其自立,并为他们能像其他社会成员一样参加社会所有领域的活动而创造条件。在具体实施上,可分作"康复"、"自立"和"扶助"等几种类型。

4.家庭福利。这一项目实施的主要内容有:①住宅扶助,其对象是仅有养老金收入的家庭、有未成年子女的家庭和低所得的家庭。②生活扶助,其对象主要包括多子女和能力、收入、资产相对低下者。③家庭津贴,即定期支付给有子女的家庭以现金。有些国家的家庭津贴还包括上学补助、出生补助、生育和子女保健服务以及对未成年受供养者的津贴等。

5.教育、培训、住宅、医疗卫生等社会福利。教育一般被看成是福利国家的主要产品之一,世界上大多数国家都实行有年限规定的免费义务教育。而住房作为人们消费中的一笔大支出,大多数国家也都有对低收入者实行住房补贴的制度。

二、西方国家福利制度的建立与发展

在西方国家,社会福利的发展在第二次世界大战以后进入了福利国家的阶段。但是,在福利国家模式出现以前,以福利、慈善或其他形式出现的社会再分配作为社会人的一种基本需求和活动,早已经过了数千年的演变,汇集了数以万种的实践,才形成了现代西方那些以福利国家为主体的福利制度。

社会福利制度的起源与道德、宗教紧密相关。最初,社会福利是一个价值判断,它总是与"善"和"恶"、"好"与"坏"联系在一起的。早期社会福利的形式,是寄托于超越人的力量来解决人类的生活与社会需求,由教会来实施,实行的范围很小,主观随意性较大。因此,它并不是现代意义上的社会福利制度。

现代社会福利制度是工业化、社会化大生产的产物,其实施与政府的行为联系在一起。在大工业时代,市场不断扩大,使得人与人之间的关系变成赤裸裸的利害关系。在冷酷的市场竞争中,一切不符合竞争需要的个人都被无情地抛弃至社会边缘。同时,工业化也改变了风险的结构,在社会化大生产的链条下,以往作为家庭、个人风险的年老、疾病、工伤、失业等特定时间,开始转变为一种社会性的群体风险,进而成为社会不稳定因素。由于工业化给整个社会带来了现实的危机,国家专门针对穷人的那些传统的政府职责已经不能满足工业社会的需要,应当将政府的保护扩展到全社会。

20世纪30年代的经济大危机使得西方国家的福利观念有了进一步发展。在凯恩斯主义的影响下,对于国家对内保护职能的重要性,现代工业国家达成了一致共识。这种共识反映在社会政策上,主要表现在三个方面:第一,由政府出面提供与个人及家庭收入相应的最低收入保障;第二,政府有责任帮助个人和家庭抵御社会风险(如疾病、老龄和失业)可能带来的危机;第三,政府保证所有的国民个人(无论其社会地位的高低)享受尽可能最好的、不确定上限的社会服务。①

第二次世界大战后,西方各主要资本主义国家受战争结束时以及其后的国内外形势的制约,都先后通过立法,采取了以社会保障为主的福利措施。而且各国政府都比较积极主动地将实现"充分就业"及制定社会福利措施当作自己的责任,相继走进"福利国家"阶段。"福利国家"作为一个专有名词,是由英国首相艾得利在第二次世界大战后提出的,他于1947年宣布英国首先建成了"福利国家"。自此,"福利国家"这个词在所有发达资本主义国家广泛流行起来。福利国家不是社会保险,不是公费医疗,也不是家庭福利或社会救济计划,福利国家甚至不等同于社会保障或社会政策,而是它们的加总。

当前,福利国家的发展存在多种趋势:欧美的有些福利国家出现了紧缩性趋势,在南欧和部分东欧国家,却出现了福利国家扩展和提高的迹象,在部分东欧国家,福利国家正经历着重组。总的来说,福利国家的改革和发展大体有以下几个方面:第一,福利国家的合法性由于外界条件的变化而转变,需要重新寻找合法性的依据;第二,以职业福利替补公共福利,从普及性的社会福利向选择性的社会福利发展,在福利国家的改革和削减方面,利益补偿往往先于妥协;第三,由国际资本、世界性组织共同提倡削减,全面削减社会再分配的比重。

三、西方国家福利制度的危机

"福利国家"在第二次世界大战后经历了20多年的发展,曾对资本主义国家的经济发展起过一定的积极作用,但自从1973~1975年的世界经济危机以

① 周弘.福利国家向何处去[M].北京:社会科学文献出版社,2006:17.

后，它的消极影响尤为突出，从而使"福利国家"陷入困境。10多年来，"福利国家的危机"一直是热门的话题。20世纪80年代最引人关注的问题是人口老龄化给福利国家的压力和高福利对劳动道德的威胁。

（一）"福利国家"危机的表现

1. 财政陷入困境。20世纪70年代以来，发达资本主义国家出现了严重的"滞胀"现象，经济增长速度普遍大幅下降，通货膨胀严重，失业增加，外贸增长速度显著减缓。由于经济增长缓慢，个人、企业和政府的收入都明显减少，而失业和贫困人数同时在剧增，社会福利开支也随之增加，其结果是带有"刚性"特点的高社会福利和社会保障开支的增长幅度快于同期整个经济的增长幅度，从而使政府财政赤字不断增长，经济和财政不堪重负。例如，1960～1975年，英国、法国、联邦德国、意大利、比利时各国GDP年均增长率为2.6%，而社会保障开支的增长率则在5.6%～9.1%之间。英国福利支出1982年比1972年增长4.6倍，美国1990年社会福利开支占政府开支的48.4%。

事实上，各主要资本主义国家自20世纪70年代以来通货膨胀加剧的一个重要原因，就是政府开支不断增加导致财政赤字大幅度增长，政府维持庞大的政府开支的一个重要手段就是不断增加课税。社会福利支出的不断增加，还对企业和个人负担的社会保险缴费造成了很大的压力，给企业生产经营带来了不利的影响。在"福利国家"普遍存在的一种现象是高福利与高赋税、高财政赤字并存。

2. 失业严重。尽管"福利国家"失业问题产生的原因是多方面的，但是各国福利经济制度的某些具体规定存在着一些不合理的方面，从而使各国的失业率难以降低，这也是有目共睹的事实。在"福利国家"，与高工资、高福利并存的是高税收负担，导致雇主雇佣劳动力的成本不断上升。在这种情况下，企业主要么千方百计地少雇佣工人，或者转移到具有丰富廉价劳动力资源的发展中国家，缩小本国的生产基地；要么提高商品价格将他们负担的福利费用转嫁出去，这又会降低企业产品的竞争力，影响企业的发展，最终影响就业。

另一方面，由于社会福利计划一般保证了失业者及没有正常收入的工人也能获得维持基本生活的福利津贴收入，而且这种福利性津贴收入一般不需要缴纳所得税，因而社会福利计划在一定程度上降低了失业者失业期间寻找、恢复工作或变换工作的积极性。很多人宁愿失业，也不愿意工作。这两方面的结果无疑加重了"福利国家"的失业状况。

3. 行政低效率，结构不合理。“福利国家”臃肿的福利机构，是阻止社会福利制度充分发挥应有的积极作用的重要因素，同时也是调整福利政策的重要障碍。社会福利支出的大幅度增加，在意识形态上贬低了商业意识，滋养了社会行政官僚机构，使它们变成为凌驾于人类精神、社会之上的正规统治架构的一部分。政府官僚机构的扩大，不仅增加了社会福利的行政管理费用及管理人员所需的福利开支，增大了广大公民因申请福利津贴或救济的烦琐手续而造成的种种麻烦，而且使政府权力更加集中，运转更不灵活，办事效率更低，并使社会福利制度的结构变得不合理。

4. 社会危机。随着福利经济制度的不断发展，“福利国家”所实施的高福利政策及社会福利实施过程中的平均化，使人们产生了对社会和政府的依赖，造成了一种不干或少干工作照样可以生活得很好的社会观念。人们认为，政府有责任和义务防止贫困，保证社会公平。由于政府对所有的人都提供一定的生活保障，社会福利政策实际上具有一种“奖懒罚勤”的效果，因而会鼓励懒惰，不利于社会勤勉精神和工作道德的建立，削弱了社会的生机和活力。

（二）福利国家危机的成因

福利国家之所以陷入危机，一个重要原因就是出现了经济“滞胀”现象。另一个重要原因在于制度本身的局限性。

第一，社会福利制度的推行在一定程度上抑制了因初次分配造成的不平等及其贫困，但从其根本上来说，收入再分配对不平等的抑制作用是以继续不断地巩固和加强这种不平等的生产关系为前提条件的。福利制度既有缩小贫富差距的作用，但又会导致贫富差距的进一步扩大。

第二，福利制度的作用之一还在于培育后备劳动力，它既要为劳动者在病、残、失业、养老以及教育、培训而出现收入短缺、生活困难时提供一定的津贴和补助，同时又不能充分提供，以保证劳动者具有迫切工作的欲望。社会福利支出总是在这两相关照中寻求平衡，但由于多种因素的影响，这种平衡是很难实现的。

第三，福利制度方案主要是为了提高居民生活质量，然而，什么是居民最低程度的需求，什么是较高层次的需求，这一标准始终是很难衡量的。因此，福利国家危机起因的另一个方面就体现在现存的社会福利方案已游离于社会衍生的需求和风险之外，无法起到保障的作用。由于家庭结构、职业结构和生命周期的变化，使得福利国家在满足新需求方面显得力不从心。

福利国家危机的深层原因还在于全球化经济新秩序的形成。[①] 经济全球化涉及三种要素的跨国界流动：产品（或服务）、资本以及人员，其中资本的流动会影响到主权国家的税源，产品和服务的流动会引起“社会倾销”，而人员的流动则会对主权国家内的社会再分配和福利国家功能产生直接的影响。

具体来说，产品和服务的国际流动对福利国家的影响主要体现在，福利国家的高福利和高税收政策导致了其内部劳动力的高成本，因此难以在国际市场上与来自非福利国家的产品和劳务进行竞争。而全球性的资本流动，又进一步动摇了福利国家内部政府、企业和公民之间的社会契约关系。[②] 因为，资本“四处流动”，摆脱了民族国家的政治控制，成为独立的自主决策体，在这种条件下，“疆土国家”的国家机器和以“国家公民身份”为权利依据的劳工组织对资本的约束力一下子就削弱了很多。全球化的另一个重要因素就是劳动力的国际流动，这部分移民通常在其输出国享受不到任何社会保障，他们的涌入必然会加大对其输入国的住房、医疗、教育、失业救济、养老金等各项社会福利和公共服务的需求。

第二节　西方国家福利制度的比较

西方各国的福利制度可以分为两种不同的模式：一是“全民福利型”，即国家对全体公民实施普遍的社会福利项目，资金来源于税收，全部或大部分由国家财政支付，个人基本上不缴纳保险费或缴纳很少，如英国、瑞典等国就采取这种模式。这些国家的社会福利制度强调保证各阶层居民的最低生活需要。二是“社会共济型”，即以个人或雇主缴纳保险费为主，政府财政给予补助，主要是运用社会自筹自支，充分发挥社会组织自治自管的作用，国家制定法规，进行宏观调控。采取这种模式的国家主要有德国、美国等。这些国家的社会福利制度侧重于用社会保障津贴来取代工资和薪金的收入。也就是说，这些国家的福利制度虽然有其相似之处，但各有其重点和特点。现以这些典型国家为例，对西方福利制度进行实证分析。

---

① 周弘. 福利国家向何处去[M]. 北京：社会科学文献出版社，2006：158.

② 周弘. 福利国家向何处去[M]. 北京：社会科学文献出版社，2006：159.

一、英国的社会福利制度

(一)英国社会福利制度的形成与发展

英国是世界上最早建立社会福利制度的国家。从历史上看,英国的社会福利制度是在工业化进程中逐步建立起来的。工业化开始之后,在城市贫困化现象不断加剧、传统农业社会的救济体制趋于瓦解的背景下,为维持社会稳定,1601 年,英格兰议会通过了旧《济贫法》,开创了社会救济的先河。1782 年,英国议会又通过了《吉尔伯特法》,但这种"院外救济"的济贫体制很快就面临费用问题。1834 年,英国议会对济贫法进行了修正,通过了新《济贫法》。虽然英国历史上的济贫措施具有一定的社会救济功能,但在价值观念上,英国政府一直把赤贫现象作为贫民个人原因造成的"病态"来进行处理,把救济和强制劳动结合起来,这在一定程度上不仅不能减少社会贫困现象,而且在一定程度上深化了阶级矛盾和阶级仇恨。19 世纪末 20 世纪初,在多种因素的作用下,英国各界对贫困问题给予了广泛的关注,逐渐完成了建立现代社会福利制度所需观念的转变过程。经过 20 世纪初劳合·乔治自由党政府的社会改革和两次世界大战期间的福利制度建设,英国的社会福利制度、职业福利制度和社会保障制度充分地统合起来,构建了福利国家的基本框架。第二次世界大战结束后,英国在"贝弗里奇"报告的指导下,建成了比较全面的福利国家制度。1946 年,英国颁布了《国民保险法》和《国民医疗保健法》,1948 年颁布了《国民救济法》,这三个法律的施行,标志着英国已经建成了现代社会保障制度,保险覆盖面已经遍及全体公民,保险项目已经达到了"从摇篮到坟墓的水平"。以后的福利国家制度在相当长的时间里运行良好。但是,随着经济的持续衰落,英国从 20 世纪 70 年代开始面临严重的经济与社会危机。80 年代,以撒切尔夫人为首的保守党政府对福利国家制度进行了较大的调整。90 年代后期,主张"第三条道路"的工党政府上台执政,把英国的福利国家改革推到了一个新的阶段。

(二)英国社会福利制度的构成

1. 社会福利项目。从内容上看,主要包括国民保健服务、儿童津贴、丧葬费补助、住房补贴、免费教育及社会服务等。

(1)国民保健服务。英国的国民保健服务旨在让每个社会成员免费或低价享受医疗条件,居民在医疗保健系统的医疗机构就医,免费提供门诊医疗、住院医疗和药品，医疗部门还免费提供假肢、轮椅以及救护车服务等。

(2)儿童津贴。从1979年起，英国每个16岁以下的儿童或19岁以下的全时在校生，均可无条件享受政府每周发放的儿童福利津贴，一般每周4英镑。

(3)免费教育。英国教育部门对7周岁以下的学生免费供应牛奶，有的学校免费提供交通工具。高等教育虽然不免费，但是90%的学生可以获得政府发放的各种津贴。大部分学生是享受教育基金资助的免费生。

(4)住房补贴。住房补贴由政府自行组织，分为买房补助和租房补助两类。申请人在接受了有关部门的全面审查并批准后，可在租房补贴、贷款利息、保障金和维修费方面享受优惠条件。

(5)丧葬费补助。缴纳社会保障金的公民本人、配偶和子女如果死亡，可以获得一次性的丧葬补助费。

(6)社会服务。政府有关部门和社会志愿者对具有特殊困难的居民提供各种福利设施和各类服务，具体项目包括老年人社会服务、残疾人社会服务和儿童社会服务等。

2. 社会福利的筹资渠道。从资金来源看，英国的社会福利项目基本上都是非缴费性的，由国家通过税收、以财政支出的形式承担。其中，国民医疗保健的开支主要由英国财政部从一般性财政收入中支出；各类社会补助项目(包括子女津贴、住房补贴、丧葬补助等)主要是由政府财政支付。英国大部分地区的社会服务项目是需要缴费的，如果申请人负担不起，政府可以根据家庭调查检验的结果为其减免部分乃至全部费用。

3. 社会福利的管理体制。从行政体制上看，英国的社会保障事务主要由中央政府负责。2001年以前，这部分行政事务由社会保障部和就业部、健康部的有关部门共同负责。其中，社会保障部是管理社会保障事业的最高领导机构。在社会福利方面，该部的安置救济局负责福利救济金的发放以及收容所、救济食品发放中心的管理等；儿童福利局负责管理儿童福利事务；津贴管理局负责对救济受益者的生活状况进行调查。2001年，工党政府进行了深入的行政改革，对原有的政府结构进行了调整，新组建了工作与年金部，该部负责全面管理社会保险和社会福利事务，国务秘书、其他政府部门的首脑都有责任参与决策。该部在全国设有2 000多家代理机构，其中，收益代理机构负责发放社会保障收益，儿童援助代理机构负责管理儿童津贴的支付。

(三)变革中的英国社会福利制度

与其他西欧国家相比，英国的社会福利制度最主要的问题是公共开支比重较大，财政负担沉重，同时福利收益水平偏低，社会贫困化现象相对严重。出现这些问题的原因，一方面与战后英国经济发展缓慢、国际竞争力下降有着密切的关系，另一方面，也是最直接的原因是英国的社会福利体制存在着制度性的缺陷，从而加剧了英国福利国家危机的严重程度。

首先，英国社会保障制度的资金结构不合理。即使经过20年的改革，英国政府需要为社会福利支付费用的比例还是要超过大多数西欧国家。英国的社会福利制度不是作为社会保险的“补充”或“补救”部分，而是作为与之并行的制度体系而存在，这就给英国的公共开支增加了负担。据统计，1999～2000年，英国的社会保障与国民保健开支合计1 630亿英镑，达到公共开支总额的46%，远高于同期欧盟成员国的平均比例。其次，英国福利国家制度一直是“低入低出”。一方面，英国社会保险税在西欧国家中是最低的，社会保障制度支付主要依赖于公共开支；另一方面，多数社会保障项目的收益在西欧国家中也是比较低的。目前，英国生活在官方公布的贫困线以下和略高于贫困线上的贫困人口估计接近1 700万，约占其总人口的30%，远高于德国、瑞典、挪威等国；同时，单纯依靠养老金生活的老年人和依靠失业津贴生活的失业者，都生活在贫困线以下。20世纪70年代以后，英国的公共开支出现了严重的赤字，导致通货膨胀，反过来又刺激了社会福利开支的增加，形成了恶性循环，英国福利国家制度面临严重的危机。

1979年年底，撒切尔夫人领导的保守党政府开始对英国进行了长达16年的新自由主义改革。“撒切尔革命”的实质是使英国政府在指导思想上摆脱凯恩斯主义的影响，全面否定战后英国的“社会主义”实践，使英国的福利国家制度发生了重大转型，人们重新接受了强调“个人责任”与“选择权”的价值观念。撒切尔政府把削减公共开支当作最重要的目标，首先，在社会福利制度改革方面，撒切尔政府的基本思路是用“选择性原则”代替“普遍性原则”，让社会福利真正起到帮助穷人的作用，而不是平均分配。其次，撒切尔政府对英国社会福利项目进行了私有化改革，在这方面取得最大成效的是住房私有化改革，它有效地降低了政府在这方面的公共开支。

1997年布莱尔领导的工党政府上台以后，将“第三条道路”作为自己的施政意识形态，工党政府提出了新福利制度的8项原则：围绕“工作观念”重塑福利国家；公私福利合作；提供高质量的教育、保健和住房公共服务；扶助残疾人；减少儿童贫困；帮助极度贫困者；消除社会保险中的欺诈行为；将政府的工作重心从发放福利津贴转向提供良好的公共服务，使现代福利制度灵活、高效、便民。在社会福利制度改革方面，工党政府试图通过福利制度促进就业、扶助弱势群体,在减少贫困的同时,降低人们对社会福利的依赖性,提高工作的能力。

英国现政府自1997年5月上台以后,就立即起草了一份以减少贫困和对福利的依赖、增加对工作的激励为主要目标的大范围社会保障制度改革计划。1998年3月,英政府正式出版了代表此次福利制度改革的方向和原则的绿皮书——《英国的新蓝图:一种新的福利契约》。这本绿皮书的前言明确指出,改革的原则以及英国未来福利国家发展的基本方向就是“使能工作者得到工作,使不能工作者得到保障”。因此,围绕工作和保障重建福利制度成为英国现政府的一个主要改革目标。此后,围绕这份绿皮书的基本内容,其他一些关于改革进展状况以及对伤残(长期疾病)福利、鳏寡福利、儿童福利以及养老保险制度等单项福利制度进行改革的绿皮书和咨询性文件相继出台。1999年2月,英国议会通过了《福利改革与养老金法案》,以法律形式肯定了英国政府的福利改革计划。从2013年4月8日开始,英国开始实施个人独立福利金制度,该制度旨在对就业适龄人员(16~64岁年龄段)享有伤残生活津贴的人员进行重新评估,并取代已有的伤残津贴制度。该福利金为非缴费性的,不需要以缴纳社会保险费或在职为领取前提,也不需要进行家计调查。这项制度从2013年起在各地逐步推广,2015年10月在全英国实施。此次改革的目的在于实施更加严格的评估制,取消恢复健康的人的补助。领取个人独立福利金申请人必须满足以下条件:年龄处于16~64岁之间;申请福利前的三个月内通过日常生活和移动活动测试,申领之后9个月内可能继续通过该测试。

英国的福利救济金林林总总、数目繁多,例如,失业救济金、收入补助金、住房津贴、税收抵免等。从2013年4月底开始,英格兰、苏格兰和威尔士以一种新的统一福利救济金来取代包括失业救济金、收入补助金、住房津贴、税收抵免等的福利金,以加强管理。这一政策在2013年以后分三个阶段逐渐实施。

2015年7月8日,卡梅伦政府公布了新一届政府的首份财政预算报告,报告指出,未来五年内英国政府的社会福利支出将累计减少350亿英镑,同时宣布了一系列税收调整政策,包括下调公司所得税率、提高最低工资标准和调高个税免征额与遗产税征收门槛等,旨在将英国这一世界第五大经济体变成一个“较高薪、较低税收和较低福利的国家”。这份预算报告还有一个非常意外的改革举措:英国宣布暂时冻结家庭第三个孩子可以享受的纳税人子女税收抵免,只对两个子女发放此项福利。政府的立场很鲜明:公民有生孩子的自由,但第三个孩子将不再享有国家某项补贴。

财政部长奥斯本认为,英国的人口和国内生产总值分别占世界的1%和

4%,而社会福利开支却占世界的7%,这种状况已经到了非改不可的地步。首相卡梅伦表示,原本为保护和救助少数弱者的社会福利制度已被滥用,大批不劳而获者从中受益,这是对英国纳税人的不负责,应该采取措施还社会福利一个“公平性”。因此,可以预计英国的社会保障制度将继续“瘦身”,分阶段持续削减福利支出。

二、瑞典的社会福利制度

(一)瑞典福利国家制度的形成与发展

瑞典的福利国家制度也是与工业化进程同步进行的。从历史上看,北欧国家社区与社会一直具有较强的福利与救助功能。教会曾经在瑞典历史上发挥过组织社会慈善事业的作用。从18世纪开始,济贫已经成为教会的法定责任。19世纪中期,瑞典在北欧国家中率先实现了工业化。随着工业化进程的不断加速,这些传统的福利逐渐不能满足人们的需要,于是,现代社会保障制度就应运而生了。在德国俾斯麦改革和其他西、北欧国家社会改革的带动下,瑞典从20世纪初开始建设社会保障制度。20世纪30年代大萧条时期,瑞典的社会保障制度得到了全面的发展。瑞典社民党执政后进行了一场类似罗斯福“新政”的社会改革,但当时的很多社会保险项目仍然是自愿参加的,这不同于第二次世界大战后全方位、强制性的社会保障制度。此后,社民党长期执政,开始了全面建设瑞典福利国家的过程。第二次世界大战期间,瑞典作为中立国,保持了较高的经济增长率。“二战”结束后至20世纪70年代的石油危机前这一阶段,瑞典经济持续增长,其福利国家制度处于“黄金时代”。经过30年的发展,瑞典建成了世界上最为典型的福利国家制度:社会再分配程度很高,具有很强的平均主义色彩。石油危机后,瑞典经济走入低谷,福利国家制度也开始面临严峻的挑战。近20年来,瑞典一直在进行经济改革,主要措施包括:削减公共福利开支,增加教育和职业培训费用,使用福利国家的现有机制来解决失业问题等。但是,总的看来,瑞典福利国家制度的基本框架并没有改变,居民收入差距较小,阶级矛盾也比较缓和,仍然集中体现着“共同富裕”的北欧模式的特点。

(二)社会福利制度的构成

以瑞典为代表的北欧国家被看作是高度发达的福利国家。在北欧的福利模式中,国家的责任比较大,家庭、市场和社区的责任相对要小一些。瑞典的社会福利制度提供了收入保障，医疗、教育、住房等福利项目，涉及老年、残疾、儿童、妇女、贫困家庭等不同的群体。其目标是对于每个公民，从生到死的一切社会风险，诸如疾病、灾害、老年、生育、死亡以及鳏、寡、孤、独、残疾人都予以安全保障。

瑞典的社会保护体系是最完全意义上的"斯堪的纳维亚"社会福利模式，由三根支柱组成：一是自愿性的失业保险；二是国家支付，指普及性的社会保险和国家发放的各类津贴，其中包括由社会保险署联网管理的住房补贴；三是地方性的社会救助（主要是社会补贴）。

1. 社会福利项目：

（1）儿童补助。每个儿童，从出生之日直到16岁，均有权享受儿童补助。

（2）培训补助。凡参加职工培训的，或者报名参加成人教育的雇员、雇工，以及参加军训和国防训练的人员，均有权享受雇员培训补助、成人教育补助和军训补助。

（3）子女抚养贷款。凡离婚夫妇，离婚后抚养子女的一方有权向社会保险机构申请贷款，日后由不承担抚养的一方如数归还。

（4）老年福利。老年公寓、老人之家以及送饭上门、家务料理等等都是专门为老年人提供的社会福利措施。原则上，对服务的时间没有上限，并且瑞典《社会服务法案》规定，无论需求大小，被服务的人都有权在家中得到帮助，这个政策是瑞典特有的。

（5）房租补贴。凡生活拮据的年金享有者，均有权获得房屋补贴。

（6）带薪假期。20世纪60年代规定，每个雇工、雇员每年均有享受4周带薪假期的权利，每周工时缩短到40个小时。

（7）免费教育。公立学校学杂费免交，书本费免交，住址距学校远者享有交通费补贴，午餐免费供应。

2. 社会福利的筹资渠道。瑞典社会保障的资金来源于多种渠道。保险性计划的资金主要来源于社会保险缴费，其中主要是雇主缴费，投保人自己负担的部分很少。公共资助性计划及补贴的资金则主要来源于中央政府。和其他西方国家相比，瑞典模式最为突出的特点是：雇员缴纳的社会保险税额很低，主要由国家以其他税收形式进行征收，其余部分由雇主支付。

3. 社会福利的管理体制。瑞典的社会保险的日常工作由国家社会保险委员会管理，下属25个自治社会保险署，下面又有自己的分支。国家委员会负责制定条例、提出建议，但没有干涉地方事务的权力。社会保险署发放社会保险待遇，但不包括失业保险。劳动部通过国家劳动市场委员会主管失业保险基金。社会救济项目由国民健康与福利委员会负责管理，但基本上属于地方政府行政事务，主要由地方税收出钱，提供面向儿童和家庭的照顾与服务、照顾老年人和残障人士等。

（三）变革中的瑞典社会福利制度

瑞典社会福利制度的基本特点是由国家出面实行高水平的社会再分配，因而不得不依靠高税收来保证高福利。在经济低速发展的背景下，福利国家制度所依赖的高税收已经成为制约瑞典经济的沉重负担，而其高水平的社会福利制度，一方面对人们的经济热情产生了一定的消极影响，人们过多地追求"生活质量"和"闲暇"，经济动力不足；另一方面它带来的劳动力成本过高已经明显制约了瑞典中小企业的发展。

20 世纪 70 年代中期，瑞典政府就已经开始着手改革福利制度，但与其他国家比较而言，瑞典改革的幅度不大，没有触及基本结构。其改革内容主要涉及三个方面：

1. 减少社会福利开支。1974 年，社民党政府决定对大部分福利收益课税、相应提高保险金；1991 年上台的右翼政府在社民党的支持下对瑞典的社会保障制度进行了大范围的削减。但随着近年来经济形势的好转，瑞典政府基本没有采取进一步的措施对社会福利进行削减。

2. 进行社会福利管理分散化和社会福利私有化改革。瑞典曾经存在多层次的地方、私营社会保险和社会服务机构。到 20 世纪 60 年代，由于国民保险制度全面发展，其他种类的社会保险、服务机构逐渐退出了历史舞台。20 世纪 80 年代中期以来，瑞典政府又回过头来进行了社会福利分散化管理和社会福利私有化的实验。在社会福利管理体制方面，瑞典让地方政府在社会保障事务中享有更大的权力和责任，大大提高了社会福利的管理效率。而在社会福利私有化方面，瑞典的改革一直是比较谨慎的。瑞典人接受新自由主义的观念影响较小，他们并不认为私有的就肯定是好的，这也使社会福利私有化的进程受到阻碍。总体上看，瑞典的福利国家改革与新自由主义的市场化战略有着很大的区别。其改革的趋势主要还是进行微调，而不是抛弃福利国家的基本原则。所有的社会福利提供者仍然要服从于中央政府对社会福利的定义和严格的规范，只能从提高效率、提供更符合人们需要的社会服务的角度去进行经营。

3. 完善项目机制，减少社会福利开支方面的浪费。瑞典非常重视针对人们的需要来提供社会福利与社会服务。瑞典住房补贴政策的调整过程就是一个很好的例子。瑞典政府从 1967 年起开始放弃了对建筑商实行补贴的做法，转而扩大对低收入家庭实行特殊津贴，补贴的数额根据接受者的子女数量和家庭收入来决定，确保了政府建房资金更多地流向了最需要住房的阶层。而在80年代以后，瑞典的住房状况得到了根本的改善，政府便逐步从住房市场中撤出，让市场机制去发挥作用，其在住房方面的福利支出也大幅度减少了。

从20世纪80年代开始，瑞典社会保障制度如同其他主要西方国家一样也开始进入改革阶段。瑞典社会保障制度改革既体现出与其他西方国家社会保障改革的一致性，如实行社会保障支出紧缩政策，也有不同于其他西方国家社会保障制度改革的独特性，例如社会保障地方化改革成为瑞典社会保障制度改革的重要政策措施，瑞典政府没有像英国那样将社会保障私营化作为改革的重要目标，而是通过在社会保障中引入竞争机制，以实现提高社会保障制度效果的目标，这使得瑞典社会保障制度改革表现出鲜明的国别特色。

三、德国的社会福利制度

（一）德国社会福利制度的形成与发展

德国的社会福利事业最初是由民间的慈善机构（教会救济机构、骑士团等）举办的。作为一种社会政策和制度，其真正的开端是在俾斯麦1871年统一德国后。从1883～1932年，这一段时间是德国社会保障制度的形成时期。资产阶级出于自身的统治需要，被迫将社会保障制度纳入国家立法轨道，实行“统一”和“平等”的社会保障原则，试图通过国家直接干预和调节社会再分配，来消除广泛发生的社会问题，缓和社会矛盾。经过了“二战”期间的停滞期后，德国的社会福利逐步由零星的、分散的、局部的措施发展成为完整的政策体系，社会福利项目不断扩大，规章制度日益完善，并建成了仅次于瑞典的“福利国家”。这时，社会保障已经从单纯的社会救助发展成为公民的社会权利，从而过渡到国家主动地针对社会弊端制定社会经济防范措施的新的历史阶段。20世纪60年代，社会保障的空前发展，也使得社会保险费用急剧上升；70年代以来，经济增长减缓，失业大幅上升，社会福利支出大大超出了国民经济的承受能力，不但出现了“公平”与“效率”的突出问题，而且出现了“僧多粥少”的危机局面，面临着调整与改革。

德国社会福利制度存在的问题是，社会福利计划作为社会收入再分配的一种方法，在一定程度上缩小了贫富差别，保障了中低收入者的基本生活需求，缓和了社会矛盾；但社会福利计划的实施也在一定程度上抑制了劳动者就业的积极性。此外,高福利政策也给德国财政背上了沉重的负担,福利开支年年超出预算。社会福利投入年年扩大,相应地制约了对高科技发展、经济结构改造的资金投入。

从科尔政府到施罗德政府都试图对德国的社会福利制度进行改革。科尔政府采取了一系列措施来缩减社会福利开支,促进就业,对社会保障制度进行改革,其中包括养老金改革。1998 年施罗德政府上任后,进一步强化反失业措施,对社会福利计划进行了适度的调整:建立了由政府、经济界、工会组成的“劳动联盟”,共同协调就业政策。施罗德政府并没有一味削减社会福利开支,而是从“税制”改革入手,提高了低收入家庭的免税额,调低了收入所得税率,并提高了子女补贴。这使得德国经济明显复苏,失业率降低,从而减轻了社会福利支出,这似乎是施罗德政府依据新的“平衡数值”为社会福利国家的发展寻觅的一条出路。

(二)德国社会福利的构成

德国的社会福利计划有些是针对特定人群和特定需求制定的,也有些是带有普及性质的,它分为社会救助、社会照顾、社会促进和社会融入等四个主要项目。

德国的社会救助制度主要包括社会救济、住房补贴、青年补贴等项目,社会救助的资金来源于国家税收。德国社会救济制度的主要目标是保障最低生活水平,但同时也努力使接受救济者逐渐有能力重新独立地生活。社会救济的方式可以是一次性或多次性的现金支付,也可以采用实物和服务的形式。社会救济金包括生活费用补助或在伤残、疾病等特殊生活状况中的补助或照料,它主要由地方政府提供,是人们寻求社会帮助的最后一道“安全网”。德国政府向中低收入者发放住房补贴,以减轻他们的房租负担或建房贷款还本付息的负担。除此之外,德国的许多城市都出资建造了社会救助房,廉价地租给需要社会救助的人群。

德国的社会照顾制度又称社会补偿,主要是公民遭受健康损害而由国家出于法制或社会福利原则予以承担责任并提供补偿,社会补偿由国家税款开支,主要有供养战争受害者和给予残疾人的福利。

社会促进包括发放培训补助金、子女补贴、教育津贴等。所需费用由国家税收支付。

德国的社会融入计划是指使长期失业者重新融入社会。失业救济的目的在于使那些无权享受或不能继续享受失业保险待遇的失业者得到保护,它的资金来源是联邦政府的税收收入。联邦政府将这项任务交给联邦劳动局具体实施。

（三）变革中的德国社会福利制度

公平与效率是影响社会福利的两个基本因素，也是提高社会福利水平的重要保证。但在德国，社会福利在这两方面都严重失衡。高福利和福利平均化，造成了劳而不获，或少劳而多得的现象，甚至失业者的收入由于名目繁多的救济和补贴而比就业者还多，以致人们的工作热情减弱，甚至养活了一批懒汉，使企业经济效益受损，国家竞争力削弱。而随着社会保障项目的增加，相应的组织管理机构也日益庞大起来，造成保险机构林立，内部冗员日增；管理混乱，费用上升，官僚主义泛滥。诸多因素迫使德国开始酝酿社会福利制度的调整与改革。

以德国社会民主党为代表的左翼思潮认为，德国社会福利制度的危机，不在于福利制度本身，而在于实施这一制度的方法和结构，改革的方向应该是："非集中化"，促使城市和地方组织拥有更多参与权，从而能够为中下层国民、外国人提供更具强烈个人色彩的社会保障。1998 年 10 月，施罗德政府上台后，提出要跨越左派与右派，在传统的福利国家和竞争的资本主义之间执行"新中间政策"，即走"第三条道路"。在经济方面，不再纠缠于公共部门与私营部门之争，要在政府和企业之间建立现代化的工业伙伴关系，维持经济的持续增长和高就业。在社会福利方面，要保持最低社会保障标准，要改革公共服务，使效率最大化；关注贫困和社会排斥现象；不要对福利产生依赖，而应建立一种促使所有公民都工作而不依赖救济的现代福利体系；强调福利既是每个人的权利，同时也要求每个人尽义务，要寻求权利与义务、权利与职责的平衡，要促进并加强人们的自我负责能力。

2003～2005 年德国通过推行哈茨改革方案：第一，由联邦就业机构提供培训抵用券给失业者和某些首次求职者，让其通过培训，提高劳动者的技能，创造更多就业和转岗的机会；第二，联邦就业机构与中介机构、企业进行合作，为失业者提供就业信息，促进失业者重返劳动力市场；第三，联邦就业机构为自主创业者提供创业补助，为微型工作、小型工作等报酬微薄的就业模式提供多种优惠政策，促进形成多种形式的灵活就业。2008 年金融危机之后，德国通过复兴信贷银行为中小企业提供 150 亿欧元的融资贷款，支持服务业发展，以及投资手工业、建筑业和汽车的节能、环保创新等，从而确保至少 100 万人能够拥有稳定的就业岗位。此外，德国还通过降低所得税，来减轻企业负担，提高就业率。

2009年1月，提高了所得税基本免税额，2009年7月，削减了180亿欧元的所得税和工资税，2010年又一次提高了基本免税额。

四、美国的社会福利制度

(一)美国社会福利制度的形成与发展

美国的工业化进程比西欧国家晚，社会福利制度的建设开始得也比较晚。20世纪30年代的罗斯福"新政"标志着美国社会福利制度的基本形成，60年代民主党政府的"伟大社会"计划则标志着美国的社会福利制度走向了完善。从历史上看，"新政"以前的美国社会福利制度主要是由两部分组成的：首先是按照英国的济贫体制，建立了一些公立和私立的"慈善"机制，其次由于美国的工业化进程基本上是在"空地"上进行的，因此不少工厂都兴办了工人宿舍、商店、教堂和图书馆等公共设施，使企业具有了一些社会福利功能。1929～1933年的"大萧条"彻底暴露了美国"自由资本主义"制度的致命弊端。从社会层面上看，由于当时美国的社会模式是以职业福利为核心的，那么在企业破产、工人失业、工资下降的情况下，美国就已经是一个既没有"保障"，也没有"福利"的社会了。为保持社会的稳定，罗斯福实行"新政"，在运用多种手段促进就业的同时，通过《社会保障法》建立了与职业福利体系并行的社会保障制度，同时建立了以社会救济为核心的社会福利制度。

第二次世界大战结束后，美国并没有建立起像西欧国家一样全面的社会保障制度，但是强调"针对性"与"社会需求"的社会福利制度却得到了长足的发展。1965年，连任的约翰逊总统开始把他的社会改革纲领统称为"伟大社会"计划，同年推动国会通过了面向65岁以上老人的"医疗保障计划"，面向低收入阶层的"医疗补助计划"，对全国中小学的教育补贴计划，面向高等学院的贷款和奖学金计划，附有给低收入家庭津贴的扩大公共住房计划，区域经济规划和发展方案，区域性特殊补助计划等等。从历史上看，"伟大社会"计划对美国的社会福利制度起到了巨大的推动作用，在此后的十几年间，美国政府对社会生活进行干预的深度和范围都有了根本的扩大。为建设"伟大社会"，美国政府对就业、福利、教育和发展等领域进行了广大的干预。据统计，到1980年，有大约一半的美国人都享受到了社会福利制度不同程度的照顾。

（二）美国社会福利制度的构成

美国社会福利制度的结构与西欧国家不同。首先，美国的社会保险项目与社会福利项目界限比较分明。美国最主要的两类社会保险项目，即包括退休、养老、伤残和遗属等各种的“社会保障”项目和“失业保险”项目，采用基金化的运作方式：政府征收“工资税”构成两个专门的保险基金，保险开支完全由基金负担，政府不再直接投入资金。美国的社会福利项目则完全由公共开支负担，与社会保险没有直接的关系。在西欧国家，公共支出一般要占社会保险开支的三成左右，所以社会保险和社会福利之间的界限没有美国那么明确。美国没有面向全体公民的社会救助制度。战后以来，多数西欧国家的社会福利制度已经达到了“从摇篮到坟墓”的程度，相比之下，美国的覆盖面就要窄得多了。从总体上看，美国社会保障制度的主要特点是：转移支付部分比多数西欧国家小，社会再分配程度比较低，企业在社会保障运行机制中处于核心地位。与西欧国家相比，美国的社会福利项目更加强调“针对性”。为确保社会福利确实流向最需要的人群，美国的社会福利项目采取了比较严格的条件限制和资格审查制度，同时尽可能采用非现金开支形式，避免社会福利资源的浪费。

美国的社会福利项目按照发放形式可以分为现金福利和非现金福利两类。前者主要包括家庭补助和补充性保障收入两个项目。后者主要由以下六类项目组成：医疗补助、食品券、儿童营养、住房补助、就业与培训、贫困家庭子女教育。与此同时，美国已经建立了完备的社会服务体系，向需要的人群提供必要的帮助。

在社会福利制度方面，美国的联邦政府、州政府和地方政府各司其职，除补充性保障等少数项目由联邦政府统一执行之外，其他多数项目由联邦政府和州政府、地方政府共同执行。美国的联邦政府主要通过设计项目和管理预算来发挥社会福利制度中的行政领导作用，州政府和地方政府在项目管理和预算分配方面拥有很大程度的自主权，可以根据实际情况灵活地进行处置。不仅如此，州政府和地方政府还可以运用地方税收来补充社会福利开支，更有针对性地解决当地面临的特殊问题。美国的主要社会福利项目是由联邦政府出资的，近年来州政府承担的比例有所增加，但总的看来份额还是有限的。

（三）变革中的美国福利制度

由于美国社会福利制度的覆盖面比较小，社会再分配程度比较低，因此和多数西欧国家比起来，存在着更严重的贫困问题和不平等现象；与此同时，由于美国社会福利制度存在体制性的缺陷，所以同样面临财政困难。20世纪60年代民主党社会改革之后，美国的福利费用直线上升。80年代里根政府上台后，开始对福利国家制度进行改革，但此时美国已经形成了一定程度的福利刚性。改革可以延缓社会开支膨胀的速度，但却很难逆转其不断上升的趋势。80年代的改革重点：一是压缩福利、削减开支，二是试图实现机制的转变，使社会福利制度在机制上更加合理，由消极的“消费”向积极的“社会投资”方向转化。强调贫困者应该主要通过家庭、志愿组织和私营社会福利机构实现自助，减少对于社会福利的依赖性，同时推出了多种福利改革实验项目，试图实现以工作替代福利的目标。克林顿政府的改革更加兼顾了公平与效率的关系，改革的重点是用工作替代福利，但在改革的核心内容方面与历届政府并没有实质上的区别。

美国社会福利制度改革的主要特点是，依靠经济扩张和就业增加来确保良好的社会经济环境，减少人们对于社会福利的依赖性。从某种意义上说，美国经济连续10年的扩张、逐渐好转的公共财政状况和相对较低的失业率似乎已经从一个侧面证明美国社会福利改革的成功。但是，在美国社会福利制度的改革过程中，贫富差距加大的趋势日趋严重。美国政府对社会福利项目进行了较大的削减，使贫困家庭面临更加深重的困境。

五、主要西方国家社会福利制度比较

从以上主要西方国家福利制度的具体实施情况来看，各国的福利制度都有其自身的特点：英国是现代“福利国家”的旗帜，其福利制度在欧洲居于领先地位；瑞典是崇尚平等的高福利国家，建立了“从摇篮到坟墓”的全面福利制度；德国的福利制度注重市场经济的基本要求，将公民的权利和义务紧密结合起来；美国的福利制度则带有较多的自由经营色彩。

（一）社会福利资金来源比较

社会福利的资金来源渠道主要有三个：税收、收费和捐赠。一般来说，税收收入主要是为了保证政府提供福利待遇即公共福利。服务性收费对营利性福利机构最重要，而捐赠所得多流向自愿性部门。福利型国家特别是北欧诸国社会福利资金大多靠高税收来维持。

（二）社会福利享受条件和享受标准比较

从总体上看，英国、瑞典等国比较强调国家的责任，因而在社会福利享受条件上比较宽泛，有的只要是本国公民即可享受。瑞典是典型的“福利国家”，福利开支基本上由企业和政府负担，个人不缴费或低标准缴费，保障项目齐全，保障的标准较高。而德国、美国等比较强调国家与公民责任的结合，因为权利和义务总是相辅相成的。如美国在医疗保健领域，不像福利型国家那样，强调全民保健，而是有特定的受益对象。

（三）社会福利资金运行状况比较

从福利资金运行的状况来看，一个国家如果在公共福利方面投入较少，那么由私营部门提供的有关福利比重就会发挥较大作用。在德国和瑞典，大约90%的养老金以及工作年龄人口的福利待遇是由公共部门提供的。在英国和美国，公共部门只提供有关福利的75%，同时，其私营养老金市场较为发达。

德国和美国在资金的运行上侧重于效率的提高，注重权利与义务的对等，保障对象对国家的依赖少，自主、自立意识比较强，人与人之间的共济性也得到强调。而英国、瑞典则更注重公平，为达到公平的目的，让全体社会成员均等地享受到社会福利，甚至不惜牺牲效率，实现收入由较高者向较低者转移。

（四）社会福利制度改革措施比较

虽然各国对福利制度改革的重点有所不同，但总的看来，其改革大致可归纳为三方面：一是大幅度开源节流、削支增收。如瑞典已经缩减了许多福利开支，将失业救济金、疾病津贴和产妇津贴从占最低工资的90%减到75%，取消了支付工资的两个休假日，并且也削减了奖学金、养老金和住房补贴。美国政府大刀阔斧地削减几十年来为城乡穷人以及无依无靠的人提供生存保障的各种福利。二是增加社会就业以推动社会福利制度的变革。因为，不提高就业程度，就难以为社会福利保险制度提供资金。三是社会福利供给的民营化、社区化、小型化与家庭化。国家的作用必须重新确定，对于国家、企业、个人及家庭的社会福利责任还需进一步区分和定位，使国家的功能仅限于分配，而其他部分的功能按照市场规律进行调整。为达到社会福利民营化，西方福利国家基本上是朝着三个方向发展：一是逐渐减少对政府补助的依赖，二是慈善事业逐渐加入商业色彩，以一种较新及更具有营利性的风气来经营服务的供给；三是强调使用服务者需要付费。

小案例

瑞典——没有阻挡轮椅的通道

第一次来瑞典，记者就对残疾人在瑞典所享受的生活留下了深刻印象。在著名的哥德堡歌剧院，观众区最后一排全是残疾人的专座！

“我们要让残疾人过上不残疾的生活，他们有这个权利。这是个基本理念。”瑞典残疾人事务督察官办公室官员燕妮·奥劳斯森这样对记者说。

在瑞典生活得越久，越能体会这句话的含义。为让残疾人过上与正常人一样的生活，瑞典人做了很多工作：剧院、体育馆、电影院以及不少露天活动场所都设有残疾人专区；再紧张的停车路段都留着残疾人专用车位；建筑群中到处可见残疾人专用通道和残疾人厕所；重要的文件和书刊都有音频读物或浅易版本；残疾人可以申请到雇佣生活助理的经济补助……

“这里你感觉不到残疾人是个孤立的群体。我们让残疾人和正常人上同一所学校，在同一个企业工作。学校或企业必须为残疾人提供便利。如果他们不这样做，就意味着歧视，那就违反了法律。”奥劳斯森边说边递给记者有关的法律文件。

1993 年，瑞典开始实施《关于对某些残疾人的支持和服务法》，给想过独立生活的残疾人提供经济和社会保障支持；1994 年《残疾人事务督察官法》生效，残疾人事务督察官办公室应运而生，并被赋予打击歧视残疾人行为的最高权力，其监督对象包括政府和议会；2003 年，一部全新的《禁止歧视法》生效，该法对保护残疾人利益作了更广泛和深刻的论述。

1999 年，瑞典议会批准了政府制定的一项名为“从病人到公民”的全国性行动计划，其目标是到 2010 年使残疾人能和其他人一样进入所有政府部门和公共场所并享受同等的服务。“再没有阻挡轮椅的通道，再没有轻蔑歧视的态度，再没有漠视问题的无知。”

“这听上去有点理想化，但却是我们的具体工作目标，而且从这几年的工作成绩来看，目标是完全可能实现的。至少现在所有新的公共场所在建设之初都考虑到了残疾人的利益。投诉的解决情况也越来越圆满。”奥劳斯森说。

据介绍,2000年到2002年间,残疾人事务督察官办公室处理的投诉共达609件,涉及医疗护理、生活环境、工作环境、立法等各方面,基本上都得到了妥善解决。对于一些短期无法解决的问题,如某些地区为残疾人提供特殊交通服务无法满足残疾人要求等,督察官办公室也提请政府有关部门给予配合。如今,已有14个政府职能部门加入了改善残疾人状况的全国行动计划。

瑞典是全球"由残疾人自己领导残疾人"组织最多的国家之一。这些组织会员加在一起有近60万。他们通过与瑞典各级政府和议会以及媒体广泛联系,对促进改善残疾人权利起了很大作用。

看到残疾人在瑞典的生活状况,你就不会怀疑瑞典为残疾人参与社会并享受与普通人同等权利所付出的努力。这其中完善的立法和健全的机构无疑是最值得借鉴的。

资料来源:新华网,http://news.xinhuanet.com/world/2003-08/10/content_1019132.htm,2003-08-10。

第三节　亚洲国家社会福利制度比较

本节主要选取日本、新加坡和马来西亚三个亚洲国家的社会福利制度进行分析与比较,因为这三个国家具有一定的代表性。日本不仅是一个社会保障制度具有独特性的发达国家,也是一个与我国具有许多相同历史文化传统的亚洲国家。新加坡社会保险采取的是强制储蓄制,但是该国为其国民所建立的社会福利制度却是高度发达的。马来西亚同我国一样,是一个以农业生产为主的发展中国家,拥有广大的农村人口,因此马来西亚的社会福利体制对我国具有更直接的借鉴和启示意义。

一、日本的社会福利制度

日本社会保障包括社会救助、社会保险、社会福利、卫生医疗四大部分,狭义的社会福利被列为支撑社会保障的四大支柱之一。第二次世界大战后,日本政府先后颁布了《生活保护法》《儿童福利法》《残疾人福利法》三项法律,这标志着日本社会福利已经作为独立的发展领域正在逐步确立其地位。20世纪80年代以后,随着社会福利的不断发展和扩充,日本社会保障从偏重健康保险、收入保障为核心的社会保险型逐步向提供福利保健服务的生活保障型制度转换,从国家包办型向国家、民间互补型制度转换。具体来说,日本的社会福利制度包括:老年人福利、残疾人福利、儿童福利、母子及寡妇福利、弱智者福利等项目。

(一)老年人福利

日本在1963年制定了《老年人福利法》,其基本理念是尊敬老年人、促进老年人的自觉和确保老年人参与社会的机会,国家和地方公共团体负有增进老年人福利的责任,要努力谋求老年人福利事业的发展。日本老年人福利的措施包括:①对65岁以上的老年人及其护养人进行福利指导;②入住养老院;③将老年人委托给护养受托人;④让老年人短期入住老年人福利设施并对其进行看护;⑤为老年人提供日托服务;⑥为由于身体上、精神上的障碍难以进行日常生活的家庭派遣家庭服务员,帮助其做家务并且护送老年人去医院等。其典型计划有黄金计划、地区老人保健计划等。

(二)残疾人福利

1949年,日本制定了《残疾人福利法》,以增进残疾人福利,1970年又制定了《身心残疾者对策基本法》。日本《残疾人福利法》的基本理念是要求残疾人克服自身障碍,积极融入社会,同时要求社会为所有残疾人提供参与社会各个领域的机会,并规定全体国民予以合作。日本残疾人福利的措施包括:①发放残疾人证,它是确认可以接受残疾人就业和创业援助的重要凭证;②福利事务所设有残疾人福利员,进行有关身体残疾的所有问题的咨询和指导;③给付就业和创业者医疗费用;④发放辅助器具等。

(三)儿童福利

1947年,日本制定了《儿童福利法》,1951年又公布了《儿童宪章》。《儿童福利法》的目的是促进不满18岁儿童的福利,它把儿童福利的对象分为普通儿童和需要保护的儿童两种。日本在开展儿童福利上有以下原则:①全体国民都要努力使儿童身心健康地成长;②所有儿童必须平等地得到生活上的保障和爱护;③国家及地方公共团体负有保护儿童的责任和使儿童身心健康成长的责任。

(四)母子及寡妇福利

1964年,日本制定了《母子福利法》,并于1981年修改为《母子及寡妇福利法》。该法律以保障家庭中儿童的身心健康及其母亲或寡妇的健康、文化生活为基本理念。具体措施包括:①母子福利资金贷款;②寡妇福利资金贷款;③小卖店的设置;④护理人员的遣派;⑤其他,比如在入住公营住宅和就业方面给予特殊的照顾。

(五)弱智者福利

1947年,日本制定了《儿童福利法》,其中规定了对弱智儿童的保护。1960年,制定了以成人弱智者为对象的《弱智者福利法》。《弱智者福利法》以对弱智者的更生援助及对弱智者保护为目的,适用对象为18岁以上弱智者。对于弱智者,日本不仅实施了诸如就业委托、短期入住援助设施等积极措施,而且制定了社会融入计划以及经济援助计划。

在社会福利的运营及管理方面,日本是由国家、地方公共团体以及以社会福利法人为中心的民间组织共同进行福利工作的管理和实施。国家一层的行政组织、机构主要作用是进行规划、立案、指导、监督和援助;地方公共团体主要是在规划本地区社会福利的同时进行社会福利设施的设置、经营以及实施各种措施等事务;民间组织是社会福利事业的经营主体。三者在各自的领域发挥重要作用,并且又成为一体,共同推动社会福利的发展。

二、新加坡的社会福利制度

新加坡的社会保障制度主要由社会保险制度和社会福利(社会救助)制度组成,其核心是"中央公积金"制度。政府通过公积金制度满足绝大多数人的福利需求,而通过社会福利计划满足没有被公积金制度覆盖的群体。另外,新加坡的社会福利计划还包括了针对老年人、儿童和青少年、残疾人等特殊人群而设立的一系列福利项目。

(一)老年人福利

由于新加坡公积金制度已经覆盖了95%新加坡雇员,因此其社会福利计划的安排主要是集中在对老年人的看护、加强老年人和社会的融合、增加老年人的独立生活能力、发挥老年人在社会中的作用等方面。

在老年人社会服务方面,新加坡的社会福利计划建立了老年人社会服务项目,包括家庭看护救助计划和日间看护救助计划。涉及对老年人的现金补助计划并不是很多,因为在新加坡,很多福利补助并不是直接提供给老年人的,而是提供给整个家庭,以此充分发挥家庭的作用,使老年人的大部分问题可以在家庭内部得以解决。

(二)残疾人福利

针对残疾人不同的成长阶段,新加坡政府采取不同的福利手段来保障他们的社会权利。在幼龄阶段,托儿所和学前班会给予残疾人特殊的照顾;在青少年阶段,残疾人可以进入志愿福利组织设立并由教育部支持的学校就读;想要找工作的残疾人可以获得适当的职业培训,并且有很多机构都会为残疾人提供就业机会。除此以外,为了方便残疾人的生活,新加坡社会服务委员会在交通、住房等方面都为残疾人提供各种便利。

(三)青少年和儿童福利

新加坡的儿童福利仍以家庭为支柱。为了帮助家长更有效地处理儿童问题,新加坡政府设立了专门的咨询讲习班,以及儿童关怀中心和学生关怀中心。新加坡的儿童福利计划包括以下内容:①中心经济救助计划,对低收入家庭的经济救助,使这些家庭中的儿童在父母工作(或因为其他原因不在家)时获得看护;②儿童关怀计划,此计划开始于 1998 年 7 月,面向低收入的母亲,为每个儿童提供一定的资助;③低收入家庭儿童关怀计划,为低收入家庭提供儿童看护服务,另外,还为儿童的父母提供咨询服务并帮助儿童的母亲找工作。

(四)社会融入计划

新加坡政府一直力图帮助低收入家庭提高他们的生活水平。新加坡的社会融入计划并不是盲目地给予社会救助,而是帮助那些生活困难的人们重新获得经济上的独立。具体内容包括:①公众救助计划,根据家庭结构为没有收入和其他经济来源的新加坡公民提供定期的补助。②短期救助计划,为需要短期经济救助的个人或家庭提供援助,救助的金额以各个案例的情况而定;③公民顾问委员会福利基金。该基金的目的是为有特殊需求的居民提供救助金。④新加坡劳工基金会福利计划。当家庭中负担家计的成员死亡、终身残疾或患有慢性疾病,工会成员或受他们赡养的人可以获得此项救助金。除此以外,该计划还为工会成员提供保险,以应付成员死亡或终身残疾的情况发生。⑤爱心基金。这项短期救助金是为了帮助因为经济危机而失去工作的人们设立的,救助期为 6 个月,实际的救助金额根据各个案例而定。⑥热爱新加坡基金会。该基金会设立的目的是为需要帮助的家庭筹集救助金,并适合于合法的国外劳工。

三、马来西亚的社会福利制度

马来西亚位于亚洲东南部,目前已成为亚洲新型的工业国家之一。马来西亚的社会保障制度与新加坡的社会保障制度非常相似,也是主要由储蓄型的雇员公积金制度和政府行为下的社会福利组成。在马来西亚,全国范围内的社会福利服务是由社会福利部来提供的。马来西亚社会福利部成立于1946年,最初是为了解决“二战”结束后遗留下来的社会问题。经过40多年的发展,社会福利部的职能不断扩大,已经成为处理社会问题的主要政府机构。马来西亚中央政府把处理社会福利的权利下放到各个州,尤其是以现金发放形式的社会福利都是由各州来完成的,因而州政府在国家社会福利的组成中占有很重要的地位。而正是由于这种权利的下放,使得各个州政府在社会福利的实现上采取了不同的方式和侧重点。另外,还有一大批私人慈善组织和非政府组织也积极地活跃在国家社会福利的领域里。

(一)老年人福利

马来西亚社会福利部为需要帮助的老年人提供必要的社会救助,享受救助的资格条件为:60岁以上的、没有固定收入但是有固定居所的老年人。社会福利部为符合标准的老年人提供:每月70林吉特的救助金;相应的顾问和指导;购买义肢等人造组织的补助金。另外,各种非政府组织、慈善团体也开设了养老院来保证老年人的晚年生活。如同亚洲其他国家一样,马来西亚的家庭规模很大,很多老人都由家庭成员负责照顾。但随着城市化进程的不断推进以及小家庭的出现,老人被留在家里无人照顾的现象日益严重。社会福利部指出:以往面向高龄者的服务主要针对贫困,而在参考了日本和瑞典的体制后,社会福利部开始越来越多地借助民间和非政府组织的力量,完成综合性的高龄者福利体制。

(二)残疾人福利

马来西亚政府对残疾人有明确的定义:“残疾人是那些完全或部分地不能获得大多人的需求,或由于身体或智力上的缺陷而不能融入社会的群体。”马来西亚社会福利部为残疾人提供的服务包括:为残疾人注册;分发残疾人身份证(残疾人使用身份证可以更方便地利用各项服务和公共设施);提供残疾人专用设备；对残疾雇员发放补贴；鼓励残疾人工作和维持残疾人的日常开销；鼓励残疾人利用自己的知识和技能从事小规模的商业活动；为残疾人安置工作等救助计划。同样，在马来西亚，各种社会团体和私人机构也在残疾人福利的舞台上扮演着重要和积极的角色，协助政府实施国家的社会福利政策。

(三)儿童福利

马来西亚社会福利部的儿童福利政策主要围绕着防治和减少社会中的儿童问题来制定的。按照社会福利部的规定，它们的服务对象为18岁以下需要关心和爱护的儿童。服务内容包括：关心和爱护儿童、儿童的领养、儿童的培养和发展，以及对儿童的救助等。

四、小结

一直以来，社会福利都被认为是一种“国家责任”，但是通过上述对日本、新加坡和马来西亚三国社会福利制度的大概介绍，我们不难发现，民间组织、社会团体以及各种私人机构等非政府组织都活跃在社会福利的舞台上。一方面，它们积极参与政府的社会福利计划，与负责社会福利工作的机构和部门建立良好的合作关系，参加政府各项社会福利计划的贯彻与落实。另一方面，它们也制定和实施自己的福利计划，对有特殊需要的人群提供各种帮助与支持。非政府组织的福利计划与政府的福利计划是一种相互补充的关系。由于非政府组织大多是以基层(如社区)为活动基础，因而其活动空间很大。我们相信，由它们来承担福利计划的实施责任，将会是社会福利制度发展的必然趋势。

此外，这三个亚洲国家的社会福利制度都致力于加强而不是替代家庭的功能。家庭作为社会的中流砥柱，其作用不断被强调并加以利用，各项福利计划都是根据家庭来制定的。在工业化以前，家庭与家庭之间、家庭内部存在着相互依存的生产关系和生活关系，具有很强的凝聚力和同质性，因此，由家庭为其成员提供就业、养老扶幼等保障是普遍的。但是随着工业化的进程以及社会的发展，家庭的保障功能不断弱化，养老抚幼的问题，特别是经济生活的保障从家庭领域逐步走向政府、企业等领域。然而，仅仅依靠国家或者企业的统合力量远远不能解决多样化的生活需求以及复杂的社会问题，承接社会保障的平台应当是多方位的。因此，目前亚洲甚至许多西方发达国家在制定各类社会福利政策时，都宣扬家庭保障功能回归的理念，不断强化家庭的作用。

相关知识链接

非政府组织

非政府组织是英文 Non – Government Organizations 的意译，英文缩写 NGO。“非政府组织”一词最初是在 1945 年 6 月签订的联合国宪章第 71 款正式使用的。该条款授权联合国经社理事会“为同那些与该理事会所管理的事务有关的非政府组织进行磋商做出适当安排”。1952 年联合国经社理事会在其决议中将非政府组织定义为“凡不是根据政府间协议建立的国际组织都可被看作非政府组织”。

非政府组织不是政府，不靠权力驱动；也不是经济体，尤其不靠经济利益驱动。非政府组织的原动力是志愿精神。一个发达的现代社会需要发达的非政府组织。据调查，美国非政府组织总数超过 200 万个，经费总数超过 5 000 亿美元，工作人员超过 900 万人。如此庞大和活跃的非政府机构（NGO），是与美国“大社会，小政府”的制度结构相配套的。这种制度的来源，与美国建国之初移民互助自助的传统有关。

非政府组织的经济来源主要是社会及私人的捐赠。美国有力量极其强大的各种私人基金会支撑美国的各种非政府组织。国家从税收上确立捐赠部分可以抵税的制度，鼓励捐赠。

非政府组织是政府有效的“减压阀”和“稳定器”，还有着不可忽视的精神功能。非政府组织在中国有两种：一种是自上而下的非政府组织，具有较长的历史和“半官方”的特色；另一种多由民间人士自发成立。中国的非政府组织主要集中在环保领域、妇女领域、扶贫领域，如北京的“自然之友”“地球村”“绿家园志愿者”，天津的“绿色之友”等。

第四节　各国社会福利制度改革对中国的启示

一、各国社会福利制度改革的启示

(一)必须认真协调好制约社会福利制度的几个关系

1. 公平与效率的兼顾问题。公平与效率之间的选择问题是各国政府、各种党派必须认真考虑并加以解决的问题,它使各"福利国家"在社会政策的众多方面遇到了麻烦。公平与效率的兼顾问题主要涉及社会福利保障与社会结构的变化、社会福利保障与社会贫困及贫困线等问题。在发展社会福利事业、促进社会公平的过程中,应特别注意不能使社会福利保障事业影响经济效率;否则,经济效率的降低会反过来制约社会福利事业的发展。因此,提倡效率优先、兼顾公平的原则,应该成为社会福利制度发展的基本原则。

2. 权利与义务的兼顾问题。在实施社会福利的过程中,要求权利与义务兼顾,这是不言自明的,但要真正做到两者兼顾却并非易事。一般来说,受益者比较强调应享有的权利,而政府则比较强调公民应尽的义务。当权利与义务得以兼顾时,福利经济制度才能正常运行,如果权利与义务不对称,福利经济制度则难以形成良性运作。

3. 发展与稳定、福利与经济的兼顾问题。西方福利经济制度的功能主要是缓和劳资矛盾、维护社会稳定。但福利经济制度更重要的作用在于它是构建市场经济功能体系的重要环节,在市场经济发展中起着不可或缺的作用。现代市场经济的发展对福利制度提出了更高的要求,需要正确认识和深入研究发展与稳定、社会福利与现代市场经济之间的相互关系。这涉及社会福利与国民经济结构变化、社会福利和第三产业、社会福利与经济发展、社会福利与劳动生产率等问题。目前,各福利国家最关心的问题是如何处理好高福利与经济低效率,或者说社会福利资金来源与支出平衡的问题。

4. 社会福利与市场机制或政府干预之间的关系。应该说,社会福利与自由放任、社会福利与政府干预都不是一种两者必居其一的选择关系。要充分发挥福利制度在促进市场经济发展中的作用,不仅需要有市场机制的作用,而且更需要有政府的宏观调控,尤其需要将市场机制与政府适当干预有机结合起来。

一方面使社会福利政策成为政府干预经济生活、调节经济周期的重要手段，另一方面也要使社会福利的发展不能破坏市场机制的作用，避免因过分追求社会公平而严重损害经济效率的现象。

5.社会福利与可持续发展的问题。人口增长导致资源枯竭、环境污染等一系列问题，给整个生态以至社会经济体制带来严重影响；同时，人口老龄化的发展也会加大政府用于社会福利支出的压力，从而影响经济增长和社会发展。客观地说，实现人口、经济、资源、环境与社会的可持续发展离不开社会福利的积极作用。政府应将福利制度作为促进可持续发展战略的重要条件，将福利制度改革作为促进可持续发展的重要途径。

（二）社会福利制度的建立和发展必须与生产力发展水平相适应

社会福利制度的建立和发展与生产力发展水平之间存在着密切的联系。社会福利的规模、水平等都要受到生产力水平的制约，任何超出生产力发展水平的社会福利计划最终都是要破产的。同时，社会福利制度的建立必须与经济市场化要求相适应。经济发展状况是社会福利制度选择的一个平台，而我国目前经济发展与发达福利国家还有很大的差距，人均生活水平不高，因此，应以选择性而非普遍性为资源分配取向，并且强调多方共担。社会福利还应该向低收入群体转移，侧重于一些特殊的社会群体。

（三）改进公共行政部门的低效率，发展职业福利以补充社会福利

公共行政服务部门低效率的改进是“福利国家”福利制度改革中经常提到的一个问题。各国的一个普遍做法是鼓励私营部门参与社会福利资源的配置并提供公共产品和公共服务，以刺激公共服务部门的工作效率。社会福利的“社会化”和“私有化”，使职业福利获得了快速发展。职业福利的发展对于“福利国家”的公共行政管理方式提出了新的要求。国家的公共服务部门不仅要解决内部的管理和效率问题，而且还要面对职业福利的兴起所带来的挑战，特别是要寻找利用、规范、引导、监督职业福利的方法，制定良好的服务和信息标准，并针对社会福利和职业福利在其合作领域中出现的问题进行协调和创新。职业福利的发展使政府公共行政管理部门除了要考虑公共服务的质量问题外，还要考虑成本问题。这就大大提高了公共行政部门的效率。

一些跨国公司和保险公司，一些非政府、非营利的志愿机构如工人合作社、社区团体等都开始介入到社会福利领域。职业福利具有很大的灵活性，雇员可以根据自己的偏好进行选择；职业福利的目标和任务都非常明确，即是为了配

合机构最大限度地提高雇员的劳动生产率,并为机构未来的发展争取和准备人力资源,因而其风险和收益也很明确;职业福利不受国界的限制,适应经济全球化的趋势。尽管如此,由于职业福利只能解决局部问题,其提供者往往只注重本部门的利益而忽视了公共利益,因此,职业福利还远远不能取代社会福利,而仅仅是社会福利的补充。

二、中国社会福利制度改革构想

(一)中国社会福利制度的历史沿革和转轨

作为中国社会保障体系中的一个主要制度,社会福利的内容是指国家和社区组织为满足各类社会弱者和遇有一定困难的社会成员之基本物质文化需求而提供和组织实施的带有福利性的收入保障和服务保障。

改革开放以前,我国的社会福利主要体现在为机关、企业、事业单位职工提供带有福利性的收入保障和服务保障上。收入保障有两种形式:一种是提供象征性收费或完全免费的福利待遇,例如住房、医疗、休假、子女教育;另一种是提供例如地区差额、粮油禽蛋、取暖、交通书报、文体活动等现金补贴。计划体制下的国家职工,是依靠低工资和高福利而长期安居乐业的。这部分福利项目的收费标准有些是政府制定的,有些是企业、事业单位自行制定的。而在改革后的相当一个阶段内,受到攀比机制的影响,许多单位的福利津贴形成一种随机发放的机制,变成对机构职工代偿心理的一种补偿。服务保障也有两种形式:一是国家为那些无依无靠、无生活来源的鳏寡孤残兴办的社会福利院;二是由企事业单位自己举办的托儿所、幼儿园、澡堂、影院等福利服务设施。

改革开放以来,社会福利的改革从两个方面展开:一是社会福利项目从单位化走向制度化;二是社会福利的承办者从政府办走向民间与政府合办。“暗翻明”将过去实行几十年的社会福利的暗补贴变为明补贴,提高粮油肉禽、房租等的价格,把公民接受高等教育由免费逐步改为收费,把一些公共福利设施提供的无偿服务变为有偿服务等。与此同时,把国家过去在这方面的补贴以现金支付的方式发给职工。这样的改革之后,职工现金收入增多,生活水平得到了提高。随着“暗翻明”改革,住房、医疗保健、教育、生活消费品的物价等原来混在低费或免费福利里的项目都一一形成制度纷纷独立了。新的公共福利内容如小区环境卫生、社区文体活动、社区教育、社区医疗服务、社区老人福利服务等项目充实到社会福利领域中。这大大开拓了民政部门管理的空间。

新旧福利制度的根本区别并不在于企业、事业乃至机关单位削弱了或取消了计划体制下的机构福利，也不在于社会组织参与兴办了社会福利，而是单位福利与社会福利的政策界限开始划清。单位福利的成本要由独立的社会组织法人而不是由政府来承担。社会福利与计划体制下的单位福利最大的不同，还不在于服务对象的特定性与非特定性，而是其资源来源和组织实施方式要由社会的三大主体——政府、企业、非营利部门包括志愿者群体共同配置，而不能由政府独家配置。社会福利社会化的含义，意味着在社会福利转型和体制转轨的社会环境变迁中，要重新处理国家、社会与个人的关系，建立一个新的有利于社会福利资源整合和有效运作的社会动员机制和社会合作机制。

（二）中国社会福利制度的合理选择

2000 年 2 月，国务院办公厅转发了 11 家部委联合签发的《关于加快实现社会福利社会化的意见》。该意见提出："到 2005 年，在我国基本建成以国家兴办的社会福利机构为示范，其他多种所有制形式的社会福利机构为骨干，社区福利服务为依托，居家供养为基础的社会福利服务网络，同时建立适应社会主义市场经济体制要求的、政府宏观管理、社会力量主办、福利机构自主经营的社会福利事业管理体制。"并提出要抓好国有社会福利机构的管理体制和运行机制的改革，加大政府投入积极筹集和运行机制的改革，加快福利企业的改革，加大政府投入积极筹集社会资金等项任务。

在中国社会福利制度的合理选择中，要遵循以下几个原则：

1. 以正确的福利理念为指导。对国家和政府在社会福利中的地位要有明确的认识，必须以"小政府、大社会"的理念为指导，进而平衡政府、企业、社会团体与个人之间的责任关系。社会福利基金由国家、企业和个人三方分担，各尽其责。实行个人缴费制，有利于树立公民的权利意识。

2. 循序渐进，逐步建立起完善的社会福利体系。建立多层次、覆盖面广、比较完善的社会福利体系，不是一件很容易的事情。根据我国目前的情况，必须循序渐进，从社会最急需解决而又有能力解决的方面入手，逐步完善社会福利体系。

3. 以适当的福利框架为基础。这一体系的构成可以分为三个层次：一是以社区服务为基础；二是以各种社会化福利为主体；三是以职业福利为补充。这样更有助于社会福利制度规范性的发展，并由过分强调企业责任转而强调国家和社会的责任。

4. 以具体的福利措施为辅助：一是以立法来推动社会福利制度的变革；二

是调整福利项目的地位，以旧补新，促进发展，增强管理与监督机构的整合功能。

本章综合案例

国外校园餐：或制定营养计划或成为社会福利

校园餐在美、英、法等国均已有了至少半个世纪的历史，尽管具体情况不同，但三国政府均以不同形式采取了积极的促进和监管措施：制定详尽的营养计划，立法保证食品来源安全，多方合作保证招标透明，尽力降低用餐费用……看似简单的校园餐，关系的却是民族下一代的健康，关系国家未来的发展，这也许是三国政府在校园餐问题上态度积极的重要背景。

美国政府主导制定详尽营养计划

美国的校园餐不仅仅是提供一顿廉价午餐的政府福利行为，更是一项庞杂的社会计划。

美国农业部专家劳瑞·林德赛告诉记者，美国学生营养餐项目从 1946 年“二战”刚刚结束之后设立到现在，已经走过了 60 年的发展历程。林德赛说，这一项目包括“学校午餐计划”“早餐计划”“儿童保健食品计划”“特别牛奶计划”“营养教育和培训计划”甚至“小吃计划”等一系列全面的学生食品健康项目。为了保证学生健康用餐，该项目也让学生参与其中，使学生设身处地了解该计划对自己成长的好处，比如午餐“营养教育和培训计划”就提到，学校应该让孩子们了解，这些健康的食品从何而来，有可能的话还要带他们参观长满蔬菜水果的林地，帮助他们认识营养与健康。该计划甚至也为父母制定了“规范”，要求孩子的家长一周要陪孩子吃一顿早餐和午餐，看看他们究竟喜欢什么，及时向学校反馈，并参与学校制定营养餐食谱的过程。

招标多方参与，保证透明。至于校园餐的招标竞标，尽管具体实施情况有差别，但各州都会在网上公布营养餐的招标情况。企业可以在网上下载资料，向各州的管理机构提供必要的资质证明和标价。之后，教育主管部门会在规定的日期内组织招标，择优而用。

值得注意的是，美国各州几乎都有大学参与营养餐项目的规划，并进行营养评估和监测。在纽约州学生营养中心的网页上发布的关于营养餐的文件，均是"纽约州教育委员会和纽约州立大学"。

美国联邦政府每年拨给学生营养餐项目的补贴为210亿美元。在公立学校午餐计划中，有10万左右的公立学校、非营利私立学校以及社区儿童福利机构都能获得提供低价或者免费的营养午餐，每天大概有2 600万学生受益。

该计划的负责机构是美国食品与营养服务协会，直属于农业部，由农业部副部长主管。

至于用餐费用，美国同样采用了与收入挂钩的方式。家庭收入在贫困线以下或者仅高于贫困线30%的学生，均可免费用餐；高于贫困线85%的，则可获得"打折"的营养午餐，但收取金额不得超过40美分。此外，有50%的学生能够享受到政府提供的免费或者减价的小吃。

午餐的价格则由当地教育机构主导制定价格。以纽约州为例，2006年7月的一份营养午餐指导价为1.42美元。从全国来说，提供一份营养午餐，学校可以从联邦政府获得0.21美元~2.24美元不等的资助。

法国食品统一供应校园餐成为社会福利

就管理制度而言，目前法国实行的基本上是地方政府主导下的学校负责制度。象征性的用餐收费使校园餐成为社会福利。

早在20世纪30年代中期，法国学校就开始实行校园餐制度。地方政府对学校的食堂主要进行指导性的监督和建议，但最近以来，这一监管力度也在加强。里昂市政府的负责人米歇尔告诉记者，该市各个学校的营养餐已经由固定供应点统一供应。目前，在里昂市的幼儿园，由统一供应点提供的营养餐已经达到100%。就全法国而言，各个城市的政策不尽相同，但是由统一供应点供餐的模式应该是一个大趋势。米歇尔说，这样做的好处十分明显，大规模的制作不仅可以节约资金，也便于市政府进行统一管理。为了防止企业从中渔利，该市规定了供应公司可以从营养餐中获利的比例，并联合家长协会，对校园餐的进货、制作到运输的过程进行严格监督。

校园餐安全还有法律的保证。法国驻华使馆新闻官贵永华告诉记者，法国学校食堂一般都会选择信誉较好的公司，如果从这些公司购买的食料出现质量问题，根据相关法律，食品公司将会面临巨额的罚金，这使得校园餐的供应公司不敢有违规行为。

为了保证校园餐的质量和营养，法国公立学校一般都会自己雇佣厨师，但这些厨师都需要经过培训并获得相关资格证书才能上岗。除了厨师，法国大多数学校的食堂都配有营养师，专门负责食物的搭配，保证每天都要有蛋类、肉类和青菜、水果，并严格控制甚至完全驱逐油炸类和高糖类食品。

至于用餐的费用，法国地方政府在网上公布的资料显示，学生虽然也交一些钱，但是这些缴费跟家庭收入成正比。由于严格采用收入申报制度，政府对学生家长的收入也十分清楚。

但即便如此，对很多家庭来讲，校园餐的收费很大程度上还是象征性的。在一些城市，对父母月收入在4 000欧元以下的学生，每顿饭只收1欧元左右。对于家庭极端贫困的孩子，则基本上是免费的。

英国从放任自由到政府监管

英国的校园餐已经有100年的历史，其间也经历过一段放任时期。自2006年9月起，英国政府强制学校为学生提供富含营养的午餐。

学校要为学生提供富含营养的午餐，其中包括：肉类、蔬菜、汽水、薯片、巧克力和其他糖果等。要确保优质肉、禽或鱼的供应；学生每餐至少要吃水果和蔬菜各一份；任何油炸食品每周不超过两份。

据英国媒体报道，早在1906年英国政府就授权各地方政府推动校园餐。1944年英国通过立法，规定学校必须按照确定的营养标准提供学生营养餐。这项法律一直延续到1980年。撒切尔夫人上台之后，这项持续多年的强制措施被废除，学校可以自行决定是否供应，营养标准也被废除。学校有了更多自由，食品商也有了更多发财机会，便宜、不健康的食物也在校园内不断出现，校园午餐质量开始下降。英国地方饮食协会的马凯坦言：“我们已经陷入这种（午餐质量下降的）境地，我们这么做，完全是因为商业利益的驱使。”

2005年，一个年轻的厨师改变了英国营养餐因为完全自由化带来的窘境。素有厨师界贝克汉姆之称的英国名厨奥利佛制作了一档称为“杰米的校餐”的电视系列节目，暴露了英国中小学校午餐质量奇差的问题。节目播出的同时，奥利佛还发起了一项“校餐更健康”的签名请愿运动，引起了极大的社会反响。之后，奥利佛将有271 677人签名的请愿书递交给首相布莱尔。

据英国驻华大使馆新闻处介绍，在舆论的推动下，英国政府组建了学校午餐研究小组并展开调查工作，而且承诺拨款2.8亿英镑用于改善学校午餐，保证小学午餐原料成本至少每人50便士，中学每人至少60便士。随后，英国政府还颁布了新的学校餐饮人员的从业规定，而地方教育当局又重新获得了监管食品供应商的权力。直至2006年强制营养标准推出，英国百年校园餐制度，似乎才得以重焕生机。

资料来源：张乐，储信，艳龚峻. 新京报，http://news.qq.com，2006-09-26。

▶讨论：请谈一谈美、英、法校园餐背后政府扮演了什么角色？

本章小结

1. 社会福利有广义和狭义之分，对其内容的理解可从儿童和青少年福利、老年人福利、残疾人福利等特殊群体的角度来考虑。

2. 福利国家的危机不仅表现在财政危机和经济危机上，还体现在制度本身的危机上。危机出现的原因涉及因素广泛。

3. 面对困境，世界各国纷纷采取开源节流、增加就业、社会福利民营化及国家实施宏观调控等措施来加以改革。

4. 中国社会福利制度变革的过程具有特殊性，是不断从单位福利制度向真正的社会福利制度转移。要通过正确的社会福利理念引导，适当的框架体系建设以及具体的措施辅助，最终实现中国社会福利制度的合理选择。

关键概念

社会福利　职业福利　福利国家　福利国家危机　非政府组织　社会福利社会化

思考练习题

1. 社会福利制度的含义是什么？

2. 西方福利国家危机有哪些表现？危机出现的原因是什么？

3. 比较分析主要西方国家的社会福利制度。

4. 西方福利制度的改革对中国社会福利制度的建设有什么启示？

5. 试述日本、新加坡、马来西亚等亚洲国家社会福利制度对我国的启示。

6. 如何才能实现中国社会福利制度的合理选择？

第十二章 社会救助制度国际比较

CHAPTER 12

学习目的与要求

通过本章的学习，要求领会社会救助的基本含义、内容；了解社会救助的起源与发展；比较分析各国在社会救助对象、范围、救助标准、资金来源与支出水平、社会救助管理体制等方面的不同；掌握中国现行社会救助体系的内容，总结国际社会救助的经验启示，进而发展完善我国的社会救助制度。

第一节　社会救助制度概述

一、社会救助的基本含义

（一）社会救助的概念

对社会救助的理论探讨，首先要把握它的概念。目前，对社会救助的定义有多种界定。

1. 经合组织委托的一项关于 24 个发达国家的社会救助制度的研究，对社会救助制度的概念提出下述建议：发达社会通常为它们缺少足够收入的公民或居民提供有保障的最低资源，这种形式的保护通常被称为安全网，即没有人会从中漏下：这些缺少其他收入来源的人如果没有安全网的保护，就会陷入贫困或以其他形式表现出来的需要不能满足。不过，很多研究显示，安全网自身的标准可能设定在贫困线之下。不是所有的经合组织国家都有这种安全网。但是,在有安全网的国家,大部分通常只对无法自己谋生的申请人提供现金或服务,也就是说,对申请人自己已经拥有的资源需要进行某种形式的评估。这种形式的保护,通常被称为"社会救助"。这个定义并不是理论分析的结果,而是对经合组织成员国的实践概括的结果。

2. 亚洲发展银行对社会救助的定义包括比较狭窄和比较宽泛两种,内容如下:

比较狭窄的定义:社会救助是针对由于各种原因导致难以维持最低生活水平的公民,由中央或地方政府依据预定的资格定义的标准和家计调查的结果,给予的最低水平的现金或实物帮助,以使其最低生活得到保障。

比较宽泛的定义:社会救助是针对因为各种原因导致难以维持最低生活水平的公民,由国家和社会依据法定的资格定义的标准,给予现金或实物的帮助,以使其最低生活得到保障。

广义和狭义的定义在一个方面是一致的,在三个方面有所区别。一致的方面是社会救助的目标是保障最低生活,不是收入替代。不同的方面有三个:第一,救助责任由谁承担,根据比较狭窄的定义,主要包括由国家承担的项目,根据比较宽泛的定义,则包括社会上非政府组织提供的项目。第二,救助资格的确定,是否只包括利用家计调查的标准确定的救助对象的项目,还是也包括不经家计调查,只根据类型划分就获得救助资格的项目。第三,救助项目,除了以现金形式或价格补贴的形式提供的救助,是否包括其他类型的服务,在多大程度上包括。

3. 时正新、廖鸿提出:"社会救助是在公民因各种原因导致难以维持最低生活水平时,由国家和社会按照法定的程序给予款物接济和服务,以使其生活得到基本保障的制度。"①他们并且强调社会救济和社会救助的定义之间有一定的区别。

目前,在中国国内的大多数教材中,对社会救助制度的定义为:社会救助制度是指社会成员陷入生存危机或不能维持最低限度的生活水平时,由国家和社会按照法定的程序和标准,向其提供满足最低生活需求的物质援助的社会保障制度。

---

① 时正新,廖鸿. 中国社会救助体系研究[M]. 北京:中国社会科学出版社,2002:2.

（二）社会救助同其他社会保障范畴之间的关系

现代社会保障制度是工业化的产物，也是发展市场经济的必然要求。全球已有 170 多个国家和地区建立了社会保障制度，但由于国情的差异，各地的社会保障模式并不完全一样，甚至关于社会保障的概念也不完全一致。从大多数国家和地区的情况看，社会保障制度一般包括三个基本项目，即社会保险、社会救助和社会福利。三者的关系如下：

1. 社会救助与社会救济。社会救济与社会救助的实际工作并没有本质的区别，社会救济，也称社会救助，但在概念上还是略有差异。社会救济是指政府对收入在贫困线以下的居民和因自然灾害遭受损失或发生其他不幸事故而生活困难者提供资金与实物援助的一种社会保障制度。在国内外的各种书籍杂志上，社会救济与社会救助是同一个概念术语。德国、英国称社会救济。

其实，社会救助的覆盖面比社会救济更广泛，不仅包括政府的救济，也包括社会的支持和帮助；社会救助不仅包括我国社会保障体系中的社会救济和社会互助两方面的内容，而且还应包括其他有效的救助措施。为推动社会力量承担更多的社会保障责任，综合运用各种救助措施，使用社会救助的概念更有力度一些。

2. 社会救助与社会福利。社会福利有广义和狭义之分，广义的社会福利比社会保障的概念还要广泛，一切改善民众生活的举措都可以称作社会福利，我们通常所说的福利国家就是广义上的社会福利。包含在社会保障范畴之中的社会福利是狭义的社会福利，即指专为社会弱势群体提供的带有福利性质的服务和保障。

狭义的社会福利带有社会救助性质，但其层次和标准高于社会救助，如西方很多国家的家属津贴、生育补助、儿童营养补助等项目就是社会福利。这种意义上的社会福利虽然发挥了救助困难成员的作用，但更多的功能和作用则在于提高社会相对脆弱成员的生活质量。

我国在建国初期，社会福利和社会救济是结合在一起的，统称救济福利事业。经济发展水平越低，社会福利的救助特征越突出；反之，经济发展水平越高，社会福利提高生活质量的作用越明显。

3. 社会救助与社会保险。社会保险是社会保障体系的核心部分，主要是因为它的保障对象是人口中最多、作用最大的劳动者。社会救助虽然不像社会保险那样是社会保障体系的核心部分，但也是非常重要的部分，它是保障社会安全的最后一道防线。因为社会救助的对象是社会保险这道安全网保护不了的人群,社会保险是需要缴费的,而无收入和低收入的人是没有能力缴费的,所以还需要社会救助,否则,这些人若得不到安全保障,就会危及整个社会的安定。

总之,社会救助的目标是保障最低生活,其采用的是"选择性"的"须经家庭经济调查"的手段;社会保险的目标是保障基本生活,其采用的是"投入—返还"式的"与就业关联"的手段;社会福利的目标是提高国民的生活质量,其采用的是"普遍性"的"按人头发放" 的手段。

二、社会救助制度的基本内容

社会救助的目的是消除贫困。由于世界各国的社会经济条件不同,对贫困的衡量标准也不一样,社会救助的具体内容也存在差异。但从各国的情况看,社会救助的内容主要有以下几项。

(一)最低生活保障制度

最低生活保障指对家庭人均收入低于当地政府公告的最低生活标准的人口,由国家给予一定现金资助,以保证该家庭成员基本生活所需的社会救助制度。

最低生活保障线,在国外被称为贫困线。许多国家每年都要公布本国贫困线标准,对处于贫困线以下的人口从各方面给予社会救助。当然在经济发达国家,贫困人口是少数,而且处于相对贫困状态。

最低生活保障是为贫困人口提供的一种救济,是一种生活费用补贴,即政府为保障这一部分人的基本生活,定期向他们提供适当的现金资助,确保这部分人口有钱购买日常生活必需品。但这种救济本身又是临时性的,一般根据当年收入是否达到贫困线标准,来确定是否给予最低生活保障。每年的贫困线标准可能有所不同。原先享受最低生活保障的人口或家庭,如果收入超过了规定的救济标准,则不再享受这种救济。

(二)灾害救济制度

灾害救济是指对因为受到洪水、地震、火灾、台风、火山爆发等自然灾害的侵袭而失去生活保障人员的救济,也包括对遭受战争之苦的地区和人民的救助。

自然灾害对人类的打击常常超过人的抵抗能力,因此自然灾害往往造成人口的大批死亡和迁移,导致经济的迅速衰落,也是造成贫困的重要原因。为减少自然灾害的损失,防止灾害造成的社会动荡和骚乱,现代各国都建立起了防止、减少乃至消除自然灾害损失的救助制度。在现代社会,享受救助是灾民的一项权利,也是国家和政府的职责和法定义务。救灾主要由政府组织,并通过广泛动员社会各界力量和灾区灾民的生产自救等方式来实现。

救灾工作的主要形式有三种:①紧急救济行为。一般是紧急赠送食品、衣物、医疗、住房和资金。②灾害预防。这是积极手段,防患于未然。③灾害预警服务。随着科学技术的迅速发展,国内外对自然灾害的预先警告越来越重视。预警服务对于防灾、抗灾、减灾具有重大作用。有些洪水、台风、传染病等灾害都可以提前准确地加以预报。

(三)住房解困制度

住房解困是指凡人均居住面积在规定平方米数以下的城市居民,可以向当地政府申请低价购买统一的房屋,或者廉价承租国有公房,以解决住房困难的制度。

住房解困的方法,在不同时期有所不同。最早是采取无偿解困的办法,后来改为有偿解困;早期是单纯依靠行政途径解困,后来发展成为社会多元解困;过去用统一的政策和办法解困,现在根据解困对象的不同收入情况,采取不同的政策和办法解困。现行主要有两种方式:居民自购解困房和租住廉价房屋。

在我国,住房解困是关系到人民群众切身利益的大事,得到了老百姓的极大欢迎,也得到了国际社会的广泛支持和肯定,受到联合国人居中心的赞誉。但住房解困目前仅是一种政策,无论地方还是中央均未立法,因而建立在法律基础上的住房解困制度就成为当务之急。

(四)法律援助制度

法律援助制度是世界各国普遍采用的一种司法救济制度,亦称法律救助、法律扶助。其基本含义是国家以制度化、法律化的形式,在司法制度运行的各个环节、层次上,对因贫困及其他因素导致的难以通过一般意义上的法律手段保障自身基本权利的社会弱者,通过减免收费、提供法律帮助的手段,实现其司法权益的司法救济制度。

法律援助制度的产生是经济发展、社会进步、法制观念更新、法律制度完善的结果。英国是最早建立法律援助制度的国家,欧洲和亚洲许多国家和地区的法律援助制度,都是在学习和借鉴英国经验的基础上建立起来的。

法律援助对象在任何国家和地区都是一个特定的社会阶层。哪些人有权或者有资格申请并获得法律援助,各国规定不完全相同。

（五）慈善

慈善，指本着人道主义精神，在民间开展的扶贫济困，帮助社会上不幸的个人和团体的社会救助活动。慈善是社会再分配的手段和方式之一。面对政府难以承受的社会保障财政压力，慈善事业可以减轻政府的负担，并且通过慈善工作，社会资源可以实现更合理的配置。

慈善最早在西方社会事业化、规范化。1896 年，在英国伦敦，由亨利·索理牧师建议，成立了世界上第一个慈善组织——组织慈善救济与抑制行乞协会。19 世纪末 20 世纪初，各类慈善组织在欧美各国不断涌现。

在中国，1995 年 11 月，全国性的慈善组织——中华慈善总会成立，积极开展了多种形式的慈善活动，并于2006 年1 月21 日中华慈善大会上，公布了我国第一部《中国慈善事业发展指导纲要（2006～2010 年）》，对今后 5 年我国慈善事业发展提出了总体要求、目标原则和政策措施。

小案例

国外如何救助乞讨者

印度：乞讨是法律禁止的

根据印度法律，乞讨是被法律禁止的。印度政府负责相关政策的制定，并管理少数民族残疾人、街头乞讨者和动物的福利。政府还成立了一些救助机构，均由政府出资。此外，宗教组织是重要的社会救助力量。

美国：民间慈善机构承包救助中心

美国的救助原则是，鼓励被救助者自食其力。在实际操作中，美国政府的作用没有民间慈善机构大。仅纽约就有 500 家救助中心。很多受政府资助的救助中心都承包给了信誉良好的民间慈善机构。

法国：巴黎 40 名警察救助万名流浪者

法国巴黎“无家可归者救助队”是一个专门为那些居无定所的流浪者提供帮助的警察机构，目前共有常备警员 40 名，任务繁重时会临时抽调警力进行增援。他们主要承担两项任务：一是负责沿街巡逻，随时对无家可归者进行救助；二是对无家可归者进行鉴别审查，并将其送到相应的救助中心。

资料来源：黄陂民政网，http://www.hpmz.gov.cn，2007－2－10。

三、社会救助制度的起源与发展

(一)社会救助制度的起源

对贫困者给予救济,最早可追溯到人类社会初期产生的社会成员之间的互助行为。那时,当人受到饥寒或疾病的威胁时,其他人会给予衣食等方面的帮助。这种互助互济的行为是人类社会得以繁衍和生存的条件。后来,用成文或不成文的社会规范将其固定下来,便有了世俗的慈善事业。慈善事业是与自然经济相联系的,它远不是真正意义上的社会救助。真正将社会救助作为一项制度并以立法的形式确定下来,是工业革命以后的事情。英国是最早进行工业革命的国家,当时被称为"羊吃人"的圈地运动使流动人口激增,社会动荡不安。1530~1557 年,英国议会通过了 13 个有关处理流浪者的法案。1601 年,英国女王伊丽莎白一世颁布世界上第一部《济贫法》(旧《济贫法》)。1834 年英国议会又通过《济贫法》修正案,即新《济贫法》。新《济贫法》的主要原则是:保障公民生存的义务,认为救济不是消极的行动,而是一项积极的福利举措,并由经过专门训练的社会工作人员从事此类工作。

新《济贫法》对贫民实行社会救济,安定了社会秩序,对英国在 19 世纪的大发展做出了贡献,也为欧洲其他工业化国家建立社会救助制度提供了制度借鉴。其他欧洲国家在土地革命后,也都实行了与英国类似的贫民救济计划,如瑞士在 1847 年和 1871 年制定了《济贫法》,法国则发布了一些济贫法令。欧洲的济贫法采取了由政府出面强迫贫民劳动与救济相结合的原则,使社会团体实施的慈善救济转化成以国家为责任主体的政府救济,这其实只是慈善救济的发展,是宗教团体救济的扩大化,是国家对全国范围内的普遍慈善济贫,国家被推到了承担社会救助责任的历史阶段,并为社会救助制度确立了国家承担最终责任的原则。

(二)社会救助制度的发展

随着社会发展和文明进步,到 20 世纪初,人们普遍认识到贫困的主要原因不在个人,而是由社会多方面的因素造成的,社会救助应成为国家和政府的一项职责,因贫困而得到社会的援助也是国民应该享受的基本权利之一。西方各国政府对在整个社会中起"保底"作用的社会救助制度都给予充分的认可和重视。

20 世纪初，以“自助助人”为旗帜的社会工作在欧美各工业化国家已成气候，它作为一门专业和学科，以及社会工作者作为一项职业都已为社会所普遍认可。社会工作者在实践中创造的个案工作、团体工作和社区工作三大方法，使济贫事业发生了质的变化。因此，社会工作者针对“济贫”这一类代表旧的伦理思想的旧概念，提出了“公共援助”这一新概念，后来逐渐为官方所认可。“公共援助”一词最早见于官方文件是 1909 年英国的“济贫法和济贫事业皇家委员会”的报告。这个报告的主要政策建议是：废除以惩戒穷人为主要目的的济贫法，代之以合乎人道主义精神的公共援助。“公共援助”一词以后又衍生出“社会救助”一词，两者基本上是在同一意义上使用的。

19 世纪末，德国俾斯麦政府创建了社会保险制度，这种以预防为主对付社会经济风险的新的社会保障手段很快在欧洲各工业国流行开来，到 20 世纪 20 年代，欧洲各工业国在不同程度上都已建立了社会保险制度。第二次世界大战结束后，西方发达国家在建立福利国家的过程中，都把社会保险制度作为社会保障体系的主体加以突出。随着经济的发展和就业率的普遍提高，当时甚至有人预言，社会救助将会被社会保险完全替代。但是，这种观点很快就被证明是错误的。因为就人们的保障需求而言，社会保险毕竟有许多它鞭长莫及的边缘区域，在这些地方它的长处恰恰成了短处。譬如，一个人如果终身无劳动能力，那么他就不可能参加社会保险；又如，在养老保险计划开始实施时，总有那么一部分人已经或者即将进入老龄阶段，已经无法达到最低的投保年限；还有，由于通货膨胀的影响，可能有部分人光靠保险津贴仍不敷家用。诸如此类的问题，只有靠社会救助制度来解决。因此，即使在西方发达国家，社会救助仍然在整个社会保障体制中起着“保底”的作用。在认识到这些问题以后，有些国家，如英国在 1966 年干脆将社会救助制度改称“补充津贴”，美国也制定了一种补充收入保障项目以代替部分社会救助制度。正如 1965 年美国出版的《社会工作百科全书》所述：“社会救助是社会保险制度的补充，当个人或家庭生计断绝急需救助时，乃给予生活上的扶助，是在整个社会保障制度体系中，最富有弹性而不受拘束的一种计划。”

在 20 世纪 70 ~ 80 年代，西方世界的经济进入“滞胀”时期，贫困问题日趋严重，社会救助制度的作用日益突出。发达国家在社会救助方面的开支相当大。

由于经济危机的出现，财政预算不堪重负，各国政府觉得无法控制局面，再加上社会救助制度本身也面临着巨大挑战，原有的社会救济制度产生了一个制度依赖群体，因此，各国纷纷开始变革，期望由此带来财政上的转机。改革措施包括将社会救助的目标从克服收入贫困上升到消除能力贫困;明确规定社会救助权责关系;保障社会救助权与隐私权,从而保持社会救助受益者最基本的生存条件和人格;社会救助管理的专业化,管理人员的知识与技能的专业化乃至职业化;加强社会服务体系,减少财政支出;改革社会救助管理方式与资金筹集方式;等等。

第二节　社会救助制度比较

一、救助形式和救助范围比较

虽然各国社会救助制度在设计上千差万别,但从总体上看,主要有两种形式,即现金救助和实物救助。现金救助又分为一般性救助和专项救助。一般性救助即向救助对象提供统一的现金补助。例如英国的收入补助计划、比利时和法国的最低生活保障线制度。专项补助,即根据救助对象各自不同的特点提供不同种类的现金补助。如澳大利亚、新西兰的绝大部分社会救助项目,德国和荷兰的失业补助,意大利的最低养老金。实物补助主要是向救助对象提供食品、衣物等实物和专项服务。

社会救助的范围分为两个部分:一是急难、灾害救助。这是暂时的、应急的,被救助者并非都是低收入者。如果接受救助后,被救助者仍面临困难无法解决,就将被当地部门依法纳入低收入贫困群体,接受长期救助。二是一般性的救助,它包括家庭补助、收容安置、伤病医疗补助、失业救助等。

在大多数国家,社会救助金的领取时间是不限的,只要社会救助对象符合领取条件,就可享受社会救助待遇。唯一例外的是葡萄牙和新西兰对青年人领取社会救助金的时间有一定限制。最近,奥地利、丹麦、意大利、西班牙、瑞士和土耳其也准备把社会救助的领取时间做出限制。

二、救助对象及资格条件比较

(一)社会救助对象比较

1.按救助标准划分。在各国社会救助制度中,对社会救助对象有明确的规定,即只对自我保障有困难而确需救助者给予救助。凡生活在国家或地方政府公布的最低生活水平线以下的居民,即贫困人口,即为社会的救助对象。大多数国家社会救助金的发放对象是申请者及其家庭成员,即把申请人和被抚养人包括在内。如奥地利、卢森堡、日本,社会救助金的发放甚至包括申请人的成年子女。

现代社会救助,按照统一的标准确定救助对象。科学确定最低生活水平标准,国际上通常有三种方法:第一种方法,按成年劳动者人均纯收入确定。这种最低生活标准相当于成年劳动者人均纯收入的半数,这时他以及他抚养的家庭便属于贫民和贫困户,构成社会救助的对象。这是欧洲经济委员会成员国普遍采用的方法。第二种方法,以恩格尔定律为依据确定。第三种方法,北欧国家普遍采用的“基数”方法。一般是用一个“基数”代表最低生活水平标准。所谓一个“基数”,就是保证最低生活所需要的商品和服务的金额。凡是生活在法定最低生活水平线和低于这个最低生活水平线的国民和家庭,均列为社会救助的对象。

国际劳工组织认为,在工业化国家,所谓享有最低生活水平救助的对象,是指那些收入相当于制造业工人平均工资30%的家庭和个人。欧洲经济合作委员会认为,如果一个成年人本人可支配收入(交所得税和保险税后)低于平均水平的50%,即属于救助对象。

2.按导致贫困的原因划分。由于造成贫困的原因不同,社会救助对象可分为以下几类:

(1)无依无靠无生活来源的人,简称“三无”人员。这类公民绝大多数属于长期救助对象。其共同特点是无劳动能力,主要包括孤儿、残疾人、长期患病者、未参加社会保险且无子女和配偶的老人。这里讲的孤儿,对其给予社会救助的期限虽然很长,但有个限度,就是整个未成年期间,一旦成年并找到适当工作能够独立自主,社会救助便告完成。孤儿有严重残障的,则需要长期救助,并借助收容形式救助。

(2)各种自然灾害造成的生活暂时困难的人。这类公民有劳动能力,本来也有生活来源,只是由于突然遭受自然灾害,使其遭受沉重的财产甚至人身损失,一时陷入生存困境,因而也需要国家和社会给予救助。这里所说的自然灾害,是指水灾、旱灾、风灾、雹灾、雷灾、霜冻、虫灾、地震、瘟疫等来自自然界的破坏力量对人们的生产、生活所造成的损害,如粮食歉收、家园被损等。这类救助起因于突发性的和损害程度严重的灾害,难以预测和预先加以防护。既然生活困难源于客观因素,给予社会救助是完全应当的、合情合理的。此外,严重自然灾害并非短期内可以消除,因此自然灾害救助将是社会救助的一项长期和主要的内容。

(3)有收入来源,但生活水平低于或仅相当于国家立法规定的最低标准的公民,即城乡贫困者。这类公民主要包括:因地处贫困地区而收入过少,不能保证每个家庭成员过上法定的最低标准的生活;有工作能力的劳动者找不到合适的工作或失业而造成家庭收入减少,生活水平下降;家庭人口过多,缺乏劳动力及劳动技能或家庭主要劳动者生病伤残等而使生活困难者。

3. 按其他方式划分。现代社会救助,除按上述致贫原因(最一般的方式)进行划分外,还可按地区、人群、救助期限来划分。如按地区划分救助对象,贫困地区即按人口平均收入低于一定量标准的地区。在我国目前贫困县标准为:以人为单位,年纯收入低于 700 元;以县为单位,年人均纯收入低于 1 370 元。凡收入在此标准线下的地区就称为贫困地区,国家和社会给予救助。如按具体的公民群体划分,其救助对象是:儿童救助、老人救助、残疾人救助、失业者救助、病人救助、患难者救助和不幸者救助。再以儿童救助为例又有三种划分:一般儿童救助、特殊儿童救助和不幸儿童救助。如按救助期限划分,则可分为定期救助(针对长期贫困)和临时救助(针对暂时贫困)。

(二)社会救助对象的资格条件比较

各国一般是通过财力审查和就业审查来确认申请人领取救助金的资格。

1. 财力审查。它是指根据规定,对申请人及相关家庭成员的收入及资产状况进行审查,不足特定标准才予以救助。大多数国家在社会救助标准之外都规定一个免审额度,即允许申请人持有少量的资产或收入,视同无资产、无收入,因而不抵扣社会救助金。但是,免审额度的具体数额各国差别较大。例如,在澳大利亚,老年救助金领取人在获得 148 澳元/周救助金的同时,可以保留价值 12.575 万澳元的资产(不含自有房屋的价值)和 50 澳元/周的其他收入。而在瑞典,申请人必须是几乎一无所有时才有资格领取救助。在财力审查的范围方面,大多数国家只考虑申请人及其配偶的现有财力。但在有些国家,如奥地利、德国、瑞士和日本,把申请人父母、祖父母和成年子女的财力状况也考虑在内。在法国,老年救助金申请人的法定继承人的财力状况都列为审查范围。由此可见,各国政府都趋向于使家庭和社会互助在社会救助体系中发挥更大的作用。

2. 就业审查。由于各国失业率居高不下,给社会保障制度特别是社会救助制度带来了较大压力。为此,各国在社会救助实施过程中都引入或强化了就业审查制度。要求社会救助对象必须努力寻找就业机会,积极与政府管理的职业介绍机构联系，并接受适当的工作安排。未通过就业审查的人，将被降低社会救助水平或剥夺领取资格。

三、救助标准及确定方法比较

(一)社会救助标准比较

各国社会救助的标准有较大的差异，这主要取决于一国的经济发展水平和居民的生活水平。

一般来说，接受社会救助的社会成员大部分属于社会贫困群体。现在，国际社会基本上都接受了贫困是指国民个人的收入无法满足该国居民所能接受的最低标准生活需求的概念。按照国际惯例，衡量贫困状况的标志是贫困线，或称为“最低生活保障线”。贫困有绝对贫困和相对贫困之分。绝对贫困是指低于当地居民必需的最低标准的生活状态，一般缺乏维持生存所需的基本物质条件，即衣、食、住、行等基本物质条件不能得到满足。处于绝对贫困状态的人多数是老、伤、病、残、孤、寡、独以及长期无工作的失业者。相对贫困指相对于社会平均生活水平而言存在较大差距的贫困，即一个人、一个家庭或一个群体的生活水平比其所在社区的中等生活水平低，并且经常缺乏某些必需的生活资料或服务设施。其主要表现是贫困者的生活属于最低水平，即勉强度日，不能享受所谓“像样的”生活和现代社会所具有的基本需求。一般来说，衡量公民是否贫困，多数国家是以绝对贫困线为标准，即“最低生活保障线”。也有一些国家采用相对贫困线来衡量贫困，即将贫困标准与中等收入在同一时点上保持相对稳定，一个家庭的收入只达到中等收入的50% ~60%时，就被认为是贫困的。一定时期内社会贫困线或最低生活保障线，由政府在家庭经济情况调查和其他调查的基础上加以确定和颁布；或者以当地居民生存必需的最低生活开支来表示；或者用与当地中等收入水平的一定差距来表示。

此外，许多国家对救助标准采取了定期调整的做法。定期调整的主要方法有两种：一是根据物价指数调整，二是根据收入增长指数调整。一般来讲，各国社会救助金的标准都比社会保险金低，但没有领取期限的规定。据统计，在经济发展与合作组织成员国，社会救助金的平均替代率为35岁以上无子女的为39%，35岁有子女的为57%。对有子女的救助对象提供的救助金比无子女救助对象高出18个百分点，这是西方政府不断提高家庭补助的结果。

(二)确定最低生活标准的方法比较

目前,国际上确定最低生活保障线的方法主要有生活需求法、国际贫穷标准法、生活形态法、恩格尔系数法四种。此外,还有一些其他说法,如国际劳工组织专家建议,在工业国家,最低生活水平大体上应相当于制造业工人平均工资的30%;欧洲经济委员会建议,最低生活标准应相当于一个成年人可支配收入的50%。

1. 生活需求法。该法又称"市场菜篮法",即根据当地维持最低生活所需的物品和服务列出一张清单,然后根据市场价格计算出拥有这些物品和服务需要多少现金,由此确定的现金金额即为最低生活保障线。这种方法的问题在于由谁来确定菜篮的内容。一种较好的办法是由群众和专家共同做出决定。

2. 国际贫困标准法。这是一种收入比例法。经济合作与发展组织提出:以一个国家或地区社会中收入或平均收入的50%~60%,作为这个国家或地区的贫困线,即最低生活保障线。这种方法需要对该国或该地区的收入状况进行全面调查;同时,50%~60%的比例是否放之四海而皆准,也值得怀疑。

3. 生活形态法。它首先从人们的生活方式、消费行为等"生活形态"入手,提出一系列有关贫困家庭生活形态的问题,然后选出若干剥夺指标,即在某种生活形态中舍弃某种方式、行为,再根据这些剥夺指标及被调查者的实际生活状况,确定哪些人属于贫困者,再分析他们被剥夺的需求及消费和收入,由此得出贫困线,即最低生活保障线。这种方法从理论上讲过于抽象,在实际操作中过于复杂,不易被非专业人员所了解和掌握。

4. 恩格尔系数法。这种方法缘自"恩格尔定律"。19世纪,德国统计学家恩格尔经过大量统计调查得出一个规律:一个家庭用于饮食支出的比例,大体可测定该家庭的生活水平。如果饮食支出占家庭总支出的比例很高,意味着家庭生活水平很低,收入只能维持最低生活;反之,如果饮食支出比例很低,则意味着家庭用于满足其他生活需求的收入很多,生活肯定属于上乘、富足。这种饮食支出与家庭收支成反相关的情况,称为"恩格尔定律"。

恩格尔系数法是以一个家庭用于食品消费上的绝对支出除以已知的恩格尔系数,求出所需的消费支出。国际粮农组织认为,恩格尔系数在59%以上的属于贫困,用这个数据求出的消费支出即为贫困线,即最低生活保障线。

各国大多用饮食支出比例高低作为衡量家庭贫富和实行社会救助的依据。美国规定,只要家庭支出中有1/3用于购买食物以果腹的,便被视为贫困家庭和贫民,给予社会救助。它推出的"贫困线"便以此项饮食支出的绝对额乘以

3,得出最低收入标准。凡是收入等于或低于这一水平的家庭和个人,便有权享受救济。

综观以上几种标准线确定方法,贯穿着一个原则,即都是从当地实际情况出发,根据当地实际生活水平、经济发展水平、当地政府的财力状况和需要救助对象的范围多少而定。因此,地域性是确定最低生活保障制度的一个重要因素。

四、救助资金来源和支出水平比较

(一)社会救助资金来源比较

福利型国家比较强调国家的责任,其社会救助各项目基本上都由国家或政府通过一般税收承担责任,而不是采取个人集资形式。例如,在丹麦,用于保障最低收入的救助开支,一半由国家预算承担,另一半由地方政府支付。在荷兰,国家负担90%的开支,而在英国、卢森堡和爱尔兰则100%由国家负担。在日本,社会救济所需资金也全部由财政拨款。

自保公助型国家的社会保障事业主要不是由政府,而是由社会承担。政府和慈善机构负责的各种补贴和社会救济只占总开支的1/3,另外2/3的开支由具有法人地位的各种社会保险管理机构承担,是一种社会自治形式。如英国、西班牙、德国,在社会救助事业管理方面也有权力下放的倾向。

美国则有所不同,其社会救助项目资金来源为联邦政府与州政府共同供给,但州政府有较大的自主权决定补助金额的多少。在意大利,地方政府在社会救助服务及其资金筹集方面拥有很大的自主权。

自我积累型国家如新加坡等,由政府通过公共援助计划对老、残、病又无依无靠的公民实施救助,同时社会团体也通过各种基金对贫困家庭给予一定的经济补助。韩国社会救助资金也来源于财政拨款。总之,从国际社会的经验来看,由于社会救助是消除贫困的重要手段,在筹集资金方面需要通力合作。

在中国,社会救助各项救助业务的经费和救助设施与管理费用由各级政府编列预算支出。经费的来源除了政府财政拨款以外,还包括慈善捐款。政府定期组织社会各界开展劝募活动为社会救助募款,并且会同各社会组织制定捐款使用办法。政府也鼓励社会各类慈善基金组织建立专项救助基金,为各种不同类型的求助家庭和个人提供帮助。

(二)社会救助支出水平的比较

由于社会救助的概念和体系是不确定的,各国对社会救助的规定也不同,有的是公共救助,有的是一般救济,实施范围和实施项目的不同导致衡量社会救助支出水平的极大障碍,很难统一。因此,必须规定出大致相同的项目内容才能对救助支出水平进行比较。比如,我国倾向于把教育和医疗项目的支出排除在外,因为,这二者一般有单独的统计,尽管它们对于穷人来说也是至关重要的。失业救济一般也是社会救助的一个重要部分,但是由于它与失业保险内容直接相关,所以在选择时也把它排除在外。那么,余下的选择就比较清晰,即日常生活扶持项目,如对儿童、老年、残疾人等的家庭救助津贴、各种灾害救助费用以及初级的救助设施及服务费用等等。

1. 社会救助绝对标准及参照国家财政支出的衡量。可以参照各国社会救助津贴的绝对数,或者通过社会救助项目的支出在国内生产总值中所占的百分比,来比较各国社会救助水平的高低。如在英国,生活补贴一律按照绝对金额支付;在新加坡,政府对由于年老、疾病、残障或其他原因不能工作而又无依无靠的公民,通过公共援助计划按月支付生活津贴;支付标准为单身每月 180 新加坡元,4 口之家(一个大人 3 个小孩)每月为 535 新加坡元。日本在第二次世界大战后逐步将社会保障政策由“扶贫”转变为“防贫”,反映在中央财政拨款上,就是“国库负担”中社会保险部门所占比重的扩大和其他领域特别是国家扶助所占比重的缩小。1954 年日本的国家扶助高达 36%,1960 年为 26%,而到 1989 年国家扶助只占到 7.5%。[①] 相比来说,福利型国家中央或地方政府社会救助支出份额比较大,而自保公助型国家支出份额相对较弱,自我积累型国家由于强调个人自助性,社会救助的国家支出项目更弱。

2. 以退休金和工资收入为参照系的社会救助金水平比较。由于养老金制度在各国社会保障制度中占有重要地位,所以在衡量社会救助支出水平时常把它作为参照系。在丹麦,社会救助金相当于退休金的 93%;在英国和爱尔兰,相当于基本退休金的 86%,但同时仅相当于平均工资的 31% ~35%。在欧盟北部国家,社会救助金低于退休金(仅为退休金的 60% 以下,德国除外),但与平均工资相比较,德国为 39%,荷兰为 49%。在欧盟南部成员国,社会保障水平较低,希腊提供的社会救助金仅相当于退休金的 11%,西班牙

① 杨巍巍. 日本社会保障的发展过程及基本框架[J]. 人口学刊,1994(6).

仅相当于33%。[1]

20世纪80年代,德国、荷兰、卢森堡为消除某些居民阶层的贫困而拨出的社会救助款,占消除贫困必备款项的90%以上,比利时则超过96%,上述国家社会保障体系较发达。希腊是个例外,仅占60%,欧盟其他成员国超过75%～80%。与欧盟国家相比,美国用于社会救助的预算大约只占贫困家庭所需社会保障款的50%。对于4口之家的美国中等规模家庭,美国官方规定的贫困线是每个家庭每年的总收入为15 142美元。所以,目前美国1/3的有色人种和1/10的白人都生活在贫困线以下,该贫困阶层的总人数为4 000万人。因此,只有29%的贫困家庭由于享受社会救助而越过了贫困线,而欧盟(希腊除外)多数国家有60%甚至80%的贫困家庭越过了贫困线。[2]

五、社会救助管理体制比较

各国社会救助制度的管理体制的不同,主要在于中央政府和地方政府的事权、财权的划分在不同的国家有不同的安排。一般有以下几种类型:

第一种,中央政府集中管理类型。由中央制定规则、提供资金和进行管理的国家主要有英国、澳大利亚和新西兰。在这几个国家,不同社会救助项目之间的衔接比较好,管理费用也比较低。

第二种,地方政府管理类型。日本、瑞士、瑞典、芬兰和挪威等国实行地方政府管理制度。一般都是由中央政府制定社会救助标准,由地方政府根据具体情况实施社会救助。由地方为主提供社会救助的国家面临的最大问题是,在财政收入最少的地区,一般对社会救助的要求最大,往往无力提供适当的救助。

第三种,中央和地方政府分层管理类型。法国、美国和卢森堡等国实行这种管理体制。如法国,中央政府制定最低社会保障线制度并负责管理,部分专项救助由相应的社会保险管理机构统一管理,资金来源于中央政府及各种缴纳费用;其他非现金救助由地方政府出资并负责管理。再如卢森堡,由中央政府负责确定救助标准,地方政府负责具体实施,头3个月到1年的开支由地方财政承担,以后的开支由中央财政负担。

① 朱有智译.欧盟国家的社会保障体制[N].参考消息,1996－3－11.
② 朱有智译.欧盟国家的社会保障体制[N].参考消息,1996－3－11.

第三节　中国社会救助制度的完善

一、国外社会救助的经验启示

从前两节社会救助的比较情况可以看出,各国社会救助的内容和形式不完全一样,标准更是高低不一,相差悬殊。综观各国的社会救助概况,给我国社会救助制度的启示有以下几个方面。

(一)重视社会救助工作

各国都比较重视这方面的工作,尤其是在市场经济发展的初期阶段更是如此。这个阶段经济还不发达,社会保险制度还不完善,福利津贴更少,因而社会救助在社会保障方面赋有特殊使命,对社会稳定具有特别重要的作用。从发达国家社会保障制度建立、健全、完善的历程看,一般顺序是社会救助、社会保险、福利津贴,最后形成完整的体系。

(二)加强社会救助立法

各国都比较注意社会救助的法制建设,大多数国家制定了社会救助方面的法律法规。越是发达国家,社会救助的法制越健全,法规越完善,社会救助的有关规定越详细具体。发达国家社会救助方面的立法一般是现代社会保障制度方面最早的立法,如英国、法国、德国等最早的社会保障法规就是社会救助方面的法律规定,著名的救助法有英国的《济贫法》、法国的《家庭及社会救助法典》、德国的《联邦社会救助法》等。发展中国家也注意社会救助立法,如阿根廷等国也颁布实施了专门的社会救助法规。

(三)社会救助经费主要由政府承担

社会救助经费主要由政府承担,总体上以中央政府为主,但地方政府也要承担相应的比例。如法国社会救助的财政开支由省管理,但实际费用由国家、省、市镇三级分担,具体方式是:儿童、保健及预防的社会救助支出,由国家负担大部分(平均为81.7%),其比例因省而异,从78%到97%不等,巴黎市例外,为55%;对精神病患者、结核病患者的医疗救助以及住房补贴等,由国家负担大部分（平均为64%左右），各省的比例不大一样，从56%到94%不等，巴黎市例外，为10%；医疗救助、老人救助、残疾人救助等支出，国家负担的比例根据省的情况，从12%到88%不等，平均为38.2%，巴黎市为10%。省与市镇的负担比例，每年决定一次；各市镇的负担比例，根据其财政能力和救助人数决定。又如美国，社会救助资金由联邦政府、州政府和地方政府共同负担，联邦政府、州政府和地方政府分担比例，由各州对该项目的实际支出和州人均收入来决定。人均收入较低的州，联邦政府负担的比例较高，反之，负担的比例就较低。如对抚养子女的家庭补助所需资金，联邦政府承担的金额一般在总支出的50%～79.61%之间，总起来平衡，联邦政府每年平均分担补助支出的57%左右，其余由州政府和地方政府负担。在医疗补助方面，联邦政府分担费用的比例在50%～83%之间，根据各州人均收入高低确定联邦政府对各州承担的实际份额。此外，联邦政府还负担各州50%的社会救助事务管理费。再如韩国，社会救助经费由中央和道、郡市三级负担，中央负担的比例根据项目从50%～80%不等。

（四）确定最低生活保障标准

多数国家在社会救助方面一般都确定最低生活保障标准或者贫困线，对收入低于此标准的人员进行社会救助。贫困线的具体数额是动态的，根据经济发展水平确定。美国的贫困线由各州确定，各州根据本州经济发展水平确定和调整贫困线具体标准。联邦政府在社会救助和社会福利支出方面，对人均收入相对低的州给予倾斜。特别值得注意的是，美国的贫困线标准很高，实际上可以说是小康生活线。发展中国家的贫困线一般能真实反映贫困程度，如印度尼西亚的贫困线标准就很低。印度尼西亚的贫困线在各省也不一样，如1997年贫困线有五个档次，人均月收入分别为3万、2.8万、2.5万、2.2万和2万印尼元（1美元约为2 300印尼元），雅加达、爪哇等五省为第一档次，其他省根据当地经济发展水平分别确定为二、三、四、五档次。

（五）依靠社会力量进行社会救助

注意依靠社会力量进行社会救助，政府积极鼓励民间组织在社会救助中发挥作用。如德国通过立法规定，社会救助要坚持政府与民间合作的原则，联邦社会救济法不得侵犯教会、宗教团体、民间福利团体的地位与活动，社会救助实施机构在与这些团体机构合作的时候，应考虑到其独立性，互相取长补短，并支援民间团体，除了现金的发放以外，民间团体的救助活动应优先进行。再如发展中国家的斯洛伐克，1996年有186个非政府组织专门从事社会救助活动，吸收社会捐款4.4亿克朗,发给95 402个家庭;资助收养家庭1 829个,津贴1 403万克朗。政府支持这些组织的社会救助活动,并给予必要的资助,1993年资助总额为2 300万克朗,1996年达到5 500万克朗。

(六)消除收入贫困与能力贫困

发展中国家在对贫困对象进行生产救助的同时,一般都比较重视扶持有劳动能力的贫困对象发展生产。如阿根廷、印度尼西亚等国家,通过给贫困对象贷款、借给生产工具等方式帮助贫困对象就业和生产经营,体现了通过发展经济从根本上解决贫困问题的思想,这也是发展中国家经济不发达的必然要求。

小案例

国外的社会救助制度

英国:救助立法时间悠久

英国社会救助的项目很多,甚至有些是福利式的救助,主要包括低收入家庭救助、老龄救助、儿童救助、残疾救助、失业救助及疾病救助等内容。低收入家庭救助是对收入低于官方规定贫困线家庭的救助,救助金数额随政府规定的贫困标准而变化。

美国:救助制度丰富完善

在罗斯福年代,社会保障受到重视,美国制定了历史上第一部社会保障法。经过几十年的补充,社会保障制度日趋完善。救助制度主要包括以下几方面:①对有子女困难家庭的资助。②养老及困难补贴。③免费医疗。④食品券补助。⑤儿童营养补助。

韩国:救助倾向生活保护

韩国的社会救助主要包括生活救助、有功人员救助以及灾害救助。生活救助包括:生计救助、医疗救助、妇产救助、教育救助、丧葬救助、职业训练以及就业安排。

德国:救助特殊困难家庭

德国的社会救助主要是对一般低收入家庭的救助和特殊家庭的救助。除了食品费、生活费、燃料费以及杂费等日常生活费外,还包括代为缴纳医疗、养老保险费、支付丧葬费等。对高龄、残疾、妊娠、生育等特殊需求者,其救助标准比一般标准高30%。

资料来源:市场报,2005-07-15。

二、中国现行社会救助体系

中国社会救助制度于中华人民共和国成立后建立,1950年4月政府组织召开了中国人民救济总会,此后,社会救济工作在全国广泛展开。起初只包括自然灾害救济、城乡困难户救济等,大多是临时性的、比较松散的救助措施。随着市场经济制度的建立和社会保障制度的不断完善,到了20世纪90年代后,开始设立了主要针对城镇贫困居民的最低生活保障制度,人们对于社会救助制度的认识也随着社会保障制度的总体变革得到深化。

(一)社会救助制度的主要内容

目前,我国政府针对不同的贫困对象,建立了一整套包括城市低保、自然灾害救济、农村特困户救助、社会福利、社会互助和慈善事业在内的比较成型的社会救助制度,形成了既有民政部门开展的常规救助,又有农委、教育、扶贫办等政府部门的单项救助,还有共青团、工会、企业以及各地慈善总会实施的社会互助。由于全社会齐心协力抓救助,并采取了多种措施为贫困群众办实事、办好事,有效地保障了他们的基本生活,赢得了民心。

社会救助主要内容有:

1. 最低生活保障制度(以下简称低保制度)。它是对家庭人均收入低于当地最低生活保障标准的贫困人口,实行差额补助的一种社会救助制度。截止到2014年年底,城市居民最低生活保障对象1 026.1万户、1 877万人。全年各级财政共支出城市低保资金721.7亿元,其中中央财政补助资金518.88亿元,占总支出的71.9%。2014年全国城市低保平均标准411元/人/月,比上年增长10.1%;全国城市低保月人均补助水平286元,比上年增长8.3%。

农村居民最低生活保障对象2 943.6万户、5 207.2万人。全年各级财政共支出农村低保资金870.3亿元,其中中央财政补助资金582.6亿元,占总支出的66.9%。2014年全国农村低保平均标准2 777元/人/年,比上年提高343元,增长14.1%;全国农村低保每月人均补助水平129元,比上年增长11.4%。①

---

① 民政部网站. 2014年社会服务发展统计公报. http://www.mca.gov.cn/article/sj/tjgb/201506/201506008324399.shtml.

1993 年 6 月,上海市率先推行城市居民最低生活保障制度,1997 年国务院发出《关于在全国建立城市居民最低生活保障制度的通知》,1999 年国务院发布《城市居民最低生活保障条例》(以下简称《条例》),最低生活保障制度在全国普遍推行开来,并经历上海、武汉、重庆等城市的政策模式的实验,不断走向成熟与完善。①

1999 年 9 月底,全国已有 668 个城市和 1 638 个县政府所在地的建制镇建立了最低生活保障制度。② 2002 年年底,我国已基本实现了应保尽保,2003 年年底,我国城市最低生活保障制度相关的政策法规体系、管理体制、运行机制基本确立。

我国现行的农村最低生活保障制度由原来只针对五保户、灾民等特殊群体,发展到覆盖农村所有贫困人口。2007 年颁布的《关于在全国建立农村最低生活保障制度的通知》,标志着我国农村最低生活保障制度发展进入新阶段。③

2. 医疗救助。它是政府和社会对贫困人口中,因病而无经济能力进行治疗的人实行支持性补助和援助的制度。其中包括:公立医院的医疗减免,患危急重症时的专项补助,社会办福利性的社团、慈善医院援助等。2009 年《关于进一步完善城乡医疗救助制度的意见》标志着医疗救助覆盖范围进一步扩大,不仅包括城乡低保家庭成员和五保户,还包括低收入家庭重病患者以及当地政府规定的特殊困难群体。同时《意见》还要求逐步降低或取消医疗救助起付线,合理设置封顶线,进一步提高救助标准,减少个人负担。2014 年全国实施医疗救助 9 119 万人次,其中住院救助 1 106. 6 万人次,门诊救助 1 288. 7 万人次,资助参保参合 6 723. 7 万人。支出医疗救助资金 252. 6 亿元,其中住院救助 180. 2 亿元,门诊救助 24 亿元,资助参保参合 48. 4 亿元。住院救助、门诊救助、资助参保参合水平分别达到人次均 1 628 元、186 元、72 元。

3. 住房救助。它是政府向最低收入家庭和其他需要保障的特殊家庭提供租金补贴或以低廉租金配租的制度。由政府承担住房市场费用与居民支付能力之间的差额,解决低保等困难户对住房费用支付能力不足问题。

4. 教育救助。它是政府和社会对贫困地区和贫困学生提供援助的制度。其中包括:政府对中小学教育费用的减免,大专院校贫困生的贷款政策,民间组织对学生的援助等。

---

① 唐钧. 中国的城市贫困问题与社会救助制度[J]. 江海学刊,2001(2).

② 张军. 统筹城乡社会救助制度建设研究[M]. 成都:西南财经大学出版社,2013:61.

③ 李珍. 社会保障理论[M]. 北京:中国劳动社会保障出版社. 2013:310.

5. 法律援助。它是国家和社会对经济困难或特殊案件的当事人给以减免费用并提供法律援助的制度。

6. 生产救助。它是国家和社会对有一定生产能力的贫困户从政策、资金、物资、技术、信息等方面给以扶持,帮助其脱贫,提高生活水平的一种救助制度。资金可采取有偿使用方式。

7. 社会互济。它是社会组织之间、社会成员之间,对困难人群通过募集款物或者互助形式给予援助的一种制度。它是在政府组织倡导下发扬互相帮助、扶贫济困的社会美德,解决困难人口的问题,特别是特殊对象的特殊困难问题。

8. 服务互助。它是指社会组织和个人对社会福利性单位和生活自理有困难的人实行无偿和低偿服务。其中包括社会团体和个人对特定单位和个人的服务帮助、邻里互助服务等。

9. 精神慰藉。它是指社会组织和个人对需要精神上帮助的个人进行的帮助。其中包括组织义工做心理咨询等。

10. 失业救助。它是在公民因失业而生计无着时,国家和社会提供的一种救助。它应与失业保险相配套,在没有就业之前予以救助。

11. 孤寡病残救助。它是在公民因个人生理或其他原因无劳动能力、无收入来源、无法定抚(扶)养人时,政府和社会提供的救助。这部分人是社会上最弱者,对他们的救助应略高于最低生活保障标准。

12. 灾害救助。它是在公民遭到自然灾害侵袭造成生活困难时,政府和社会紧急提供的保障基本生活的资金和物质救助。其中包括生活医疗紧急救助、重建家园、生产自救等救助。2014 年全国各类自然灾害共造成 2. 4 亿人次不同程度受灾,财政部、民政部下拨中央救灾资金 98. 73 亿元,民政部调拨帐篷 11. 4 万顶、棉衣被 16. 4 万件、折叠床 4. 7 万张等中央救灾储备物资,累计救助受灾群众 7 500 万人次,受灾群众基本生活得到妥善安置。

(二)社会救助的对象

社会救助的对象主要是针对那些因个人智能、技术的缺乏和年龄、残障以及重大自然灾害等原因,而引发的在食品、衣物、医疗、住房、教育等方面的不足或丧失,以及虽通过合法劳动但仍不能得到正常的物质生活条件和参与基本的社会活动机会的贫困群体。我国的社会救助对象一般分为三类:第一类是无依无靠又无生活来源的公民或社会成员。这类群体大多是长期被救济的对象,主要包括孤儿、无劳动收入和社会保险津贴的劳动者以及未参加社会保险又无子女的丧偶老人。第二类是遭受灾祸或疾病严重侵袭而使生活一时陷入拮据状态的公民或社会成员。第三类是生活水平低于国家规定标准的公民或社会成员,如领不到救济金的普通失业者、下岗职工、困难企业离退休人员和他们供养的人口等等。

(三)社会救助的经费来源

社会救助的各项救助业务的经费和救助设施与管理费用由各级政府编列预算支出。经费的来源除了政府财政拨款以外,还包括慈善捐款。政府定期组织社会各界开展劝募活动为社会救助募款,并且会同各社会组织制定捐款使用办法。

(四)社会救助的组织管理

政府设立了为社会救助配套服务的福利院、灾害临时收容所等。政府民政部门培训专门社会工作人员从事社会救助的登记、受理、核准、发放等工作。政府指导各医院成立医院社会工作部门,协助政府和有困难的患者申请与提供低收入家庭的重病、大病患者的医疗费用辅助。政府制定社会各类慈善基金组织的名录和导引,为社会慈善组织提供必要的求助人名单,做好沟通慈善组织和有困难群体之间桥梁。政府民政主管部门鼓励各社会慈善机构辅助开展社会救助活动,并为此做好组织服务和监管工作。

此外,最低生活保障制度由民政部作中央统筹,实行地方各级人民政府负责制,各级民政部门层层负责,县级民政部门以及街道办事处和镇人民政府负责具体的管理审批工作,日常管理事务与服务工作由居委会承担。最低生活保障制度由政府负完全责任,资金一部分由中央列支,一部分由地方政府配套。最基层的管理人员除负责最低生活保障工作外,还要承担其他性质的工作。这是一种“条上工作,块上落实”的管理模式,它的优点是能熟悉受助人,协助核实受助人的申请资料,协助监察工作,可以调动社区资源,街道与居委会干部还可解决受助人的其他生活问题或非物质需要,缺点是管理的专业化程度不高,政策执行水平不一。[1]

---

① 桂世勋,黄黎若莲.上海与香港:社会政策比较研究[M].上海:华东师范大学出版社,2003:328.

三、进一步完善我国社会救助体系

从世界各国社会保障的发展历程看，社会救助体系建设一般是先行的，它在社会保障体系中占有重要地位。在我国现阶段，社会救助体系的地位尤其突出。目前我国以城市居民最低生活保障、农村困难户救济和“五保户”救济、灾害救济以及其他救济为主要内容的社会救助体系建设已经取得了很大成就，在保障最困难群体的基本生活、维护社会稳定方面发挥了重要作用。但是，应该看到，现行社会救助体系还有很多不足，没有充分发挥它应有的作用，没有在我国社会保障体系中占据应有的地位，进一步改进和完善社会救助体系非常必要。

（一）完善社会救助体系的关键是调整和转变观念

要进一步完善我国社会救助体系，一个关键问题就是要调整和转变观念。首先要转变的是对于穷人的看法和态度，不能简单地把穷人的贫穷归结为个人原因。在结构转型和体制转轨的当代社会，很多人的贫困不是由于个人原因造成的，更多的是由于社会原因，社会应当承担对于穷人的救助责任，支付社会变迁的成本。同时，不能把救助穷人单纯地看作是增加政府和社会的负担，而应看作是政府和社会的应尽之责，是保障公民基本生存权利的客观需要。与社会保险、社会福利相比，人们过多地谈论的是社会救助的消极色彩，实际上，在促进劳动力的再生产，保障基本民生和维护社会稳定方面，社会救助、社会保险、社会福利是完全一致的。另外，应当深入领会社会救助的内涵，明确区别现代社会救助与传统式社会救济的差异。社会救助不仅仅是一次性的现金救济，而是在此基础上通过各种配套救助和社会工作，促进被救助者通过自助摆脱贫困状态，融入主流社会。因此，现代社会救助远比传统式的社会救济要复杂，是一项有着很强专业性的工作，是一项真正体现以人为本的工作。

（二）完善社会救助体系要以低保制度为基础

经过20世纪90年代初期的试点、90年代中期的推广、90年代末的规范和最近几年的落实，我国低保制度已经取得重要进展，构成了新型社会救助体系的重要基础。随着我国GDP快速持续增长，各级财政用于“低保”的支出呈逐年增长的强劲趋势，从1996年的3亿元猛增到2010年的633亿元，保障人数也从1996年的84.9万人增到2009年的7 570万人。但是，应该看到现行低保制度还有很多不足,需要继续改进和完善。

1. 继续完善城市低保制度。现行城市低保制度还存在保障标准偏低、不能区分不同家庭的实际情况而给予差别化救助、地方低保资金落实不好、低保工作机构和工作人员严重不足等突出问题,在调整政策后继续推动“应保尽保”也还需要做很多工作。

2. 努力推进农村低保制度。目前,由于观念、资金和体制等方面的原因,农村低保制度建设进展不快,不能有效保障广大农村贫困居民的基本生活需求。事实上,由于农业比较收益的持续下降、农村社会经济的持续市场化和城乡差距的持续扩大,土地和家庭对于农民的保障作用已经明显衰减,对于农村贫困居民提供制度化的社会保障已经迫在眉睫。

3. 完善配套救助政策。低保制度的直接目的是解决贫困居民的基本生活问题。但是,对于贫困居民而言,生活困难固然突出,但是与此相关的其他方面困难也很突出,例如就业困难、医疗困难、子女上学困难、住房困难以及心理和社交障碍等等。如果这些方面的问题不能解决,贫困者就有可能陷入持续贫困并与主流社会疏离。因此,以低保制度为基础,进一步完善配套救助政策,丰富社会救助的内容,就显得非常重要。

最后,关注低保线上的边缘人群也是继续完善低保制度的一个重要方面。作为政策执行依据的低保标准会把一些收入略微高于低保标准的人排除在社会救助制度之外。而事实上,这些人的生活困难程度与低保对象相比也许差不多。因此,在严格执行低保标准的同时,将一些配套救助政策延伸至低保线上的边缘人群就很重要,这样既可以抵消由于不得不划定标准而产生的不公平,又可以防止处在贫困边缘的人陷入贫困。

小案例

全国城市低保标准每月人均增7元

全国城市低保标准每月人均增7元,达到每月人均169元,中央财政为此投入136亿元。

2007年1月,民政部副部长李立国说,城市低保标准已从月人均162元提高到月人均169元,实际补助水平已经从月人均72元提高到月人均87元。中央财政为此投入城市低保补助资金136亿元。

在2007年1月11日,国务院新闻办举行的新闻发布会上,李立国说到2006年年末,中国城市低保对象达到2 233万人。最近几年,城市低保人数稳定在2 200万规模。

李立国介绍说,中央财政为此投入城市低保补助资金的同时,地方各级政府也相应加大了投入,共同保障城市低保制度实现。建立城乡一体、标准有别、协调发展的城乡低保制度,是人民群众的愿望,也是民政部和有关部门按照中央意图共同努力所做的工作。

李立国透露,到2006年年末,全国已有24个省份,2 400多个县初步建立了当地的农村低保制度,农村低保对象达到1 300多万人。没有建立农村低保制度的地方,也早就实行了农村特困群众定期定量救助制度,救助的人数超过了700万,从而也奠定了向农村低保制度过渡的基础。

李立国说,目前民政部在农村低保问题上,正要着力做好三个方面的工作:一是会同财政部落实好中央财政对困难地区建立农村最低生活保障制度的财政补助安排;二是进一步总结、交流、推广这项工作的经验;三是就全国范围内农村低保管理的范围、标准、操作程序、约束条件,尽快地做出规范性的制度安排。

资料来源:郭少峰. 新京报,2007-01-12。

(三)完善社会救助体系要推进全方位的组织创新

任何制度的落实,都需要一定的组织依托。我国城市居民最低生活保障制度得以落实就是以各级民政部门和基层社区为依托的。但是,随着低保制度的发展和低保工作的增加,原有的组织机构已经显得很不适应。各级民政部门的救济机构长期处于超负荷运转的状态,基层社区也在抱怨工作量太大。而且,目前的低保工作主要还是局限于低保金的审批和发放,如果要完善社会救助体系,就必然会扩展很多工作。因此,推进组织创新不仅是进一步改善低保工作的需要,也是在低保制度基础上完善社会救助体系的需要。组织创新最为突出的意义在于保障救助制度的落实,密切救助对象与主流社会的关系并推动救助对象重返主流社会。

推进组织创新,首先是要有专门的社会救助行政机构,负责社会救助资源的统筹和分配、社会救助工作的行政管理、社会救助政策和法规的拟定等。目前,依赖各级民政部门原有社会救助机构和人员的做法迫切需要改变。事实上,一些地方已经开始了试点,对于成熟的模式应当及时推广。其次,应当创新一些提供社会救助服务的组织实体,让这些实体来承担社会救助的一些事务性工作，例如贫困监测、救助对象的资格审核和定期家庭需求调查、救助效果的评估等等。再次，应当致力于重建针对救助对象的组织支持体系，比如说把社会救助与社区建设结合起来，把社会救助与发展社会工作机构结合起来，把社会救助与推动贫困者的自我组织结合起来，把社会救助与对救助对象的日常生活照护和社区服务结合起来，把社会救助与促进就业结合起来，把发放救助资金和实物的工作与推动救助对象的社会参与结合起来等等。

（四）完善社会救助体系要致力于社会互助机制的建设

通常，人们以为救助是政府的责任，但社会救助的实质是社会互助，是一部分社会成员帮助另外一部分社会成员，政府不过是在其中发挥了重要的中介作用。一个社会中社会救助体系是否完善，社会救助的水平是否适当，在本质上是与这个社会的公民的社会互助意愿密切联系的。

第一，加强社会互助机制建设，一个重要方面是通过税收等手段调节居民收入分配，这样不仅可以筹集救助穷人的资源，而且可以缩小社会的贫富差距，减缓社会救助的压力。目前中国居民贫富分化问题日益严峻，以基尼系数衡量的收入差距已经超过国际公认的承受线，因此，进一步加强居民收入监测，调整相关税制已经迫在眉睫。

第二，加强社会互助机制建设，要进一步调整财政支出结构。目前财政用于社会救助的支出还是很有限的，社会救助在国家财政的考虑中，分量不够，在社会保障体系中所占据的位置也是次要的。这种情形与社会救助实际上的重要性很不相称。

第三，加强社会互助机制建设，有必要继续完善经常性社会捐赠体系。自从开展经常性社会捐助活动以来，这个体系正在发挥越来越重要的作用。根据民政部的数据，截至 2014 年年底，全国共建立经常性社会捐助工作站、点和慈善超市 3. 2 万个（其中：慈善超市 10 174 个）。全年各地共接收社会捐赠款物 604. 4 亿元。但是，在公众捐赠的激励机制建设方面，在捐赠款物的储存、保管、变现以及分配等方面，仍然还有许多工作要做，民间的捐助潜力仍然有待于发掘，捐赠款物的救助作用还有待于继续强化。

第四，在继续推进经济发展的同时，必须加强精神文明建设，推动社会道德的进步。要在全社会范围内倡导社会互助，提倡我为人人、人人为我。一个社会成员之间能够真正彼此关心、互相支持的社会，一个真正能够关注弱者、救助穷人的社会，才是一个可持续发展的社会。

(五)推进立法和促进参与是完善社会救助体系的重要保障

在一个法治社会,完善的立法是社会救助经常化、制度化、可持续的重要保障。从国外经验看,社会救助立法在社会保障的各项立法中是予以优先考虑的。但是,我国目前的社会救助所依据的还是各种"条例"、"决定"、"通知"和"办法"等,没有一部明确、统一的法律。在实际的救助工作中,各种随意和变通的做法广泛存在,对于社会救助的效果有很大影响。考虑到社会救助体系是一个正常运行的社会的必备体系,考虑到社会救助在中国特色社会保障体系中的突出作用,我们应该尽快推动社会救助法的出台。

另外,促进救助对象的参与也是非常重要的。要真正完善社会救助体系,就不能让救助对象处于被动的位置,更不能使其缺位。要通过立法确认陷入困境的公民的受救助权,要更加认真地倾听救助对象的声音,鼓励他们通过各种形式参与到社会救助工作中去,包括加强救助对象的自我组织。事实上,这种主动参与和组织的过程,不仅有利于社会救助体系的完善,而且有利于救助对象自身的能力建设,对于促进贫困者通过自助摆脱贫困状态有着重要意义。

本章综合案例

国外低保的前车之鉴

英国:全民福利之父成为改革策源地

英国是福利国家之父,由此也是财政负担最重的国家:1949 年英国社会保障支出还不到 GDP 的 5%,但到 20 世纪 80 年代后期这一比例却增加到接近 10%。在接下来 90 年代的 10 年里,社会保障支出又增加了 1/3,而 GDP 却增长不到 1/4。于是,福利国家的发源地再次成为改革的急先锋:20 世纪 70 年代率先发起了改革。

就全民福利的改革进程来看,英国的改革可以分为 4 个阶段:第一个阶段是1946 ~ 70 年代中期,这是典型的全民福利国家阶段,是贝弗里奇模式的鼎盛时期。"最低收入保障"就是在这个时期建立起来的。第二个阶段是 20 世纪 70 年代中期到 80 年代中期,英国政府迫于财政压力引入了"收入关联型的福利待遇”,以期用个人缴费挂钩的福利制度来替代全民统一给付的福利制度。第三阶段是20世纪80年代中期到1997年,这个时期的特点是大力引入私人养老金因素和第二与第三支柱,以期削减第一支柱和低保的压力。1996年确立的改革目标是:把福利分配给最需要的人、激发个人责任感、提高就业和储蓄的积极性。其中,第一个目标可以被看作是从普救型制度向典型的补救型制度改革的宣言。第四阶段是1997年至今,在这个阶段英国对低保进行了一次最大的改革:引入目标定位管理的要素,在全民范围内大幅提高“低保”的资格条件,以期缩小给付范围,减少给付压力;1997年4月将“最低收入保障”与物价指数化挂钩改为与收入挂钩;2003年10月又将“最低收入保障”改造为“养老信贷保障”,同时又引入一个“养老信贷储蓄保障”,后者主要是针对那些有65岁以上老人的家庭,国家给予税收优惠政策。

法国:福利刚性和社保改革

法国1988年12月1日建立了低保制度,被称为“最低附加收入”。另外,领取低保者可加入自愿医疗保险,而无须支付任何保险金,还可享受免费医疗而不必先付款。法国低保的给付需扣除所有其他家庭政策获得的津贴,其资格条件是25岁以上,并且是家计调查式的,资金完全来源于国家税收。自法国建立低保制度之日起,低保领取者的人数就一直呈现出不断增加的趋势:到2000年共有97万人领取低保津贴,惠及家庭人口总数200万,占总人口的3.2%;据2000年的统计,56.7%的领取者是独居者,23.4%是年老夫妇;另一个趋势是领取低保的人口年龄日趋年轻化和妇女比例上升。

在建立低保制度的国家里,法国是改革最困难的国家之一,几乎屡改屡败,甚至引发严重的社会动荡。法国政府不堪重负,20世纪90年代初每年支出200亿法郎左右。为此,法国政府多次提出改革方案,但均被世人所知的社会抗议浪潮等所抵制。不仅如此,福利刚性变成社会压力,政府不得不将之指数化,逐年上调标准。

瑞典:从福利橱窗到改革先锋

瑞典一直被视为普救型社保模式的楷模和福利国家的橱窗,但是这个以具有“积极劳动力市场政策”的国家,由于全民福利而导致劳动力市场非常僵化,1993年官方统计失业率高达8%,达到战后的最高水平,1994年福利预算赤字达到GDP的13%,国家财政赤字已达GDP的80%。从20世纪70年代起,过度慷慨的福利项目导致的负激励和福利刚性严重阻碍了宏观经济发展,政府财政甚至陷入危机。瑞典的改革是从1992开始的。其改革的特点是,缴费型项目的改革力度最大,如养老、医疗、失业和工伤等,在斯堪的那维亚国家成为改革的先锋。另一个特点是,由于非缴费型项目的融资渠道是国家财政,就家庭政策来说,绝大部分项目都是普救型的,改革的幅度远远小于其他缴费型项目,低保等家庭政策的改革只能是微调。

美国:继续改革补救型制度

美国是典型的补救型社保模式国家,即使这样,出于财政上的原因,改革的呼声也是很高,有些项目不得不进行了改革,最典型的一个例子是1996年废止了实行60多年的“未成年子女家庭援助”,代之以一个新的项目“困难家庭临时援助”。“未成年子女家庭援助”主要为失去父母经济支持的未成年子女提供援助,但公众对这一援助项目的不满越来越多,1995年进行的两次民意调查表明,大约有70%的人认为“人们会通过长期依赖和不尽全力摆脱等方式滥用这一福利”;大约有60%的人认为“如果不是福利,妇女生育的孩子可能不会像现在这么多”。“困难家庭临时援助”规定的领取津贴的资格就更为严格了,并加进了领取申请者的“个人行为”调查的个人行为标准,包括生育行为、就业行为和子女养育行为等,只有这三个方面没有不良记录的家庭才有资格获得补助。

资料来源:郑秉文.金融博览,2006(10).

▶**讨论:从以上国家低保制度改革中可以得到什么启示?**

本章小结

1.社会救助与社会救济在实际工作上没有本质的区别,但在概念上略有差异,社会救助的覆盖面比社会救济更广泛,不仅包括政府的救济,也包括社会的支持和帮助。因此,使用社会救助的概念更有力度。

2.社会救助的内容主要包括最低生活保障制度、灾害救济制度、住房解困制度、法律援助和慈善等。社会救助在任何时代都起着非常重要的作用。

3.在各国社会救助制度中,对社会救助对象有明确的规定,即只对自我保障有困难而确需救助者给予救助;各国一般是通过资格审查来确认申请人领取救助金的资格;各国社会救助的标准有较大的差异,这主要取决于一国的经济发展水平和居民的生活水平,许多国家对救助标准采取了定期调整的做法。

4.目前,中国建立了一整套包括城市低保、自然灾害救济、农村特困户救助、社会互助和慈善事业等在内的比较成型的社会救助体系。但社会救助制度还存在许多问题,因此,要借鉴国际经验进一步完善我国的社会救助制度。

关键概念

社会救助　社会救济　最低生活保障制度　灾害救助　慈善

思考练习题

1. 社会救助的主要内容包括哪些?
2. 社会救助与社会救济有什么区别与联系?
3. 社会救助制度可从哪些方面进行比较分析?
4. 国外社会救助制度对我国有哪些启示?
5. 如何进一步完善我国的社会救助体系?

参考文献

1. 成思危. 中国社会保障体系的改革与完善[M]. 北京:民主与建设出版社,2000.

2. 程晓明. 医疗保险学[M]. 上海:复旦大学出版社,2003.

3. 陈银娥. 现代社会的福利制度[M]. 北京:经济科学出版社,2000.

4. 邓微. 中国转型期农村社会保障问题研究[M]. 长沙:湖南人民出版社,2005.

5. 丁建定. 瑞典社会保障制度的发展[M]. 北京:中国劳动社会保障出版社,2003.

6. 费梅萍. 社会保障概论[M]. 上海:华东理工大学出版社,1999.

7. 顾俊礼. 福利国家论析——以欧洲为背景的比较研究[M]. 北京:经济管理出版社,2002.

8. 郭士征,葛寿昌. 中国社会保险的改革与探索[M]. 上海:上海财经大学出版社,1998.

9. 和春雷. 社会保障制度的国际比较[M]. 北京:法律出版社,2000.

10. 何平. 社会保障概论[M]. 北京:中国劳动社会保障出版社,2001.

11. 侯文若. 社会保障的理论与实践[M]. 北京:中国劳动出版社,1991.

12. 姜守明,耿亮. 西方社会保障制度概论[M]. 北京:科学出版社,2002.

13. 康士勇. 社会保障管理实务(第二版)[M]. 北京:中国劳动社会保障出版社,2003.

14. 李琮. 西欧社会保障制度[M]. 北京:中国社会科学出版社,1999.

15. 李东林,刘燕斌. 世界劳动保障[M]. 北京:中国劳动社会保障出版社,2001.

16. 李绍光. 养老金制度与资本市场[M]. 北京:中国发展出版社,1998.

17. 李珍. 社会保障制度与经济发展[M]. 武汉:武汉大学出版社,1998.

18. 林义. 社会保险基金管理[M]. 北京:中国劳动社会保障出版社,2002.

19. 林义. 农村社会保障的国际比较及启示研究[M]. 北京:中国劳动社会保障出版社,2006.

20. 罗元文. 国际社会保障制度比较[M]. 北京:中国经济出版社,2001.

21. 吕学静. 各国社会保障制度[M]. 北京:经济管理出版社,2001.

22. 吕学静. 各国失业保险与再就业[M]. 北京:经济管理出版社,2000.

23. 吕学静. 现代各国社会保障制度[M]. 北京:中国劳动社会保障出版社,2006.

24. 吕学静. 现代社会保障概论[M]. 北京:首都经济贸易大学出版社,2005.

25. 穆怀中. 社会保障国际比较[M]. 北京:中国劳动社会保障出版社,2002.

26. 齐海鹏,刘明慧,付伯颖. 社会保障基金管理研究[M]. 大连:东北财经大学出版社,2002.

27. 仇雨临. 医疗保险[M]. 北京:中国人民大学出版社,2001.

28. 沈洁. 日本社会保障制度的发展[M]. 北京:中国劳动社会保障出版社,2003.

29. 宋连仲,赵竹岩. 国外医疗保险制度比较研究[M]. 北京:北京医科大学、中国协和医科大学联合出版社,1994.

30. 宋晓梧,孔泾源. 中国社会保障基金营运管理[M]. 北京:企业管理出版社,1999.

31. 孙炳耀. 当代英国瑞典社会保障制度[M]. 北京:法律出版社,2000.

32. 孙光德,董克用. 社会保障概论[M]. 北京:中国人民大学出版社,2000.

33. 孙光德,董克用. 社会保障概论[M]. 北京:中国人民大学出版社,2004.

34. 孙树菡. 工伤保险[M]. 北京:中国人民大学出版社,2000.

35. 童星. 社会保障与管理[M]. 南京:南京大学出版社,2002.

36. 庹国柱,李军. 国外农业保险:实践、经验和法规[M]. 西安:陕西人民出版社,1997.

37. 王越. 中国农村社会保障制度建设研究[M]. 北京:中国农业出版社,2005.

38. 魏加宁. 养老保险与金融市场[M]. 北京:中国金融出版社,2002.

39. 许正中. 社会医疗保险制度选择与管理模式[M]. 北京:社会科学文献出版社,2002.

40. 杨伟民. 失业保险[M]. 北京:中国人民大学出版社,2000.

41. 张琪. 社会保障概论[M]. 北京:中国劳动社会保障出版社,2006.

42. 张琪. 中国医疗保障理论、制度与运行[M]. 北京:中国劳动社会保障出版社,2003.

43. 张思锋,温海红,赵文龙. 社会保障概论[M]. 北京:科学出版社,2003.

44. 章晓懿. 社会保障:制度与比较[M]. 上海:上海交通大学出版社,2004.

45. 郑功成. 社会保障学——理念、制度、实践与思辨[M]. 北京:商务印书馆,2000.

46. 周弘. 福利的解析:来自欧美的启示[M]. 上海:远东出版社,1998.

47. 周弘. 福利国家向何处去[M]. 北京:社会科学文献出版社,2006.

48. 周弘. 国外社会福利制度[M]. 北京:中国社会出版社,2002.

49. 阿雷汉德罗. 费雷依罗. 智利的养老制度,中国社会保障体制改革[M]. 北京:中国发展出版社,2001.

50. 威廉姆. H. 怀特科. 当今世界的社会福利[M]. 解俊杰,译. 北京:法律出版社,2003.

51. 多吉才让. 中国最低生活保障制度研究与实践[M]. 北京:人民出版社,2001.

52. 中国农村贫困地区卫生保健筹资与组织课题组. 东南亚三国考察报告[M]. 北京:人民卫生出版社,1998.

53. 国际劳工局. 社会保障:新共识[M]. 北京:中国劳动社会保障出版社,2004.

54. 美国社会保障署. 全球社会保障制度—1995[M]. 北京:华夏出版社,1996.

55. 陈新. 日本的护理保险及其启示[J]. 市场与人口分析,2002(3).

56. 代志明,何洋. 国外农村医疗保障制度的解读与借鉴[J]. 经济纵横,2005(2).

57. 丁兰. 日本的护理保险简介[J]. 中国全科医学,2004(6).

58. 丁少群,林义. 国外农村医疗保障模式及其对中国的启示[J]. 世界农业,2006(5).

59. 荆涛,阎波,万里虹. 长期护理保险的概念界定[J]. 保险研究,2005(11).

60. 刘钧,齐伟. 世界各国社会保障的对比分析和启示[J]. 山东财政学院学报,2003(1).

61. 任彦. 印度百姓看病不难[N]. 人民日报,2006-02-27.

62. 庹国柱,朱俊生. 国外农民社会养老保险制度的发展及其启示[J]. 人口与经济,2004(4).

63. 万成略. 德国行业管理中工伤保险的作用及启示[J]. 工业安全与环保,

2002(10).

64. 王东进. 共同构筑新的里程碑[J]. 中国社会保障,2003(6).

65. 王延中. 对促进就业和完善社会保障制度的思考与建议[J]. 中国经济时报,2003(2).

66. 杨艺,庞雅莉,吕玉莲. 韩国等亚洲国家农村医保制度改革对我国的启示[J]. 中国卫生经济,2003(12).

67. 姚海明. 国外老年护理保险制度及对我国的启示[J]. 比较与借鉴,2006(6).

68. 尹丽辉. 日本农协的组织结构[J]. 湖南农业,2005(7).

69. 张俊峰. 从养老理念的转变看日本的看护保险制度[J]. 日本问题研究,2005(3).

70. 赵立新,周秀芹. 日本护理保险法析议[J]. 思想战线,2002(2).

71. 赵晓强,张雪梅. 国外农村医疗保险制度概况[J]. 甘肃农业,2006(5).

72. 郑功成. 论中国社会福利制度的未来发展[J]. 社会工作,1997(6).

73. 中国海南改革发展研究院考察团. 越南农村考察报告[J]. 经济研究参考,2003(14).

74. Rural Health Care Initiatives Earn Praise from International Agency. The News. Nov 02,2000.

75. http://www. people. com. cn/BIG5/paper68/17127/1501750. html.

76. http://www. vosdroits. sevice - public. fr/ARBO/17011201 - NXSAN115. Html.

77. http://www. ssa. gov/policy/docs/progdesc/ssptw/2004 - 2005/americas/brazil. html.